Desigualdades e democracia

LUIS FELIPE MIGUEL
(org.)

DESIGUALDADES E DEMOCRACIA

O DEBATE DA TEORIA POLÍTICA

editora
unesp

Direitos de publicação reservados à:
Fundação Editora da UNESP (FEU)

Praça da Sé, 108
01001-900 – São Paulo – SP
Tel.: (0xx11) 3242-7171
Fax: (0xx11) 3242-7172
www.editoraunesp.com.br
www.livrariaunesp.com.br
feu@editora.unesp.br

CIP – Brasil. Catalogação na publicação
Sindicato Nacional dos Editores de Livros, RJ

D487

Desigualdades e democracia: o debate da teoria política / organização Luis Felipe Miguel. – 1.ed. – São Paulo: Editora Unesp, 2016.

ISBN 978-85-393-0632-9

1. Ciência política 2. Sociologia política. I. Miguel, Luis Felipe.

16-33720 CDD: 320
CDU: 32

Conselho Nacional de Desenvolvimento
Científico e Tecnológico

Este livro foi apoiado com recursos da chamada
MCTI/CNPq/FINEP n.2/2013.

Editora afiliada:

Asociación de Editoriales Universitarias
de América Latina y el Caribe

Associação Brasileira de
Editoras Universitárias

Sumário

Introdução – Igualdade e democracia no pensamento político 7
Luis Felipe Miguel

1. O liberalismo e o desafio das desigualdades 25
Luis Felipe Miguel

2. Da desigualdade de classe à dominação política na tradição marxista 67
Luis Felipe Miguel

3. Desigualdades inevitáveis e restrição da democracia no pensamento elitista 107
Luis Felipe Miguel

4. Liberdade, desigualdade e dominação: a economia política do neorrepublicanismo 137
Ricardo Silva

5. Participação, (des)igualdade política e democracia 171
Adrian Gurza Lavalle

6. Democracia deliberativa e (des) igualdade 203
Cláudia Feres Faria

7. Redefinições do público e do privado no debate feminista: identidades, desigualdades e democracia 223
Flávia Biroli

8. Democracia, diversidade e desigualdades no multiculturalismo 259
Flávia Biroli

9. Reconhecimento, desigualdades e capitalismo 287
Ricardo Fabrino Mendonça

10. Democracia e desigualdade: pós-estruturalismo 323
Daniel de Mendonça

11. Condenando a Terra: desigualdade, diferença e identidade (pós)colonial 365
Luciana Maria de Aragão Ballestrin

12. As ciências sociais brasileiras e a temática das desigualdades (2000 a 2010) 399
Carlos Machado e Danusa Marques

Sobre os autores 435

Introdução
Igualdade e democracia no pensamento político

Luis Felipe Miguel

Democracia e *justiça* são, hoje, os dois grandes eixos sobre os quais se estabelece a reflexão na teoria política. As discussões sobre o sentido, as possibilidades e os limites da democracia, bem como sobre as dimensões de uma ordem justa, adaptada à realidade de formações sociais complexas como as que temos, desdobram-se diante de um mesmo pano de fundo. Nós combinamos um apreço quase unânime pelos valores democráticos – segundo os quais devemos conceder a cada cidadão ou cidadã a mesma consideração, a mesma dignidade e a mesma capacidade potencial de intervir na condução dos negócios de interesse comum – a formas de organização social nas quais as desigualdades entre grupos sociais são profundas e com elevado impacto nas possibilidades de ação individual e coletiva. Em suma, a reflexão sobre a democracia e a justiça precisa lidar com a tensão entre ideais igualitários, que continuam vivos na maneira pela qual pensamos e valoramos a ordem política, e a vigência de estruturas sociais iníquas, com as quais nos defrontamos todos os dias.

Trata-se de um problema que acompanha a paulatina transformação do sentido da palavra *democracia*, sobretudo a partir dos últimos 70 anos – uma transformação que permite que ela se acomode às desigualdades e reduza a aposta na soberania popular, mas que não retira sua associação com um imaginário herdado da Antiguidade.

A democracia grega era severamente limitada, dadas as múltiplas exclusões no acesso à esfera política – mulheres de todas as classes e nacionalidades, escravos e metecos de ambos os sexos. Entre os cidadãos, porém, imperava uma igualdade política notável, que se traduzia em instituições como a decisão direta na ágora, a isegoria (o igual direito à fala na assembleia) e o sorteio para a ocupação dos cargos públicos. Em particular, havia mecanismos institucionais e simbólicos dedicados a evitar que as diferentes desigualdades sociais, começando pela riqueza, se transformassem em desigualdade de influência política: o ostracismo, o pagamento pelo exercício das funções públicas e uma poderosa ideologia igualitária (Ober, 1989).

Nas democracias contemporâneas, houve uma importante ampliação do acesso aos direitos políticos. Até o início do século XX, na maioria dos países ocidentais, a franquia eleitoral foi estendida aos não proprietários e às mulheres. Os impedimentos extralegais que bloqueavam o acesso da população negra às eleições nos Estados Unidos foram derrotados nos anos 1960. No Brasil, os analfabetos obtiveram o direito de voto em 1985, logo após a redemocratização. Por toda parte, verificou-se uma lenta, mas consistente, tendência de redução da idade mínima de acesso à cidadania política e, em alguns lugares, o abrandamento das restrições vinculadas à nacionalidade. Em suma, as democracias contemporâneas contam com cidadanias formalmente muito mais inclusivas. Mas, ao mesmo tempo, essa cidadania influi muito menos nas decisões políticas.

Isso é, em primeiro lugar, um efeito da necessidade de mediação, no exercício da soberania popular, por instituições representativas (cf. Miguel, 2014). A representação política é uma consequência inevitável tanto do tamanho das comunidades políticas contemporâneas quanto da maior complexidade das questões submetidas à decisão coletiva, em relação ao que era a agenda das cidades-Estado antigas. Mas é também um efeito da maior inclusão à cidadania, que significa que os conflitos sociais têm mais capacidade de serem vocalizados na esfera política – ao contrário da democracia ateniense, por exemplo, em que os escravos produziam um excedente que amenizava o conflito distributivo entre os cidadãos, mas não tinham seus próprios interesses presentes na ágora. A representação política funciona como um anteparo, em que a distância dos representantes em relação aos representados, o ambiente comum em que se movem e os incentivos à barganha e à acomodação reduzem a tensão política. Por um lado, isso garante a estabilidade da disputa. Por outro, significa que há sempre um hiato entre a vontade dos representados e a ação de seus representantes.

A representação, assim, introduz por si só uma forma de desigualdade política, na medida em que alguns poucos detêm muito mais poder do que outros. Mas essa desigualdade tende a se combinar com outras, ligadas às estruturas sociais mais amplas. Aristóteles descrevia a democracia como o "governo dos pobres" e, enfatizando o contraste com a oligarquia, assinalava que, nela, os ocupantes do poder distinguiam-se "pelo baixo nascimento, pela pobreza e pela vulgaridade das profissões" (Aristóteles, 1991 [c. 330 a.C.], p.160). Nada mais distante dos regimes democráticos contemporâneos. A desigualdade política tende a reproduzir a desigualdade econômica e as outras hierarquias sociais.

É possível dizer que, da Antiguidade até meados do século XIX, a vinculação entre a noção de democracia e a igualdade, tanto política quanto material, era muito forte. Ou bem o poder econômico devia estar impedido de se manifestar na política, como assinalava o próprio Aristóteles, ou a sociedade devia estar organizada de tal modo que ninguém fosse tão pobre a ponto de ter que se vender, nem tão rico a ponto de poder comprar outro, segundo a célebre fórmula de Rousseau (1964 [1762], p.391-2). A representação política era recusada (novamente por Rousseau) ou, quando necessária, alcançada por meio do sorteio, que aparece como traço definidor da democracia ainda para Montesquieu (1951 [1748], p.242).

Um século depois, Tocqueville (1992 [1835-40]) já trabalhava a partir de um modelo (os Estados Unidos) em que a transferência do poder decisório se dava pelo processo eleitoral, mas ainda identificava democracia e igualdade ao ponto de usar as palavras quase como intercambiáveis. Mas Tocqueville representa um momento de inflexão. Ele inicia o deslocamento que leva das igualdades política e material para a igualdade de *status* social. No final das contas, é a última, mas não necessariamente as primeiras, que fornece as feições da democracia. Assim, o pensador francês está na fronteira da grande transformação da reflexão sobre a democracia, de acordo com a leitura de C. B. Macpherson, que distingue as visões pré-liberais da democracia, entre as quais inclui tanto Rousseau quanto Thomas Jefferson, ainda vinculadas ao ideal de uma sociedade basicamente igualitária, das visões modernas, ligadas a "um esquema de governo democrático numa sociedade dividida em classes" (Macpherson, 1978 [1977], p.16; ênfase suprimida). E, nos quase 40 anos que nos separam da obra de Macpherson, a situação apenas ganhou complexidade. Não somente foi questionada a primazia da desigualdade de classes, entre as múltiplas formas de desigualdade social, como a própria noção de igualdade se tornou mais complicada, dada a sensibilidade crescente para o valor das diferenças.

Os efeitos da desigualdade material são notados com clareza em todas as democracias contemporâneas. O poder econômico transborda de forma sistemática para o campo político, por meios como o financiamento de campanhas, os *lobbies* para determinar os processos decisórios, o controle dos meios de comunicação para influenciar a opinião pública e mesmo a corrupção que, longe de ser uma mazela de países sudesenvolvidos ou com cultura política "atrasada", é endêmica também nas democracias consideradas consolidadas do hemisfério norte (cf. Anderson, 2014).

A força do poder econômico nos regimes democráticos é, em geral, percebida como um desvio, cujas causas estão seja no desenvolvimento do capitalismo, que se torna cada vez mais predatório e gera desigualdades ainda maiores (Piketty, 2013), seja na decadência moral das elites políticas, que são agora incapazes de resistir às vantagens oferecidas a elas pelos detentores da riqueza. Mas é possível vê-la também como outro tipo de desvio. Para que o regime democrático pudesse conviver com a economia capitalista, seria necessário neutralizar o potencial subversivo do sufrágio universal, como diz Domenico Losurdo (2004 [1993]); ou encontrar maneiras para que as pessoas comuns abdicassem da possibilidade de exercer influência política, permitindo a conciliação de regras formalmente universais com um sistema que, no final das contas, funciona de forma censitária (Bourdieu, 1979, p.464). O desvio, neste caso, seria no comportamento da população, disposta a cobrar o cumprimento das promessas igualitárias das instituições políticas e, portanto, saindo do papel passivo a que estaria destinada. A pressão mais ostensiva do poder econômico seria uma resposta à tendência à *democratização* da ação política, que a democracia eleitoral, com todas as suas limitações, põe em curso.

Mas não se trata apenas da desigualdade material: o que está em jogo, aqui, é a desigualdade de classes. Os trabalhadores controlam uma parcela menor da riqueza, é verdade, mas a assimetria entre as classes sociais não se limita à diferença econômica. As desvantagens para os trabalhadores passam também pelo treinamento social a que são submetidos, que é oposto àquele necessário à participação política, já que baseado na obediência a decisões tomadas por outros, sem possibilidade de inclusão efetiva no processo de discussão. Além disso, por sua posição na estrutura social, os trabalhadores dificilmente integram as redes de relações que unem proprietários e líderes políticos. Por fim – e crucialmente –, a autoridade dos capitalistas sobre as decisões de investimento econômico coloca o Estado numa situação de dependência estrutural. Desse ponto de vista, o uso do dinheiro nas campanhas eleitorais ou a corrupção de funcionários públicos são manifestações agressivas, mas superficiais, de mecanismos mais complexos que fazem que a desigualdade de classes seja um obstáculo central à realização plena da democracia.

Por longo tempo, desigualdade econômica e desigualdade de classes foram os eixos da crítica às limitações da democracia eleitoral. Nas últimas décadas, no entanto, outras assimetrias ganharam destaque, a partir do entendimento de que elas possuem impacto relevante e, ainda mais importante, *próprio*, irredutível à desigualdade material ou de classes, na produção de possibilidades diferenciadas de acesso aos diversos espaços sociais, entre eles a política. Elas também colocam em evidência as relações entre a baixa permeabilidade das democracias e as relações de poder no cotidiano das sociedades, mas isso se dá a partir de outras assimetrias e, com isso, revelam-se dinâmicas de exclusão política que não estão contidas na exclusão de classe.

É o caso da desigualdade de gênero. As mulheres tendem a controlar uma parcela menor da riqueza do que os homens, mas isso é muito mais o efeito do que a causa da dominação a que estão submetidas. Mulheres ocupam diferentes posições nas estruturas de classes e, embora seja evidentemente errôneo desconsiderar as diferenças entre elas, em todas elas sofrem formas de discriminação e violência. Com certeza, a presença menor das mulheres nos espaços de poder se deve ao funcionamento de mecanismos que podem operar de forma conjugada, mas são independentes da dominação de classe e da desigualdade econômica.

É o caso também da desigualdade racial. Em geral, há uma associação estreita entre renda, classe e raça ou cor, mas o racismo também não é um mero epifenômeno de outras formas de desigualdade. Ele age a partir de mecanismos com efetividade própria, que distribuem vantagens e desvantagens às pessoas de acordo com a cor ou etnia. Mesmo no caso da política, o efeito da discriminação racial pode ser isolado de outros fatores para explicar a sub-representação de alguns grupos (cf., para o caso brasileiro, Campos; Machado, 2015). Assim, ficou cada vez mais claro que, para entender as diferentes desigualdades sociais, entre elas a desigualdade política, não é suficiente buscar um único eixo explicativo, do qual todas derivariam. Riqueza, classe, gênero e raça, bem como outras assimetrias, vinculadas a questões como a sexualidade ou a presença de deficiências, criam padrões complexos de desigualdade, que se expressam na esfera política. É com essa complexidade que a democracia deve lidar, respondendo a duas questões complementares: *em que medida a vigência de tais desigualdades compromete a própria existência da democracia*, isto é, até que ponto podemos continuar falando em democracia quando as instituições políticas não apenas convivem com, mas também reproduzem tanta desigualdade? E *de que maneira a democracia pode contribuir para reduzir as desigualdades sociais*, se é que pode?

A questão é complexa porque, embora as diferentes formas de desigualdade não possam ser reduzidas a uma raiz comum, isso não significa que todas tenham pesos similares, nem que suas posições relativas sejam estáveis. É possível postular que algumas desigualdades são mais estruturantes da ordem social que outras; e também que algumas se manifestam com violência mais aberta do que outras – e as duas escalas nem sempre coincidem. É razoável pensar que o racismo e o capitalismo definem mais características estruturais da sociedade brasileira contemporânea do que a homofobia, mas, ao mesmo tempo, entre todos os grupos em posição subalterna, são *gays*, lésbicas e transgêneros aqueles que provavelmente sofrem as formas mais declaradas e acintosas de discriminação e violência.

Outra complexidade advém do fato de que as diferenças são diferentes entre si, como já observava Nancy Fraser (1997, p.204). Algumas diferenças estão inevitavelmente ligadas à produção de hierarquias sociais e à distribuição desigual de benefícios, logo devem ser abolidas. Outras manifestam a diversidade da experiência humana e sua eliminação representaria uma perda: o desafio é desassociá-las de valorações estereotipadas, que concedem vantagem a alguns grupos e prejuízo a outros. Ainda que correntes ultraliberais tentem apresentar argumentos na direção contrária, a maior parte das pessoas concordaria que uma sociedade é tanto melhor quanto menor é a diferença de riqueza ou de classe. Mas uma sociedade em que só exista um sexo, uma cor de pele, uma orientação sexual ou uma herança cultural fica empobrecida.

Ao mesmo tempo, a valorização das diferenças, ou de algumas delas, corre o risco de aprisionar os indivíduos em nichos, impondo identidades em vez de permitir que as diferenças ganhem sentido e sejam vivenciadas de forma democrática e mesmo, para mencionar a discussão presente no capítulo 10 deste volume, contingente. O fato de que a herança africana e a herança europeia sejam ambas valiosas não pode significar que pessoas negras devam necessariamente estar ligadas ao samba ou ao candomblé e pessoas brancas, à valsa ou ao cristianismo, mesmo quando a hierarquia que hoje separa valsa e samba ou cristianismo e candomblé tenha sido abolida. De maneira similar, a recusa em aceitar o padrão dominante "masculino" como universal ou como superior não significa que deixe de ser posta em xeque a vinculação compulsória de mulheres e homens aos padrões de comportamento estereotipados que hoje definem, respectivamente, o feminino e o masculino.

Ou seja, a relação entre igualdade e democracia, tal como se coloca para o pensamento político contemporâneo, é informada pela consciência de que:

- a necessidade de representação política gera, por si só, assimetrias entre os cidadãos;
- as diferentes desigualdades sociais se manifestam nas arenas políticas, ou seja, a igualdade política formal não é suficiente para "blindar" esses espaços;
- há uma multiplicidade de formas de desigualdade social com relevância política, que se entrelaçam de maneira complexa, sem que se possa indicar um único eixo como tendo primazia absoluta;
- a busca pelo ideal de igualdade não pode levar ao nivelamento de diferenças que não estão necessariamente vinculadas a hierarquias e que são valiosas para a autopercepção dos indivíduos que compartilham delas;
- mas, ao mesmo tempo, a valorização dessas diferenças não pode aprisionar as pessoas em seus grupos.

Nesse processo, o liberalismo ocupa uma posição de centralidade, não apenas porque é a principal base filosófica das instituições dos países democráticos, como também pela complexidade dos desafios teóricos que apresenta à democracia. As exclusões permitidas pela ordem liberal foram e continuam sendo o alvo de muitas percepções críticas sobre as democracias realmente existentes, sejam elas socialistas, feministas ou de outro matiz. Mas tais exclusões aparecem, muitas vezes, como efeito de decisões autônomas dos próprios indivíduos, que não seriam excluídos (uma vez que as regras contemplam a possibilidade da participação igual de todos), mas *escolhem excluir a si mesmos*.

Entra, aqui, o complexo problema da produção das preferências, que é crucial para o enfrentamento da tolerância à desigualdade no próprio pensamento liberal (cf. Biroli, 2014; Miguel, 2015). Mas entra também o problema da compatibilização entre a soberania coletiva e as liberdades individuais. É possível dizer que, da forma como o liberalismo enquadrou a questão, nos seus primórdios, a proteção das liberdades individuais representava um impedimento a qualquer manifestação efetiva da soberania popular, sobretudo pelo fato de que a primeira garantia era dada ao usufruto da propriedade privada – um ponto que é destacado pelo próprio Robert Dahl (1956). Ainda assim, a tensão entre a autonomia coletiva, proposta pela democracia, e a autonomia individual, valorizada pelo liberalismo, é real e desafiadora para quem julga que é necessário perseguir *ambas* ao mesmo tempo.

Este livro mapeia a discussão sobre a relação entre democracia e desigualdades em diferentes correntes da teoria contemporânea. Como a teoria política contemporânea é um território quase inesgotável, é claro que não está isento de lacunas. Ficaram de fora correntes marginais no debate político e acadêmico, mas que nem por isso deixam de apresentar contribuições interessantes, como o pensamento anarquista. É difícil ver no anarquismo, em suas diferentes encarnações, uma teoria própria da democracia. Mas a crítica radical à autoridade e a aposta, igualmente radical, na cooperação horizontal colocam questões que ajudam a fazer a crítica das instituições democráticas existentes e a problematizar alguns dos caminhos que outras correntes apresentam para resolver suas insuficiências.

Também ficaram de fora – ou foram tratados apenas de maneira lateral – alguns autores singulares, que não se encaixaram no percurso escolhido pelos capítulos dedicados às correntes principais da teoria política. Nesta introdução, destaco dois deles: Pierre Bourdieu e Nancy Fraser. A teoria social de Bourdieu é extraordinariamente influente no debate acadêmico, tanto no Brasil quanto em outros países, incidindo também sobre a teoria política. Em sua obra, é desenvolvida uma crítica abrangente das democracias eleitorais de tipo ocidental, lidas por ele a partir das estratégias de contenção da influência política popular.

O conceito de *campo político* é central nessa empreitada. Os campos são espaços sociais relativamente autônomos, hierarquizados e disputados pelos agentes que dele participam. Ao se organizar como campo, a política estabelece mecanismos de redução ou neutralização da influência da massa de indivíduos que permanece do lado de fora. Ao mesmo tempo, a ordem democrática e a legitimação por via eleitoral obrigam o campo político a se abrir, de tempos em tempos, exatamente para essa influência que deveria ser contida. Esse é o dilema principal que ocupa Bourdieu em sua análise da política: os mecanismos, sempre presentes, ainda que disfarçados, de conciliação entre as instituições democráticas, necessariamente inclusivas, e o funcionamento do campo, baseado na exclusão (Bourdieu, 1979, 1981, 1990 [1984]).

O campo exclui tanto por premiar a posse de recursos que alguns controlam mais do que outros (recursos materiais, recursos culturais, redes de relações), quanto por exigir a adequação a padrões de comportamento e formas discursivas que, uma vez mais, são mais facilmente supridos por integrantes de grupos privilegiados. Bourdieu é útil, assim, para entender como os mecanismos de exclusão operam, mesmo quando as instituições se dobram à pressão social e passam a incorporar integrantes dos grupos subalternos: operam forçando a adaptação a modos de agir que os distanciam de sua própria experiência vivida e dos compromissos iniciais de sua intervenção política.

Já Fraser está presente, neste livro, nos capítulos dedicados ao feminismo e à teoria do reconhecimento – no primeiro, de forma pontual, e, no segundo, apenas sob a ótica de sua polêmica contra o idealismo de Axel Honneth. No entanto, ela é uma referência importante também por sua defesa da paridade de participação política, que se traduz no preceito de que *todos os sujeitos* devem participar da tomada de decisões:

> Todos os que estão sujeitos a uma dada estrutura de governança têm prerrogativa moral como sujeitos de justiça em relação a ela. Deste ponto de vista, o que faz de uma série de pessoas cossujeitos de justiça não é a cidadania ou a nacionalidade compartilhadas, nem a posse comum de uma humanidade abstrata, nem o simples fato da

> interdependência causal, mas sim sua sujeição comum a uma estrutura de governança que determina as regras básicas que governam sua interação. (Fraser, 2009, p.65)

Trata-se de um critério de inclusividade que, levado a cabo, exige a democratização dos diferentes espaços da vida social – uma vez que não apenas o Estado, mas instituições privadas como empresas ou famílias são "estruturas de governança" que sujeitam seus integrantes. O modelo de Fraser não dá resposta aos problemas da desigual capacidade de intervenção eficaz, associada à posse de competências assimetricamente distribuídas. Também não enfrenta o fato de que, ainda que todos os sujeitos participem da tomada de decisões, nem todos são implicados da mesma maneira ou com a mesma profundidade. Como garantir que aqueles que sofrerão de forma mais intensa ou significativa os efeitos de uma decisão terão maior participação nela? Por outro lado, grupos sociais privilegiados tendem a ter interesses mais espraiados, isto é, são afetados por uma quantidade maior de decisões. Isto faria que a aplicação do princípio os beneficiasse, prejudicando o critério basilar de "paridade de participação". Mas, a despeito de suas lacunas, a formulação de Fraser possui impacto no debate contemporâneo sobre a democracia.

***

Este livro nasceu da compreensão tanto da centralidade quanto da complexidade da relação entre desigualdades e democracia. A partir de um núcleo vinculado ao Grupo de Pesquisa sobre Democracia e Desigualdades – Demodê, da Universidade de Brasília, formou-se uma equipe com pesquisadoras e pesquisadores de diversas universidades brasileiras. Com trajetórias e preferências teóricas, metodológicas e políticas diversas, os participantes do projeto formam uma equipe plural; e, de fato, muitos dos capítulos explicitam divergências de posição quanto a temáticas, problemas e autores. Mas todos têm em comum a preocupação com a incidência das desigualdades no funcionamento das democracias políticas.

O caminho escolhido foi entender de que maneira esse problema é discutido por diferentes "correntes" da teoria política. Postulamos que as correntes teóricas se apresentam como tentativas de compreensão e análise da realidade empírica, mas também como afirmações de diferentes valores ético-políticos – mesmo aquelas que apresentam, como maior ambição, um entendimento "descritivo" do mundo. No debate, aparecem, então, não apenas diversas maneiras de enquadrar a questão das desigualdades, mas diversas compreensões do significado e do alcance da democracia.

Depois de discussões e de tentativas com desenhos diversos, foram identificadas onze correntes como sendo aquelas com maior impacto no debate contemporâneo, tanto no Brasil quanto no exterior: liberalismo, marxismo, elitismo, republicanismo, participacionismo, feminismo, deliberacionismo, multiculturalismo, teoria do reconhecimento, pós-estruturalismo e pós-colonialismo. É claro que as fronteiras entre essas vertentes são muito fluidas, e tanto a taxonomia proposta quanto a seleção das correntes estão sujeitas a questionamento.

Em primeiro lugar, cada uma dessas correntes é muito heterogênea internamente – o rótulo "liberalismo" inclui de Robert Dahl a Samuel Huntington, de John Rawls a Robert Nozick; o "feminismo" une Susan Okin a Catherine MacKinnon; o "marxismo" vai de Domenico Losurdo a Slavoj Žižek, e assim por diante. Em segundo lugar, muitas contribuições autorais relevantes não se adéquam ao esquema e não encontram posição confortável em nenhuma das categorias previamente determinadas, porque estão à margem delas ou porque fundem elementos que caracterizariam diferentes correntes.

São dificuldades enfrentadas por qualquer tentativa de construção de uma tipologia de um universo tão amplo e complexo quanto a teoria democrática (cf. Miguel, 2005). Ainda assim, julgamos que a divisão escolhida faz sentido, tanto porque permitiu a organização do trabalho quanto porque não é arbitrária, mas reflete outra organização – a organização mental do campo da teoria política, que os estudiosos necessariamente precisam fazer para se situar em meio à "selva" de textos em que trabalham. Isto é, partimos de uma tipologia que opera de forma um tanto vaga e informal, compondo uma espécie de "senso comum" da disciplina, até para, na chegada, estarmos em condições de criticá-la.

Ao longo de três anos, a equipe esteve em constante diálogo, já que a proposta não era apresentar as vertentes da teoria política de forma estanque, mas de maneira que suas contribuições cruzadas, bem como suas polêmicas, fossem levadas em conta. Os capítulos que se seguem foram lidos e discutidos, em diferentes fases de elaboração, pelos diversos participantes do projeto, culminando com uma reunião que acompanhou o II Seminário Nacional sobre Democracia e Desigualdades, realizado em Brasília, em maio de 2014. Sendo assim, os capítulos deste volume são textos autorais, escritos por pesquisadoras e pesquisadores individuais, com as marcas de suas opções teóricas e políticas, de suas trajetórias particulares e mesmo de suas idiossincrasias, mas são, também, o fruto de uma interlocução coletiva.

Os três primeiros textos são de autoria de Luis Felipe Miguel. O primeiro trata do liberalismo, buscando indicar como ele simultaneamente promove e contém o ideal de igualdade. São destacadas as contribuições do liberalismo clássico e, em seguida, busca-se entender como as teorias liberais da democracia enfrentam o problema das desigualdades e, simultaneamente, como as teorias liberais da justiça abordam a questão da democracia. O liberalismo é, também, a referência central a partir da qual as outras correntes teóricas estabelecem suas divergências. No capítulo seguinte, é abordado o marxismo, que apresentou uma crítica fundamental aos limites da formulação liberal, recuperada por diversas outras correntes – o problema da combinação entre igualdade formal e desigual capacidade de usufruir dela –, mas se vê também às voltas com o peso relativo da categoria *classe* entre as múltiplas assimetrias sociais. O terceiro capítulo discute as teorias elitistas, que nascem, a rigor, como uma subcorrente conservadora e autoritária do liberalismo, voltada a afirmar a impossibilidade de transcendência das desigualdades, mas que ganha, nas mãos de alguns autores, uma roupagem crítica.

É diferente o tipo de abordagem privilegiado pelo republicanismo, apresentado por Ricardo Silva no quarto capítulo. A corrente procura resgatar os valores clássicos da democracia e da participação política, voltando a autores clássicos e modernos e se apresentando como uma linhagem alternativa à própria tradição liberal. A desigualdade aparece como problema na medida em que impede o exercício da liberdade associada à cidadania. A despeito de também valorizar o envolvimento nos questões de interesse coletivo, a vertente participacionista, que Adrian Gurza Lavalle estuda no capítulo 5, conduz a outro conjunto de questões. Seu foco é muito mais a vinculação entre as políticas e as esferas da vida cotidiana. Encerrando o bloco das correntes voltadas à universalização do acesso à política, há o deliberacionismo, tema do capítulo 6. Cláudia Feres Faria sintetiza os elementos centrais da proposta deliberativa, levando em conta a grande variedade interna e a evolução que ocorreu desde o surgimento de seus primeiros modelos, nos anos 1980.

Sobretudo republicanismo e deliberacionismo estão baseados numa noção de universalidade – a igual presença de todos nas decisões políticas é derivada do pertencimento comum, seja à pólis, seja à humanidade – que é questionada pelas correntes abordadas nos três capítulos seguintes. O feminismo, analisado por Flávia Biroli no capítulo 7, ilumina os pressupostos sexistas presentes na noção de sujeito universal. Sua crítica às instituições democráticas vigentes passa pela recusa à separação convencional entre as esferas públicas e privadas, mostrando a profunda imbricação entre uma e outra. O capítulo 8, também de autoria de Flávia Biroli, trata do multiculturalismo, que afirma de maneira radical o caráter excludente das regras pretensamente universais – mas ao preço de colocar em risco o valor da autonomia individual. E as teorias do reconhecimento, por sua vez, enfatizam as relações entre sujeitos que são diferentes entre si, por suas trajetórias e pela posição social que ocupam. No capítulo 9, Ricardo Fabrino Mendonça aponta as diferentes compreensões de "reconhecimento", centrando-se depois na abordagem de Axel Honneth, que ganhou proeminência no debate contemporâneo.

Os termos em que a discussão se coloca são, uma vez mais, deslocados nos capítulos seguintes. Daniel de Mendonça, no capítulo 10, explora autores agrupados sob o rótulo de "pós-estruturalistas", que procuram estabelecer a crítica à política contemporânea, sem, no entanto, recorrer a um fundamento último que a balize. O resultado é uma desestabilização da posição normativa, que enfatiza o caráter sempre em aberto do fazer político. O pós-colonialismo, enfim, é o tema de Luciana Ballestrin no capítulo 12. Há também, na corrente, um esforço de descentramento, desta vez dos pressupostos ocultos e, sobretudo, das ausências das teorias produzidas nos países do hemisfério norte. As questões relativas à produção dos sujeitos e das identidades ganham importância.

O capítulo que fecha o volume, enfim, dá uma guinada para uma abordagem mais empírica. Carlos Machado e Danusa Marques apresentam um levantamento de como as discussões sobre democracia e sobre desigualdades aparecem na ciência social brasileira, a partir de uma análise dos artigos publicados nas últimas décadas em alguns dos periódicos mais influentes das ciências sociais. Entre nossa posição subordinada na divisão internacional do trabalho intelectual, que faz que sejamos sobretudo importadores de teorias, e os desafios próprios das circunstâncias específicas do país, qual o caminho que os intelectuais brasileiros encontram para pensar o problema?

* * *

O projeto cujos resultados se materializam nos capítulos que seguem só se concretizou graças ao apoio do Conselho Nacional de Desenvolvimento Científico e Tecnológico (CNPq), que financiou a pesquisa, a realização do II Simpósio Nacional sobre Democracia e Desigualdades e a publicação deste livro. O Simpósio contou também com recursos da Coordenação de Aperfeiçoamento de Pessoal de Nível Superior (Capes) e do Institute of International Education (IIE), bem como com o apoio do Instituto de Ciência Política da Universidade de Brasília (IPOL-UnB). Registro aqui, em meu nome e no de todos os integrantes da equipe de pesquisa, o agradecimento a estas instituições.

Agradeço também às estudantes vinculadas ao Grupo de Pesquisa sobre Democracia e Desigualdades – Demodê, tanto graduandas quanto pós-graduandas, pela participação e apoio em todas as etapas do projeto. Seja no debate acadêmico, seja "carregando o piano" na organização dos eventos, elas foram uma parte essencial da equipe. A todas, muito obrigado. (Aqui, como é costume no grupo, o feminino indica pessoas de ambos os sexos.)

E devo agradecer também aos colegas que se integraram ao projeto, construindo uma agenda de pesquisa comum e se prontificando, generosamente, a contribuir para a produção deste resultado final com muito mais do que a redação de seus próprios capítulos. Creio que, para todos os que estiveram envolvidos, os momentos de discussão coletiva foram os mais gratificantes e frutíferos de todo o processo, graças à disposição de todos para uma troca intelectual genuína e intensa, a partir de posições diversas.

Por fim, devo mencionar Flávia Biroli, que, além dos dois capítulos com que contribuiu para este volume, ajudou a conceber a ideia inicial da pesquisa – e, no começo, dividiu comigo as tarefas de coordenação da equipe, além de ter liderado a organização do Simpósio. Sem dúvida, sem ela este livro não teria se concretizado.

Referências bibliográficas

ANDERSON, Perry. "The Italian disaster". *London Review of Books*, v.35, n.10, 2014, p.3-16.

ARISTÓTELES. *Política*. São Paulo: Martins Fontes, 1991 [c. 330 a.C.].

BIROLI, Flávia. "Autonomia, preferências e assimetrias de recursos". *Paper* apresentado no 38º Encontro Anual da Anpocs. Caxambu, 27 a 31 de outubro, 2014.

BOURDIEU, Pierre. *La distinction: critique sociale du jugement*. Paris: Minuit, 1979.

______. "La représentation politique. Éléments pour une théorie du champ politique". *Actes de la Recherche en Sciences Sociales*, n.36-7, 1981, p.3-24.

______. "A delegação e o fetichismo político". In: *Coisas ditas*. São Paulo: Brasiliense, 1990 [1984].

CAMPOS, Luiz Augusto; MACHADO, Carlos. "A cor dos eleitos: determinantes da sub-representação política dos não brancos no Brasil", *Revista Brasileira de Ciência Política*, n.15, p.121-51, 2015.

DAHL, Robert A. *A Preface to Democratic Theory*. Chicago: The University of Chicago Press, 1956.

FRASER, Nancy. *Justice Interruptus: Critical Reflections on the "Postsocialist" Condition*. New York: Routledge, 1997.

FRASER, Nancy. *Scales of Justice: Reimagining Political Space in a Globalizing World*. New York: Columbia University Press, 2009.

LOSURDO, Domenico. *Democracia ou bonapartismo: triunfo e decadência do sufrágio universal*. Rio de Janeiro: Editora UFRJ; São Paulo: Editora Unesp, 2004 [1993].

MACPHERSON, C. B. *A democracia liberal: origens e evolução*. Rio de Janeiro: Zahar, 1978 [1977].

MIGUEL, Luis Felipe. "Teoria democrática atual: esboço de mapeamento", *BIB – Revista Brasileira de Informação Bibliográfica em Ciências Sociais*, n.59, 2005, p.5-42.

______. *Democracia e representação: territórios em disputa*. São Paulo: Editora Unesp, 2014.

______. "Autonomia, paternalismo e dominação na formação das preferências", *Opinião Pública*, v.21, n.3, p.601-25, 2015.

MONTESQUIEU. *De l'esprit des lois*. In: *Œuvres complètes*. t.II. Paris: Gallimard, 1951 [1748].

OBER, Josiah. *Mass and Elite in Democratic Athens: Rethoric, Ideology, and the Power of the People*. Princeton: Princeton University Press, 1989.

PIKETTY, Thomas. *Le capital au XXIe siècle*. Paris: Gallimard, 2013.

ROUSSEAU, Jean-Jacques. *Du contract social*. In: *Œuvres complètes*, t.III. Paris: Gallimard, 1964 [1762].

TOCQUEVILLE, Alexis de. *De la démocratie en Amérique*. In: *Œuvres*, t.II. Paris: Gallimard, 1992 [1835-40].

1.
O LIBERALISMO E O DESAFIO DAS DESIGUALDADES

Luis Felipe Miguel

O liberalismo é – parafraseando o que Sartre certa vez disse sobre o marxismo – "a filosofia insuperável de nosso tempo". No mundo ocidental, ele moldou de forma decisiva as instituições públicas, a começar pela delimitação da fronteira entre o que é público e o que é privado, e permanece como força motriz da ideologia que as legitima. Até seus adversários não escapam de combatê-lo num terreno de ideias que foi, em grande medida, formado por seus pressupostos. Muitas vezes, assumem os valores que o próprio liberalismo empunhou, para então criticar sua concretização deturpada, enganosa ou insuficiente na ordem social que teria realizado o programa liberal. Dois destes valores são particularmente relevantes. Um é a autonomia individual. O outro é a igualdade.

É bem verdade que, no seio da própria tradição liberal, tais valores ganham acepções bastante diversas. Há muito pouco exagero retórico na afirmação de que "nenhuma causa política, visão de sociedade ou princípio político mereceu o respeito de todos os liberais de uma dada geração, quanto mais através dos séculos" (Raz, 1986, p.1). O rótulo "liberalismo" amalgama visões que nascem de linhagens filosóficas diversas, que têm em comum a oposição ao absolutismo, mas pouco mais do que isso. É frequente distinguir uma vertente francesa, ancorada em princípios racionais abstratos, e outra, inglesa, que buscava codificar direitos tradicionais. Ainda que seja necessário matizar essa dicotomia, como indica Gray (1995, p.22-3), ela é útil para assinalar a diversidade de origens da corrente.

Por outro lado, embora tenham fundamentos comuns e coincidam na defesa da limitação do Estado, liberalismo político e liberalismo econômico não se confundem.[1] Em sua forma extremada de defesa do Estado mínimo, o liberalismo econômico tende a ver os direitos políticos como ameaças ao funcionamento do livre mercado – os trabalhadores têm o mau hábito de usar as liberdades de manifestação e de associação, assim como o voto, para pressionar por medidas que minorem os efeitos do capitalismo. Esse ponto é desenvolvido teoricamente pelos autores ultraliberais (Hayek, 1990 [1944]; Friedman, 1985 [1962]; Nozick, 1974) e está na raiz do apoio de muitos deles a regimes ditatoriais, como foi o caso de Ludwig von Mises com a Itália fascista e de Milton Friedman com o Chile de Pinochet. Por outro lado, formas de intervenção estatal nos âmbitos da produção e da distribuição, na contramão da doutrina do liberalismo econômico, são defendidas muitas vezes como maneira de garantir o usufruto pleno dos direitos próprios do liberalismo político.[2]

O discurso liberal apresentou-se, inicialmente, como um discurso igualitário – afirmando uma igualdade abstrata entre todos os seres humanos (ou, ao menos, entre todos os homens), em oposição à divisão estamental própria da ordem feudal e da ordem absolutista. No entanto, esse igualitarismo é temperado tanto pela fácil aceitação das assimetrias sociais existentes, quanto pela afirmação da necessidade de introdução da desigualdade política (entre governantes e

1 Pierre Rosanvallon prefere falar em três liberalismos: econômico, político e moral. O terceiro é o que afirma a autonomia moral de cada indivíduo para determinar suas ações (Rosanvallon, 1999, p.ix). É difícil, porém, recusar o entendimento de que tal pressuposto está presente nos outros dois liberalismos.

2 Não me refiro aqui apenas, ou mesmo prioritariamente, ao chamado "socialismo liberal", corrente que jamais se estabeleceu com clareza, talvez por suas contradições internas, que a transformariam numa espécie de "sorvete quente", como disse Carlos Nelson Coutinho (2002). Estou me referindo a políticas redistributivas, de seguridade social e de garantia de direitos trabalhistas, postas em vigor até mesmo por governos conservadores.

governados) para que a sociedade funcione, um tema que é central para Locke (1998 [1690]) tanto quanto o fora para Hobbes (1980 [1651]). O direito de igual participação política, entendido sobretudo como medida de salvaguarda das liberdades individuais, como para James Mill (1992 [1823]), mostrou-se desde o início bastante limitado.

Também são conhecidas as dificuldades da acomodação do liberalismo com a democracia. Doutrina da limitação do poder político, encarava com suspeita um poder popular que parecia destinado a se tornar irrefreável, tema que será desenvolvido adiante neste capítulo. Historicamente, a aproximação do liberalismo à democracia passou por um esforço para conter seu impulso igualitário original. No entanto, essa relação se torna mais complexa na obra de autores como John Stuart Mill, no século XIX, ou John Rawls e Ronald Dworkin, no século XX, que redimensionam o lugar da igualdade no pensamento liberal.

A ambiguidade do estatuto da igualdade é patente no pensamento de John Locke, o ponto de partida obrigatório do liberalismo político. Nele, a igualdade é sempre simultaneamente afirmada e negada – ou melhor, é sempre afirmada de início para ser negada em seguida. Embora o contraste entre os estados de natureza de Locke e de Hobbes seja um ponto canônico nos estudos da história da teoria política, eles têm em comum a compreensão de que a igualdade absoluta entre todos os indivíduos é um problema a ser sanado. Tal como Hobbes, Locke postula que todos os homens são originariamente iguais e livres, mas esse estado traz inconvenientes que a imaginação política deve superar. A injustiça nasce da igual capacidade que todos têm de exercer a justiça, o que gera incerteza, dada a inclinação natural para que cada um proteja seus próprios interesses antes de pensar nos dos outros.

A necessidade de um "juiz imparcial", que motiva o pacto de instituição da sociedade, leva à introdução da desigualdade política, reservando a alguns o monopólio do direito de fazer cumprir a lei (Locke, 1998 [1690]). Assim, a desigualdade é introduzida de maneira deliberada. No entanto, ao contrário do que ocorria em

Hobbes, no pacto lockeano os cidadãos privados permanecem como fonte última da soberania, que exercem coletivamente por meio de seus representantes eleitos. Aqui, mais uma vez, há o movimento de negação da igualdade antes postulada. Locke recusa o acesso à cidadania a grupos de pessoas que desqualificariam a si mesmas ao entrar em relações de subordinação pessoal. Há um jogo complexo pelo qual as exclusões de trabalhadores e de mulheres, embora precisem ser sacramentadas por contratos privados (de trabalho e de casamento), sinalizam uma desigualdade natural, de racionalidade, que justifica que a esfera pública esteja vedada a eles (cf. Macpherson, 1962; Pateman, 1988). O mecanismo do contrato, central no imaginário liberal, é tanto uma afirmação de igualdade, na medida em que os contratantes nele ingressam na qualidade de indivíduos igualmente capazes de pactuar entre si, quanto um instrumento de legitimação de desigualdades.

A principal intérprete crítica do contrato liberal, Carole Pateman, observou como as relações contratuais presumem uma igualdade de origem que justificaria as assimetrias que o compromisso entre as partes prevê. Seja entre governantes e governados, patrões e empregados ou maridos e mulheres, o contrato gera uma submissão que aparece como tendo origem da vontade livre dos submetidos. "O contrato é o meio especificamente moderno para criar relações de subordinação, mas, uma vez que a subordinação civil se origina no contrato, esta é apresentada como liberdade" (Pateman, 1988, p.118). Dito de outra forma, o contrato é o mecanismo que permite que, partindo de uma situação de absoluta igualdade, se alcance a relação de mando e obediência que aparentemente seria imprescindível para a promoção da cooperação social.

Assim, desde seus primórdios, o liberalismo se equilibra entre três percepções que carregam tensões entre si. Primeiro, há uma igualdade de dignidade entre todos os seres humanos (ou ao menos entre todos os homens), o que é explicado com base em argumentos religiosos ou pelo acesso equivalente que nós teríamos (mas outros animais não) à razão. Essa igualdade implica que, na avaliação de qualquer arranjo social, o bem-estar de qualquer indivíduo deva pesar tanto quanto o de qualquer outro. Nesse sentido, a doutrina utilitarista se configura numa tradução fiel da visão liberal.

Em segundo lugar, há a compreensão de que a desigualdade é o fruto necessário e inevitável das relações entre as pessoas. Por sorte, por maior capacidade ou por uma combinação de ambos, alguns se saem melhor do que outros. Parte do pensamento liberal posterior vai desenvolver o argumento de que a distribuição desigual é o resultado natural da interação livre e que, portanto, a busca pela igualdade desemboca fatalmente na opressão (e. g., Hayek, 1990 [1944]; Nozick, 1974). Além disso, como visto antes, assimetrias de poder seriam funcionais para a melhor coordenação de esforços entre as pessoas.

A terceira percepção, estreitamente vinculada a essa segunda, é que a desigualdade é um reflexo de diferenças naturais de capacidade. Para grande parte da tradição liberal, o horizonte da organização social justa está vinculado à ideia da "meritocracia", isto é, que elementos arbitrários não intervenham na distribuição das vantagens de acordo com os talentos individuais. Em relação a uma ordem estamental, em que a ocupação das funções e o usufruto dos privilégios são determinados de forma fixa, trata-se de um avanço. Mas, ao hipostasiar a noção do mérito individual, desvinculando-o das condições sociais, gera um modelo que justifica e congela as assimetrias existentes. A crítica clássica à meritocracia foi feita por Rousseau (1964 [1755]), que observou que as desigualdades naturais entre os homens[3] só podem se tornar relevantes quando há uma organização social que as realça e amplifica. No seio do próprio pensamento liberal, a ruptura com o valor da meritocracia é um aspecto importante da reflexão inicial de John Rawls (1971), tão relevante, para seu princípio da diferença, quanto sua recusa ao utilitarismo.

A primeira percepção fundamenta a igualdade jurídica (igualdade perante a lei, direitos iguais). As duas outras, a facilidade com que essa igualdade de direitos é acomodada à vigência de profundas

3 Mas não entre homens e mulheres, um aspecto relevante do pensamento de Rousseau que, no entanto, não será discutido aqui.

desigualdades sociais. A ordem jurídica liberal, assim, tende a colocar as desigualdades "entre parênteses", despreocupando-se de como elas afetam a possibilidade de usufruto dos direitos que ela mesma estabelece. A convivência entre direito igual e condições de vida desiguais é uma marca das sociedades liberais.

Não se trata de recusar qualquer importância dessa igualdade convencional, como fazia a denúncia estereotipada dos "direitos formais burgueses", própria de certo discurso marxista (ver Capítulo 2). O descompasso entre a fixação de direitos e a possibilidade de exercê-los de forma efetiva não significa que a existência de direitos seja irrelevante. No mínimo, os direitos formais delimitam um ideal socialmente aceito e legitimam valores igualitários – em vez de denunciá-los como vazios, é possível tomá-los a sério e exigir que a ordem social os realize (Mouffe, 1992, p.2). Além disso, mesmo que a possibilidade de desfrutá-los seja distribuída de forma assimétrica, as brechas que abrem para diversas formas de ação não são desprezíveis. Eles são, portanto, uma dimensão central da igualdade e também um fator de promoção de igualdade em outras dimensões. Ainda assim, a ausência de uma preocupação mais focada no impacto das desigualdades nas práticas sociais reais é o principal calcanhar de aquiles do pensamento liberal.

Acrescente-se aqui outro elemento, de igual importância: o liberalismo tende a postular uma autonomia do indivíduo que não olha para as condições de sua produção. Como diz o preceito utilitarista, "cada um é o melhor juiz de seus próprios interesses". Ou, numa versão mais contemporânea, estabelece-se o pressuposto de que todos os cidadãos são guiados por um "entendimento esclarecido de seus interesses" (Dahl, 1989, p.182).

O objetivo dessa postulação é recusar espaço para um paternalismo potencialmente autoritário. Mas, se todos somos autônomos, se todos somos por definição igualmente capazes de definir o que queremos, então não se coloca a questão do controle assimétrico dos recursos materiais, cognitivos e simbólicos que permitem aos diferentes grupos e indivíduos produzir sua identidade, seu entendimento do mundo e suas preferências. Preso a uma concepção de preferências dadas, o liberalismo é incapaz de apreender o caráter constitutivo da atividade política (Mouffe, 2005 [2000], p.25) e de fazer a crítica ao controle dos meios de produção simbólica que orientam a apreensão do mundo pelos indivíduos.[4]

Ainda que suas próprias respostas nem sempre sejam convincentes, correntes críticas do liberalismo vão apontar a centralidade da questão da formação das preferências para a compreensão das disputas políticas e de como indivíduos e grupos se situam nelas. É o caso da discussão sobre ideologia, presente na tradição marxista (Marx; Engels, 1971 [1845-6]; Althusser, 1976); da análise sobre os mecanismos de adequação das mulheres às expectativas convencionais sobre seus papéis, fundante do feminismo contemporâneo (Beauvoir, 1949; MacKinnon, 1989); ou da análise sobre o exercício do poder simbólico, na obra de Pierre Bourdieu (1980; 1997). Em cada um desses casos, é denunciada a falácia de assumir as preferências como *dados* prévios à política, a serem aceitos sem questionamento, produzidos na esfera privada e muitas vezes vistos como derivações da tendência natural à "maximização da própria utilidade". Afirma-se, assim, tanto o caráter social da formação das preferências quanto o fato de que o principal problema a ser enfrentado não é o paternalismo (a tutela com vistas ao pretenso bem do tutelado), mas a dominação (a manipulação da formação das preferências alheias para beneficiar aquele que manipula).

4 Nussbaum (2011) distingue um liberalismo "perfeccionista", exemplificado por Isaiah Berlin ou Joseph Raz, que vê como missão a ampliação da autonomia individual, de um liberalismo "político", que rejeita a centralidade do valor da autonomia por julgar que ele não se acomoda a algumas opções individuais (por exemplo, de seguidores de religiões autoritárias) e, portanto, viola a noção de neutralidade em relação às diferentes concepções de bem. Seria a posição de John Rawls e dela própria. Creio que o liberalismo perfeccionista, em versões como a de Berlin, é pouco sensível às condições materiais e sociais de desenvolvimento da autonomia que defende. E o liberalismo político, da forma como ela o descreve, é contraditório, já que quaisquer modos de vida são legítimos, desde que *livremente escolhidos* pelos indivíduos, o que pressupõe a agência autônoma. Nussbaum se mostra ciente da contradição, mas não avança na direção de sua resolução. É uma contradição similar à que assombra o multiculturalismo (ver capítulo 8, neste volume).

No modelo que aqui estou associando ao pensamento liberal, a política seria apenas um espaço de agregação dessas preferências prévias[5] – e este é um aspecto que tem desdobramentos importantes para a compreensão da democracia. Sua base é a estrita separação entre as esferas pública e privada, que é fundante do liberalismo e que será desafiada, de diferentes maneiras, por correntes teóricas posteriores, notadamente, mais uma vez, o marxismo (que questiona o isolamento entre a economia *privada* e a política) e o feminismo (que questiona a desvinculação entre o espaço doméstico *privado* e o espaço público; ver capítulo 7). No pensamento liberal, porém, prevalece a percepção de que a igualdade pertence à esfera pública e a liberdade, à privada. É um pensamento que encontra uma formulação precoce, mas canônica, em Benjamin Constant; e que será depois formulado com radicalidade ímpar por Friedrich Hayek.

Na sua célebre diferenciação entre a liberdade dos antigos e a liberdade dos modernos, Constant indica a primazia do gozo privado. A autonomia coletiva, entendida como participação na tomada de decisões que afetam a todos e que seria o valor perseguido na *polis* grega, é desprezada como pouco relevante. A participação direta comprometeria o tempo necessário à dedicação aos afazeres particulares, e são esses que os modernos mais prezam. Nossa liberdade é a liberdade de guiarmos nossa vida na esfera privada, sem interferência indevida dos outros e, particularmente, do Estado: é "o direito de dizer sua opinião, de escolher seu ofício e exercê-lo, de dispor

5 Os modelos hoje dominantes da teoria política, derivados desta compreensão, não operam com preferências, mas com escolhas, que tratam como se fossem *proxies* infalíveis das preferências. No entanto, escolhas são fruto da interação de preferências com contextos e em si mesmas pouco dizem das motivações dos agentes. Diante da opção entre A e B, o agente pode escolher A, não porque de fato prefira A, mas porque, no contexto em que a decisão é tomada, a escolha de A leva a determinados resultados. Assim, o que se prefere não é A nem B, mas esses resultados; e a escolha não revela qualquer preferência, a menos que os outros elementos sejam acrescentados ao cenário. É possível, então, entender *preferência* como a predileção por alguma situação ou estado, que leva ao *interesse* em determinadas medidas e a *escolhas* em situações concretas (cf. Sunstein, 1991; Miguel, 2014a, cap. 7).

de sua propriedade e mesmo de abusar dela, de ir e vir sem precisar de permissão e sem prestar contas de seus motivos" (Constant, 1997 [1819], p.593). Em relação ao governo, os modernos não desejam participação, mas limitação, a fim de que sua realização privada não seja comprometida. Mas cabe lembrar que a esfera privada sempre foi o espaço de florescimento das desigualdades, ao passo que nas arenas públicas vigoraria a igualdade convencional entre todos os cidadãos. A opção de Constant, já se vê, é prenhe de significados.

Uma derivação do raciocínio de Constant surge na distinção, também célebre, entre "liberdade negativa" e "liberdade positiva", tal como formulada por Isaiah Berlin. Enquanto a primeira se refere à ausência de coerção externa, em particular a coerção estatal, nas decisões sobre a própria vida, a segunda envolve a participação no autogoverno coletivo. Em particular, Berlin recusa a ideia de que a privação material implica redução da liberdade. Não seria possível afirmar que a falta de recursos, por impedir que quem a sofre seja capaz de alcançar seus propósitos, implique restrição à liberdade; ele argumenta que essa compreensão "depende de uma teoria social e econômica particular acerca das causas da minha pobreza ou debilidade" (Berlin, 1969, p.123). Ao recusar essa "teoria social e econômica particular", Berlin adensa a separação entre política e economia que é um dos principais pontos cegos da doutrina liberal.

Berlin não nega valor à liberdade positiva, que reconhece como um ideal digno de respeito. Mas confere uma primazia lexicográfica à liberdade negativa. Com isso, o autogoverno – a esfera da igualdade de direitos – fica limitado pela intocabilidade da autonomia individual privada, isto é, da esfera em que o exercício da liberdade é condicionado pelos recursos diferenciados disponíveis para os indivíduos. Em particular, qualquer política redistributiva torna-se dependente da aceitação voluntária por parte dos controladores da riqueza, já que uma transferência compulsória para os mais pobres implica coerção externa.

Uma versão menos sofisticada do argumento aparece na obra de Hayek. Combatendo a noção de que há necessidade de uma base material mínima para o gozo da liberdade, ele diz:

> É importante perceber a sutil alteração de sentido a que se submeteu a palavra liberdade para tornar plausível este argumento. Para os grandes apóstolos da liberdade política, essa palavra significava que o indivíduo estaria livre da coerção e do poder arbitrário de outros homens, livre das restrições que não lhe deixavam outra alternativa senão obedecer às ordens do superior ao qual estava vinculado. Na nova liberdade prometida, porém, o indivíduo se libertaria da necessidade, da força das circunstâncias que limitam inevitavelmente o âmbito da efetiva capacidade de escolha de todos nós, embora o de alguns muito mais do que o de outros. [...] Liberdade neste sentido não passa, é claro, de um sinônimo de poder ou riqueza. (Hayek, 1990 [1944], p.49)

O impacto dessa *démarche* é claro. As injustiças sociais estão fora do âmbito das questões que são tratáveis politicamente. Com isso, o espaço de realização da democracia fica reduzido. Hayek, como sempre, externa abertamente seu desprezo pelas instituições democráticas, que devem estar limitadas pelo respeito obrigatório às regras do mercado e não passam de "um instrumento utilitário para salvaguardar a paz interna e a liberdade individual" (Hayek, 1990 [1944], p.84) – liberdade definida de maneira restrita, como visto.[6]

A dissociação entre democracia e liberdade leva a uma percepção em que a liberdade negativa, entendida em termos berlinianos, se distancia por inteiro da liberdade positiva. Assim,

> muitas vezes houve mais liberdade cultural e espiritual sob os regimes autocráticos do que em certas democracias – e é concebível que, sob o governo de uma maioria muito homogênea e ortodoxa, o regime democrático possa ser tão opressor quanto a pior das ditaduras. (Hayek, 1990 [1944], p.84)

6 Embora Hayek afirme julgar que a democracia é instrumental para a liberdade, é possível dizer que, em seu pensamento, a liberdade também é apenas instrumental para a coordenação interpessoal que a "mão invisível" do mercado exige, sendo ela o valor último a ser perseguido (cf. Raz, 1986, p.7).

O que o economista austríaco está fazendo aqui é atualizar o tema da "tirania da maioria", importante para o pensamento liberal dos séculos XVIII e XIX em sua desconfiança da democracia.

De fato, em relação à democracia, o liberalismo apresenta uma ambiguidade ainda maior do que em relação ao valor da igualdade. Como observou Norberto Bobbio, liberalismo e democracia são respostas a questões diferentes: quem governa, no caso da segunda, a qual responde "o povo"; e como se governa, no caso do primeiro, que responde "respeitando direitos individuais". Mas isso não significa que seu encontro não tenha sido conflitante: "o Estado liberal clássico foi posto em crise pelo progressivo processo de democratização produzido pela gradual ampliação do sufrágio até o sufrágio universal" (Bobbio, 1988 [1985], p.7-8).

O medo da "tirania da maioria", isto é, de que a implementação de regras democráticas levaria fatalmente ao nivelamento das condições materiais, é a forma que esse conflito assume na reflexão liberal, quando confrontada com as primeiras exigências democráticas. Suas diferentes expressões estão nos artigos federalistas, em Alexis de Tocqueville e em John Stuart Mill, por exemplo.

No "Federalista nº 10", talvez o mais importante de toda a série, Madison lidou com o problema das facções e, em particular, a necessidade de evitar a formação de uma facção da maioria, o que é o principal argumento em favor da criação de uma federação de estados (Hamilton; Madison; Jay, 1990 [1788], p.52). A multiplicação das facções torna a todas minorias, que precisam se equilibrar entre si, percepção que é fundante do pluralismo contemporâneo, mas que, no contexto, possui um claro sabor de denúncia dos riscos da democracia. O modelo madisoniano é uma combinação instável entre a regra da maioria e o direito da minoria ao gozo de seus privilégios, como notou o próprio Robert Dahl (1956, p.31).

A representação política entra na equação como outra forma de impedir o poder popular. Dessa forma, no "Federalista nº 35", Alexander Hamilton expressou sua confiança na sub-representação das classes trabalhadoras: "Mecânicos e manufatureiros sempre estarão inclinados, com poucas exceções, a dar seus votos para comerciantes, de preferência a pessoas de suas próprias profissões ou ocupações" (Hamilton; Madison; Jay, 1990 [1788], p.113). Outra formulação do princípio aristocrático aparece no "Federalista nº 57", atribuído a Hamilton ou a Madison:

> O objetivo de qualquer constituição política é, ou deve ser, primeiro, conseguir, para governantes, homens que possuam mais sabedoria para discernir, e mais virtude para perseguir o bem comum da sociedade. (Hamilton; Madison; Jay, 1990 [1788], p.176-7)

Não se registra qualquer tensão entre a distinção de classe, presente na primeira citação, e a diferença em sabedoria e virtude, na segunda: os autores seguramente supunham que as classes superiores eram mais sábias e mais virtuosas. Seja como for, o corpo de representantes é distinto do povo. É um estrato selecionado, onde se apresenta não um retrato da sociedade, mas aquilo que nela haveria de melhor. O regime representativo, portanto, seria superior à democracia, salvaguardando o povo contra a tirania de suas próprias paixões, tema que também é explorado por Hamilton (ou Madison), no "Federalista nº 63".

Em modulação similar, Tocqueville analisou o risco da tirania da maioria, que apresentou, em tirada de forte carga retórica, como a pior de todas, pois nega a quem a padece o recurso ou mesmo o conforto da solidariedade alheia:

> Quando um homem ou um partido sofre uma injustiça nos Estados Unidos [apresentados como paradigma da ordem política democrática], a quem você espera que ele se dirija? À opinião pública? é ela que forma a maioria; ao corpo legislativo? ele representa a maioria e a obedece cegamente; ao poder executivo? ele é nomeado pela maioria e lhe serve de instrumento passivo; à força pública? a força pública nada mais é que a maioria em armas; ao júri? o júri é a maioria revestida do direito de determinar arrestos: mesmo os juízes, em alguns estados, são eleitos pela maioria. (Tocqueville, 1992 [1835-40], p.290)

A democracia, assim, seria a inimiga da diversidade e uma ameaça permanente à possibilidade de livre usufruto da liberdade privada, que seria o ideal dos modernos. Em *A democracia na América*, Tocqueville fez uso de democracia e igualdade como sinônimos. Mas, ao mesmo tempo, promoveu um deslizamento constante entre igualdade material e igualdade de *status*, abrindo caminho para a conciliação entre democracia e desigualdade que seria crucial para o liberalismo posterior.

Há, assim, uma tensão permanente entre os componentes democrático e liberal da democracia liberal (Mouffe, 2005 [2000]). Em suas diferentes fases, a obra de um autor central da concepção liberal da democracia, como Robert Dahl, é exemplar dessas tensões. Mesmo em seus escritos iniciais, a despeito do caráter conservador e da construção de uma moldura voltada à legitimação do modelo político estadunidense, Dahl já colocava em cena a questão da distribuição dos recursos políticos e suas consequências para a democracia. Em seu primeiro livro, ele discutia os *trade-offs* entre igualdade, eficiência, liberdade e democracia (Dahl; Lindblom, 1992 [1953]). Mais tarde, numa trajetória invulgar, ele se tornou um crítico da democracia ocidental. Sua reflexão passou a incorporar a desigualdade no controle dos meios de produção, como um limite importante à prática da democracia, levando-o mesmo a afirmar a incompatibilidade do capitalismo das grandes corporações com o governo democrático e a defender um modelo autogestionário de economia (Dahl, 1989, 1990 [1985]).[7]

O modelo "poliárquico" de democracia, nome dado por Dahl à sua versão do pluralismo, é uma tentativa sofisticada de compatibilizar o ideal democrático com o cenário político do mundo ocidental no pós-guerras, marcado pela baixa participação popular e exercício do poder por poucos, sem com isso seguir Schumpeter na eliminação de todo o conteúdo substantivo da democracia. A presunção do

7 Uma resenha da evolução do pensamento de Dahl, em relação aos problemas da igualdade e desigualdade, encontra-se em Abu-El-Haj (2008).

desinteresse político do eleitorado, central no relato schumpeteriano, é relativizada. Os cidadãos são, sim, apáticos quanto à maioria das questões da agenda política, mas podem se mobilizar no momento em que um de seus interesses específicos é posto em questão. Se não podemos contar com o governo do povo ou mesmo com o governo da maioria, podemos ao menos ter um sistema político que distribua a capacidade de influência entre muitas minorias. As eleições ocupam uma posição central num ordenamento poliárquico não porque introduzam um

> governo de maiorias em qualquer maneira significativa, mas [porque] incrementam enormemente o tamanho, número e variedade de minorias cujas preferências têm que ser levadas em conta pelos líderes quando fazem escolhas políticas. (Dahl, 1956, p.132)

Dahl admite que os regimes vigentes no Ocidente não são realmente "governos do povo", mas ao mesmo tempo nega que exista uma classe dominante, como querem os marxistas, ou uma "elite do poder". Em vez de uma minoria governante, existem muitas minorias que disputam entre si questões específicas e que devem ser levadas em conta pelos governantes. O regime de propriedade governamental e planejamento centralizado, ao estilo soviético, promove a reunião de recursos políticos e econômicos nas mesmas mãos (Dahl, 1971, p.61); em contraste com ele, o capitalismo levaria à desconcentração do poder, que permite a competição entre interesses diversos e, logo, evita a tirania. Ao seu modelo, Dahl chama "poliarquia", a palavra designando a existência de múltiplos centros de poder dentro da sociedade – e se distinguindo da verdadeira democracia, entendida como ideal normativo cuja plena realização é utópica.

Ele "comprovou" a vigência da poliarquia num estudo sobre os processos decisórios em New Haven, Connecticut, apresentada como cidade "típica" da vida urbana estadunidense. A pesquisa mostrou que, embora uma minoria de líderes monopolizasse as iniciativas políticas, havia conflito dentro dela e a influência de cada líder era, como regra, especializada, isto é, incidia sobre apenas uma questão (Dahl, 1961). O estudo de Dahl está sujeito a uma série de questionamentos de ordem metodológica, a começar pela premissa de que os processos de decisão em nível local servem de microcosmo do nível nacional. Afinal, *tamanho* e *distância* são fatores essenciais para explicar a apatia política popular, que, por sua vez, é um dos elementos que favorecem o domínio da elite, um ponto que o próprio autor estudou (Dahl; Tufte, 1973). Mas a principal crítica foi formulada por Bachrach e Baratz (1962), que demonstraram que o estudo de Dahl ignorava a *determinação da agenda* como uma faceta crucial do exercício do poder: a capacidade que alguns poucos têm de evitar que determinados assuntos sejam submetidos ao escrutínio público. Assim, o poder da classe capitalista, por exemplo, se exerce sobretudo pelo fato de que as relações de produção que a privilegiam não são colocadas em questão.

A solução poliárquica trata os diferentes níveis de participação política como o efeito de hierarquias de preferências diversas – e sensibilidades diversas à pauta do momento –, sem a violação, portanto, de princípios de igualdade. Se os mais pobres e menos educados não exercem os direitos que possuem nominalmente, isso se deve a uma "propensão à passividade política" (Dahl, 1956, p.81), cujas bases não parece ser necessário investigar. Na maior parte da discussão, os grupos entram na forma de comunidades de interesse autoinstituídas, cada qual controlando não mais do que uma parcela dos recursos de poder. Dado que nenhum grupo forma uma elite do poder, no sentido de Wright Mills (1981 [1956]), as assimetrias entre eles não são consideradas significativas (cf. o capítulo 3 deste volume).

O pluralismo é vulnerável a muitas críticas, sobretudo vinculadas à equivalência que acaba por fazer entre diversidade de interesses e capacidade de pressão. Na narrativa que estabelece, a mera franquia eleitoral se torna o meio de garantir que todos os grupos tenham peso na tomada de decisão. Os diferentes grupos teriam suas preferências levadas em conta porque aqueles que disputam o governo têm interesse em obter o apoio mais diversificado possível – argumento que, na mesma época, tornou-se central na teoria da democracia de Anthony Downs (1957) e que, caso aceito, torna, por si só, irrelevante qualquer discussão sobre o impacto político das diferentes desigualdades sociais.

O próprio Dahl reconhecia, já em suas obras dos anos 1950, que a assimetria no controle de recursos gera problemas para a igualdade política. Quando estabeleceu suas oito condições para a efetivação da democracia, indicou que os ruídos causados pelas desigualdades sociais são grandes, sobretudo no período pré-eleitoral, cujas exigências, de acordo com o modelo, são que todos tenham capacidade de submeter novas alternativas à apreciação do público e que todos tenham acesso ao mesmo conjunto de informações. No entanto,

> diversas influências, incluindo aquelas da maior riqueza e do controle sobre recursos organizacionais, exageram tanto o poder dos poucos em relação aos muitos que os processos sociais que culminam no processo de votação podem ser adequadamente chamados de altamente desiguais e antidemocráticos. (Dahl, 1956, p.66)

Tais alertas são abafados pelo entendimento "realista" de que as democracias completas são inalcançáveis e que as assimetrias de recursos, mesmo sérias, não impedem que uma sociedade chegue à posição de "poliarquia inclusiva". De fato, as oito exigentes condições para a democracia, apresentadas em *Um prefácio à teoria democrática*, cedem lugar, mesmo ao longo do livro, à visão descritiva, menos rigorosa, da competição entre múltiplos grupos minoritários.

Em *Poliarquia*, Dahl (1971) apresentou um novo modelo, bidimensional, segundo o qual os processos de democratização se desdobram em inclusividade (ampliação do número de pessoas incorporadas formalmente ao processo político) e liberalização (reconhecimento do direito de contestação). Dahl estava falando de *democratização*, isto é, dos processos históricos que permitiriam que as sociedades se aproximassem da efetivação das condições da democracia. Mas muito da ciência política posterior passou a ver inclusividade e liberalização como as duas dimensões da própria *democracia*, que se esgotaria, assim, na universalização do direito de voto e na liberdade de organização política. O modelo bidimensional também enfrentou críticas recorrentes, a começar pela ausência de uma dimensão social, que permitisse que os direitos de participação e oposição fossem mobilizados de maneira efetiva (ver, por exemplo, Weffort, 1992). De fato, como a inclusividade é apenas formal, reduzindo-se em última análise ao direito de voto, ela é compatível com a exclusão política real dos grupos subalternos.

Em suma, a despeito do reconhecimento de que as assimetrias de recursos são um problema, a obra de Dahl permitia uma apropriação que reduzia a democracia à concessão dos direitos políticos. A versão simplificada do pluralismo liberal, com sua ênfase em eleições competitivas e em múltiplos grupos de pressão, tornou-se a ideologia oficial dos regimes democráticos ocidentais. A presunção de uma capacidade mais ou menos igualmente disseminada de ativação política, que está presente nas formulações pluralistas, nos faz voltar à ideia de que a igualdade de direitos políticos é suficiente. Cada grupo buscaria intervir apenas em relação a uma pequena quantidade de questões, aquelas que lhes interessam diretamente, de uma agenda pública que é vista como virtualmente interminável e não hierarquizada. Fica de fora o entendimento que "a classe dominante se define precisamente pelo fato de que ela possui um interesse particular pelos assuntos ditos de interesse geral, porque os interesses particulares de seus membros são particularmente ligados a esses assuntos", como dizia Pierre Bourdieu (1979, p.518).

Em especial, o pluralismo liberal se mostra cego às questões da formação das preferências, já discutida antes, e da constituição dos grupos sociais. Não se questiona o que os indivíduos consideram como sendo os seus interesses, aqueles que eventualmente vão levá-los a fazer pressão sobre determinados itens da agenda pública. A produção socialmente diferenciada da apatia política não é um problema. O fato de que alguns se interessem pelas grandes decisões de Estado e outros, não, transita como o efeito de prioridades diferenciadas, sobre as quais não cabe julgar, para não cair no paternalismo. Como corolário, os grupos relevantes para a análise da política são os grupos formados voluntariamente. Não têm espaço os grupos imputados (ou adscritos), sobre os quais vai se debruçar boa parte da teoria política crítica, a partir dos anos 1990 (cf. Williams, 1998), exceto quando e se seus integrantes passam a se identificar conscientemente como portadores de interesses coletivos, isto é, quando assumem o comportamento de um grupo voluntário. Entretanto, as características adscritas operam como mecanismo de exclusão independentemente desse passo.

Com o passar dos anos, Dahl tornou-se cada vez mais crítico em relação ao sistema político estadunidense – que a teoria pluralista, a princípio, justificava. Ele se tornou sensível aos problemas que o ordenamento capitalista apresenta à efetivação da democracia, passando a advogar por formas de economia autogestionária (Dahl, 1990 [1985]). Passou a expressar simpatia pela abordagem deliberacionista, embora não a tenha de fato incorporado em seu modelo.[8] Em seu último livro, há uma nota de desalento, típica de autores da esquerda do começo do século XXI:

> Uma economia de mercado, de forma inevitável e frequente, inflige sérios danos a alguns cidadãos. Ao produzir grandes desigualdades de recursos entre os cidadãos, o capitalismo de mercado também nutre inevitavelmente a desigualdade política entre os cidadãos de um país democrático. No entanto, um país democrático moderno não tem nenhuma alternativa factível a uma economia capitalista de mercado. (Dahl, 2006, p.67)

O Dahl crítico, das últimas décadas de sua vida, teve bem menos impacto no pensamento político que o Dahl mais jovem. Na sua versão de menor voltagem crítica, a perspectiva pluralista tornou-se, a

---

8 No final da vida, Dahl esteve claramente *à esquerda* da maior parte dos deliberacionistas, por suas críticas ao capitalismo, por sua consciência das limitações do ordenamento liberal e mesmo por sua denúncia dos aspectos regressivos da Constituição dos Estados Unidos (Dahl, 2002). Já os deliberacionistas caminharam para uma crescente acomodação com o capitalismo, com o constitucionalismo liberal e, enfim, com o modelo político estadunidense (cf. Miguel, 2014a, cap. 2; 2014b). A leitura do deliberacionismo que esboço aqui é, já se vê, divergente daquela apresentada no capítulo 6 deste volume.

partir da metade do século XX, o entendimento liberal padrão sobre a relação entre democracia e desigualdades. O pluralismo desconstrói a ideia de uma igualdade niveladora pretensamente necessária à democracia e, ao mesmo tempo, naturaliza e menospreza as diferenças entre os grupos e as assimetrias nos controles de recursos.

O problema da desigualdade será retomado pela filosofia política liberal, a partir de um ângulo novo, com a obra de John Rawls. O "princípio da diferença" (Rawls, 1971) é uma tentativa brilhante de combinar a noção de respeito igual a todos os indivíduos com o reconhecimento do peso das desigualdades materiais, nos marcos de uma visão liberal. As respostas a ele são significativas e marcam toda a filosofia política das últimas décadas. No desenvolvimento da obra do próprio Rawls, a centralidade do princípio da diferença se desvaneceu. A proposta inicial de produção ativa de condições de existência mais igualitárias cedeu passo a uma proposta de convivência entre diferentes modos de vida (Rawls, 2001, 2005 [1993]). No processo, Rawls acabou por "esmaecer a forte pretensão universalista de sua teoria da justiça", transformando-a num deciframento e numa justificação das bases normativas das sociedades ocidentais, conforme apontou Habermas (1997 [1992], v.1, p.86).[9]

A formulação de Rawls em *A teoria da justiça* é bem conhecida. Uma sociedade bem ordenada deve ser guiada pelos dois princípios da justiça. O princípio da igual oportunidade indica que cada pessoa deve ter direito ao mais abrangente sistema de liberdades básicas que seja compatível com um sistema de liberdades iguais para todas as outras pessoas. E o princípio da diferença afirma que qualquer desigualdade na sociedade só é justificada se preencher duas condições: deve ser vantajosa para todos ou, ao menos, para os mais desfavorecidos e estar vinculada a posições acessíveis (em princípio) a qualquer um. Na narrativa de Rawls, tais princípios seriam aqueles que alcançariam o acordo de indivíduos sensíveis à razão, mas não a interesses

9 Uma apreciação que se aplicaria também à trajetória do próprio Habermas, das formulações originais da teoria do agir comunicativo ao próprio *Direito e democracia*.

particulares, segundo sua célebre descrição da posição original e do véu da ignorância.

Embora a estrutura básica desenhada por Rawls seguramente contemple as instituições da democracia representativa, elas não constituem um problema importante em *Uma teoria da justiça*. O princípio da diferença sustenta, até certo ponto, a ideia do governo representativo.[10] Sua primeira parte – as desigualdades são justificadas apenas quando beneficiam a todos – pode ser invocada para afirmar a necessidade de existência de um governo. Ele gera um diferencial de poder entre governantes e governados, mas, segundo um argumento comum, os ganhos presumíveis seriam benéficos a todos: mais ordem, segurança e as vantagens advindas da especialização nas tarefas administrativas.

Já a segunda parte – posições acessíveis a todos – impede que formas dinásticas ou oligárquicas de governo se tornem opções aceitáveis. Assim, há necessidade de governo e de que esse governo deva ser escolhido por algum processo competitivo aberto a todos. Tal requisito seria cumprido pela disputa eleitoral, mas também por outros meios, como torneios de conhecimentos ou de força, sorteios ou qualquer outro método que a imaginação componha. A indeterminação é eliminada no momento em que Rawls estabelece o valor da competição eleitoral, arrolando-a entre as liberdades fundamentais. De fato, a liberdade política, definida como "o direito de votar e de ser eleito para cargo público", ocupa o primeiro lugar na lista que Rawls faz das "liberdades básicas" (Rawls, 1971, p.61). É uma definição que denuncia um entendimento limitado da política, que se reduz à competição pela ocupação das posições de poder. Uma leitura mais generosa, no entanto, concede que outras condições necessárias para a livre atividade política estão contempladas no restante da relação das liberdades básicas de Rawls, que inclui as liberdades de expressão e de assembleia, apresentadas expressamente como

10 Sobre a representação e a política em Rawls, cf. Miguel (2014a, cap.9), cuja argumentação acompanho aqui.

relacionadas à liberdade política, tal como ele a define, bem como a liberdade de pensamento.

Mas restam dois problemas principais vinculados ao espaço que a democracia é capaz de ocupar no arcabouço teórico de Rawls: o *espaço reduzido dado à política* e o *potencial viés paternalista do princípio da diferença*. Tais problemas são significativos porque demonstram os limites que o pensamento liberal, mesmo nas suas formulações mais sofisticadas, apresenta para pensar a relação entre igualdade e democracia.

O primeiro deles é amplamente anotado pela literatura, constituindo uma crítica comum não só a Rawls, mas a outros filósofos liberais contemporâneos, como Ronald Dworkin. *Todas* as questões fundamentais estão resolvidas de antemão – no caso de Rawls, a partir da posição original, que estabelece os princípios da justiça e delineia a estrutura básica da sociedade. Mas a posição original é basicamente apolítica, dada a ausência de interesses a serem defendidos, agregados ou acomodados. A "sequência de quatro estágios" para a tomada de decisões (Rawls, 1971, p.195-201) é marcada, em todas as etapas de produção de normas, pelo desconhecimento dos legisladores em relação a suas próprias características (posição social, concepção do bem) e, portanto, pelo exílio da disputa de interesses. Isto é, não há espaço para a política. Ela é bloqueada pela exigência de *imparcialidade*, seja na fixação das regras, seja na sua aplicação aos casos. Em sua elaboração posterior, Rawls afirma explicitamente que o único fundamento legítimo do voto – o que, no contexto, significa toda forma de ação política pública – é a busca do bem comum, apoiando-se na noção de "vontade geral" de Rousseau (Rawls, 2005 [1993], p.219-20).

Assim, Rawls pode ser incluído na tendência que Nadia Urbinati chamou de "democracia apolítica", que dissolve o julgamento político num tipo de julgamento judicial, marcado exatamente pela exigência de imparcialidade (Urbinati, 2010). É esse ponto que é frequentemente indicado por críticos de Rawls: para ele, "uma sociedade bem ordenada é uma sociedade da qual a política foi eliminada" (Mouffe, 2005 [2000]), p.29). Ele "apresenta uma tecnocracia despolitizada. [...] A justiça deve ser determinada em perpetuidade antes do advento do governo e da iniciação da política. Sua justiça se situa literalmente além da política" (Jackson, 1983 [1980], p.264).

Quando Rawls trouxe sua teoria à terra, em *O liberalismo político*, o banimento da política assumiu uma nova forma. As ideias de posição original e de véu da ignorância perderam centralidade; em seu lugar, foi colocada a visão de um "consenso sobreposto de doutrinas razoáveis". Esse "pluralismo de doutrinas razoáveis", que Rawls distingue criteriosamente do "pluralismo propriamente dito", fruto da busca de interesses conflitantes, é uma consequência dos "limites da razão". Estamos condenados a conviver com uma pluralidade de doutrinas que são todas plausíveis, embora incompatíveis entre si. Como nossa razão é limitada, não temos como ter certeza da verdade e somos obrigados a aceitar percepções opostas como legítimas. A questão é como lidar com isso, garantindo a estabilidade social e a aplicação de princípios universais de justiça.

Na teoria da justiça de Rawls, o pluralismo não é um *valor*, mas um problema a ser enfrentado, conforme apontou Galston (apud Dryzek, 2010, p.88). Ele não deriva de alguma qualidade humana que se valorize positivamente, mas da insuficiência da razão. Rawls verbaliza uma visão epistêmica, segundo a qual o processo decisório objetiva encontrar a resposta *certa* para as questões em pauta. É uma compreensão que remete a Rousseau, com sua ideia de uma vontade geral preexistente a ser desvendada, mas ainda mais a Auguste Comte (1895 [1822]), para quem só existia liberdade de consciência na política porque, nela, o conhecimento científico ainda não avançara o suficiente.

A essa visão epistêmica se une a preocupação de reduzir o nível de conflito na sociedade, que é central sobretudo para o Rawls de *O liberalismo político*. O consenso sobreposto de doutrinas razoáveis visa garantir que os elementos centrais do ordenamento social não serão desafiados por nenhum grupo. O objetivo, afinal, é gerar "um regime democrático duradouro e seguro, que não esteja dividido por correntes doutrinárias em conflito ou classes sociais hostis" (Rawls, 2005 [1993], p.38). Para tanto, Rawls recomenda que sejam removidas "da agenda política as questões que geram mais divergência, [pois] uma disputa séria sobre elas acaba por minar as bases da cooperação social" (Rawls, 2005 [1993], p.157).

A inspiração de Rawls é o conflito religioso que dividiu a Europa a partir da Reforma, no século XVI, e que se resolveu com a separação entre religião e política. Se hoje nós consideramos que tal separação é um ganho e uma condição necessária da democracia, seguramente é um erro supor que todas as questões mais polêmicas da agenda política são da mesma natureza. Muitas delas dizem respeito ao enfrentamento das desigualdades sociais: ao acesso ao poder e à distribuição dos frutos da cooperação social, para ficar com a terminologia do próprio Rawls. Uma vez que, conforme ele mesmo admite, há um intervalo de indeterminação na aplicação dos princípios gerais da justiça, eliminar tais questões da agenda (que dizem respeito, por exemplo, à igualdade entre os sexos, à proteção do meio ambiente ou ao controle dos meios de produção) significa simplesmente eternizar o *status quo*.

Passo agora ao segundo problema, vinculado ao princípio da diferença. É desnecessário destacar a centralidade deste princípio na economia geral do pensamento rawlsiano: ele está no coração do seu compromisso igualitário e é o principal elemento de diferenciação em relação ao utilitarismo. Mas Rawls compartilha com os utilitaristas a despreocupação com o processo de formação das preferências.

O princípio da diferença rege a distribuição de "benefícios", que devem favorecer prioritariamente aqueles que estão em piores condições. É o que justifica eventuais desigualdades sociais. O princípio da diferença não busca a equalização dos indivíduos (que exigiria, por exemplo, investimentos pouco rentáveis nos menos dotados por natureza, a fim de diminuir o fosso que os separa dos mais dotados), mas a melhoria do padrão de vida dos menos favorecidos, ainda que à custa da ampliação da distância entre os extremos. Rawls estava atento a eventuais efeitos negativos dessa disposição e observou que deve haver

> um ganho máximo permitido ao mais favorecido, presumindo-se que, embora o princípio da diferença permitisse [mais do que isso],

ocorreriam efeitos injustos sobre o sistema político e similares, que são vetados pela prioridade da liberdade. (Rawls, 1971, p.81)

"Benefícios", "vantagens" e "ganhos" aparecem, no discurso de Rawls, como elementos autoexplicativos, não muito diferentes da "utilidade" dos utilitaristas. Há um quadro implícito, em que tais ganhos são vistos como unidimensionais, mensuráveis, comparáveis e redutíveis a uma substância comum. Mas é claro que essa é uma simplificação insustentável. A determinação da maior ou menor vantagem ou benefício de uma situação em relação a outra não é sempre clara, seja para o próprio agente, seja para um observador externo. Em particular, vantagens ou benefícios precisam ser entendidos como função de um conjunto de preferências que são, elas próprias, produzidas socialmente, e dizem respeito a bens ou posições cujo valor é também sensível às representações sociais compartilhadas. Não é possível alcançar um entendimento das assimetrias sociais relevantes sem levar em conta a capacidade desigual de produzir preferências autônomas, influenciada tanto pela privação material quanto pela dependência cultural (cf. Young, 1990; Sunstein, 1991; Miguel, 2015).

A teoria de Rawls foi criticada também por sua insensibilidade às questões de gênero – o sexo biológico não era listado entre as características a serem cobertas pelo véu da ignorância, os indivíduos na posição original eram descritos como "chefes de família" e, sobretudo, o espaço doméstico era caracterizado como um lugar que, regido pelo afeto, não precisava estar submetido aos princípios da justiça (Okin, 1989; Biroli, 2013). Depois, a igualdade entre homens e mulheres, inclusive dentro do lar, foi incorporada como uma exigência de justiça por Rawls (2001, p.11), como se fosse um adendo descomplicado e mesmo óbvio. No entanto, a limitação do âmbito da justiça, cujos imperativos não afetam associações privadas, é crucial para que Rawls mantenha intacto o princípio de que todos são livres para perseguir suas próprias concepções do bem. Longe de ser um esquecimento lateral, a ausência do compromisso com a igualdade entre os sexos, na formulação inicial, é significativa da dificuldade, que não apenas Rawls, mas também o pensamento liberal em geral tem, de romper com a separação convencional entre o público e o privado.

Boa parte das críticas que se dirigem à obra de Rawls pode também ser endereçada a Ronald Dworkin – que foi também um "liberal igualitário", empenhado tanto na proteção da autonomia individual e na garantia de um Estado neutro em relação às diversas concepções do bem, quanto na promoção da maior igualdade possível entre as pessoas. Dworkin, no entanto, é colocado em um nicho específico, os "igualitários da sorte". Seu objetivo é que o destino de cada um não seja afetado por circunstâncias aleatórias, mas sim pelas escolhas que o próprio indivíduo realiza. Trata-se de uma visão que, a despeito da ostensiva radicalidade igualitária de Dworkin, aproxima-o da insistência conservadora na "responsabilidade individual" (cf. Young, 2011) e leva-o a uma tentativa, fadada ao insucesso, de traçar com rigor as fronteiras entre acaso e escolha, entre influência do meio e decisão autônoma, entre herança genética e disposições livremente adotadas.

Da mesma forma como ocorre com o de Rawls, o modelo de Dworkin exige uma sociedade com uma estrutura muito pouco maleável. Os cidadãos parecem simplesmente estar submetidos a um esquema tecnoburocrático que aplica sua métrica de ônus e compensações. Como observa um crítico,

> o ideal de igualdade de Dworkin, tal como aplicado a questões de distribuição, não é em absoluto um modelo de igualdade social ou política. [...] Representa o que pode ser chamado de uma *concepção administrativa* da igualdade. (Scheffler, 2003, p.36-7)

O modelo de Dworkin prevê um véu da ignorância "fino", no qual as pessoas conheceriam suas preferências, mas não suas circunstâncias (que incluem seus eventuais talentos ou deficiências). A ideia é que cada um seja capaz de usar uma parte de seus recursos iniciais equitativos para contratar um "seguro", que garantiria compensações no caso de se frustrar na conquista de seus objetivos. Quanto maior o seguro pago, maiores as compensações, mas menor a parcela dos recursos iniciais disponível para outras coisas. Assim, o seguro deve refletir tanto a natureza das ambições (quanto mais elevadas, maior a chance de frustrações), quanto do grau de aversão ao risco de cada indivíduo. O artifício do seguro faz que as circunstâncias aleatórias sejam internalizadas como escolhas dos agentes, responsáveis pela qualidade do seguro que adquiriram.

Mas não são fixas, nem inequívocas, as fronteiras entre aquilo que pode ser creditado à sorte ou ao azar e aquilo que é responsabilidade de alguém, seja um indivíduo ou uma comunidade – o que é um dos problemas mais espinhosos para a teoria de Dworkin. A expansão do domínio humano sobre a natureza levou à expansão também da responsabilidade humana. Se os eventos em si não são controláveis pelos seres humanos, como é o caso de desastres naturais, ainda assim incidem responsabilidades. A linguagem jurídica ainda fala dos "atos de deus", em relação aos quais não cabe reparação. Mas se uma enxurrada, por exemplo, é um fenômeno da natureza, cabe investigar responsabilidades em relação a muitos aspectos intervenientes relevantes. São os próprios moradores os responsáveis por estar em local suscetível ou, pelo contrário, é o Estado, que não lhes alertou, ou o mercado, que impedia-os de residir em outro lugar? A responsabilidade pelos mecanismos de detecção precoce, comunicação e assistência às vítimas é de diferentes organismos, públicos e privados. Sem falar na possível influência humana nos padrões climáticos, a longo prazo, ou na degradação de encostas e leitos fluviais, em prazo mais curto.

O que conta como circunstância, fora de nosso controle pessoal e, portanto, creditável ao acaso, é, em grande medida, a resultante complexa das ações deliberadas de muitas outras pessoas. Isso evidencia um dos pontos problemáticos da narrativa de Dworkin, sua opção por focar o problema em termos de diferenças entre preferências individuais, o que obscurece, de forma ainda mais completa do que ocorre com Rawls, o papel das estruturas sociais (Young, 2011, p.30) e das relações sociais de dominação (Phillips, 1999, p.57-8). É insustentável, em particular, a ideia de que preferências (a serem respeitadas) e circunstâncias (a serem anuladas) formam categorias mutuamente excludentes e independentes entre si. A relação entre preferências e circunstâncias é importante para uma teoria normativa da democracia, pois a forma como a entendemos determina a possibilidade da crítica aos mecanismos de manipulação ou de redução das alternativas políticas colocadas à disposição do público.

Também é espinhoso o problema das desigualdades de mérito. Teorias igualitárias julgam que o mérito ou o talento não deve ser premiado ou, então, que seu prêmio deve ser matizado por injunções como o princípio da diferença. Podem por vezes pensar que a ausência de talento deve ser compensada. Mas raras vezes julgam, como fazia Babeuf no século XVIII, que o talento deve ser punido ou proibido de ser exercido em nome da igualdade. Assim, a velha objeção elitista – a desigualdade deriva das diferenças naturais – continua ecoando mesmo em vertentes que se apresentam como igualitárias. Dworkin tenta enfrentar o problema, mas de forma insuficiente.

Mérito ou talento não podem ser vistos como "dons", mas como frutos de disposições sociais específicas, que são distribuídas de forma desigual. Mesmo que haja uma base biológica para determinados tipos de talento, tal como em geral se imagina, essa base precisa ser ativada pelo ambiente social para que se manifeste e se desenvolva. Mais ainda, um determinado potencial ou capacidade só existe como "talento" sobre o pano de fundo de necessidades sociais específicas e da valorização social de uma prática. Numa sociedade sem futebol, o talento de Diego Maradona não teria existido.

Embora tenha aberto uma via de aproximação à questão, ao negar, em sua defesa das ações afirmativas no ensino superior, que o mérito acadêmico exista desconectado dos valores que se julga que a universidade deve promover (Dworkin, 1977, p.225), ele não avançou na direção de uma crítica abrangente à ideia de talentos naturais. A posição dominante em sua obra era a de que os talentos são uma das circunstâncias alheias à opção dos indivíduos, a serem compensadas para a produção da igualdade (Dworkin, 2000, p.140). Acompanhava Rawls na crítica ao mérito individual como justificativa para as desigualdades sociais, marcando uma ruptura com as versões mais vulgares do liberalismo, eivadas de percepções elitistas. Mas sua teoria falhava em conectar indivíduo e coletividade, privilegiando compensações localizadas e abrindo mão de fazer a crítica da produção social dos valores, por um lado, e das ambições, por outro.

Em outra dimensão de sua obra, Dworkin produziu uma minuciosa discussão sobre o sentido que devemos atribuir à igualdade, com profundas implicações para a democracia em sua reflexão. Ele contrastava noções centradas na equivalência do bem-estar obtido pelos indivíduos com outras, que se preocupam exclusivamente com a distribuição equitativa de recursos (ver Figura 1). Seu esforço foi defender a superioridade da igualdade de recursos sobre a igualdade de satisfação ou bem-estar – e, no caso da própria igualdade de recursos, justificar uma distribuição sensível às ambições (na medida em que elas trazem custos ou benefícios para os outros), mas não aos atributos pessoais (cf. Dworkin, 2000).

Na sua estratégia de desconstruir passo a passo a igualdade de bem-estar, o primeiro esforço era demonstrar que as preferências políticas não poderiam ser incluídas num cálculo de satisfação pessoal. São "preferências políticas", nos termos de Dworkin, aquelas que dizem respeito à distribuição dos recursos e oportunidade da sociedade. Se elas entrassem no cálculo, a sociedade igualitária teria que compensar racistas ou aristocratas por sua insatisfação de viver sob uma ordem que não é de seu agrado (Dworkin, 2000, p.21-5), uma conclusão que não há como ser sustentada.

O conceito de "preferência política" de Dworkin, restritivo, não engloba todas as predileções em relação às questões políticas. Assim, a preservação do meio ambiente é um dos exemplos das "preferências impessoais", que se referem a coisas que não me pertencem ou à vida de outras pessoas.[11] Dworkin também as retirava do cálculo de satisfação pessoal, em parte devido à demonstração de que esperanças pouco razoáveis ou muito custosas (encontrar vida extraterrestre

11 Preferências políticas e impessoais compõem aquilo que, em outros textos, Dworkin agrupa sob o nome de "preferências externas" (Dworkin, 1977, p.234).

Figura I – Possíveis compreensões da igualdade, segundo Ronald Dworkin

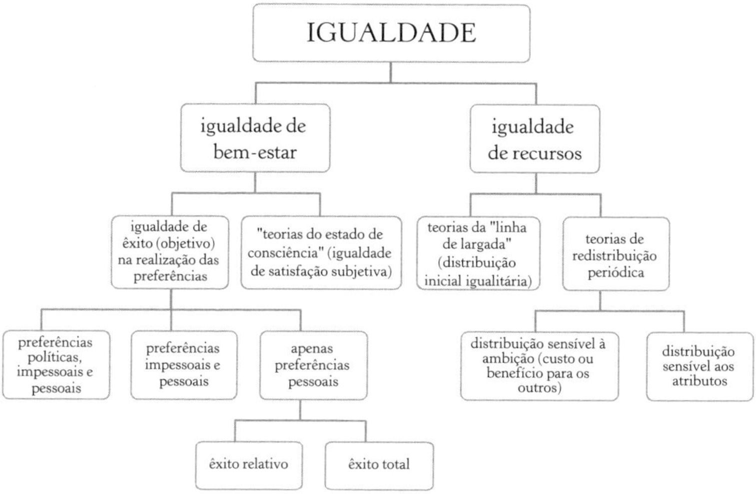

Fonte: elaboração própria, a partir de Dworkin (2000).

inteligente, por exemplo) gerariam enormes frustrações e, portanto, demandariam enormes compensações. Mas há um fundamento mais normativo e menos pragmático:

> É claro que as pessoas se preocupam, muitas vezes profundamente, com suas preferências políticas e impessoais. Mas não parece insensível dizer que, na medida em que o governo tem o direito ou o dever de tornar as pessoas iguais, ele tem o direito ou o dever de torná-las iguais em sua situação ou circunstâncias pessoais, *incluindo o poder político*, não no grau em que suas diferentes convicções políticas são aceitas pela comunidade ou no grau em que suas diferentes visões de um mundo ideal são realizadas. (Dworkin, 2000, p.27-8; grifo meu)

Há uma cautelosa diferenciação entre igualdade de poder político (a capacidade potencial de influenciar nas decisões) e igualdade de realização do ideal político. Numa eleição democrática, todos têm, formalmente, o mesmo poder. Mas a maioria vencedora fica em condição de implantar seu projeto de sociedade, ao contrário da minoria ou das minorias derrotadas.

Restam apenas as preferências pessoais. Dworkin buscou demonstrar como, mesmo limitando-se a elas, a igualdade de bem-estar é inviável, usando argumentos relativos à dificuldade de aferição e de comparação interpessoal e, sobretudo, ao problema dos gostos dispendiosos. Mas permaneceu a noção de que as preferências pessoais possuem primazia sobre as preferências de outros tipos, particularmente no que se refere à expressão política. Para ele, a inclusão das preferências políticas ou impessoais na agenda política pode levar a decisões que violam o princípio básico da democracia, que é a igual consideração e respeito a todos os cidadãos (2005 [1985], p.203). Seu exemplo era o hipotético banimento da expressão de opiniões impopulares ou práticas sexuais minoritárias:

> Como o liberal pode proteger os cidadãos contra esse tipo de violação de seu direito fundamental? Ao liberal não servirá simplesmente instruir os legisladores, em alguma exortação constitucional, para que desconsiderem as preferências externas de seus eleitores. Os cidadãos votarão nessas preferências ao eleger seus representantes, e um legislador que escolha ignorá-las não sobreviverá. (Dworkin, 2005 [1985], p.294)

Dworkin reconhecia que a distinção entre preferências pessoais e preferências externas não é clara. No entanto, usa a "preferência de associação" como exemplo: o desejo de que determinados serviços estejam disponíveis ao público apenas para que o próprio indivíduo, como parte desse público, tenha a alternativa de utilizá-los. Mais uma vez, apenas o estrito autointeresse pessoal é considerado.

Defendendo que apenas preferências pessoais podem ser legitimamente apresentadas, Dworkin coloca-se aquém da visão liberal padrão da política como momento de agregação de preferências prévias. No entendimento padrão, ao menos não há restrição de princípio sobre o tipo de preferência que se pode expressar. Os exemplos de Dworkin mostram que ele via o impedimento da manifestação de preferências externas como uma medida protetora das liberdades liberais. Uma vez mais, o tema é o conflito potencial entre democracia e liberalismo. Mas a expressão política das preferências externas não significa necessariamente preconceito ou intolerância. Também são externas as preferências vinculadas aos direitos trabalhistas, à proteção à natureza, à igualdade entre mulheres e homens ou ao combate ao racismo. Aparentemente, no modelo de Dworkin, ou tais temas devem estar ausentes da ação política ou devem ser vinculados a vantagens egoístas, que os tornariam "legítimos".

Na verdade, muitas dessas questões provavelmente estariam fora do alcance da ação política, como direitos já fixados e que não admitem concessões. Mas, nesse caso, seus próprios exemplos estariam invalidados. Não haveria risco de que a homofobia fosse instituída ou a liberdade de expressão, ameaçada. Afinal, para Dworkin, tanto quanto ou mais que para Rawls, a política move-se em espaço muito cerceado. As grandes questões da política e do direito, diz ele, têm "frequentemente uma única resposta correta" (Dworkin, 1977, p.279; cf. tb. Dworkin, 2007 [1986]). Ao combater o relativismo moral, porém, anula também a indeterminação característica da política e do conflito de interesses que a marca.

O liberalismo contemporâneo, porém, engloba também posições antagônicas ao compromisso igualitário, ainda que problemático, de Rawls e Dworkin. A resposta ultraliberal a *Uma teoria da justiça* nega qualquer validade ao princípio da diferença e radicaliza a oposição entre igualdade e liberdade, indicando que, fora um requisito de igualdade de condições no momento de constituição da sociedade, nenhuma outra reivindicação igualitária é legítima. A obra de Robert Nozick representou a tentativa mais ambiciosa de demonstrar que a desigualdade é a consequência inevitável das interações livres. Assim, qualquer ideal de justiça padronizada ou final – que avalia o grau de justiça de uma sociedade a partir de uma distribuição ideal de seus bens – exige uma violação constante da liberdade individual, a fim de adequar o resultado das trocas interpessoais ao padrão estabelecido de antemão.

No famoso "exemplo Wilt Chamberlain", Nozick observou que, se muitas pessoas decidem, por vontade própria, transferir uma pequena parcela de sua renda para um mesmo indivíduo, ele ficará muito mais rico do que os outros. Um padrão equitativo hipotético só seria restaurado revertendo e impedindo permanentemente tais transferências voluntárias, isto é, limitando a liberdade individual (Nozick, 1974, p.162-3). Conclui-se que a justiça de qualquer distribuição social de bens não pode ser avaliada por seu resultado, mas apenas pela qualidade dos procedimentos que levaram a ele. Mesmo a distribuição mais desigual pode ser perfeitamente justa, caso tenha sido obtida por meio de transações livremente efetuadas.

Os engenhosos silogismos de Nozick são um caso exemplar daquilo que Marx desdenhava como "robinsonadas" – narrativas que desprezam o mundo social e a história, para construir as interações humanas a partir de indivíduos isolados, como na ilha de Robinson Crusoé. Enquanto as perspectivas igualitárias se preocupam com os efeitos da privação, da exploração e do controle dos recursos materiais, Nozick responde com uma narrativa sobre repasse voluntário de bens. O caráter voluntário, é claro, não é impugnado caso as circunstâncias efetivas reduzam de maneira drástica as alternativas das pessoas. Se essas circunstâncias são, elas próprias, o fruto do acúmulo de transações livres, nada há a reparar. Nozick é um exemplo radical do que Dworkin chamava de "teorias da linha de largada" (ver Figura I). Se houve uma igualdade inicial no momento zero da história, então todas as desigualdades posteriores podem ser justificadas.[12]

12 Nozick julga que a aquisição primária da propriedade se dá por ocupação original (o primeiro a chegar toma posse) com cláusula lockeana (a apropriação não deve prejudicar necessariamente o bem-estar dos outros). A partir daí, qualquer transferência voluntária é justa, seja por troca, doação ou herança, entendida como doação voluntária presumida *post-mortem*. Ele admite que nas sociedades reais a aquisição da propriedade *não* se deu de acordo com tais regras, mas afirma que uma possível reparação aos injustiçados não pode ser simplesmente derivada da teoria, devendo levar em conta a possibilidade de que o arranjo atual eventualmente fosse alcançado por meio de trocas justas, caso em que a reparação se torna desnecessária (Nozick, 1974, p.152-3). Numa construção teórica

No mundo em que Nozick se move, todo contrato é válido, mesmo a escravidão, desde que o indivíduo, diante de preferências que não cabe questionar como foram formadas e de circunstâncias que são, por definição, efeito de opções livres anteriores, dele decida participar (Nozick, 1974, p.331). Trata-se da radicalização da percepção liberal do contrato, aceito como declaração de um engajamento livremente consentido que, portanto, legitima qualquer relação de subordinação. E também do entendimento de que "os *únicos* direitos humanos [...] são direitos de propriedade" (Rothbard, 2006 [1970], p.291). Temos direitos porque somos proprietários de nós mesmos; e esses direitos, como qualquer propriedade, devem ser alienáveis, se tal é a vontade do dono.

Nozick opera com uma oposição forte entre liberdade e igualdade. Mas também com a oposição entre a autonomia individual, que ele valoriza e que seria caracterizada pela absoluta autoridade de cada um sobre si mesmo e seus bens, e a autonomia coletiva. Muitos pensadores liberais afirmaram a impossibilidade da autonomia coletiva, que é o ideal fundante da democracia. William Riker, por exemplo, tentou demonstrar, por meio de uma série de modelos inspirados no paradoxo de Concorcet, que as decisões coletivas são sempre potencialmente irracionais e passíveis de manipulação (Riker, 1982). Para Schumpeter, por outro lado, não se trataria de uma questão de matemática, mas das patologias da racionalidade humana (cf. o capítulo 3).

Para Nozick, o ponto não é que a autonomia coletiva seja inalcançável, mas que é moralmente incorreta. Ela só pode se concretizar à custa da autonomia individual, que, para ser preservada, exige que as decisões sejam, em praticamente todos os casos, alocadas aos indivíduos privados.[13] Seu exemplo é o de uma mulher que decide

---

em que, como regra, só importam os princípios e não as consequências, essa é uma curiosa concessão ao pragmatismo político.

13 O "praticamente" se deve ao reconhecimento da necessidade de um Estado mínimo, que garanta a integridade dos contratos. A corrente anarcocapitalista (Murray Rothbard, David Friedman etc.) elimina esta última ressalva, mas Nozick argumenta expressamente a favor de sua manutenção.

com quem vai se casar. Sua decisão afeta todos os seus pretendentes, as pretendentes de seus pretendentes e assim por diante. Conclui-se que a regra democrática de que devemos participar da tomada de decisões que nos afetam não pode ter validade (Nozick, 1974, p.269). É uma argumentação que se baseia na indiferenciação entre os espaços sociais: se uma regra vale para um, deve valer para todos. Num modelo de pensamento mais complexo, que concede lugar à intimidade e à publicidade, à participação e à autonomia individual, as fronteiras nem sempre serão bem nítidas. Mas esse modelo lida melhor com a realidade social, também complexa. A simples diferenciação entre a pessoa e suas propriedades externas já dá acesso a essa distinção – mas ela também está fora do universo de Nozick.

A democracia é expressamente descartada por Nozick, exatamente por postular procedimentos para ampliar a autonomia coletiva. Acatar decisões tomadas coletivamente seria se submeter a uma forma de escravidão, argumento que o autor desenvolve com certo vagar, estabelecendo uma narrativa em nove passos, em que uma relação senhor-escravo se transforma numa democracia, sem que a situação do escravo mude no processo (Nozick, 1974, p.290-2). Essa conclusão só é possível dentro de um sistema de pensamento que incorpore três pressupostos: (1) a redução da democracia ao momento da votação e à aplicação da regra da maioria, ignorando os direitos de associação e manifestação que estariam disponíveis para o cidadão de um regime democrático, mas não para o escravo; (2) uma vez mais, a ideia de que o exercício de qualquer forma de poder político é ilimitado, não sendo possível distinguir esferas reguláveis coletivamente e esferas de exercício inviolável da autonomia individual; e (3) o dogma de que as relações estabelecidas no mercado são, por definição, livres e não coercitivas. Se a democracia, como qualquer governo, é uma forma de escravidão, a única maneira de preservar a liberdade seria reduzir o espaço das decisões tomadas coletivamente, ampliando o daqueles resultantes da interação no mercado.

Tal conclusão é coerente com o desprezo pelo valor da igualdade. De fato, ao transformar em cidadãos, com direitos iguais e (pretensamente) igual capacidade de influência, os agentes econômicos com peso assimétrico no mercado, a democracia oferece a oportunidade de reduzir, por meio do Estado, as desigualdades geradas pela propriedade privada (Przeworski, 1995 [1990], p.7-8). Para Nozick, esta não é uma preocupação válida.

Dessa forma, o ultraliberalismo – que, no debate anglo-saxão, assumiu o rótulo algo enganoso de "libertarianismo" – se afasta tanto do enquadramento liberal tradicional que há autores que o consideram fora do espectro que pode ser considerado como pertencendo ao liberalismo. Seria necessário diferenciar o liberalismo como uma doutrina filosófica do liberalismo como conjunto de instituições sociais e políticas. O libertarianismo, embora afirmasse defender estas últimas, estaria afastado da doutrina liberal, aproximando-se, na verdade, de

> uma visão contra a qual o liberalismo se definiu historicamente, a doutrina do poder político privado que subjaz ao feudalismo. Como o feudalismo, o libertarianismo concebe o poder político justificado como baseado numa rede de contratos privados. (Freeman, 2002, p.107)

A partir de uma linhagem diferente, uma última contribuição, no campo do liberalismo, à discussão da relação entre democracia e desigualdades deve ser considerada: a do francês Pierre Rosanvallon. Sua abordagem é ancorada histórica e sociologicamente, ao contrário do tratamento abstrato que predomina em Rawls, Dworkin ou Nozick. Observando a evolução das sociedades ocidentais, sobretudo do século XVIII em diante, ele indica que há um movimento na direção da "menor visibilidade dos sistemas de diferenciação" (Rosanvallon, 1998, p.417). Num primeiro momento, sua preocupação é com a representação política, que se torna mais fluida com a redução da centralidade da clivagem de classe.

Mas Rosanvallon tende a ver o esfumaçamento das clivagens sociais como um fenômeno material – não, como afirmam outros autores, como efeito do surgimento de padrões de identidade sobrepostos, que tornam menos evidentes os padrões de pertencimento coletivo (cf. Laclau, 1986 [1983]). Ele julga que o desenvolvimento do capitalismo e a democracia contribuem, em conjunto, para um processo de atomização social e consequente recuo das solidariedades de grupo (Fitoussi; Rosanvallon, 1996, p.10). Sob o capitalismo desenvolvido, as divisões sociais teriam se diluído de fato, acompanhando a homogeneização das condições materiais. Nesse processo, a desigualdade toma cada vez mais a forma individualizada da exclusão social (Rosanvallon, 2011, p.309).

Com isso, projetos de transformação social ancorados nas assimetrias estruturais perderiam validade. A desigualdade se manifesta como exclusão, mas os excluídos não formam um *grupo*, seja por parâmetros sociológicos, seja mesmo por parâmetros estatísticos. A exclusão é um fenômeno individual, e aqueles afetados por ela "não partilham mais do que um certo perfil de ordem biográfica", associado a "rupturas sociais ou familiares" ou "evasões profissionais", sem que sejam perceptíveis "diferenças estáveis" (Rosanvallon, 1995, p.202, 208). Os excluídos não têm condição de se expressar politicamente, pois, ao contrário dos pobres ou, *a fortiori*, dos trabalhadores, partilham uma situação, mas não seus determinantes e, logo, não possuem interesses comuns.

Trata-se, então, de uma percepção que, ao mesmo tempo que reconhece a vigência ou mesmo a ampliação das desigualdades, nega a elas densidade sociológica e relevância política. A tese central é que

> as desigualdades mudaram de natureza. Se as desigualdades entre categorias (os ricos e os pobres, os administradores e os operários etc.) evidentemente subsistem, elas de certa maneira se individualizaram, o que muda a percepção delas. As desigualdades doravante resultam tanto de situações (portanto individuais) que se diversificam quanto de condições (portanto sociais) que se reproduzem. (Rosanvallon, 2011, p.309)

Se isso quer dizer que as situações individuais não se esgotam nas condições sociais, trata-se de uma afirmação banal. Mas a visão de uma exclusão personalizada, que ecoa trajetórias únicas, leva à conclusão de que não existem medidas transformadoras que possam modificar a situação (Rosanvallon, 1995). No máximo, um esforço para que as narrativas individuais e únicas ganhem publicidade – uma vez que, dada a impossibilidade de generalizar, a representação política está impedida –, como a ideia de um *website* que, agregando tais histórias de vida, funcionaria como o "parlamento dos invisíveis" (Rosanvallon, 2014). Recusando a responsabilização individual e também a insensibilidade ao drama humano gerado pela desigualdade, Rosanvallon, no entanto, alcança uma conclusão similar à do ultraliberalismo, a negação de que a desigualdade exija a transformação das estruturas sociais.[14]

Desprovida da capacidade de se expressar politicamente, a desigualdade, em sua encarnação como "exclusão", não aparece como um problema para a democracia. O problema residiria na incapacidade dos mecanismos representativos refletirem essa nova paisagem social, o que geraria o risco permanente do populismo – a sublimação da unidade mítica do povo, tema central em suas obras dos anos 1990 (Rosanvallon, 1998, 2000) – e, por outro lado, geraria também a reconfiguração da democracia como espaço para a autoexpressão e para a manifestação organizada da desconfiança em relação aos governantes, temas que dominaram seu pensamento no século XXI (Rosanvallon, 2006, 2008).

O resultado é algo curiosamente próximo do liberalismo oitocentista. A democracia perde a ambição de realizar a autonomia coletiva e se limita a seu aspecto de proteção dos direitos. As diferenças voltam a ser individuais, com as desigualdades socialmente estruturadas saindo do horizonte. A conexão entre mudança social e possibilidade de realização do ideal democrático fica quase que completamente esmaecida.

14 Para um crítico francês de Rosanvallon, ele exemplifica o intenso trabalho liberal, em resposta à crise posterior a 1968, para eliminar do cenário as classes sociais e compor a nova imagem da sociedade, composta por uma grande classe média ladeada por uma minoria de "muitos ricos", de um lado, e outra minoria de "excluídos", do outro (Boltanski, 2008, p.58).

Em conjunto, Rawls e Rosanvallon ilustram as principais dificuldades do liberalismo na produção de uma reflexão consequente sobre a relação entre democracia e desigualdades – uma reflexão que seja capaz de abarcar a vinculação entre as desigualdades e as estruturas sociais (como faz Rawls, mas não Rosanvallon), que entenda a política como espaço de manifestação do conflito de interesses (como faz Rosanvallon, mas não Rawls) e que vincule as desigualdades à produção dos interesses coletivos (o que nenhum dos dois incorpora de maneira efetiva). As correntes críticas do liberalismo, muitas das quais discutidas nos capítulos que se seguem, tentam por vezes superar tais limites. No caminho, porém, nem sempre são capazes de reter o valor da autonomia individual, que o pensamento liberal colocou, com êxito, no centro de qualquer concepção atraente de organização social.

Referências bibliográficas

ABU-EL-HAJ, Jawdat. "Robert Dahl e o dilema da igualdade na democracia moderna", *Análise Social*, v.XLIII, n.1, 2008, p.159-80.

ALTHUSSER, Louis. "Idéologie et appareils idéologiques d'État (notes pour une recherche)". In: *Positions*, Paris: Éditions Sociales, 1976.

BACHRACH, Peter; BARATZ, Morton S. "Two faces of power", *American Political Science Review*, v.56, n.4, 1962, p.947-52.

BEAUVOIR, Simone de. *Le deuxième sexe*. Paris: Gallimard, 1949.

BERLIN, Isaiah. "Two concepts of liberty". In: *Four essays on liberty*. Oxford: Oxford University Press, 1969.

BIROLI, Flávia. *Autonomia e desigualdades de gênero: contribuições do feminismo para a crítica democrática*. Rio de Janeiro: Editora da UFF, 2013.

BOBBIO, Norberto. *Liberalismo e democracia*. São Paulo: Brasiliense, 1988 [1985].

BOLTANSKI, Luc. *Rendre la réalité inacceptable: à propos de "La production de l'idéologie dominante"*. Paris: Demopolis, 2008.

BOURDIEU, Pierre. *La distinctin: critique sociale du jugement*. Paris: Minuit, 1979.

______. *Le sens pratique*. Paris: Minuit, 1980.

______. *Méditations pascaliennes*. Paris: Seuil, 1997.

COMTE, Auguste. "Plan des travaux scientifiques nécessaires pour réorganiser la société", reproduzido no "Appendice général" do *Système de politique positive*, t.4. 3.ed. Paris: Carilian-Gœury et Dalmont, 1895 [1822].

CONSTANT, Benjamin. "De la liberté des anciens comparée à celle des modernes". In: *Écrits politiques*. Paris: Gallimard, 1997 [1819].

COUTINHO, Carlos Nelson. "Sorvete quente". *Folha de S.Paulo*, 13 abr. 2002, caderno "Jornal de Resenhas", p.6.

DAHL, Robert A. *A Preface to Democratic Theory*. Chicago: The University of Chicago Press, 1956.

______. *Who Governs? Democracy and Power in an American City*. New Haven: Yale University Press, 1961.

______. *Polyarchy: Participation and Opposition*. New Haven: Yale University Press, 1971.

______. *Democracy and its Critics*. New Haven: Yale University Press, 1989.

______. *Um prefácio à democracia econômica*. Rio de Janeiro: Jorge Zahar, 1990 [1985].

______. *How Democratic is the American Constitution?* New Haven: Yale University Press, 2002.

______. *On Political Equality*. New Haven: Yale University Press, 2006.

DAHL, Robert A.; LINDBLOM, Charles E. *Politics, Economics & Welfare*. New Brunswick: Transaction, 1992 [1953].

DAHL, Robert A.; TUFTE, Edward R. *Size and Democracy*. Stanford: Stanford University Press, 1973.

DOWNS, Anthony. *An Economic Theory of Democracy*. New York: Harper & Brothers, 1957.

DRYZEK, John S. *Foundations and Frontiers of Deliberative Governance*. Oxford: Oxford University Press, 2010.

DWORKIN, Ronald. *Taking Rights Seriously*. Cambridge (MA): Harvard University Press, 1977.

______. *Sovereign Virtue: the Theory and Practice of Equality*. Cambridge (MA): Harvard University Press, 2000.

______. *Uma questão de princípio*. São Paulo: Martins Fontes, 2005 [1985].

______. *O império do direito*. 2.ed. São Paulo: Martins Fontes, 2007 [1986].

FITOUSSI, Jean-Paul; ROSANVALLON, Pierre. *Le nouvel âge des inégalités*. Paris: Seuil, 1996.

FREEMAN, Samuel. Illiberal libertarians: why libertarianism is not a liberal view. *Philosophy & Public Affairs*, v.30, n.2, p.105-51, 2002.

FRIEDMAN, Milton. *Capitalismo e liberdade*. 2.ed. São Paulo: Nova Cultural, 1985 [1962].

GRAY, John. *Liberalism*. 2.ed. rev. Minneapolis: University of Minnesota Press, 1995.

HABERMAS, Jürgen. *Direito e democracia: entre facticidade e validade*. 2v. Rio de Janeiro: Tempo Brasileiro, 1997 [1992].

HAMILTON, Alexander; MADISON, James; JAY, John. *The Federalist*. Chicago: Encyclopædia Britannica, 1990 [1788].

HAYEK, F. A. *O caminho da servidão*. Rio de Janeiro: Instituto Liberal, 1990 [1944].

HOBBES, Thomas. *Leviatán o La materia, forma y poder de una república eclesiástica y civil*. Ciudad de México: Fondo de Cultura Económica, 1980 [1651].

JACKSON, W. M. "John Rawls e Robert Nozick". In: FITZGERALD, Ross (org.). *Pensadores políticos comparados*. Brasília: Editora Universidade de Brasília, 1983 [1980].

LACLAU, Ernesto. "Os novos movimentos sociais e a pluralidade do social". *Revista Brasileira de Ciências Sociais*, n.2, 1986 [1983], p.41-7.

LOCKE, John. *Dois tratados sobre o governo*. São Paulo: Martins Fontes, 1998 [1690].

MACKINNON, Catharine A. *Toward a Feminist Theory of the State*. Cambridge (MA): Harvard University Press, 1989.

MACPHERSON, C. B. *The Political Theory of Possessive Individualism: Hobbes to Locke*. Oxford: Oxford University Press, 1962.

MARX, Karl; ENGELS, Friedrich. *L'idéologie allemande*. Paris: Éditions Sociales, 1971 [1845-6].

MIGUEL, Luis Felipe. *Democracia e representação: territórios em disputa*. São Paulo: Editora Unesp, 2014a.

______. "Deliberacionismo e os limites da crítica: uma resposta". *Opinião Pública*, v.20, n.1, 2014b, p.118-31.

______. "Autonomia, paternalismo e dominação na formação das preferências". *Opinião Pública*, v.21, n.3, 2015, p.601-25.

MILL, James. "On the government". In: *Political writings*. Cambridge: Cambridge University Press, 1992 [1823].

MILLS, C. Wright. *A elite do poder*. Rio de Janeiro: Zahar, 1981 [1956].

MOUFFE, Chantal. "Democratic citizenship and the political community". In: MOUFFE, Chantal (ed.). *Dimensions of Radical Democracy: Pluralism, Citizenship, Democracy*. London: Verso, 1992.

______. *The Democratic Paradox*. London: Verso, 2005 [2000].

NOZICK, Robert. *Anarchy, State, and Utopia*. New York: Basic Books, 1974.

NUSSBAUM, Martha C. "Perfectionist liberalism and political liberalism", *Philosophy & Public Affairs*, v.39, n.1, 2011, p.3-45.

OKIN, Susan Moller. *Justice, Gender, and the Family*. New York: Basic Books, 1989.

PATEMAN, Carole. *The Sexual Contract*. Stanford: Stanford University Press, 1988.

PHILLIPS, Anne. *Which Equalities Matter?* Cambridge: Polity, 1999.

PRZEWORSKI, Adam. *Estado e economia no capitalismo*. Rio de Janeiro: Relume-Dumará, 1995 [1990].

RAWLS, John. *A Theory of Justice*. Cambridge (MA): Harvard University Press, 1971.

______. *Justice as Fairness: a Restatement*. Cambridge (MA): Belknap, 2001.

______. *Political Liberalism*. Expanded edition. New York: Columbia University Press, 2005 [1993].

RAZ, Joseph. *The Morality of Freedom*. Oxford: Oxford University Press, 1986.

RIKER, William H. *Liberalism Against Populism: a Confrontation Between the Theory of Democracy and the Theory of Social Choice*. Prospect Heights: Waveland, 1982.

ROSANVALLON, Pierre. *La nouvelle question sociale: repenser l'État-providence*. Paris: Seuil, 1995.

______. *Le peuple introuvable: histoire de la représentation démocratique en France*. Pais: Gallimard, 1998.

______. *Le capitalisme utopique: histoire de l'idée de marché*. Paris: Seuil, 1999. "Édition revue et corrigée".

______. *La démocratie inachevée: histoire de la souveraineté du peuple en France*. Paris: Gallimard, 2000.

______. *La contre-démocratie: la politique à l'âge de la défiance*. Paris: Seuil, 2006.

______. *La légitimité démocratique: impartialité, réflexivité, proximité*. Paris: Seuil, 2008.

______. *La société des égaux*. Paris: Seuil, 2011.

______. *Le parlement des invisibles*. Paris: Seuil, 2014.

ROTHBARD, Murray N. *Power & market*. Auburn: Ludwig van Mises Institute, 2006 [1970].

ROUSSEAU, Jean-Jacques. *Discours sur l'origine et les fondemens de l'inégalité parmi les hommes*. In: *Œuvres complètes*, v. III. Paris: Gallimard, 1964 [1755].

SCHEFFLER, Samuel. "What is egalitaranism?", *Philosophy and Public Affairs*, v.31, n.1, 2003, p.5-39.

SUNSTEIN, Cass R. "Preferences and politics", *Philosophy and Public Affairs*, v.20, n.1, 1991, p.3-34.

TOCQUEVILLE, Alexis de. *De la démocratie en Amérique*. In: *Œuvres*, v.2. Paris: Gallimard, 1992 [1835-1840].

URBINATI, Nadia. "Unpolitical democracy". *Political Theory*, v.38, n.1, 2010, p.65-92.

WEFFORT, Francisco. *Qual democracia?* São Paulo: Companhia das Letras, 1992.

WILLIAMS, Melissa S. *Voice, Trust, and Memory*: marginalized groups and the failings of liberal representation. Princeton: Princeton University Press, 1998.

YOUNG, Iris Marion. *Justice and the Politics of Difference*. Princeton: Princeton University Press, 1990.

______. *Responsibility for Justice*. Oxford: Oxford University Press, 2011.

2.
Da desigualdade de classe à dominação política na tradição marxista

Luis Felipe Miguel

Os temas da desigualdade e da democracia ocupam posições bastante diversas nas obras fundadoras do marxismo, isto é, nos escritos do próprio Marx e de Engels. O primeiro tema é central, já que um tipo específico de desigualdade – a de classe – está na raiz das transformações históricas essenciais, de acordo com a narrativa marxiana. A luta de classes, afinal, é o "motor da história", para usar o chavão que sintetiza as páginas iniciais do *Manifesto comunista* (Marx; Engels, 2010 [1848]). Em cada formação social, seria o conflito gerado pela desigualdade entre uma classe exploradora e uma classe explorada que conduziria à mudança histórica.

Já a democracia é uma questão menor, o que reflete, ao menos em parte, o espaço reduzido que a teorização sobre a política recebeu nos textos de Marx e de Engels. Há décadas, num artigo polêmico, Norberto Bobbio respondeu pela negativa à questão que ele mesmo formulou: "Existe uma doutrina marxista do Estado?" (Bobbio, 1979 [1975]). Ainda que os marxistas tenham contestado Bobbio, em geral apontando insuficiências em sua leitura da corrente (cf. os artigos reunidos em Bobbio et al., 1979 [1976]), é inegável que, na construção teórica dos próprios Marx e Engels, a política tende a aparecer como epifenômeno de estruturas mais profundas. A sensibilidade para a especificidade do político aparece quando eles se debruçam sobre processos concretos, em suas obras históricas e de conjuntura, mas não há um esforço de teorização compatível com a complexidade dessas análises. A carência de uma reflexão aprofundada sobre a democracia é, assim, consequência do subdesenvolvimento da teoria política nos fundadores do marxismo. A lacuna será sanada, de diferentes maneiras e com diferentes graus de êxito, por seus sucessores.

Mas o tratamento dado à questão da desigualdade serve de ponto de partida para um percurso que leva à discussão sobre a dominação política (e, portanto, sobre a democracia) em Marx e Engels – e também nos marxistas posteriores. Cabe, em primeiro lugar, entender o papel que o valor da igualdade ocupa em seu pensamento e como isso desemboca num determinado entendimento das consequências das desigualdades no funcionamento da sociedade.

O marxismo é visto, em geral, como uma doutrina marcada pelo igualitarismo extremo e pelo coletivismo, mas ambas as caracterizações precisam ser matizadas. Marx era um herdeiro legítimo, ainda que rebelde, do individualismo liberal e, ao contrário do que afirmaram muitos de seus adversários (e também de seus seguidores), nunca projetou uma sociedade em que o indivíduo fosse sacrificado em prol do coletivo. Na verdade, sua utopia comunista previa a máxima realização das potencialidades singulares de cada pessoa. Ele apenas julgava que – removidas as desigualdades que jazem em sua base – nesse momento o conflito entre indivíduo e coletividade se desvaneceria. A autorrealização individual estaria vinculada ao impulso de cada ser humano em direção aos outros, à consciência de "ter satisfeito uma necessidade humana com meu trabalho" e "criado um objeto correspondendo à necessidade da natureza essencial de outro homem" (Marx, 2000 [1844], p.20).[1]

Em relação à igualdade, cabe observar como o liberalismo construiu, a partir do fim do século XVIII, a tensão entre liberdade e igualdade como um de seus problemas principais. Já na descrição do estado de natureza em Locke, como antes em Hobbes, a igualdade é

1 Para uma crítica da concepção marxiana de autorrealização, cf. Elster (1992 [1986]). Para uma crítica da crítica de Elster, cf. Miguel (1999).

um problema a ser superado. A igual capacidade de julgar e aplicar a lei está na raiz na instabilidade e insegurança que motivam a produção do pacto e a transição para o estado político. Fica claro, desde já, que a igualdade gera inconvenientes que impedem o gozo da liberdade pelos indivíduos (Locke, 1998 [1698]). O desenvolvimento clássico da oposição entre igualdade e liberdade, porém, vai ocorrer no fim do século XVIII e no século XIX, com a percepção de que é necessário impedir que a propensão igualitária destrua a liberdade dos diferentes.

Esta é uma preocupação central dos escritos federalistas (Madison; Hamilton; Jay, 1993 [1787-8]) e aparece sob sua forma canônica, a ameaça do "despotismo da maioria", no pensamento de Tocqueville (1992 [1835-1840]) e de Stuart Mill (1991 [1859]). A tensão entre liberdade e igualdade assume, aqui, a feição de uma denúncia relativa aos riscos da democracia (ver capítulo 1).

Nessa pretensa disputa, o marxismo foi constrangido a ficar do lado da igualdade, a despeito do fato de que originalmente sua libido era libertária. Os breves apontamentos de Marx e Engels sobre a sociedade comunista com a qual sonhavam sempre enfatizaram a liberdade quase absoluta que lá reinaria (cf. sobretudo Marx; Engels, 1971 [1845-6]). O entendimento de que a meta da sociedade humana deve ser a ampliação da liberdade – e não da felicidade – está na base da oposição de Marx ao utilitarismo (Miguel, 1999).

Dois fatores interligados explicam o movimento que lançou o marxismo para o lado da igualdade. Por um lado, a denúncia das profundas desigualdades sociais vigentes na sociedade capitalista, algo que precede a formação do marxismo como corpo doutrinário (Engels, 2010 [1845]) e o acompanha em toda sua trajetória. Por outro, a denúncia da vacuidade das liberdades garantidas por lei quando desacompanhadas de condições materiais que permitam seu usufruto. Dessa maneira, a visão marxiana acompanha a compreensão de Rousseau (1964 [1755]) de que é a desigualdade, não a igualdade, que ameaça o usufruto da liberdade.

O ponto central a ser destacado é que o projeto marxiano não se vinculava a uma ideia de igualdade como "mesmice" (*sameness*), muito menos julgava que a redução das liberdades era o "preço a pagar" pela ampliação da igualdade. É bem verdade que o planejamento centralizado da economia, que marcou a existência do socialismo real e já era antecipado nas críticas à "anarquia" da produção capitalista (cf. Engels, s.d. [1880]), exige uma padronização extrema das necessidades presumidas dos consumidores. Para Marx, porém, esse era um efeito inevitável da industrialização, que só seria ultrapassado com o fim da escassez; a economia planificada seria a marca apenas do período de transição ao comunismo.

Ao mesmo tempo, os marxistas recusam a ideia de que a diferença e a liberdade se manifestam no consumo e no mercado, conforme a crítica liberal padrão à planificação. Ainda assim, é difícil negar o conflito potencial entre a estandartização, necessária para a produção em abundância, e o florescimento da diversidade, quer no consumo, quer na produção. De fato, há uma contradição entre o papel central conferido à grande indústria, no pensamento de Marx, e o elenco de atividades pré-industriais ("caçador, pescador ou crítico") que corresponderiam ao indivíduo na sociedade comunista, conforme a célebre passagem de *A ideologia alemã* (Marx; Engels, 1971 [1845-6], p.63). Essa questão foi discutida com profundidade por parte do marxismo posterior, em particular na obra heterodoxa de André Gorz (1987 [1980], 1983, 1988).

Assim, a proteção da igualdade era encarada como uma tarefa necessária para a atual etapa histórica, marcada pelo "igual direito" (Marx, 2012 [1875], p.31). Na sociedade do futuro, porém, a superação da necessidade, que franquearia a mais ampla liberdade a todos, representaria também uma superação das noções de igualdade e desigualdade. A bandeira enunciada na *Crítica do programa de Gotha* – "de cada um segundo suas capacidades, a cada um segundo suas necessidades" (Marx, 2012 [1875], p.33) – indica que, ultrapassado o conflito pelo controle de recursos escassos, as diferenças se estabeleceriam de forma livre, sem que se constituíssem em ameaça ao pleno desenvolvimentos dos outros, e a sociedade garantiria o florescimento dessas diferenças.

Não cabe, nos limites deste capítulo, discutir o grau de irrealismo das apostas na sociedade comunista, que seguramente é muito elevado. O importante é observar como a desigualdade social e o conflito dela derivado são fundantes da análise marxista. Mas "desigualdade social" aparece como sinônimo da desigualdade de classe, que detém a primazia absoluta entre as diversas assimetrias existentes na sociedade.

A centralidade atribuída ao antagonismo de classe é uma das características definidoras do marxismo – ou mesmo, segundo alguns autores, *a* característica definidora (Wright; Levine; Sober, 1993 [1992], p.309-10). Como consequência, a desigualdade de classes tende a ser considerada como a principal desigualdade social, fonte de todas as outras. Dela derivariam a desigualdade material, a desigualdade política e mesmo a desigualdade entre os sexos, conforme buscou mostrar Engels (1985 [1884]). Também o racismo tende a ser explicado por sua funcionalidade para a dominação de classe, ao quebrar a solidariedade entre os trabalhadores.[2]

O conceito de *classe*, no entanto, é polêmico, não tendo um sentido completamente fixo nos escritos do próprio Marx e sendo alvo de grande discussão entre os marxistas posteriores. De alguma maneira, as classes devem estar ligadas às diferentes posições nas relações de produção, mas é possível optar por uma leitura em que a classe é extraída objetivamente dessa posição, como na obra de Erik Olin Wright (1985, 1997), ou por outra, em que o foco está nos processos pelos quais indivíduos em posições similares constroem um sentido de interesses compartilhados e identidades em comum (Thompson, 1978). Ao mesmo tempo, enquanto os modelos abstratos herdados de Marx tendem a trabalhar com uma polaridade marcada entre uma minoria de proprietários e uma massa de trabalhadores manuais pauperizados, a estrutura de classes das sociedades capitalistas tornou-se mais complexa. Por um lado, germinaram diferentes tipos de "classes médias" e, nos países centrais, o peso demográfico da classe operária em sentido estrito foi reduzido; por outro, a profissionalização

2 O racismo é um dos principais exemplos utilizados por Jon Elster em sua crítica ao uso das explicações funcionais no marxismo. Ele cita, como fonte, a correspondência do próprio Marx, em que a dominação de classe aparece expressamente indicada como fundamento do racismo (Elster, 1991, p.21-2).

da gestão das empresas dissociou, em alguma medida, propriedade e autoridade sobre o trabalho. Em suma: é mais fácil afirmar a centralidade do conflito de classes do que determinar, com clareza, quais são essas classes em conflito.

Além disso, a partir dos anos 1960, a centralidade da clivagem de classe passou a ser desafiada por percepções que vão colocar outras desigualdades, como gênero e raça, em patamar equivalente ou mesmo superior de importância (ver os capítulos 7, 8 e 11 deste volume). Esse movimento é explicável por transformações no tecido social das sociedades capitalistas. As conquistas do próprio movimento operário, ampliando o tempo livre e o padrão de vida, teriam contribuído para reduzir a centralidade do pertencimento de classe, permitindo que outras identidades florescessem (Laclau, 1986 [1983]). Ao mesmo tempo, a experiência dos países do socialismo real mostrava que as assimetrias entre homens e mulheres, por exemplo, persistiam mesmo numa sociedade pós-capitalista.

Sumarizando a situação na Europa ocidental, Perry Anderson listou "cinco eixos de diferenciação" que desafiam a ideia de uma classe trabalhadora unificada, protagonista da revolução socialista, como o marxismo tradicional postulava. São eles a ampliação do peso dos empregados de escritório na população assalariada, o aumento da diferenciação interna dos trabalhadores (entre profissionais altamente especializados e bem remunerados, numa ponta, e a massa dos trabalhadores sem qualificação em ocupações precárias e mal pagas, na outra), o ingresso cada vez mais tardio no mercado de trabalho, a maior presença das mulheres e o crescimento do número de imigrantes (Anderson, 1996 [1994], p.20-2). A listagem revela a influência tanto das mudanças na estrutura econômica (importância do setor terciário, amplitude das diferenças salariais entre trabalhadores), quanto de outras clivagens que intervêm no conflito de classes (geração, gênero, etnia).

Não que os dados sejam incontroversos. No final dos anos 1990, as pesquisas de Erik Olin Wright (1997, p.73) indicavam que, nos países centrais, a classe trabalhadora, "mesmo se definida de forma estreita, permanece a maior localização de classe na estrutura de classes". É razoável supor que há a concorrência de três fenômenos. Dois deles estão ligados a mudanças na paisagem social: a redução do peso do setor industrial na força de trabalho, devido sobretudo ao avanço tecnológico que poupa mão de obra, e a exportação de indústrias (e portanto do operariado) para os países periféricos. O terceiro fenômeno é o discurso ideológico da "sociedade de serviços" ou da "economia do conhecimento", que desqualifica simbolicamente e reduz a visibilidade da classe operária.

Diferentes versões do marxismo lidaram de formas diferentes com esses desafios, mas ficou cada vez mais difícil sustentar que as outras formas de desigualdade social são derivadas da desigualdade de classe ou que a superação desta última levaria, de forma necessária e automática, à superação das outras. De fato, a partir do final do século XX, em grande medida a posição dos marxistas foi tentar garantir que as desigualdades de classe ainda fossem levadas em conta, por uma esquerda cada vez mais preocupada com questões que seriam pretensamente "pós-materiais", vinculadas a gênero, sexualidade, raça e cultura, à preservação do meio ambiente ou, ainda, à organização do sistema político.

Para as vertentes mais ortodoxas do marxismo, a desigualdade de classe tem primazia por ser definidora dos traços mais estruturantes das sociedades humanas. De acordo com César Altamira, por mais que as desigualdades de gênero e de raça possam ter impacto na vida das pessoas que as sofrem, são menos determinantes que a desigualdade de classe, pois o patriarcado e o racismo, ao contrário do capitalismo, "não foram capazes de tecer e desenvolver no planeta um sistema social integrado e coordenado de interdependências" (Altamira, 2008 [2006], p.27). Sem ecoar a tese engelsiana de que a desigualdade entre os sexos tem sua raiz na desigualdade de classes, ele se restringe a um horizonte histórico menor e reconhece que as lógicas do patriarcado e do racismo são anteriores ao capitalismo. Mas teria sido a "utilização econômica que delas faz o capitalismo" que as teria radicalizado (Altamira, 2008 [2006], p.28), o que é uma afirmação de difícil sustentação empírica.

Para essa abordagem, a redução da centralidade da análise de classes não é um efeito de mudanças no tecido social, mas da derrota da esquerda, que capitulou diante das visões de mundo dominantes. A ênfase em outras formas de diferenciação social e a preocupação com a identidade "abriu as portas, de maneira perigosa, ao respaldo a noções individualistas de autodeterminação e autonomia do indivíduo, tão caras às projeções da direita neoliberal" (Altamira, 2008 [2006], p.36). Talvez seja pouco atraente uma reflexão que entrega a autonomia individual, de mão beijada, para a "direita neoliberal", mas é indiscutível que, no discurso conservador, um papel importante é cumprido pela noção de que as múltiplas clivagens identitárias e o declínio das classes esvaziaram os sujeitos coletivos. Em sua versão mais sofisticada, esse discurso afirma que a sociedade contemporânea é marcada pela "menor visibilidade dos sistemas de diferenciação" (Rosanvallon, 1998, p.417) e pela individualização das desigualdades (Rosanvallon, 2011, p.309). Com isso, projetos de transformações ancorados nas assimetrias estruturais perderiam validade.

Uma leitura que guarda pontos de contato com a de Altamira, mas é mais focada no diálogo com a esquerda pós-marxista, é apresentada por Ellen Meiksins Wood. Em sua polêmica contra o que era então a "nova esquerda", cujas referências seriam as obras de Poulantzas (1986 [1968], 2013 [1978]), Gorz (1987 [1980]) e, sobretudo, Laclau e Mouffe (1987 [1985]), ela vê a redução da centralidade das classes como um efeito da incapacidade de levar em conta o entrelaçamento entre as formas de dominação política e a organização das relações de produção. Isso seria grave porque, na sua concepção, a separação entre política e economia como duas esferas distintas e relativamente independentes é o movimento central pelo qual o capitalismo impõe a crença ideológica na neutralidade das instituições destinadas a reproduzi-lo (Wood, 1998 [1986], p.138; cf. tb. Wood, 1995, cap. 1).

Ademais, há diferenças entre as diferenças sociais. A "diferença" que constitui as classes é em si mesma "uma relação de desigualdade e poder", ao contrário das diferenças sexuais e culturais. "Uma sociedade verdadeiramente democrática pode celebrar diferenças de estilos de vida, cultura ou preferência sexual", mas não de classe (Wood, 1995, p.258). Isto é, a diferença que separa mulheres e homens, negros e brancos ou *gays* e héteros pode deixar de estar vinculada a uma hierarquia, a relações de dominação ou a possibilidades assimétricas de acesso a determinados espaços sociais, mas não a desigualdade entre ricos e pobres ou entre patrões e trabalhadores.

É necessário, portanto, diferenciar três posições diferentes. Uma é a afirmação de que todas as desigualdades socialmente relevantes derivam da desigualdade de classes, tal como afirmou Engels. Outra é o reconhecimento da relevância da desigualdade de classes entre as diferentes desigualdades sociais, o que é menos banal do que pode parecer. Embora "classe" certamente apareça ao lado de gênero e raça (ou, ainda, orientação sexual ou deficiências físicas) em qualquer lista das desigualdades que geram formas de opressão, com frequência ela é esquecida quando a discussão teórica ganha corpo ou os projetos de transformação social são esboçados. O que, com certeza, reflete a ideia hoje generalizada de que não é possível superar as diferenças de classe; de que nada se ganha discutindo os problemas da relação entre capitalismo e democracia, "além de um ataque agudo de depressão" (Phillips, 1999, p.17).

Para o marxismo do fim do século XX e começo do século XXI, trata-se de demonstrar que, ainda que não seja a fonte última de todas as desigualdades, a desigualdade de classes é a mais determinante da estrutura social – o que corresponde à última das três posições referidas antes. Não se trata simplesmente de afirmar a primazia do econômico sobre o cultural, nos moldes das discussões que se seguiram ao modelo bidimensional de justiça de Nancy Fraser. As justificativas para a primazia da desigualdade de classes se ligam, como visto, à existência do capitalismo como sistema global, ao entrelaçamento entre dominação econômica e política e, de maneira incidental, ao próprio fato de que as outras formas de desigualdade parecem mais propícias a recuar, o que demonstraria que a diferença de classe, mais resistente, é mais central.

Uma apresentação inicial, dentro do marxismo, da percepção de que as desigualdades de classe e de gênero possuem aspectos independentes aparece em alguns textos de Alexandra Kollontai – "alguns" porque as ênfases em seu pensamento estão muito vinculadas às conjunturas políticas nas quais ela escrevia. Embora crítica do feminismo como movimento burguês que isolava a luta pela emancipação das mulheres da estrutura social mais ampla, aderindo à ortodoxia que negava a existência de uma questão feminina em si, pois "fatores econômicos específicos estão por trás da subordinação das mulheres" (Kollontai, 1977 [1909], p.58), seus escritos após a Revolução Russa mostram sensibilidade para os aspectos relacionados à organização da vida doméstica e à relação entre os sexos. Num artigo particularmente importante, ela sustenta que é necessário desprivatizar a maternidade e os cuidados com as crianças, que passariam a ser responsabilidades coletivas, como medida necessárias para a incorporação igualitária das mulheres à cidadania (Kollontai, 1977 [1923]).[3]

Mas o feminismo contemporâneo, inaugurado pela reflexão de Simone de Beauvoir, não permite esse tipo de acomodação com o marxismo mais ortodoxo. A partir dos anos 1960, um feminismo marxista buscou introduzir elementos que justificassem a importância do gênero numa abordagem materialista histórica. O debate esteve focado em dois problemas: o grau de independência da opressão das mulheres em relação à "operação geral da produção capitalista" e o grau em que essa opressão estava localizada na ideologia, conforme o sumário que dele fez Johanna Brenner (2000, p.11).

Na versão mais ambiciosa de uma compreensão marxista feminista, o trabalho doméstico aparece como um modo de produção em si mesmo. Esse "modo patriarcal de produção" convive simbioticamente com o capitalismo e é caracterizado pela transferência de trabalho das mulheres para os homens (Delphy, 2013 [1970]; cf. também Hartsock, 1998 [1983]). O homem, apresentado como "o inimigo principal", ocupa de forma consciente o papel de apropriador do sobretrabalho feminino, uma posição em tudo paralela à do

3 Na contramão das feministas burguesas da época, Kollontai via as responsabilidades com a gestão do cotidiano como o principal fardo carregado pelas mulheres – e é aqui que a desigualdade de classe incide, permitindo que as mulheres privilegiadas transfiram seu ônus para as trabalhadoras. O panfleto em que contrasta a maternidade da "mulher do diretor da fábrica" com a de sua lavadeira é um exemplo impactante de sua argumentação (Kollontai, 1977 [1914]).

burguês diante do proletário. Em relação às duas questões apresentada por Brenner, a resposta é que a dominação masculina seria independente do capitalismo, ainda que se combinasse a ele, e ancorada nas relações materiais entre homens e mulheres.

O modelo de Delphy foi criticado por restringir a posição feminina à dona de casa e por seu "economicismo", que negligenciaria os aspectos culturais, sexuais e ideológicos da dominação masculina (Walby, 1990, p.11-2). No entanto, a responsabilidade feminina pelas tarefas domésticas alcança também aquelas que trabalham fora (daí a chamada "dupla jornada") e até mesmo as que transferem as tarefas para outras, por meio do emprego doméstico remunerado, dado o caráter simultaneamente econômico e ideológico da divisão sexual do trabalho. Os problemas do modelo parecem residir antes no paralelismo excessivo com os modos de produção "canônicos" no marxismo, que obstaculiza uma compreensão mais sensível das particularidades da opressão sobre as mulheres, e em particular no insuficiente desenvolvimento das questões vinculadas à intersecção entre gênero e classe, que levam a questionar a posição contraditória das mulheres burguesas.

Esforços em alguma medida similares de compreensão da relação entre classe e gênero apareceram nas chamadas "teorias do sistema duplo" (*dual-system theories*), as quais buscam indicar que a estrutura social é determinada tanto pelo capitalismo quanto pelo patriarcado, sem que se possa hierarquizá-los em importância ou compreender um sistema tomando o outro como modelo. Na discutida versão de Heidi Hartmann (1997 [1979]), o sistema duplo opera como engrenagens relativamente independentes, mas o que opera do lado do patriarcado não é um modo de produção paralelo, e sim o "sistema sexo/gênero" que atribui papéis estereotipados vinculados ao sexo biológico e assim produz, a partir da esfera doméstica, a subordinação das mulheres. Já para Juliet Mitchell (1974), há uma divisão dos níveis em que cada sistema opera, com o capitalismo atuando na economia e o patriarcado, no inconsciente.

Há uma assimetria de origem, porém. O conceito de "capitalismo" remete a determinadas formações históricas e não se confunde com a noção mais ampla de desigualdade de classes. Já "patriarcado" é um rótulo aplicado às mais diversas circunstâncias, tendo se distanciado de sua referência a um padrão específico de organização política e familiar. Para algumas autoras do próprio feminismo, seria mais conveniente entender o patriarcado como sendo apenas uma das manifestações históricas da dominação masculina. Ao manter o patriarcado com um dos polos da estrutura social, o que se tem não é um tipo preciso de relação hierarquizada entre homens e mulheres, com características definidas, mas um conjunto muito oscilante de formas de dominação.

Há, sem dúvida, uma linha de continuidade, mas não é possível equivaler situações em que as mulheres tinham o estatuto de propriedades dos homens a outras em que elas têm reconhecido um conjunto de direitos. A época contemporânea presenciou a substituição de relações de subordinação direta de uma mulher a um homem, próprias do patriarcado histórico, por estruturas impessoais de atribuição de vantagens e oportunidades (Fraser, 1997, p.234-5).

Ou seja, "capitalismo" permanece como um conceito mais íntegro, com maior poder descritivo – e mais articulado internamente. As tentativas de apresentar o patriarcado como um sistema íntegro fracassaram, mesmo as mais bem embasadas, como a de Walby (1990). As formas de dominação masculina são bastante maleáveis e geram padrões mutáveis de enlaçamento, conforme se transformam na família, no mercado de trabalho, na sexualidade etc., o que é o avesso da noção de sistema patriarcal. O que não significa que classe seja necessariamente mais central do que gênero, apenas que a relação entre os dois tipos de dominação é mais complexa, não assumindo a forma de equivalências entre "sistemas" que operam em níveis similares de amplitude e integração.

Mais ambientadas na tradição marxista propriamente dita, autoras como Michèle Barrett (1988 [1980]) e Johanna Brenner (2000) apresentam leituras menos ambiciosas, mas talvez mais bem-sucedidas. A opressão de gênero é entendida como um mecanismo que opera dentro e em conjunto com o capitalismo, sem que se postule que configure um "sistema" em paralelo, muito menos que seja redutível à sua funcionalidade para a reprodução do capital. A combinação entre dominação masculina e capitalismo, que existe, deve ser explicada historicamente, e não como uma relação imanente ou necessária. Assim, a análise deve levar em conta ambas as dimensões da desigualdade, sem que a relação entre um e outra esteja determinada por algum modelo estabelecido *a priori*.

De maneira semelhante ao que ocorreu com gênero, o racismo e o colonialismo ganharam estatuto de motores independentes e cruciais da promoção das desigualdades, na obra de Frantz Fanon. Enquanto em *Peau noire, masques blancs* (Fanon, 2011 [1952]) o foco estava no racismo, em *Les damnés de la terre* (Fanon, 2011 [1962]) ele é transferido para a opressão colonial – que não prescinde do racismo, mas tem como característica a unificação dos dominados *vis-à-vis* aqueles que os oprimem. Assim, o colonialismo ganha primazia sobre a desigualdade de classes, uma vez que a clivagem mais determinante da estrutura social é aquela que opõe o colonizado ao colonizador. Nas palavras de outro importante revolucionário africano, o guineense/cabo-verdiano Amílcar Cabral:

> Nós concordamos que a história [...] é o resultado da luta de classes, mas nós temos nossas próprias lutas de classes em nosso país; no momento em que o imperialismo e o colonialismo chegaram, fizeram com que nós deixássemos a nossa história e entrássemos numa outra história. (apud Blackey, 1974, p.196)

Isto é, o colonialismo *congela* os conflitos entre os colonizados, dada a primazia do conflito contra o colonizador.

A desigualdade racial e colonial tem uma ligação com a desigualdade de classe que é diferente do que ocorre com gênero. Ainda que relativamente poucas mulheres exerçam a posição de capitalistas e que as mulheres controlem uma parcela menor da propriedade, as burguesas usufruem de muitas das vantagens e privilégios de seus maridos ou pais. Já uma das características do racismo e do colonialismo é que a população negra ou nativa tende a ficar concentrada na base da pirâmide social, sofrendo as privações materiais próprias das camadas mais pauperizadas do proletariado. Assim, a vivência negra numa sociedade racista, tal como a vivência do colonizado, ainda que não se reduza à vivência da classe trabalhadora, está, em alguma medida, sobreposta a ela, de uma maneira que não ocorre com as mulheres.

As contribuições do feminismo marxista, dos marxistas antirracistas e das lutas de libertação anticolonial foram incorporadas pelo marxismo mais contemporâneo, mas em geral de maneira secundária. A maioria das interpretações marxistas do fim do século XX e começo do século XXI reconhece verbalmente a importância de outras clivagens, mas continua operando de maneira quase exclusiva com o conceito de classe, relegando gênero e raça às notas de rodapé. A desigualdade de classe continuou com um estatuto diferenciado, sobretudo porque a caracterização das sociedades contemporâneas permanece sendo feita, em primeiro lugar, a partir do modo de produção capitalista. Ao discutir a democracia, a questão que se coloca é sempre a da relação entre ela e o capitalismo.

A aproximação de Marx e do marxismo à questão da democracia é eivada de ambiguidades. Para Marx, uma ordem capitalista seria incompatível com a democracia, mesmo no formato da democracia representativa, que os marxistas posteriores criticariam como insuficiente. Sua teoria econômica afirmava que o capitalismo caminhava fatalmente na direção de uma sociedade cindida entre uma pequena minoria burguesa e uma ampla massa proletária pauperizada. O sufrágio universal levaria à conquista do poder pela maioria da população, isto é, pelos trabalhadores – esperança que era compartilhada por muitos socialistas e que tinha como contraface o temor da democracia, manifesto abertamente, até o final do século XIX, pelos porta-vozes dos grupos dominantes. A possibilidade de uma "via inglesa" de transição pacífica, eleitoral, ao socialismo foi contemplada por Marx e, em particular, por Engels (1982 [1895]).

Com efeito, o pensamento burguês se apresentou historicamente como contrário à democracia. Mesmo quando direitos políticos formais eram concedidos a todos os adultos brancos do sexo masculino, como ocorreu após a Revolução Americana, eram imaginados mecanismos que garantissem a necessidade de uma representação política que, imaginava-se, garantiria a primazia dos integrantes da elite (cf. Wood, 1995). O sufrágio universal aparecia como um mal a ser evitado (cf. Losurdo, 2004 [1993]; Hirschman, 1992 [1991]). A adesão à democracia eleitoral ocorre apenas conforme ela se mostra compatível com a manutenção dos padrões vigentes de dominação de classe.

Marx percebia com clareza a incompatibilidade da convivência de uma democracia efetiva com a dominação burguesa, mas isso não significa que ele reivindicasse um caráter democrático para seu modelo. Seu sonho era uma sociedade pós-política, em que processos de produção de decisões coletivas, ainda que democráticos, estariam superados. As formas de imposição de autoridade não teriam lugar, uma vez que todos teriam condições de agir livremente e a conciliação entre vontade individual e interesse coletivo surgiria de forma natural. Na base disso está uma abundância quase irrestrita, que torna desnecessária a disputa por recursos que deixaram de ser escassos. Eliminada a base material do conflito social, todos os instrumentos voltados a lidar com ele – aí incluída toda a superestrutura política – tornar-se-iam obsoletos.

Com isso, a democracia nunca pôde se firmar como um valor pleno no pensamento de Marx e do marxismo mais estreitamente vinculado a ele. A democracia burguesa é, antes de mais nada, uma farsa; e a democracia socialista, que no pensamento de Marx nunca aparece como um conceito elaborado, seria uma breve etapa de transição, rumo à sociedade sem Estado. O próprio uso da expressão "democracia socialista" é controverso, já que o próprio Marx preferia a fórmula "ditadura do proletariado" e, na célebre carta a Weydemeyer, indicou-a como uma de suas principais contribuições à ciência (Marx, 1982 [1852]). No entanto, como será visto adiante, sua análise da Comuna de Paris, compreendida como exemplo histórico da ditadura proletária, revela que há a ambição de aproximá-la da democracia direta. Dizer que "a ditadura do proletariado se realizava através de uma democracia proletária, muito mais estendida do que qualquer democracia burguesa", como fez Balibar (1974, p.40; ênfase suprimida), certamente é uma simplificação enviesada. Mas também o é negar o uso específico que Marx faz de "ditadura", entendida como o regime que favorece o projeto histórico de uma das classes em conflito.[4]

A avaliação das potencialidades da democracia como regime político foi um dos muitos temas que dividiram as correntes no grande cisma do marxismo, no início do século XX. A corrente majoritária da Segunda Internacional entendia que o mecanismo eleitoral e as instituições da democracia liberal forneciam espaço para reformas graduais que, ao final, levariam à superação do próprio capitalismo. Em sua versão mais elaborada, a do deputado social-democrata alemão Eduard Bernstein (1997 [1899]), combinam-se três elementos. (1) Há uma revisão do pensamento de Marx, em particular no que concerne ao desenvolvimento do capitalismo. Sem a pauperização dos trabalhadores e sem as crises cíclicas, que Bernstein julgava que seriam evitadas ou minimizadas, a perspectiva de uma grande revolução proletária estava afastada. (2) Há uma leitura antiteleológica da disputa política ("o movimento é tudo, o objetivo não é nada", segundo o *slogan* que ele cunhou). Assim, avanços pontuais não podem ser desprezados em nome de uma grande mudança programada para um futuro incerto. (3) E há uma compreensão do caráter aberto das instituições democráticas, que faria que seus resultados fossem indeterminados. A legislação aparece como o instrumento por excelência da transformação social, o que não significa que a luta política se limitasse às eleições e ao parlamento – Bernstein apontava a eficácia de formas de pressão de massa, a começar pelas greves operárias, o que também era possibilitado pela vigência das regras democráticas.

O revisionismo acabou se afastando por inteiro não só do marxismo como do projeto socialista. Bernstein deixou de incluir, na sua equação, as pressões pela acomodação e cooptação das lideranças social-democratas, presente no próprio sistema da democracia

---

4 E que remete, também, à noção romana da "ditadura" como período excepcional, necessário à estabilização de uma ordem (cf. Tavares, 2015).

parlamentar, que seriam pouco tempo depois estudadas por um então militante de seu partido, Robert Michels (cf. capítulo 3, em seguida).

Já para a ala esquerda da Segunda Internacional, cujo principal líder viria a ser Lênin, a democracia parlamentar era a forma própria da dominação burguesa. A participação na competição eleitoral e no parlamento pode ser útil, sobretudo porque funcionam como espaços de propaganda política, mas sempre fica claro que a estratégia revolucionária não pode se limitar a ela. Pelo contrário, essa participação deve ser integrada num conjunto mais amplo de "formas legais e ilegais, parlamentares e extraparlamentares de luta", subordinando-se a tais diretrizes, que impedem que a lógica eleitoral e parlamentar se imponha (Lênin, 1986 [1920], p.100). A análise dos mecanismos de cooptação e acomodação, próprios das instituições democráticas liberais, combina-se com a ideia de que democracia e ditadura são idênticas (a democracia para uma classe é a ditadura para a outra e vice-versa) e com a denúncia da vacuidade dos "direitos formais" numa realidade marcada pela dominação de classe (Lênin, 1985a [1918]).

No entanto, a positividade da democracia não é descartada com tanta facilidade por outros pensadores do marxismo revolucionário do mesmo período, destacando-se aqui o nome de Rosa Luxemburgo. Ela não negava o caráter de classe de qualquer forma de organização política, nem – como expressou com clareza, ao intervir no debate sobre o revisionismo de Bernstein – julgava que o socialismo pudesse ser alcançado por meio das instituições da democracia liberal (Luxemburgo, 1986 [1899]). Mas diferia de Lênin por perceber que os mecanismos democráticos têm um valor em si, devendo operar constantemente no seio da própria organização partidária. Se o revolucionário russo pensava que o fundamental era garantir a disciplina e a unidade na ação do partido, com a fórmula do "centralismo democrático" significando, na prática, uma delegação quase hobbesiana de poder para os dirigentes (cf. Lênin, 1978 [1902]), Luxemburgo conferia maior valor à capacidade de ação espontânea das bases e ao debate interno permanente. É uma percepção que vai ecoar fortemente em sua compreensão da organização política de uma sociedade socialista.

Com impacto ainda maior na teoria política posterior, Antonio Gramsci (2001 [1933-1934]) deslocou a compreensão do Estado capitalista, enfatizando a combinação entre coerção e capacidade de produzir consensos. Muitas vezes, ele será lido como o advogado de um reconhecimento quase absoluto da positividade intrínseca das formas liberais de competição política, mas essa é uma compreensão incorreta de seu pensamento. A contribuição fundamental da teoria ampliada do Estado de Gramsci consistiu na distinção entre dominação e direção, com a percepção aguda de que o exercício do poder político exige o consentimento ativo dos dominados. Com isso, introduziu o tema da legitimidade da dominação, indo além tanto do marxismo anterior, que tendia a enfatizar de forma unilateral o caráter autoritário do exercício de poder, quanto da elaboração weberiana, já que se mostrou bem mais sensível ao caráter dinâmico e conflituoso de uma legitimação que passou a ser vista como vinculada aos interesses sociais em conflito e, por isso, sempre em disputa.

Mas o pensamento de Gramsci não rompeu com o entendimento relativo ao caráter de classe do Estado. A democracia eleitoral com sufrágio universal é, ela mesma, um elemento de constituição da hegemonia, apresentando-se como encarnação de uma igualdade que, no entanto, não é real. "O exercício 'normal' da hegemonia", dizia ele, "no terreno tornado clássico do regime parlamentar, caracteriza-se pela combinação da força e do consenso, [...] tentando fazer com que a força pareça apoiada no consenso da maioria" (Gramsci, 2001 [1933-1934], p.95). Ou seja: a política parlamentar não esgota a verdade da disputa política, que continua se ligando a relações de força que não são apenas traduzidas, mas também escamoteadas, no funcionamento da democracia liberal.[5]

---

5 Em uma anotação menor dos *Cadernos do cárcere*, Gramsci descreveu a democracia "entre o grupo dirigente e os grupos dirigidos" (implicando tacitamente a aceitação da compreensão leninista de que democracia ou ditadura só fazem sentido dentro de uma mesma classe social) quando é favorecida "a passagem molecular" dos últimos para os primeiros (Gramsci, 2001 [1933-1934], p.287).

A valorização da luta nos espaços da sociedade civil e de uma estratégia de construção paulatina de uma contra-hegemonia também não significava a aposta numa transição parlamentar para o socialismo, com o abandono da via revolucionária. Na visão de Gramsci, essa estratégia deveria levar a uma *crise de hegemonia*. O momento da ruptura revolucionária, que implica necessariamente o rompimento com a ordem política estabelecida, ficava preservado.

A abertura para os aspectos do convencimento, próprios da luta política e que se atualizam cotidianamente nos espaços da sociedade civil, foi uma das contribuições importantes de Gramsci para a teoria política do marxismo. Mas sua conciliação com parte dos preceitos da democracia liberal foi fruto de leituras posteriores de sua obra. Com o progressivo desencanto com a experiência do "socialismo real", intelectuais e ativistas marxistas recorreram à obra de Gramsci para aprofundar a reflexão sobre a democracia. Muitos deles buscaram separar, de um lado, uma institucionalidade que garantia a expressão de interesses em conflito e a vigência de direitos individuais e, de outro, a dominação burguesa.

A inflexão eurocomunista de muitos partidos operários da Europa ocidental, nos anos 1970, emblematizou esse processo (cf. Carrillo, 1977). Por ela, a democracia pluripartidária, o parlamento e o processo eleitoral como mecanismo principal de alocação de poder seriam instituições intocáveis; a via revolucionária era descartada liminarmente. No Brasil, os anos de ditadura militar contribuíram para uma maior reverência pelas liberdade democráticas. Um texto influente de Carlos Nelson Coutinho proclamou a "democracia como valor universal".[6] Como sempre, a democracia era entendida a partir das instituições liberais vigentes nos países do Ocidente.

De acordo com essa formulação, a democracia não seria mais do que a possibilidade de mobilidade vertical, que beneficiaria um ou outro indivíduo, mas não impactaria as assimetrias entre os grupos.

6 A inspiração, indicada no início do texto, foi o discurso do secretário-geral do Partido Comunista Italiano, Enrico Berlinguer, em Moscou, na comemoração dos 60 anos da Revolução Russa, que classificou a democracia como "o valor

No entanto, em que pese seu apelo político, tal dissociação entre as instituições políticas e os padrões de dominação de classe é difícil de ser sustentada no âmbito da teoria marxista. A vinculação entre as desigualdades no controle da riqueza material e a distribuição do exercício do poder numa determinada sociedade é a pedra de toque da compreensão da política no marxismo. De fato, conforme ficou mais difícil sustentar a tese de que a burguesia controlava diretamente o governo, os melhores esforços do pensadores marxistas caminharam no sentido de demonstrar que, ainda assim, a desigualdade de classe determinava o caráter do Estado.

O importante debate dos anos 1960 e 1970 sobre a natureza do Estado capitalista mostrou como as instituições políticas eram marcadas pela dominação de classe, por mais que se apresentassem como neutras ou portadoras de interesses universais. As explicações podiam ter um caráter abstratamente estrutural (Poulantzas, 1986 [1968]) ou, ao contrário, estar baseadas nas inter-relações pessoais entre os controladores da economia e os detentores do poder político (Miliband, 1972 [1969]). Seja como for, a reflexão marxista do período indicava que seu objeto de análise "precisa[va] ser concebido, apesar de tudo, como um Estado capitalista – e não somente como 'um Estado dentro da sociedade capitalista'" (Offe, 1984 [1972], p.140).

Foi particularmente importante a discussão sobre a dependência estrutural do Estado capitalista, tal como surgiu vinculada à percepção de uma crise fiscal (O'Connor, 1973) e, portanto, da quebra do modelo social-democrata de produção do consenso. O monopólio dos proprietários privados sobre as decisões de investimento, que é um dos traços definidores do capitalismo, colocaria o Estado na dependência de suas decisões. Com isso, os governantes – a despeito de suas simpatias políticas – precisam incorporar os interesses do capital, garantindo uma situação que estimule a manutenção de taxas elevadas de investimento econômico (Offe, 1984 [1972]). Não é necessária nenhuma conexão especial com a elite política, nem a

historicamente universal" sobre o qual o socialismo deve ser edificado (apud Coutinho, 1979, p.34).

apresentação de algum tipo de chantagem ou ameaça por parte da classe capitalista; a estrutura econômica garante que seus interesses receberão uma atenção privilegiada por parte dos detentores do poder de Estado.

Isso significa uma redução do escopo da soberania popular. Estão bloqueadas medidas que afetem os níveis de remuneração minimamente aceitáveis para o capital, que gerariam uma retração da atividade econômica e colocaria em risco todas as ações governamentais. Tais níveis variam de acordo com as circunstâncias, uma vez que os capitalistas estão em condição de determinar, mais ou menos livremente, quais são os patamares "aceitáveis" (Offe, 1997 [1984]).

Assim, a desigualdade de classe impõe limites ao funcionamento das instituições democráticas que são mais profundos do que aqueles relacionados apenas à desigualdade de renda, reconhecidos mesmo por teóricos liberais. Não se trata simplesmente de entender que há um recurso (a riqueza) que é desigualmente distribuído e que incide na possibilidade de uma ação política efetiva, caso em que teríamos apenas uma diferença quantitativa de influência política potencial entre capitalistas e trabalhadores. Há possibilidades diferenciadas de acesso à esfera política, relacionadas às diferentes posições na estrutura social.

As desigualdades de riqueza, é claro, também compõem o quadro.[7] As instituições democráticas são sensíveis às diferenças de recursos materiais (e é próprio da dinâmica da economia capitalista que elas sejam sempre ampliadas). No momento das eleições, por meio do financiamento direto ou indireto das campanhas, ocorre a manifestação mais evidente da influência do poder econômico sobre o campo político. Mas, antes das campanhas propriamente ditas, o dinheiro já desempenha um papel fundamental na fabricação da "saliência" social – a possibilidade de individualização em meio ao público geral, crucial para quem aspira à liderança política, como observou Manin (1997, p.142-4). Ao mesmo tempo, aqueles que

7 Esse parágrafo e os seguintes resumem argumentos apresentados em Miguel (2012).

detêm menos riqueza também tendem a possuir menos tempo livre, recurso primário para agir na política. Antes do surgimento da figura do político profissional, era essa barreira, quase intransponível, que garantia o monopólio das posições de liderança por integrantes das elites econômicas, mesmo com a expansão do sufrágio.

No período posterior às eleições, o capital econômico proporciona acesso tanto aos funcionários eleitos quanto às burocracias permanentes, por meio de diferentes procedimentos de *lobby*. Além disso, *em todas as fases* do processo político – antes, durante e depois das eleições –, há o fato de que o capital influencia fortemente o fluxo de informações, dado que a mídia é, ao menos parcialmente, organizada na forma de empresas comerciais. O controle da informação significa a capacidade de determinar quais temáticas vão predominar na agenda pública, quais enquadramentos terão maior visibilidade, quais agentes serão os interlocutores do debate. A garantia liberal à liberdade de expressão opera apenas de forma negativa, vedando a censura estatal, mas os diferentes grupos e interesses sociais possuem capacidade muito diferenciada de levar ao público suas percepções do mundo. As novas tecnologias da informação apresentam a promessa de reversão dessa situação, mas, inseridas no modo de produção capitalista, acabam reproduzindo o padrão de concentração da capacidade de disseminação da informação (McChesney, 2013).

Por fim, cumpre assinalar que, sob relações de produção capitalistas, os assalariados recebem um treinamento que privilegia qualidades opostas àquelas exigidas para a prática da democracia. O contrato de trabalho submete o assalariado a uma relação vertical, em que seu papel é obedecer a ordens emanadas de quem o emprega. Os trabalhadores permanecem em situação de radical heteronomia, ao passo que os cidadãos e as cidadãs de uma democracia deveriam, idealmente, ser partícipes engajados na construção do futuro comum, igualmente responsáveis pelas escolhas na esfera pública (Pateman, 1992 [1970]).[8]

8 Trata-se de um elemento central na emergência da corrente democrático-participativa (ver capítulo 5).

A dependência estrutural, a desigualdade material e a socialização diferenciada de trabalhadores e patrões evidenciam os limites que o capitalismo impõe à democracia e, ao mesmo tempo, o fato de que as instituições da democracia, sob o capitalismo, refletem essas limitações. Isto é, ainda que se possa atribuir "valor universal" a um ideal abstrato de democracia, as instituições reais correntemente aceitas como democráticas não são compreensíveis sem sua vinculação à dominação de classe. Somam-se aí contribuições que incidem sobre diferentes facetas da relação entre a desigualdade de classes e as instituições políticas, em geral, e democráticas representativas, em particular. Três delas merecem menção: a crítica à separação entre economia e política, a indicação dos vieses intrínsecos ao processo eleitoral e a produção da acomodação política por meio da promoção do ideal da satisfação privatizada.

Haveria um trabalho ideológico primário, que consistiria em promover a separação entre economia e política. Aceita como natural, essa divisão de esferas impede que o espaço gerador de desigualdades seja tematizado pela democracia, ao mesmo tempo que circunscreve as práticas democráticas como episódicas e afastadas da vida cotidiana. Em especial, os problemas da exploração e da dominação deixam de ser percebidos como políticos e se tornam "econômicos" (Wood, 1995, p.20). É um argumento, aliás, que guarda muitas semelhanças com a crítica feminista relativa à separação entre público e privado, que é discutida no capítulo 7.

O próprio Marx apontava com clareza o caráter político das relações econômicas, não apenas na relação entre proprietários e trabalhadores, mas também na operação da indústria capitalista, em que o operário se torna "peça de uma máquina" (Marx, 2013 [1867], p.494). O componente político dos processos produtivos foi destacado sobretudo na obra de André Gorz, levando à contestação da distinção, aceita de maneira quase unânime entre os marxistas do fim do século XIX e começo do século XX, entre luta econômica e luta política. Afinal, toda reivindicação operária, mesmo que pareça vinculada apenas à melhoria salarial ou das condições de trabalho, conteria o germe de uma posição anticapitalista, na medida em que contesta ou a extração de mais-valia ou o controle do burguês sobre o processo produtivo (cf. Gorz, 1968 [1967], cap. 1).[9]

A segunda contribuição importante diz respeito ao modo pelo qual o mecanismo eleitoral, aparentemente neutro, desfavorece a manifestação de interesses que precisam ser construídos coletivamente, como os dos trabalhadores (Offe; Wiesenthal, 1984 [1980]). Ao estabelecer uma sociedade de indivíduos singulares e fazer deles a origem da soberania, a democracia liberal privilegia os interesses individuais, que chegam mais ou menos "prontos" à esfera pública e só precisam ser agregados. Com isso, prejudica a expressão política dos interesses como os dos trabalhadores, em oposição ao patronato. Capitalistas competem entre si e empresas e proprietários podem ter objetivos específicos. Mas há um interesse unificado na manutenção das condições que permitem extrair a mais-valia. Para os trabalhadores, porém, não existe um objetivo unificado. Melhores salários, por exemplo, podem perder prioridade diante de demandas como redução da jornada, melhores condições de trabalho ou garantia de emprego.

Ao mesmo tempo, para cada trabalhador individual está sempre presente o horizonte – ainda que em geral ilusório – de abandonar sua posição nas relações de produção e tornar-se patrão, por meio seja do "empreendedorismo", da loteria ou do golpe do baú. Mas obviamente esse não pode ser o projeto coletivo de toda a classe. Em suma, os trabalhadores sofrem diversas pressões cruzadas: saída individual *versus* progresso coletivo, identidade como produtor *versus* identidade como consumidor, salários mais altos *versus* menor jornada, melhorias imediatas *versus* aposta numa revolução futura. Para os patrões, tais pressões não se colocam ou se colocam de maneira muito mitigada (Offe; Wiesenthal, 1984 [1980], p.89).

---

9 Há semelhança com a definição que James Scott propõe para "resistência de classe", também ancorada no caráter material da luta de classes e abrangendo qualquer ato voltado a negar ou limitar as reivindicações das classes superiores, seja quanto ao controle do trabalho e de seus produtos, seja em relação ao prestígio social (Scott, 1985, p.290).

Por isso, a expectativa de que mecanismos de simples agregação de preferências individuais sejam capazes de representar adequadamente um interesse coletivo não é razoável, caso – como ocorre com os trabalhadores – esse interesse coletivo dependa de processos dialógicos de formação de identidades. O interesse da classe trabalhadora pode nascer da interação entre seus membros, não do voto individual na cabine indevassável. Por trás de sua aparente neutralidade, a democracia liberal possui um viés individualizante, que beneficia a expressão de preferências mais unívocas, como as da classe dominante.

Por fim, desenvolveu-se, nas cercanias do marxismo, uma crítica à maneira pela qual o controle dos mecanismos de difusão ideológica promove a acomodação e o conformismo por parte daqueles que estão no polo inferior dos padrões de desigualdade (Adorno; Horkheimer, 1985 [1947]; Marcuse, 1967 [1964]). Ao mesmo tempo compensatório (das frustrações e dos impedimentos à autonomia individual) e ostentatório, o consumo privado se tornou um fator de entorpecimento e um obstáculo ao envolvimento na vida pública (Gorz, 1988; Klein, 2002 [2000]).[10] É um tipo de crítica que ganhou roupagens ecológicas e contraculturais, mas possui sólidas raízes marxistas e ainda é tributária das reflexões sobre o fetichismo da mercadoria (Marx, 2013 [1867], p.146-58).

Assim, a crítica marxista está centrada nos limites que o capitalismo impõe à democracia, pelo efeito conjunto da dependência estrutural, da desigualdade no controle dos recursos materiais e das formas de socialização de trabalhadores e cidadãos. Na virada do século XX para o XXI, a chamada "globalização" ampliaria tais limites, submetendo os Estados, sobretudo os periféricos, aos imperativos dos mercados mundiais (Chesnais, 1996 [1994]). Isto é, o espaço de contestação que a disputa democrática proporcionava, mesmo

10 Klein une uma ácida descrição do peso do consumo conspícuo na construção da sociabilidade contemporânea a uma denúncia do poder das grandes corporações. Já Gorz apresenta uma análise bastante sofisticada da centralidade do consumo exacerbado e da privatização das relações sociais para a reprodução do capitalismo desenvolvido.

com seus limites, é reduzido graças à necessidade de submissão às demandas das grandes corporações. Tratava-se de

> substituir este ordenador demasiado visível e sujeito a ataques [o Estado] por um ordenador invisível e anônimo, cujas leis sem autoria se imporiam a todos, pela força das coisas, como "leis da natureza", irresistivelmente. Este ordenador seria o mercado. (Gorz, 1997, p.25)

A crise econômica dos últimos anos e as respostas dadas a ela, orientadas pelas instituições financeiras internacionais, sustentam tal veredito (Streeck, 2011). Agências supracionais trabalharam no sentido de reduzir o espaço de decisões fundadas em procedimentos democráticos, temerosas da "irracionalidade" que elas produziriam. O anúncio de que a Grécia faria um plebiscito sobre as medidas de austeridade impostas pelas União Europeia, em novembro de 2011, gerou pânico nas bolsas de valores e uma onda de pressões sobre o governo grego – da própria União Europeia e do Fundo Monetário Internacionais às poderosas agências de classificação de riscos, que operam como porta-vozes públicos do intangível "mercado". Poucos anos depois, em 2015, um governo grego de esquerda de fato realizou plebiscito sobre a questão. A resposta popular contrária às medidas de ajuste, no entanto, foi ignorada e o país se curvou às exigências do Banco Central Europeu. O caso grego ficou como emblema do recuo do Estado (e da democracia) diante do capital.

O diagnóstico da incompatibilidade entre democracia e capitalismo é, dessa forma, o corolário da análise sobre o impacto político da desigualdade de classe. Ele se desdobra em compreensões de como as instituições políticas se definiriam numa sociedade pós-capitalista. A experiência da Comuna de Paris aparecia, aos olhos de Marx, com um modelo para a reorganização política do futuro. A substituição do exército permanente pelo povo armado, a elegibilidade dos juízes, o nivelamento dos salários, a fusão entre órgãos executivos e legislativos, a revogabilidade dos mandatos e o mandato imperativo onde a representação permanecesse necessária – tais elementos foram incorporados à reflexão de Marx e dos marxistas posteriores. A lição principal é de que seria necessária uma nova institucionalidade, pois "a classe operária não pode simplesmente se apossar da máquina do Estado tal como ela se apresenta e dela servir-se para seus próprios fins" (Marx, 2011 [1871], p.54).

É o programa de uma democracia ansiosa pelo exercício direto do poder pelo povo, em que as formas de mediação são vistas como males, talvez necessários, mas que convinha minimizar sempre que possível. Justamente por isso, há um desprezo pelas formas de controle entre poderes – o controle é sempre exercido diretamente pelo povo. Ademais, essa institucionalidade renovada e democratizada tem, no pensamento de Marx, um caráter provisório. Ela segue a lógica da luta de classes, é o mecanismo de proteção de um poder que é *operário* porque em oposição ao poder burguês que o antecedeu. Sob o comunismo desenvolvido, não haveria mais classes, nem dominação, nem Estado.

Na utopia comunista projetada por Marx, a coordenação espontânea entre as pessoas tornaria desnecessária a existência do governo, numa sociedade em que a ausência de escassez eliminaria tanto as bases do conflito quanto a desigualdade material. Ele recusaria a classificação de seu projeto como "utopia". Segundo ele, "são utopistas aqueles que separam as formas políticas de seu fundamento social e as apresentam como dogmas abstratos e gerais" (Marx, 1976 [1848], p.79). Sua ambição, ao contrário, era identificar o movimento real da história. Por isso, ele nunca detalhou a organização da sociedade comunista. Os apontamentos que apresenta estão muitas vezes em obras de juventude, notadamente em *A ideologia alemã*, e são pouco específicos. É crucial a redefinição da relação entre indivíduo e coletividade. Nas sociedades pré-capitalistas, não havia individualidade: a comunidade dominava o indivíduo. No capitalismo, ao contrário, fica perdido o sentido de comunidade, com a expansão das individualidades seguindo um rumo desintegrador e atomizante. A sociedade pós-capitalista deveria promover a síntese dos momentos anteriores, gerando uma situação em que "o interesse público não se distingue mais daquele do indivíduo" (Engels, 1976 [1845], p.36). Afinal,

> somente na comunidade cada indivíduo possui meios de desenvolver suas capacidades em todos os sentidos; somente na comunidade, portanto, é possível a liberdade pessoal. [...] A comunidade aparente, que os indivíduos anteriormente haviam constituído, adquiriu sempre uma existência independente deles e, ao mesmo tempo, por representar a união de uma classe contra outra, representava para a classe dominada não apenas uma comunidade totalmente ilusória, mas também um novo grilhão. Na comunidade real, os indivíduos adquirem sua liberdade simultaneamente à sua associação, graças à associação e dentro dela. (Marx; Engels, 1971 [1845-1846], p.94)

De maneira mais sucinta, diz o *Manifesto* que, no comunismo, "o livre desenvolvimento de cada um é a condição para o livre desenvolvimento de todos" (Marx; Engels, 2010 [1848], p.59). Marx e Engels não afirmam com todas as letras, mas fica implícito que essa congruência não apenas permitiria uma forma de justiça sensível às necessidades diferenciadas dos indivíduos, como indicado na *Crítica do programa de Gotha*, como geraria formas espontâneas de cooperação interpessoal.

Os poucos elementos apresentados por Marx e Engels para descrever a hipotética sociedade comunista chamam a atenção pelas apostas altas que fazem: ausência de escassez, ausência de autoridade, ausência de conflito. Mas vão orientar a imaginação marxista, sobretudo pela influência que tiveram na formulação de *O Estado e a revolução*, de Lênin. Nessa obra, o líder da Revolução Russa manifesta o entendimento de que o período de transição ao comunismo, que se seguiria à revolução, seria curto: o Estado desapareceria naturalmente. A questão das formas institucionais do período da transição tornar-se-ia, então, de pouca importância. E, sob o comunismo, a política seria substituída pela "administração das coisas", sem a necessidade de qualquer coordenação formal.

Lênin reduz o Estado à função de dominação de classe; na etapa da transição ao comunismo, esse Estado seria diminuto porque "a repressão da minoria dos exploradores pela maioria dos escravos assalariados de ontem" (Lênin, 1985b [1917], p.263; ênfase suprimida) é muito mais simples que o contrário. Quando não houver mais classes, "só então será possível e será realizada uma democracia verdadeiramente plena, verdadeiramente sem nenhuma exceção" – mas, no momento mesmo em que se realiza, a democracia começa a desaparecer, pois a vida em sociedade passa a prescindir de qualquer aparelho de coerção (Lênin, 1985b [1917], p.262).

As correntes marxistas que concedem maior positividade à democracia tenderam a discordar dessa percepção. Rosa Luxemburgo é uma precursora particularmente importante. Em sua polêmica sobre a organização dos revolucionários, contra o centralismo leninista, ela já aponta que há um processo contínuo de aprendizagem coletiva, que necessita do livre debate para vigorar, pois

> só na luta, as tarefas da luta se tornam claras. Organização, esclarecimento e luta não são aqui momentos separados, mecanicamente e temporalmente distintos, [...] mas são apenas diferentes aspectos do mesmo processo. [...] Não existe um conjunto detalhado de táticas, já pronto, preestabelecido, que um comitê central possa ensinar aos membros da social-democracia, como se estes fossem recrutas. (Luxemburgo, 1990a [1904], p.43)

Assim, a *qualidade* da estratégia operária depende da liberdade de seus integrantes, um argumento que, curiosamente, guarda pontos de contato com a defesa liberal-utilitarista da liberdade de expressão como meio de garantir o triunfo da verdade, formulada por Stuart Mill (1991 [1859]). Mas é no famoso escrito sobre a Revolução Russa que Luxemburgo delineia com clareza sua compreensão da relação entre democracia e socialismo.

Ela não recusa a fórmula da ditadura do proletariado, tampouco julga que qualquer regime político possa ser analisado sem levar em conta, como elemento central, a dominação de classe à qual serve. Alinhada aos bolcheviques contra seus opositores na Segunda Internacional, ela rechaça o argumento dos "pupilos incorrigíveis do cretinismo parlamentar", para quem a conquista do poder deveria esperar o apoio da maioria: ao contrário, o partido revolucionário deve conquistar a maioria na revolução (Luxemburgo, 1990b [1918], p.71). Mas esse apoio *deve* ser conquistado. Luxemburgo critica o "desprezo glacial" dos revolucionários russos pelo que chama de "arsenal das liberdades democráticas fundamentais das massas populares", categoria em que inclui o sufrágio universal e as liberdades de imprensa e de reunião, ao lado da Assembleia Constituinte que os bolcheviques cancelaram (Luxemburgo, 1990b [1918], p.77; ver também p.90).

Rosa Luxemburgo faz, assim, um esforço para resgatar as instituições democráticas próprias do ordenamento liberal de seu enquadramento de classe. Não se trata de aceitá-las ao pé da letra, como se, no Estado capitalista, elas atuassem de forma a realizar suas promessas. Tampouco é o caso de adotar uma posição ingênua, que se prenda ao formalismo da regra da maioria, negando realidade às formas de dominação que impedem que as liberdades democráticas sejam instrumentos da afirmação de uma vontade coletiva. Mas, sob o socialismo, tais instituições poderiam florescer, já que a ambição era produzir, pela primeira vez na história, a dominação de uma ampla maioria da população. Elas seriam imprescindíveis para que a classe operária pudesse exercer o poder; para que, nas palavras da revolucionária polonesa, "a vida política enérgica, sem entraves, ativa das mais largas massas populares" pudesse cumprir seu papel de corrigir "as insuficiências congênitas das instituições sociais" (Luxemburgo, 1990b [1918], p.88).

Talvez seja demais ver, nessas palavras, uma antecipação da fossilização burocrática e autoritária da Revolução Russa. Mas Luxemburgo foi certamente pioneira, dentro do marxismo revolucionário, de uma compreensão mais positiva do dissenso. E a aposta permanente na educação política popular fez dela um caso singular de sensibilidade à desigualdade política em si – a desigualdade entre dirigente e massa, entre os poucos que teriam a capacidade de determinar as estratégias e tomar as decisões e os muitos que estariam fadados a acatá-las, disciplinadamente.

No marxismo posterior, foi a obra final de Nicos Poulantzas que avançou para um entendimento da democracia política que tanto preservava sua positividade quanto permanecia atento ao caráter de classe do Estado. Distanciando-se do hiperestruturalismo que marcou sua teorização anterior e incorporando à sua reflexão um conceito de poder produtivo inspirado em Michel Foucault, o Poulantzas de *O Estado, o poder, o socialismo* foi importante para renovar a estratégia da esquerda ocidental.[11] Ele desempenhou um papel significativo para a edificação da base teórica do compromisso democrático da esquerda, sem com isso desembocar numa aceitação acrítica das instituições representativas liberais, como ocorreu com os teóricos do eurocomunismo.

Na visão de Poulantzas, há duas posições polares que precisam ser recusadas. As instituições do Estado não podem ser entendidas como um mero instrumento a serviço da classe dominante, nem como um espaço neutro de resolução dos conflitos. Elas são a resultante da correlação de forças de uma determinada formação social num determinado momento de sua história. Assim, podem incorporar avanços, mas sempre tendo como limite a hegemonia estabelecida. Expandindo a observação de Marx sobre a Comuna de Paris, citada acima, ele afirma que um governo de trabalhadores não tem como simplesmente usar a seu favor a estrutura estatal vigente, já que ela não é um instrumento, mas uma materialização da forma específica da dominação de classe e da correlação de forças entre as classes sociais (Poulantzas, 2013 [1978], p.192-3). Um governo a serviço de outros interesses e de outro projeto de sociedade precisaria constituir novas estruturas, que expressassem a nova hegemonia e que, portanto, fossem mais (e não menos) democráticas que aquelas herdadas do Estado capitalista.

Em suma, as estruturas do Estado *têm lado*, mas ao mesmo tempo *estão em disputa*. E se constituem como fruto dessa disputa:

> Não basta dizer simplesmente que as contradições e as lutas atravessam o Estado, como se se tratasse de fazer aflorar uma substância

11 Esse parágrafo e os seguintes sintetizam argumentos desenvolvidos em Miguel (2014).

já constituída ou de percorrer um terreno vazio já existente. As contradições de classe constituem o Estado, presentes na sua ossatura material, e fabricam assim sua organização. (Poulantzas, 2013 [1978], p.197)

Nessa formulação, o Estado é entendido a partir de seu caráter *material*; ele é formado por instituições concretas, que possuem seus próprios agentes e que moldam a agência de outros, por meios tanto ideológicos quanto abertamente repressivos. Com isso, fica evidente o caráter *produtivo* do Estado – que ecoa o poder produtivo de Foucault e a ideologia produtiva de Althusser (cf. Poulantzas, 2013 [1978], p.76). O Estado produz comportamentos, institui categorias de agentes, dissemina práticas e contribui decisivamente para moldar o mundo social sobre o qual se impõe.

Ao mesmo tempo, o elemento de violência da dominação é preservado. Poulantzas denuncia a "ilusão corrente" de que o domínio não se baseia mais na violência física (Poulantzas, 2013 [1978], p.129). Ele observa que a lei, "código da violência pública organizada" (Poulantzas, 2013 [1978], p.124), intervém não para impedir a violência do Estado, mas para canalizá-la (Poulantzas, 2013 [1978], p.144). Quando Poulantzas escreveu, tais lembretes talvez parecessem desnecessários, já que, de diferentes maneiras, tanto marxistas quando weberianos trabalhavam com percepções realistas do Estado, em que o exercício da violência ganhava destaque. Talvez não seja o caso hoje, em que predominam, na teoria política, leituras mais idealistas.

A violência organizada do Estado reprime as formas cotidianas de conflito que as desigualdades políticas e econômicas produzem. Reprime, inclusive, a revolta daqueles que estão excluídos da espiral de consumo conspícuo que é alimentada por um discurso ideológico quase onipresente e que se tornou crucial para a reprodução do capitalismo desenvolvido (Gorz, 1988). Essa violência ocorre tanto dentro da letra estrita da lei, quanto às suas margens, pela ativação de códigos que estão subjacentes ao ordenamento social, mas que a pressão dos grupos subalternos conseguiu que fossem eliminados das normas oficiais – daí o viés das forças repressivas contra trabalhadores, negros ou homossexuais.

Com Poulantzas, é possível caminhar para a compreensão de que os mecanismos democráticos representativos vigentes revelam tanto a força dos grupos dominados quanto sua debilidade. A pressão dos grupos em posição de inferioridade impôs o processo eleitoral como forma quase universal de legitimação, estendeu direitos e garantias, estabeleceu espaços institucionais em que suas reivindicações podem ser ouvidas e exercem certa pressão. Mas o campo político permanece exclusionário, a seletividade das instituições enviesa os resultados em favor dos dominantes e as desigualdades se perpetuam. Em suma, como diria Poulantzas, as instituições democráticas existentes expressam materialmente uma determinada correlação de forças.

Com isso, os espaços de participação democrática passam a ser entendidos como conquistas dos grupos dominados. Essas conquistas projetam a organização de uma futura sociedade pós-capitalista, em que as instituições democráticas representativas não seriam abandonadas, mas aprofundadas. Ainda que Poulantzas tenha sido uma das primeiras vítimas da perda de influência da teoria marxista, a partir dos anos 1990, sua visão do Estado como uma estrutura que se transforma de acordo com a correlação de forças na sociedade teve impacto na prática de muitos "novos" movimentos sociais, que passaram de uma postura antiestatista para outra, de inserção crescente em aparatos estatais ou paraestatais.

É possível indagar qual a contribuição que a teoria marxista deu à teoria da democracia, em geral, e à discussão da relação entre democracia e desigualdades, em particular. A sua fragilidade mais evidente é a dificuldade para incorporar outras desigualdades, além da desigualdade de classe, em sua moldura interpretativa. Afinal, os obstáculos enfrentados por outros grupos sociais, além dos operários, para a participação política efetiva também significam o descumprimento das promessas democráticas de igualdade. Mas o problema maior reside na relativa indiferença às instituições. Isso se liga, por um lado, à noção de que elas seriam meros reflexos das estruturas profundas. Por outro lado, essa indiferença está ligada à visão teleológica do marxismo original. Com o advento de uma sociedade pós-política, o debate sobre as instituições de governo se tornaria anacrônico.

Entre as contribuições positivas, a mais importante, que foi incorporada por outras correntes críticas do enquadramento liberal, como o feminismo, é recusar a separação entre a política e as outras esferas sociais. A igualdade política, por si só, não anula as desigualdades presentes na sociedade: ela acaba por incorporá-las e trabalha, muitas vezes, no sentido de neutralizar as demandas que elas embasam. Em conjunto com isso, o marxismo contribui para discutir o processo de formação das preferências políticas (notoriamente, um ponto cego no enquadramento liberal), no qual pesam as desigualdades no controle dos meios de informação e dos incentivos ao comportamento individual. Por fim, o marxismo é útil pela compreensão de que a democracia é uma forma de dominação e que, como qualquer forma de organização institucional, deve ser analisada a partir da identificação dos interesses que protege – e das brechas que abre para a expressão de outros interesses. Em suma, sem ter produzido uma teoria própria da democracia, o marxismo contribui para a *crítica* da democracia, tanto mais necessária quanto mais o rótulo "democrático" é aplicado a regimes que pouco mantêm dos ideais originais associados ao conceito.

Referências bibliográficas

ADORNO, Theodor W.; HORKHEIMER, Max. *Dialética do esclarecimento*. Rio de Janeiro: Jorge Zahar, 1985 [1947].

ALTAMIRA, Carlos. *Os marxismos do novo século*. Rio de Janeiro: Civilização Brasileira, 2008 [2006].

ANDERSON, Perry. "Introdução" a Perry Anderson e Patrick Camiller (orgs.), *Um mapa da esquerda na Europa ocidental*. Rio de Janeiro: Contraponto, 1996 [1994].

BALIBAR, Etienne. *Cinq études du materialisme historique*. Paris: Maspero, 1974.

BARRETT, Michèle. *Women's oppression today: the Marxist/feminist encounter*. London: Verso, 1988 [1980].

BERNSTEIN, Eduard. *Socialismo evolucionário*. Rio de Janeiro: Jorge Zahar, 1997 [1899].

BLACKEY, Robert "Fanon and Cabral: a contrast in theories of revolution for Africa". *The Journal of Modern African Studies*, v.12, n.2, 1974, p.191-209.

BOBBIO, Norberto. "Existe uma doutrina marxista do Estado?". In: BOBBIO, Norberto et al. *O marxismo e o Estado*. Rio de Janeiro: Graal, 1979 [1975].

______ et al. *O marxismo e o Estado*. Rio de Janeiro: Graal, 1979 [1976].

BRENNER, Johanna. *Women and the Politics of Class*. New York: Monthly Review Press, 2000.

CARRILLO, Santiago. *Eurocomunismo y Estado*. Barcelona: Crítica, 1977.

CHESNAIS, François. *A mundialização do capital*. São Paulo: Xamã, 1996 [1994].

COUTINHO, Carlos Nelson. "A democracia como valor universal". *Encontros com a Civilização Brasileira*, n.9, 1979, p.33-47.

DELPHY, Christine. "L'ennemi principal". In: *L'ennemi principal*, v.1 ("Économie politique du patriarcat"). Paris: Syllepse, 2013 [1970].

ELSTER, Jon. *Making Sense of Marx*. Cambridge: Cambridge University Press; Paris: Éditions de la Maison des Sciences de l'Homme, 1991.

______. "Auto-realização no trabalho e na política: a concepção marxista da boa vida". *Lua Nova*, n.25, 1992 [1986], p.61-101.

ENGELS, Friedrich. "Discours d'Elberfeld". In: MARX, Karl; ENGELS, Friedrich. *Utopisme & communauté de l'avenir*. Paris: Maspero, 1976 [1845].

______. "Introdução" a Karl Marx, *As lutas de classes em França*. In: MARX, Karl; ENGELS, Friedrich, *Obras escolhidas em três tomos*, v.I. Moscou: Progresso; Lisboa: Avante, 1982 [1895].

______. *A origem da família, da propriedade privada e do Estado*. Rio de Janeiro: Civilização Brasileira, 1985 [1884].

______. *A situação da classe trabalhadora na Inglaterra*. São Paulo: Boitempo, 2010 [1845].

______. *Do socialismo utópico ao socialismo científico*. In: MARX, Karl; ENGELS, Friedrich. *Obras escolhidas*, v.2. São Paulo: Alfa Ômega, s.d. [1880].

FANON, Frantz. *Peau noire, masques blancs*. In: *Œuvres*. Paris: La Découverte, 2011 [1952].

______. *Les damnés de la terre*. In: *Œuvres*. Paris: La Découverte, 2011 [1962].

FRASER, Nancy. *Justice Interruptus: Critical Reflections on the "Postsocialist" Condition*. New York: Routledge, 1997.

GORZ, André. *O socialismo difícil*. Rio de Janeiro: Zahar, 1968 [1967].

______. *Le chemins du Paradis: l'agonie du Capital*. Paris: Galilée, 1983.

GORZ, André. *Adeus ao proletariado: para além do socialismo*. Rio de Janeiro: Forense-Universitária, 1987 [1980].

______. *Métamorphoses du travail: quète du sens. Critique de la raison économique*. Paris: Galilée, 1988.

______. *Misères du présent, richesse du possible*. Paris: Galilée, 1997.

GRAMSCI, Antonio. *Cadernos do cárcere*, v.4. Rio de Janeiro: Civilização Brasileira, 2001 [1933-4].

HARTMANN, Heidi I. "The unhappy marriage of marxism and feminism: towards a more progressive union". In: NICOLSON, Linda (ed.). *The Second Wave: A Reader in Feminist Theory*. New York: Routledge, 1997 [1979].

HARTSOCK, Nancy C. M. "The feminist standpoint: developing the ground for a specifically feminist historical materialism". In: *The Feminist Standpoint Revisited and Other Essays*. Boulder: Westview, 1998 [1983].

HIRSCHMAN, Albert O. *A retórica da intransigência: perversidade, futilidade, ameaça*. São Paulo: Companhia das Letras, 1992 [1991].

KLEIN, Naomi. *Sem logo: a tirania das marcas em um planeta vendido*. 2.ed. Rio de Janeiro: Record, 2002 [2000].

KOLLONTAI, Alexandra. "The labour of women in the revolution of the economy". In: *Selected Writings*. New York: Norton, 1977 [1909].

______. "Working woman and mother". In: *Selected Writings*. New York: Norton, 1977 [1914].

______. "The social basis of the woman question". In: *Selected Writings*. New York: Norton, 1977 [1923].

LACLAU, Ernesto. "Os novos movimentos sociais e a pluralidade do social". *Revista Brasileira de Ciências Sociais*, n.2, 1986 [1983], p.41-7.

LACLAU, Ernesto; MOUFFE, Chantal. *Hegemonía y estrategia socialista: hacia una radicalización de la democracia*. Madrid: Siglo Veintiuno, 1987 [1985].

LÊNIN, Vladimir I. *Que fazer?* São Paulo: Hucitec, 1978 [1902].

______. *A revolução proletária e o renegado Kautsky*, em *Obras escolhidas em seis tomos*, v.4. Moscou: Progresso; Lisboa: Avante, 1985a [1918].

______. *O Estado e a revolução*, em *Obras escolhidas em seis tomos*, v.3. Moscou: Progresso; Lisboa: Avante, 1985b [1917].

______. *A doença infantil do "esquerdismo" no comunismo*. In: *Obras escolhidas em seis tomos*, v.5. Moscou: Progresso; Lisboa: Avante, 1986 [1920].

LOCKE, John. *Dois tratados sobre o governo*. São Paulo: Martins Fontes, 1998 [1698].

LOSURDO, Domenico. *Democracia ou bonapartismo: triunfo e decadência do sufrágio universal*. Rio de Janeiro: Editora UFRJ; São Paulo: Editora Unesp, 2004 [1993].

LUXEMBURGO, Rosa. *Reforma ou revolução?*. São Paulo: Global, 1986 [1899].

______. "Questões de organização da social-democracia russa". In: *A Revolução Russa*. Petrópolis: Vozes, 1990a [1904].

______. "A Revolução Russa". In: *A Revolução Russa*. Petrópolis: Vozes, 1990b [1918].

MADISON, James; HAMILTON, Alexander; JAY, John. *Os artigos federalistas*. Rio de Janeiro: Nova Fronteira, 1993 [1787-8].

MANIN, Bernard. *The Principles of Representative Government*. Cambridge: Cambridge University Press, 1997.

MARCUSE, Herbert. *Ideologia da sociedade industrial*. Rio de Janeiro: Zahar, 1967 [1964].

MARX, Karl "Le débat social sur l'Association Démocratique". In: MARX, Karl; ENGELS, Friedrich. *Utopisme & communauté de l'avenir*. Paris: Maspero, 1976 [1848].

______. "Marx a Joseph Weydemeyer (em Nova Iorque)". In: MARX, Karl; ENGELS, Friedrich. *Obras escolhidas em três tomos*, v.I. Moscou: Progresso; Lisboa: Avante, 1982 [1852].

______. "Marx's notebook comments on James Mill, *Eléments d'économie politique*", 2000 [1844]. Disponível em <http://www.marxists.org/archive/marx/works/download/Marx_James_MIll.pdf>. Acesso em: 26 nov. 2013.

______. *A guerra civil na França*. São Paulo: Boitempo, 2011 [1871].

______. *Crítica do programa de Gotha*. São Paulo: Boitempo, 2012 [1875].

______. *O capital: crítica da economia política*, livro I. São Paulo: Boitempo, 2013 [1867].

MARX, Karl; ENGELS, Friedrich. *L'idéologie allemande*. Paris: Éditions Sociales, 1971 [1845-6].

______. *Manifesto comunista*. São Paulo: Boitempo, 2010 [1848].

McCHESNEY, Robert W. *Digital Disconnect: How Capitalism Is Turning the Internet Against Democracy*. New York: The New Press, 2013.

MIGUEL, Luis Felipe. "Liberdade ou felicidade? A auto-realização humana em Marx, Gorz e Elster". *Revista de Filosofia Política*, nova série, 1999, n.4, p.176-210.

______. "Democracia e sociedade de classes". *Revista Brasileira de Ciência Política*, 2012, n.9, p.93-117.

MIGUEL, Luis Felipe. "Mecanismos de exclusão política e os limites da democracia liberal: uma conversa com Poulantzas, Offe e Bourdieu". *Novos Estudos*, n.98, 2014, p.145-61.

MILIBAND, Ralph. *O Estado na sociedade capitalista*. Rio de Janeiro: Zahar, 1976 [1942].

MILL, John Stuart. *Sobre a liberdade*. 2.ed. Petrópolis: Vozes, 1991 [1859].

MITCHELL, Juliet. *Psychoanalysis and Feminism: Freud, Reich, Laing and women*. London: Vintage, 1974.

O'CONNOR, James. *The Fiscal Crisis of State*. New York: St. Martin, 1973.

OFFE, Claus. "Dominação de classe e sistema político. Sobre a seletividade das instituições políticas". In: *Problemas estruturais do Estado capitalista*. Rio de Janeiro: Tempo Brasileiro, 1984 [1972].

______. "De quelques contradictions de l'État-providence moderne". In: *Les démocraties modernes à l'épreuve*. Paris: L'Harmattan, 1997 [1984]

OFFE, Claus; WIESENTHAL, Helmut. "Duas lógicas da ação coletiva: anotações teóricas sobre classe social e forma organizacional". In: OFFE, Claus. *Problemas estruturais do Estado capitalista*. Rio de Janeiro: Tempo Brasileiro, 1984 [1980].

PATEMAN, Carole. *Participação e teoria democrática*. Rio de Janeiro: Paz e Terra, 1992 [1970]

PHILLIPS, Anne. *Which Equalities Matter?* Cambridge: Polity, 1999.

POULANTZAS, Nicos. *Poder político e classes sociais*. 2.ed. São Paulo: Martins Fontes, 1986 [1968].

______. *L'État, le pouvoir, le socialisme*. Paris: Les Prairies Ordinaires, 2013 [1978].

ROSANVALLON, Pierre. *Le peuple introuvable: histoire de la représentation démocratique en France*. Paris: Gallimard, 1998.

______. *La société des égaux*. Paris: Seuil, 2011.

ROUSSEAU, Jean-Jacques. *Discours sur l'origine et les fondements de l'inégalité parmi les hommes*. In: *Œuvres complètes*, t.III. Paris: Gallimard, 1964 [1755].

SCOTT, James C. *Weapons of the Weak: Everyday Forms of Peasant Resistance*. New Haven: Yale University Press, 1985.

STREECK, Wolfgang. "The crises of democratic capitalism", *New Left Review*, n.71, 2011, p.5-29.

TAVARES, Francisco Mata Machado. "A democracia realizada do materialismo histórico: sobre a ditadura do proletariado e sua injustificada omissão nos estudos de teoria democrática contemporânea". In: MIGUEL, Luis Felipe; BIROLI, Flávia; MARQUES, Danusa; MACHADO, Carlos (orgs.). *A democracia face às desigualdades*. São Paulo: Alameda, 2015.

THOMPSON, E. P. "Eighteenth-century English society: class struggle without class?", *Social History*, v.3, n.2, 1978, p.133-65.

TOCQUEVILLE, Alexis de. *De la démocratie en Amérique*. In: *Œuvres*, v.2. Paris: Gallimard, 1992 [1835-1840].

WALBY, Sylvia. *Theorizing Patriarchy*. Oxford: Blackwell, 1990.

WOOD, Ellen Meiksins. *The Retreat from Class: A New "True" Socialism*. London: Verso, 1998 [1986].

______. *Democracy Against Capitalism: Renewing Historical Materialism*. Cambridge: Cambridge University Press, 1995.

WRIGHT, Erik Olin. *Classes*. London: Verso, 1985.

______. *Class Counts: Comparative Studies in Class Analysis*. Cambridge: Cambridge University Press, 1997.

WRIGHT, Erik Olin; LEVINE, Andrew; SOBER, Elliott. *Reconstruindo o marxismo: ensaios sobre a explicação e teoria da história*. Petrópolis: Vozes, 1993 [1992].

3.
Desigualdades inevitáveis e restrição da democracia no pensamento elitista

Luis Felipe Miguel

Em relação às outras correntes contempladas neste livro, o elitismo possui um escopo bastante reduzido. Ele não se liga a uma doutrina filosófica abrangente e também é bem menos diversificado internamente. Seria melhor caracterizado, talvez, como um desenvolvimento específico do liberalismo – embora um liberalismo truncado, se aceitamos a percepção de Gray (1995, p.xii) de que uma das características distintivas do pensamento liberal é a crença na melhoria progressiva das sociedades humanas. Os autores elitistas, ao contrário, coincidem na percepção de que não existe possibilidade de aprimoramento da condição humana e que qualquer crença neste sentido é, na melhor das hipóteses, uma ilusão e, na pior, uma fraude.[1]

Afinal, apesar de seu escopo limitado, o elitismo possui uma filosofia da história e uma antropologia, ambas voltadas à afirmação do caráter inevitável das desigualdades entre as pessoas e de seu

1 Refiro-me aqui ao liberalismo "como uma doutrina filosófica [que] pode ser distinguida do liberalismo como um sistema de instituições sociais e políticas" (Freeman, 2002, p.105). Em relação a esse último, a posição do elitismo, sobretudo de seus teóricos clássicos, é, em geral, bem mais distante, oscilando de um rechaço aberto, com adesão ao fascismo (Pareto, Michels), a um endosso tímido e cético (Mosca).

transbordamento para a organização social. Parte do legado das teorias elitistas ditas "clássicas" se vincula a explicações da dinâmica das mudanças sociais, como a ideia da circulação das elites, mas a mudança é sempre encarada como um aspecto superficial e acessório de permanências profundas. O elitismo é, em suma, um pensamento voltado à afirmação da imutabilidade do ser humano e da sociedade. Em todos os tempos e em todos os lugares, sempre houve, há e haverá o domínio das minorias sobre as maiorias. A filosofia da história e a antropologia da teoria das elites servem a um mesmo e único propósito, afirmar a verdade dessa sentença.

O que o elitismo procura dizer é que as desigualdades sociais são insuperáveis porque se baseiam, em última análise, nas desigualdades naturais entre os seres humanos. Se esse é o critério para a identificação de um pensamento elitista, então suas origens podem ser buscadas na Antiguidade. A República de Platão possui indisfarçável fundamento elitista, com sua crença de que as diferentes posições sociais devem ser alocadas de acordo com os talentos inatos diferenciados dos indivíduos. Também entra no caldeirão a noção aristotélica de que existem "escravos por natureza". Pronto: a ancestralidade da doutrina elitista alcança as duas grandes matrizes do pensamento ocidental. Mais perto de nós, os tecnocratas de Veblen, os intelectuais de Mannheim ou mesmo os *apparatchiks* de Lênin aparecem como exemplos possíveis de uma minoria capaz e criativa, destinada a comandar a massa.

No entanto, se o "elitismo", nesse sentido mais vago e geral, está presente de forma menos ou mais central em muitos sistemas de pensamento – e também em muitas manifestações do senso comum –, aquilo que se convencionou chamar de "teoria das elites" nasceu num contexto histórico preciso, como reação tanto a doutrinas emergentes quanto a movimentos que ocorriam na sociedade europeia. Em sua obra hoje clássica, *A democracia na América*, Alexis de Tocqueville previa a inevitável caminhada da Europa no rumo da igualdade e da democracia, o que ele descreveu como um "fato providencial", isto é, determinado pela Providência Divina (Tocqueville, 1992 [1835-40], p.7). O vaticínio era confirmado por eventos que demonstravam um declínio generalizado do respeito às hierarquias sociais estabelecidas. As jornadas de 1848 fizeram que, em mais de um país europeu, a classe trabalhadora aparecesse como ator político importante. Seu rebento tardio foi a Comuna de Paris (1871), ensaio de edificação de uma ordem radicalmente igualitária. Em paralelo com esses movimentos, influenciando-os e sendo influenciadas por eles, ideias democráticas e socialistas afirmavam a possibilidade de um mundo sem chefes e sem comandados, sem ricos e sem pobres.

A teoria das elites dita "clássica", elaborada no final do século XIX e começo do século XX nas obras de Vilfredo Pareto, Gaetano Mosca e Robert Michels, nasce em reação a isso. Se os democratas e os socialistas apontavam a incapacidade do liberalismo para estabelecer a igualdade que ele mesmo prometia, os elitistas retrucavam que as promessas igualitárias eram quiméricas. Seu objetivo era desinflar as expectativas de igualdade, afirmando de maneira categórica a inevitabilidade da manutenção de assimetrias de poder e de riqueza, em qualquer sociedade humana possível (Miguel, 2014a, cap. 2).

Há especificidades, porém, na resposta que os elitistas clássicos dão aos desafios de seu tempo, em relação a outras correntes de pensamento anti-igualitário – em particular, sua ênfase na impossibilidade lógica de uma sociedade diferente, o que é construído na forma de um argumento científico e não-valorativo. De maneiras diversas, Pareto, Mosca e Michels julgam que estão decifrando mecanismos que estão em ação nas relações humanas, garantindo que o domínio da minoria sobre a maioria sempre ocorre e apenas renasce sob outra roupagem quando se julga que está sendo superado. A *defesa* do governo da minoria, que nenhum deles deixa de fazer, é a rigor dispensável. Não se trata de desejá-lo ou não desejá-lo, mas de aceitá-lo como uma situação de fato, imutável.

A obra de Friedrich Nietzsche, contemporâneo desses autores, serve de contraste. Embora tenha como um de seus elementos mais evidentes uma repulsa exacerbada à igualdade, constituindo-se em uma "justificação complexa e incomum" da exploração, da dominação e da escravidão (Ansell-Pearson, 1997 [1994], p.19), Nietzsche está preocupado com o que chama de "revolta dos escravos", a destruição das hierarquias naturais entre os homens,[2] que ele vê como um processo histórico de longo prazo, iniciado com o triunfo da moral cristã. A solidariedade social pode ser a "degradação da alma europeia" (Nietzsche, 1992 [1986], p.66) e a democracia, uma "decadência ou diminuição do homem, sua mediocrização e rebaixamento de valor" (Nietzsche, 1992 [1986], p.103), mas são, ambas, fenômenos reais, contra os quais é preciso lutar. O mesmo se poderia dizer das reflexões – posteriores e expressas em fraseado mais moderado, mas denotando espírito similar – sobre a "rebelião das massas", de Ortega y Gasset (1987 [1937]). Nietzsche e Ortega sustentam sua oposição à igualdade social na ameaça que ela representaria à civilização, mas entendem que se defrontam com um processo em curso.

Tanto quanto Nietzsche ou Ortega y Gasset, autores ultraliberais recentes, como Hayek (1990 [1944]) ou Nozick (1974), podem incorporar o argumento de que as desigualdades têm base natural, mas seu foco está no caráter positivo delas, quer pelo que produzem (o progresso), quer pelo que sinalizam (a liberdade). Já os elitistas, ainda que não se furtem a mencionar efeitos positivos das desigualdades, enfatizam sobretudo seu caráter natural e inevitável. De maneira muito sintética, pode-se dizer que, enquanto toda uma tradição do pensamento anti-igualitário, que passa por Nietzsche, Ortega, Hayek, Nozick e muitos outros, afirma a *necessidade da desigualdade*, a ambição primária dos teóricos clássicos das elites sempre foi provar a *impossibilidade da igualdade*.

Dessa forma, a teoria das elites é talvez o melhor exemplo de um dos modos básicos do discurso conservador, na tipologia de Hirschman (1992 [1991]): a "tese da futilidade", segundo a qual não adianta tentar mudar o mundo, já que, em sua essência, ele permanecerá sempre o mesmo. Democratas e socialistas se esforçam por transformar o que não tem como ser mudado, apresentam a si e a seus seguidores metas de conquista impossível. Por isso, suas ações estão fadadas ao fracasso e o saldo de seus empreendimento só pode ser a frustração.

2 O uso de "homens" como equivalente da humanidade é fiel ao pensamento nietzscheano, marcado por um sexismo particularmente ultrajante.

O fundamento dessa impossibilidade é psicológico, no caso de Pareto (1935 [1916]), ou sociológico, para Mosca (1939 [1896]) e Michels (1982 [1911]). Seja porque as disposições psicológicas inatas inclinam uns ao mando e outros à obediência, seja porque as maiorias são incapazes de se organizar, seja ainda porque essas maiorias, no processo da própria organização, geram novas minorias dirigentes, o resultado é sempre o mesmo: a impossibilidade da democracia. No quadro do elitismo clássico, a relação entre democracia e desigualdades se resolve de maneira bastante simples. Elas estão em situação de perfeita oposição: uma é a negação da outra. Como a desigualdade é inevitável, a democracia está fora do horizonte de possibilidades. Em suma:

> O poder político nunca foi e nunca será fundado no consentimento explícito das maiorias. Ele sempre foi e sempre será exercido por minorias organizadas, que possuem, e continuarão possuindo, os meios, que variam conforme os tempos, de impor sua supremacia às multidões. (Mosca, 1939 [1896], p.326)

No entanto, há uma brecha para a questão da democracia na reflexão de Mosca. Ele reconhece que, embora na essência todos os governos sejam aristocráticos (isto é, controlados por um pequeno grupo), eles incluem, de forma lateral, elementos das outras formas clássicas de governo. O elemento monárquico é, naturalmente, a encarnação do poder político na figura do chefe de Estado. E o elemento democrático é a necessidade de um apoio social estendido, isto é, de legitimação da dominação – um aspecto que está ausente por inteiro na reflexão do outro fundador da corrente, Pareto. Mais ainda, Mosca julga que as instituições democráticas formais que se espalhavam pela Europa de sua época, como o sufrágio universal e o parlamento, podiam perdurar, garantindo o equilíbrio entre diferentes setores da classe dirigente, desde que não fossem arrastadas "pelos apetites das classes baixas e de seus líderes" e tentassem se transformar em uma "democracia real" (Mosca, 1939 [1896], p.335).

Por caminho bem diverso, a obra de Michels permite uma reapropriação democrática. Ele é um integrante da galeria de teóricos conservadores ou mesmo reacionários que têm o mérito de iluminar deficiências e questionar aspectos não problematizados do pensamento liberal. Ao contrário de Pareto e Mosca, que produziram grandes generalizações com ambição explicativa universal e a partir delas colheram exemplos ilustrativos na história da humanidade, em seu trabalho mais importante Michels partiu de um caso específico, a social-democracia alemã, para, depois de esmiuçá-lo, propor leis sociológicas de validade ilimitada. Nesse processo, Michels indicou, de forma lúcida, provocativa e com algum exagero retórico, questões relativas à representação política que continuam merecendo reflexão mais de um século depois (cf. Miguel, 2014b). Seu objetivo era demonstrar como o processo de organização política de qualquer grupo social gerava uma distinção funcional entre dirigentes e base, o que levava, por sua vez, à produção de interesses distintos, ligados à posição de dirigente. O funcionário partidário, o líder sindical ou o parlamentar ocupam um lugar diferente daquele de sua base, têm seu bem-estar material e seu *status* social ligados a outros fatores. Com isso, seus interesses objetivos se distanciariam daqueles que eles deveriam representar.[3]

A partir daí, Michels abriu caminho para uma outra abordagem da relação entre democracia e desigualdades: o entendimento de que os mecanismos representativos, por mais que sejam ineludíveis para qualquer regime democrático na situação das sociedades contemporâneas, geram um padrão próprio de desigualdade, vinculada ao acesso diferenciado aos espaços de poder. Ou seja, uma leitura antielitista de Michels faz lembrar que a representação é incontornável, mas também é sempre um problema para a democracia. E que, portanto, não podemos descuidar da tarefa de ampliar a capacidade de interlocução entre representantes e representados e de

---

3 Nos debates da constituinte francesa, Mirabeau já observava que os representantes eleitos formavam uma aristocracia de fato (apud Elster, 2000, p.130). Essa observação desembocava na defesa do poder de veto monárquico, que seria necessário para proteger os interesses do povo da ação de seus representantes.

buscar mecanismos que refreiem as tendências à autonomização destes últimos.

Essa não é, porém, uma apropriação corrente do pensamento de Michels ou dos outros teóricos clássicos das elites. Seus herdeiros, ao longo do século XX, mantêm o baixo entusiasmo (para dizer de uma forma delicada) com a democracia. Uma preocupação constante foi demonstrar que os grupos que pregavam transformações radicais também reproduziam, internamente, as desigualdades que contestavam na sociedade mais ampla (cf. Lasswell; Lerner, 1967 [1951]). Numa obra que teve repercussão na época, James Burnham apontou os teóricos elitistas como sucessores do realismo maquiaveliano, capazes de reconhecer o caráter inevitável da dominação oligárquica – mas esse realismo fazia deles os baluartes da liberdade, aparentemente ameaçada sobretudo pelos propositores de transformações democratizantes (Burnham, 1970 [1943]). Trata-se de uma incorporação engenhosa, mas não muito convincente, dos elitistas à retórica que opõe democracia e liberdade.

A grande virada, no entanto, surgiu com a obra do economista austríaco Joseph Schumpeter (1976 [1942]), que compatibilizou elitismo e democracia ao promover uma profunda transformação no entendimento desta última. A *démarche* schumpeteriana é bem conhecida e ocorre em dois passos sucessivos. O primeiro passo é o desmonte da compreensão corrente de democracia, desqualificada como ingênua e apoiada em premissas insustentáveis sobre a natureza humana e a organização social. O passo seguinte é a apresentação de um conceito alternativo de democracia, que sanaria esses problemas e produziria uma versão realista do que pode ser um sistema político democrático. Seguidores de Schumpeter costumam definir sua empreitada como a busca de um entendimento *descritivo* ou *empírico* da democracia (cf. Sartori, 1994 [1987], v.1; Huntington, 1991), mas ele próprio a apresenta sobretudo em termos de seu caráter *realista*. Isto é: muito mais do que codificar o modelo subjacente aos regimes políticos que aplicam a si mesmos o rótulo de "democrático", ele ambiciona indicar os limites da democracia possível, sendo o ser humano e a sociedade humana aquilo que são.

A quadra histórica em que Schumpeter produziu sua teoria contribuiu para seu sucesso, tanto quanto ocorrera, uma geração antes, com os elitistas clássicos. Não era mais possível desprezar a democracia como uma ilusão impossível de ser alcançada: ela estava firmemente a caminho de se tornar o elemento indispensável para a legitimação de qualquer governo. A obra de Schumpeter abriu as portas para uma ressemantização da democracia que permitiu que os regimes eleitorais de tipo ocidental se apresentassem como genuínos governos do povo, no momento em que o rótulo passava a ser disputado por todos. Era fácil perceber que as "democracias populares", como foram denominados os regimes do Leste europeu sob influência soviética, eram apenas um nome de fantasia aplicado às ditaduras comunistas. Mas o povo também não tomava as decisões nos países do Ocidente. Só quando a democracia abandona a noção de governo popular e é redefinida por seu elemento concorrencial – e, logo em seguida, pluralista –, a oposição entre "mundo livre" e "cortina de ferro" parece ganhar o sentido épico que seus proponentes almejavam.

O primeiro passo de Schumpeter, assim, é a demolição do que chama de "doutrina clássica da democracia". Já foi demonstrado que, a rigor, não existe essa doutrina clássica – é uma mistura *ad hoc* de autores incompatíveis entre si, cujo objetivo era construir um adversário para ser derrotado (Pateman, 1992 [1970], p.9-34). Em movimentos sucessivos, Schumpeter promoveu a impugnação das noções de bem comum, já que em qualquer sociedade convivem interesses antagônicos, e, mais importante, de "vontade da maioria". Para que os procedimentos democráticos revelassem a vontade da maioria, seria necessário que houvessem vontades individuais a serem agregadas. A crítica schumpeteriana tem seu ponto crucial aqui: as pessoas comuns *não têm vontades* quando estão em jogo questões públicas, só impulsos vagos, equivocados, desinformados e voláteis (Schumpeter, 1976 [1942], p.253). O indivíduo médio pode cuidar bem dos seus negócios pessoais, mas não sabe tratar de assuntos públicos.

Pesam, para este veredicto, os fatores da proximidade e da familiaridade. Os cidadãos comuns não entendem das questões públicas porque o impacto que as decisões sobre elas tem em suas vidas é muito mediado e em geral em prazo médio ou longo, por mais poderoso que seja. Sem que tenha sido esse o objetivo de Schumpeter, a explicação ajuda a compreender por que as elites tendem a ser mais capazes politicamente. Para essa fração da sociedade, os negócios públicos são de seu interesse particular direto: a elite estabelece contratos com o Estado, ocupa cargos no governo etc. Portanto, em seu caso, os incentivos que levam a maior grau de informação e de racionalidade nas decisões pessoais operam também para decisões sobre questões públicas (ver Bourdieu, 1979, p.518).

A tese schumpeteriana da incompetência política das pessoas comuns encontrou comprovação empírica em estudos contemporâneos sobre a decisão do voto nos Estados Unidos. Analisando o comportamento dos eleitores na campanha para as eleições presidenciais de 1940, Lazarsfeld, Berelson e Gaudet (1944) constataram um desinteresse e uma desinformação generalizados. Eleitores e eleitoras reais não se adequavam ao modelo ideal que os ideólogos da democracia representativa tinham projetado (por exemplo, Stuart Mill, 1995 [1861]). Eles não sabiam escolher, não estavam preocupados em se informar e não procuravam avaliar as consequências de suas decisões.

Schumpeter vê em tais características efeitos da *natureza humana* – e não dos incentivos insuficientes à qualificação política, que partem de um sistema político muito pouco permeável à influência das pessoas comuns, como julgam outros autores (Pateman, 1992 [1970]; Bourdieu, 1979; Barber, 1984). Em suma, para ele não adianta mudar as instituições, já que a causa da apatia e da desinformação não está nelas, mas nos próprios indivíduos, em seu egoísmo, miopia (incapacidade de perceber os interesses a médio ou longo prazo) e limitação cognitiva.

O passo seguinte é construir um novo entendimento da democracia, que dispense a necessidade de um público minimamente informado ou capaz e, com isso, possa escapar aos problemas detectados na "doutrina clássica". Para isso, porém, é necessário renunciar a qualquer compreensão de governo do povo. Em seu lugar, a democracia passa a ser caracterizada pela concorrência entre minorias pela ocupação dos cargos de poder. A passagem canônica, que traduz em uma única frase o novo conceito, define que "o método democrático é aquele arranjo institucional para chegar a decisões políticas em que os indivíduos adquirem o poder de decisão por meio de uma luta competitiva pelos votos do povo" (Schumpeter, 1976 [1942], p.269). Entramos aqui num universo cujo chão é dado pelo principal ensinamento dos teóricos elitistas: as maiorias não podem governar. Schumpeter abraça essa premissa, desenvolvida no bojo de um pensamento que tinha como objetivo demonstrar a impossibilidade da democracia, e a transforma no ponto de partida de uma nova teoria democrática.

No desenho schumpeteriano, a eleição deixa de ser um *instrumento* para a realização da democracia, que continuaria vinculada a alguma ideia de soberania popular. A eleição passa a ser toda a democracia. Mas, nesse mesmo passo, o processo eleitoral é esvaziado de qualquer conteúdo. Ele não espelha uma vontade do povo, nem mesmo a da maioria. Como os votantes não são esclarecidos, eles não expressam preferências por quaisquer políticas quando elegem este ou aquele candidato. Por isso, a democracia schumpeteriana *não* se apresenta como um mecanismo de agregação de interesses individuais, como pensam erroneamente alguns comentaristas (por exemplo, Mansbridge, 1990, p.8). Os cidadãos não alcançam a posição de possuir preferências sobre as questões públicas. Sua desinformação e seu desinteresse revertem numa absoluta liberdade para os eleitos.

A eleição é inútil até para a salvaguarda dos direitos individuais, a função que lhe atribuíam os "democratas protetores" do século XVIII, como James Mill, mas que Schumpeter despreza. Sua função é *legitimadora*. Os cidadãos comuns não decidem nada, de fato, quando participam das eleições, mas acreditam que estão decidindo. O ritual eleitoral satisfaz a crença igualitária que se tornou dominante e que autores como Nietzsche, Ortega y Gasset ou os teóricos elitistas clássicos já denunciavam. Com isso, provê ao sistema político a legitimidade que outras formas de dominação, como as monarquias hereditárias, não estavam mais sendo capazes de fornecer. O paradoxo da empreitada schumpeteriana é que essa legitimidade continua residindo em sua vinculação com o significado tradicional da democracia. Se o povo perceber que o processo eleitoral é o ritual vazio descrito por Schumpeter, ele deixará de produzir os frutos simbólicos esperados.

Sob o ponto de vista da busca de um arranjo que gere maior estabilidade para o sistema político, a teoria democrática de Schumpeter pode ser lida como uma atualização da obra de Thomas Hobbes. Tal como o filósofo inglês do século XVII, ele combina os elementos – à primeira vista discrepantes – da origem popular do poder e da incapacidade desse mesmo povo para a influência política. É certo que Schumpeter não trabalha com algo análogo à "guerra de todos contra todos" hobbesiana, mas sua percepção da sociedade também é atomística. Cada indivíduo está preso a seus interesses privados e as vontades coletivas são sempre ilusórias. Para Schumpeter, assim como para Hobbes, a preocupação central não é com a liberdade ou a autonomia dos integrantes da comunidade, mas com a estabilidade da dominação política, condição necessária para a cooperação social frutífera. O processo eleitoral cumpre, para o Leviatã democrático, um papel similar àquele do pacto de instauração da sociedade na narrativa hobbesiana. É o momento em que se dá a transferência de poder, dos indivíduos para seus governantes. A partir daí, cabe aos cidadãos o dever de obediência, uma obediência que se julga livremente consentida, pois nasceu de um presumível ato de vontade.

É bem verdade que a exigência de eleições periódicas não é um acréscimo banal ao desenho de Hobbes. A necessidade de incorporá-las revela, por si só, o aumento dos custos de legitimação da dominação. O filósofo inglês acreditava que o apoio a seu modelo de governo brotaria da demonstração racional da necessidade do soberano absoluto – que, ele concedeu depois, poderia ter que ser completada com o uso da retórica. Já para Schumpeter, é necessário prestar tributo aos ideais de igualdade e de autonomia individual. O processo eleitoral, porém, mesmo reduzido à sua dimensão formal mais rasa, como queria o economista austríaco, carrega em si sempre a ameaça da desorganização do jogo político das elites. Não por acaso, uma preocupação recorrente no pensamento conservador é a busca de medidas que limitem o alcance e a abrangência das decisões tomadas por via eleitoral. Há um inequívoco elemento igualitário nas eleições, na medida em que todos são chamados a votar e todos os votos têm peso equivalente.

Cumpre lembrar que, para Hobbes, a igualdade era um problema a ser sanado. Era a igualdade vigente no estado de natureza que gerava a insegurança permanente, já que qualquer um estava em condição de fazer mal a qualquer outro. O pacto social constitui a solução racional para a questão, introduzindo artificialmente uma desigualdade em favor do soberano. De maneira similar, a desigualdade de poder é aceita por Schumpeter como uma condição *sine qua non* para a coordenação social. Portanto, não há em seu modelo nenhum mecanismo que vise reduzir o fosso que separa a multidão de simples eleitores do punhado de tomadores de decisão. Pelo contrário, esse fosso deve ser cultivado. A despeito da pretensa ausência de normatividade em sua construção teórica, exaltada por seus seguidores, Schumpeter é muito claro ao prescrever o comportamento adequado para os cidadãos comuns:

> Os eleitores de fora do parlamento devem respeitar a divisão de trabalho entre eles e os políticos que eles elegem. Não devem retirar demasiado facilmente sua confiança entre as eleições e precisam entender que, uma vez que elegeram um indivíduo, a ação política é ocupação deste, e não deles. Isso significa que devem evitar instruí-lo sobre o que ele deve fazer. (Schumpeter, 1976 [1942], p.295)

As recomendações chegam ao detalhe de que são vetados não apenas abaixo-assinados e manifestações públicas, mas até mesmo cartas e telegramas pessoais aos membros do parlamento, descritas como tentativas de "restringir a [sua] liberdade de ação" (Schumpeter, 1976 [1942], p.295). Como bem observou um comentarista, a visão de democracia de Schumpeter parece inspirada nos cartazes pregados nos ônibus: "Não fale com o motorista enquanto o veículo estiver em movimento" (Catephores, 1994, p.15).

É tentador ver na doutrina de Schumpeter um desdobramento do conhecido aforismo proferido por Max Weber em um diálogo com o general Ludendorff, tal como narrado na biografia do sociólogo alemão escrita por sua viúva. Questionado sobre o sentido da democracia, Weber explicou que nela "o povo escolhe um chefe (*Führer*) em quem deposita a sua confiança. Depois, aquele que foi escolhido diz: 'Agora calai a boca e obedecei'" (apud Aron, 1993 [1967], p.537). Mas a teoria schumpeteriana da democracia é mais sutil do que isso. Nela, a autorização popular não tem como ser desligada do fato de que há competição pelo poder; e o parlamento ocupa posição central no modelo, como espaço em que os governantes são socializados, treinados e também supervisionados

Schumpeter está bem menos próximo do Weber da anedota do que do Weber de *Parlamento e governo*, seu ensaio sobre os dilemas políticos da Alemanha após a derrota na Primeira Guerra Mundial. Para ambos, uma premissa essencial a ser levada em conta é a absoluta incapacidade política da massa, "sempre exposta à influência do momento meramente emocional e irracional" (Weber, 1993 [1918], p.128). A divisão entre uma maioria passiva e a minoria politicamente ativa leva-os a enfatizar o papel da liderança, aspecto que ocupa uma posição importante no modelo de Schumpeter. Para ele, mesmo que eventualmente exista alguma demanda difusa na sociedade, ela não é capaz de se tornar um fator político sem a intervenção ativa de uma liderança (Schumpeter, 1976 [1942], p.270)

A democracia desenhada por Schumpeter é um retrato bastante fidedigno dos regimes políticos ocidentais. Graças à ressemantização que ele promoveu, o exercício do poder por uma minoria autorizada por meio da competição eleitoral pode transitar como a efetivação da democracia – ainda que esteja baseado na negação de qualquer possibilidade de uma soberania popular mais substantiva. Da maneira como Schumpeter constrói sua teoria, a desigualdade não é um problema. A desigualdade política, como se viu, é necessária. As outras desigualdades sociais são lidas como desimportantes. Não é relevante se tal ou qual grupo possui recursos que lhe garantem maior influência nos resultados eleitorais, uma vez que, no final das contas, estes resultados não têm grande significado.

As desigualdades poderiam ser mais significativas caso olhadas do ângulo das candidaturas aos cargos públicos. Afinal, as decisões políticas estão nas mãos de seus ocupantes e o fato de que eles sejam submetidos às eleições é o único elemento de incerteza que permanece em seu modelo. Portanto, o fato de que os integrantes de alguns grupos sociais encontram maiores dificuldades para se viabilizar como alternativas eleitorais do que os integrantes de outros grupos pode aparecer como um problema político, com consequências sobre a justiça da democracia concorrencial. Mas aí, uma vez mais, Schumpeter exacerba a cisão, própria de muito do pensamento liberal, entre a esfera política e o restante do mundo social – exatamente a relação que estabelece a tensão entre democracia e desigualdades. Numa célebre nota de rodapé, ele explica que a liberdade para participar das eleições deve ser entendida "no mesmo sentido de que qualquer pessoa é livre para instalar uma nova fábrica têxtil" (Schumpeter, 1976 [1942], p.272). Isto é, Schumpeter está blindado contra qualquer crítica à insuficiência dos "direitos formais", já que ele se move nesse terreno e assume sem pestanejar todas as limitações atribuídas a eles.

É possível inferir, da despreocupação de Schumpeter com a igualdade nas condições para participar da disputa política, outro aspecto de seu elitismo. Sua descrença na capacidade política da maioria se assenta, conforme foi visto, na combinação entre uma compreensão da natureza humana (não entendemos ou nos preocupamos com aquilo que está distante de nós) e um entendimento sobre a inevitabilidade da divisão do trabalho (os assuntos de governo não podem fazer parte da lida diária da maioria). Sua ênfase no papel da liderança, também assinalada antes, tornou-se igualmente clássica.

Fica claro, portanto, que a concepção de política manejada por Schumpeter é a de uma atividade que, por suas características intrínsecas, precisa ser levada a cabo por um pequeno grupo. Sua despreocupação com a equidade nas possibilidades de acesso à liderança política, porém, tinge sua reflexão com uma defesa dos padrões estabelecidos de distinção social.

A possibilidade de efetivar a liberdade abstrata para instalar uma indústria têxtil, para ficar no símile do próprio Schumpeter, depende obviamente do volume de capital de que cada indivíduo dispõe. A desigualdade na posse do capital econômico aparece como um dado não problemático, um fato a ser aceito em seus próprios termos e simplesmente incorporado nos modelos, pelas vertentes dominantes da ciência econômica. Portanto, depreende-se, a desigualdade de capital político também não é um problema a ser levado em conta na análise da política. A posse de capital político, por sua vez, não está distribuída de maneira aleatória na população. Está estreitamente associada ao próprio capital econômico, à presença em redes de contato e, de forma mais difusa, àquilo que Bernard Manin (1997) chamou de "saliência", isto é, a notabilidade em meio a uma massa de indivíduos similares. De forma bem concreta, as posições na elite política são desproporcionalmente ocupadas por homens, proprietários, com instrução superior e dos grupos étnicos privilegiados.

Schumpeter não se debruça sobre o significado dessa associação, mas claramente não julga que ela ponha em risco sua democracia mínima. Não é possível determinar se ele imagina que, de um jeito ou de outro, os indivíduos mais capazes saberiam abrir caminho até as posições dirigentes, como na "circulação das elites" de Pareto (1935 [1916], v.3), caso em que a desigualdade política seria o reflexo virtuoso dos diferenciais de mérito. Ou se julga que um sistema em que apenas uns poucos têm condição de disputar o poder espelha uma hierarquia social defensável. O que se pode dizer com certeza é que sua visão da natureza humana é realista demais – alguns prefeririam o adjetivo "cínica" – para que ele possa imaginar que, uma vez alçada ao poder por meio do voto, a minoria não irá governar tendo seus próprios interesses em vista.

Cabe lembrar que, da forma como Schumpeter constrói seu modelo, a resposta padrão da democracia liberal a esse problema não pode ser evocada. A incompetência política dos votantes impede que os mecanismos de *accountability* eleitoral funcionem. O cidadão que não consegue ter vontades em relação às questões de interesse coletivo e é presa de impulsos vagos, da demagogia e da publicidade estará na mesma situação quando se trata de avaliar o desempenho de um grupo governante ou de atribuir responsabilidades pelas políticas públicas adotadas. Na percepção mais corrente da democracia eleitoral, a eleição é tanto o momento da autorização para o exercício do poder quanto da *accountability*. Nos termos de Schumpeter, essa autorização é tão vazia de conteúdo que bloqueia até a possibilidade de *accountability*.

A obra de Schumpeter é, reconhecidamente, um divisor de águas na teoria da democracia. Desde então, o primeiro passo para qualquer reflexão sobre as instituições democráticas é se posicionar em relação a ela, seja contra, seja a favor. No restante deste capítulo, destaco duas vertentes do pensamento político do pós-guerras que lidam com a relação entre democracia política e domínio de elites. Por um lado, os herdeiros diretos de Schumpeter, que desenvolvem sua obra – em particular, Anthony Downs, Samuel Huntington e Giovanni Sartori. Embora não seja um movimento incontroverso, aproximo deste grupo a teoria da cultura cívica, tal como apresentada por Gabriel Almond e Sidney Verba. A outra vertente é a apropriação crítica da noção de "elite" para fazer a denúncia da insuficiência dos regimes democráticos ocidentais, por C. Wright Mills e seus herdeiros, em diálogo, mais do que com Schumpeter, com a tradição pluralista.

Anthony Downs é quem afirma de maneira mais explícita sua dívida com Schumpeter. Sua "profunda análise da democracia forma a inspiração e a fundação de toda a tese" de Downs (1957, p.29), apresentada num livro que se tornou uma das referências centrais para a compreensão do regime democrático pelo *mainstream* da ciência política. No entanto, apesar da fidelidade declarada pelo autor, as alterações feitas em alguns pressupostos cardinais, ligados ao modo de funcionamento do mecanismo eleitoral, fazem que a democracia downsiana produza resultados inteiramente diversos da democracia schumpeteriana.

O que é crucial é o resgate da *accountability*. O cidadão comum de Downs, tanto quanto o de Schumpeter, é incapaz de acompanhar o jogo político, de aquilatar a diferença entre propostas, de influenciar diretamente no processo decisório. No entanto, ele possui um interesse claro – que não se vincula a medidas específicas, nem exige sofisticação política. Ele tem interesse em que sua vida melhore. Com isso, ele se torna capaz de avaliar o desempenho dos governos e de usar racionalmente o poder que o voto lhe concede. Seu voto não é esclarecido, no sentido dos sonhos de um John Stuart Mill, para quem o direito ao sufrágio serviria como um estímulo à ampliação dos horizontes das pessoas comuns. Mas tampouco é desprovido de sentido, como na narrativa de Schumpeter. Ao votar de acordo com a percepção que tem sobre a melhoria ou não da própria vida, o cidadão exerceria uma poderosa influência para que o sistema político agisse em favor do povo. Afinal, políticos interessados em se manter no poder saberiam que a condição para tanto seria garantir o progresso, logo o voto, da maior parte da população. Sem precisar se preocupar com as questões de governo, o povo garantiria, pelo simples exercício do direito do voto, que os detentores do poder estariam a serviço da sua satisfação.

Não é o caso de discutir aqui os problemas do modelo de Downs, que trabalha com percepções excessivamente estilizadas da disputa política, do comportamento dos eleitores, das motivações dos governantes e do fluxo de informações (cf. Miguel, 2002). O relevante é entender que, nele, as desigualdades sociais se tornam absolutamente desimportantes para o entendimento da democracia. A igualdade no direito de voto aparece como poderosa o bastante para dissolver o impacto político de assimetrias vinculadas a classe social, a gênero, a raça ou qualquer outra clivagem. Se todo voto vale a mesma coisa e o objetivo dos governantes é apenas obter o maior número de votos, então a igualdade política está garantida. O interesse de uma pessoa pesa tanto quanto o interesse de qualquer outra pessoa.

Para sustentar tal conclusão, o modelo de Downs não precisa apenas operar com um alto grau de atomismo social, mas também ignorar deliberadamente diversos elementos centrais do funcionamento da disputa política e do governo. Não é colocada em questão a dependência estrutural do Estado em relação ao investimento privado, que concede aos proprietários uma posição privilegiada na determinação das políticas (cf. o capítulo 2 deste livro), mas essa é uma lacuna comum nas teorias liberais. Downs deixa de lado ainda a presença de agentes intermediários entre candidatos e votantes – como financiadores de campanha, grupos de interesse ou meios de comunicação de massa, dotados de influência desproporcional sobre os resultados eleitorais.

Em especial, o modelo trabalha com a ideia de que a determinação da melhoria ou não da própria vida, por cada indivíduo, é algo incontroverso. O acesso diferenciado à informação e o controle dos meios de comunicação não seriam problemas, uma vez que a campanha eleitoral garantiria que todos os eleitores estariam submetidos a informações contraditórias, sem custos para eles, fornecidas pelos partidos em disputa (Downs, 1957, parte III). E os critérios de avaliação dos indivíduos, que estão vinculados a seus objetivos e expectativas de vida, aparecem como naturais. Não há espaço, em Downs, para o problema da formação das preferências – ou, se se preferir, da ideologia ou, ainda, do poder simbólico. Trata-se, no entanto, de um momento central, em que as desigualdades sociais impactam na ação política. Os integrantes dos grupos em posição subalterna estão constrangidos a incorporar os critérios dominantes de apreciação da realidade, o que leva, por exemplo, à universalização de um comportamento aquisitivo, mesmo por aqueles que se encontram nas piores posições no mercado, ou à internalização dos papéis convencionais de gênero pelas mulheres.

Em particular, a desigualdade de poder aparece, na teoria de Downs, como mera distinção funcional, que não confere ganhos propriamente ditos a seus beneficiários. Ainda que só alguns controlem o governo, eles o fazem para vantagem de todos. O mecanismo eleitoral opera como a mão invisível que garante o bem público. As características da elite governante ou suas origens sociais são, a rigor, negligenciáveis. Talvez seja importante que essa elite saiba exercer com competência suas funções, uma vez que o modelo privilegia os *resultados* das ações de governo, mais do que suas intenções.

A preocupação com a competência é central na obra de outro epígono de Schumpeter, o cientista político italiano Giovanni Sartori. Seu tratado de teoria democrática é, em primeiro lugar, um libelo contra as demandas por maior participação política e uma defesa dos regimes concorrenciais ocidentais (que ele chama de "democracias empíricas") contra críticas baseadas em percepções normativamente mais exigentes da democracia.[4] Numa observação de sensibilidade tipicamente schumpeteriana, ele diz que o ideal democrático extremado é importante para fomentar a luta contra o regime autoritário, mas que, uma vez estabelecida a nova ordem, deve ser silenciado, pois "começa a atuar *contra* a democracia que gerou" (Sartori, 1994 [1987], v.1, p.103).

O ideal extremado pode sublinhar a igualdade política ou a soberania popular, mas a democracia empírica de Sartori tem basicamente um caráter seletivo. Trata-se de um método para escolher governantes e é tanto mais aperfeiçoado quanto melhores são os governantes que aponta. Ao enfatizar o "sentido qualitativo" da seleção eleitoral (Sartori, 1994 [1987], v.1, p.193), ele necessariamente tem que abstrair o conflito de interesses na sociedade a ser regulada por sua democracia. Afinal, o melhor governante não é determinado por critérios neutros: é melhor ou pior de acordo com os interesses que é capaz de satisfazer, em menor ou maior medida. Essa é, aliás, uma lição que se depreende da própria censura que Schumpeter lança à noção de bem comum. Sartori se afasta, aqui, das noções de seu mestre austríaco, aproximando-se de uma visão conservadora mais tradicional, que vê nas elites sociais as guardiãs de uma vontade nacional esclarecida.

Por isso, Sartori se preocupa em defender "a conotação qualitativa do termo elite" (Sartori, 1994 [1987], p.198) e estabelecer uma medida para a qualidade da democracia não de acordo com sua proximidade do ideal de governo popular, mas pela qualidade da elite que seleciona. Para tanto, é necessário manter a influência dos cidadãos comuns em nível reduzido. A denúncia da irracionalidade do eleitorado e a afirmação de que ele não age, apenas reage às ofertas do mercado político, similares às percepções de Schumpeter, evoluem,

4 O adversário principal é o marxismo. Sartori condena o "perfeccionismo", isto é, as visões de mundo que não são capazes de admitir a necessária *décalage* entre o ideal e o real. É com Marx, porém, que o perfeccionismo intelectual se tornaria um "ativismo perfeccionista" (Sartori, 1994 [1987], v.1, p.89).

na obra posterior de Sartori, para uma demofobia que o coloca praticamente fora do campo da teoria democrática. O medo é a ampliação do poder dos incompetentes (Sartori, 1998 [1997], p.124), causado por um sistema no qual, segundo um exemplo que ele cria para criticar os índices de audiência da televisão, mas que se encaixa perfeitamente para os votos em uma eleição, Churchill e seu porteiro valem o mesmo (Sartori, 1998 [1997], p.142).

A teoria de Sartori, assim, incorpora uma versão do elitismo muito mais paretiana do que aquela presente em Schumpeter ou Downs. As desigualdades que contam são as desigualdades de mérito. É necessário um sistema capaz de identificar os melhores e conceder a eles as posições de mando. O fato de que as elites governantes surgem sempre dos mesmos setores da população não é uma questão para Sartori – ele nem mesmo chega a anotar esse fato, de tão natural que lhe parece. O problema é sempre o contrário: quando os indivíduos das classes inferiores parecem despertar de sua apatia e tentar influenciar nas decisões públicas ou mesmo ascender aos cargos de poder.

É bem mais sofisticada a visão de Samuel Huntington que admite, sim, a relevância das desigualdades sociais – em particular da desigualdade econômica – para o funcionamento da democracia. Ele se apresenta como um entusiasta da versão schumpeteriana do conceito:

> Por algum tempo depois da Segunda Guerra Mundial ocorreu um debate entre aqueles determinados, no espírito clássico, a definir democracia pela origem ou propósito [das decisões] e o crescente número de teóricos que aderiam a um conceito procedimental de democracia, à maneira de Schumpeter. Nos anos 1970, o debate estava terminado e Schumpeter o vencera. (Huntington, 1991, p.6)

No entanto, mesmo como mero procedimento para a seleção dos governantes, a democracia pode significar custos demasiado ampliados para a reprodução da dominação. O Huntington de *A terceira onda*, entusiasmado com a derrocada do bloco soviético e embalado num sonho quase fukuyamesco de triunfo definitivo do modo de vida ocidental e "fim da história", parece menos ciente disto. Mas o Huntington dos anos 1960 e 1970, ao contrário, observava como o direito de voto estimulava demandas por igualdade substantiva que punham em risco o capitalismo e a dominação política.

Em *A ordem política nas sociedades em mudança*, Huntington já desenvolvia uma defesa circunstanciada da divisão estrita do trabalho político. Ele advertia para os riscos de uma politização generalizada, que faria que os diferentes grupos sociais se envolvessem "na política como um todo", isto é, para além da promoção de seus interesses setoriais (Huntington, 1975a [1968], p.206).[5] Escrevendo antes dos acontecimentos de 1968, Huntington julgava que esse risco estava restrito aos países subdesenvolvidos. Logo em seguida, em seu célebre relatório à Comissão Trilateral sobre a ingovernabilidade das democracias, a posição se tornou outra.

Huntington identifica uma crise dos regimes ocidentais, que haviam estabilizado, no pós-guerras, uma combinação entre livre mercado, gestão keynesiana da economia e segurança social por meio do Estado de bem-estar. Do ponto de vista das relações sociais, é um período de democratização em muitos campos, com a erosão das hierarquias rígidas que antes imperavam nas famílias ou nas escolas – se bem que não nas empresas, aspecto que Huntington não se preocupa em notar. Combina-se, então, o aumento das expectativas, efeito da prosperidade econômica, ao declínio da deferência concedida aos superiores sociais, rotulado como "destempero democrático" (Huntington, 1975b, p.102). O resultado líquido é o incremento das pressões sobre o Estado. Temerosos de perder suporte eleitoral, os líderes políticos tentam atender (ou parecer que atendem) às pressões, gerando um efeito-demonstração que estimula novas demandas. Ao mesmo tempo, o atendimento das exigências populares leva ao aumento da intervenção estatal. Com isso, há uma ampliação da

5 A tese de Huntington é um desdobramento de seu importante estudo anterior sobre relações civis-militares. Segundo ele, o controle civil sobre as forças armadas só é seguro quando é "subjetivo", isto é, quando está lastreado num tipo de profissionalismo militar que recusa decididamente a intervenção na vida política (Huntington, 1981 [1957]). Tal como os militares, os outros grupos setoriais deviam se circunscrever às suas ocupações próprias e deixar o governo governar.

complexidade da gestão da sociedade, o que requereria maior controle social, no entanto bloqueado pelo espírito democratizante em vigor. Por outro lado, a maior presença do Estado significa a redução do mercado capitalista que, para ele, seria o fundamento da prosperidade.

Em suma, "as demandas crescem, enquanto a capacidade de resposta do governo democrático está estagnada" (Crozier; Huntington; Watanuki, 1975, p.9). É uma narrativa que guarda notáveis similaridades com outra, produzida na mesma época, pelos autores marxistas ou próximos do marxismo que discutiam as crise fiscal e de legitimação do capitalismo avançado (Offe, 1984 [1972]; O'Connor, 1973; Habermas, 1975 [1973]). Mas, enquanto para estes a crise demonstrava que as relações capitalistas de produção impunham limites à democracia, para Huntington e seus companheiros era o contrário: o problema era a democracia. Ao brandir exigências exageradas, as pessoas não percebiam que estavam asfixiando a economia de mercado, base de todo crescimento econômico. Atualiza-se, aqui, a compreensão de Ortega y Gasset (1987 [1937], p.76) de que as massas, no seu afã por igualdade, destroem os fundamentos de seu próprio bem-estar.

O relatório à Trilateral propõe o reforço das hierarquias, inclusive com o reconhecimento de que "expertise, senioridade, experiência e talentos especiais podem superar os reclamos por democracia como formas de constituir autoridade" (Huntington, 1975b, p.133), e o incentivo da apatia política. Para o bom funcionamento do sistema, alguns grupos sociais devem ficar de fora do processo político, o que contribui para a redução das demandas a serem atendidas. A concessão dos direitos civis aos negros é citada expressamente como uma das causas da crise da democracia nos Estados Unidos (Huntington, 1975b, p.114).

A compreensão de que a apatia política é benéfica à democracia constitui elemento central também na teoria da cultura cívica, apresentada no início dos anos 1960 por Gabriel Almond e Sidney Verba e que pode ser lida como uma investigação empírica sobre os fundamentos da estabilidade dos regimes concorrenciais de tipo schumpeteriano. Na situação ideal, os cidadãos devem combinar uma alta percepção de sua própria influência potencial sobre as políticas de governo com uma baixa influência efetiva. Este *gap* entre autopercepção e realidade, combinado com outro, entre o alto reconhecimento da exigência de participação política universal e uma baixa participação de fato, ajudaria "a explicar como uma cultura política democrática pode agir para manter um equilíbrio entre o poder e a responsividade da elite governamental" (Almond; Verba, 1963, p.346).

No entanto, quando vão destrinchar o sentido de sua frase, Almond e Verba destacam que "a inatividade do homem comum e sua inabilidade para influenciar decisões ajudam a prover o poder de que a elite governamental precisa", ao passo que a dimensão da responsividade repousa apenas sobre o "mito" da cidadania ativa e a "potencialidade" da influência que esse mito promove (Almond; Verba, 1963, p.346). Fica claro que a cultura cívica que se deseja para promover a maior estabilidade do regime democrático é aquela em que a participação das pessoas comuns na condução dos negócios públicos é irrisória e as minorias governantes podem agir com bastante liberdade em relação a seus pretensos representados.

De acordo com uma leitora crítica, a despeito de sua roupagem "científica", Almond e Verba apenas oferecem

> uma resposta mais sofisticada, mas muito familiar, para o problema de como o liberalismo pode se acomodar ao sufrágio universal, sem perturbar as desigualdades sociais ou o papel político predominantes (dos homens) da classe média. (Pateman, 1989, p.159)

É essencial, na produção dessa resposta, uma ausência deliberada de investigação sobre o impacto das clivagens de classe, gênero ou raça no acesso às posições dominantes. O modelo deve trabalhar apenas com uma massa indiferenciada de cidadãos comuns e uma minoria de indivíduos de elite, cujas características sociais distintivas também não são tematizadas.

Essas observações valem, em linhas gerais, para todos os teóricos elitistas da democracia. De Joseph Schumpeter a Almond e Verba, passando por Downs, Sartori ou Huntington, eles trazem em comum a preocupação central com a estabilidade política, a despreocupação com as desigualdades e a crença que o exercício do poder exige qualidades exclusivas de uns poucos. A única desigualdade que, de fato, entra em seu pensamento é a desigualdade política em sentido estrito – e ela é tanto natural e inevitável quanto necessária e desejável.

Uma apropriação muito diversa da noção de "elite", no pensamento social estadunidense posterior à Segunda Guerra Mundial, foi feita na sociologia do poder de C. Wright Mills. O termo não é usado em seu sentido positivo, de grupo dotado de características distintivas, mas no sentido de uma clique que monopoliza determinadas posições em benefício próprio. A "elite do poder" do título de seu livro mais famoso é *denunciada* como responsável pelo abastardamento da democracia nos Estados Unidos (Mills, 1981 [1956]). Formada pelos grandes proprietários, pelos chefes militares e pelos líderes políticos, excluiria o povo do processo decisório.

Wright Mills se distancia, de uma só vez, de três tradições intelectuais concorrentes: elitismo, marxismo e pluralismo. Das teorias elitistas clássicas e do elitismo democrático, como indicado, distancia-se por julgar que a existência da elite do poder é uma degradação da democracia, algo que *pode* e deve ser combatido para que se gere uma democracia mais autêntica. Do marxismo, por recusar centralidade ao conceito de classe dominante, definido pela posição nas relações de produção, preferindo trabalhar com a ideia da elite do poder, em que pesam sobretudo *status* e capacidade de influência. Os capitalistas, afinal, aparecem apenas como um dos setores desta elite. Mas o verdadeiro alvo é o pluralismo, que na época estava a caminho de se tornar a ideologia oficial do sistema político estadunidense. Contra a visão de inúmeros centros de poder, numa sociedade em que o governo teria que ser de "muitas minorias" e permeável a demandas sociais diversas, ele apresenta o retrato de uma divisão rígida, quase intransponível, entre os poucos que governam e os muitos que são (sempre) governados.

Trata-se de *uma* elite, dividida em três setores, e não de três grupos de elite separados, por causa de suas interconexões. Integrantes dos três setores provêm das mesmas origens sociais, passam pelos mesmos espaços de socialização, se encontram nas "altas rodas", frequentam os mesmos ambientes, fazem os filhos se casarem entre si. Em especial, eles transitam de um setor para outro (Mills, 1981 [1956], p.338-44). Militares tornam-se líderes políticos (Wright Mills escrevia sob a presidência de Dwight Eisenhower) ou ocupam posições nos conselhos administrativos de grandes empresas, capitalistas são eleitos ou chamados para posições no governo, ao passo que ex-governantes e ex-parlamentares são empregados como executivos. O resultado é que cada setor da elite sempre leva em conta os interesses dos outros setores quando toma suas decisões, garantindo unidade no exercício do poder.

Lida desta maneira, a obra de Wright Mills é uma análise das redes de capital social no topo do poder – pensando na expressão de acordo com o uso de que faz dela Pierre Bourdieu (2000, p.12), como relações vantajosas que fornecem acesso a posições privilegiadas, e não *à la* Putnam, como confiança interpessoal. Do ponto de vista da relação entre a democracia e as desigualdades, porém, ela avança pouco. O recurso à noção de "elite" tem o efeito de insular as assimetrias de poder político nelas mesmas, sem estabelecer ligação mais forte com o controle de outros recursos.

A elite do poder ocupa as posições de governo nos Estados Unidos, consequência de um processo histórico que Wright Mills delineia no livro e que tem, como etapas cruciais, o avanço do poder econômico sobre o Estado, por meio mesmo da corrupção pura e simples, após a Guerra de Secessão; a maior autonomia do poder político em relação ao econômico, com o *New Deal* rooseveltiano; e a emergência do poder militar autônomo, com a Segunda Guerra Mundial. Instalada no controle do governo, essa elite mantém sua própria posição dominante manipulando as instituições e tomando decisões em benefício próprio. Sua permanência vincula-se às duas características determinantes do capitalismo estadunidense do período: o predomínio das grandes corporações e o estado de guerra permanente, próprio da competição com a União Soviética (Mills, 1981 [1956], p.326).

Já numa democracia autêntica, imagina Wright Mills, a permeabilidade das instituições à manifestação das vontades populares garantiria a igualdade política dos cidadãos. Ou seja: a despeito dos *insights* sociológicos que percorrem sua obra, da análise instigante da história política dos Estados Unidos e do projeto de produzir uma compreensão da política que fosse menos formalista e mais conectada com as estruturas da sociedade, Wright Mills apresenta uma leitura pouco desenvolvida da relação entre as assimetrias sociais e o poder político. Classe é uma variável importante, ainda que, em sua narrativa, a tradução da desigualdade econômica para a política tenda a ser sempre muito mecânica. Gênero e raça, por sua vez, não são relevantes em seu pensamento.[6] E a reforma das instituições políticas, na direção de uma democracia verdadeira, aparentemente resolveria os problemas, sem que o vínculo com as estruturas sociais seja aprofundado.

O impacto de Wright Mills no debate político dos anos 1950 e 1960 foi grande. O principal teórico do pluralismo, Robert Dahl, se preocupou em produzir não apenas uma, mas duas refutações de *A elite do poder* – uma metodológica (Dahl, 1958) e outra empírica (Dahl, 1961). A contraposição a Wright Mills foi também uma das motivações centrais de *O fim da ideologia*, o influente livro de Daniel Bell (2000 [1960]). Dahl teve por objetivo mostrar que a teoria da elite do poder é irrefutável, portanto não científica, e também que, em processos decisórios reais, diferentes grupos de pessoas influenciam no resultado. A resposta de Bell foi mais ambiciosa, mas menos interessante, baseando-se em grande medida na diferença entre o poder exercido pela violência e aquele que obtém o consentimento e transita por meios constitucionais. Isto é, ele enquadrou a questão de uma maneira pela qual qualquer crítica às instituições democráticas formais ficou bloqueada já de partida.

No entanto, a linha de investigação aberta por Wright Mills – e, um pouco antes, por Floyd Hunter – gerou relativamente poucos

---

6 Partindo da pesquisa de campo em uma cidade altamente segregada, Atlanta, em vez de operar com o sistema político nacional, um estudo que antecipou muitas das preocupações de Wright Mills mostrou-se muito mais sensível às questões raciais (Hunter, 1969 [1953]).

seguidores. Os principais representantes são G. William Domhoff (1967, 1990) e Thomas Dye (1976), que buscam evidência empírica do poder da elite a partir da análise de processos decisórios específicos e que se distanciaram da tese original de Wright Mills ao singularizar o poder econômico como fonte originária da influência política nos Estados Unidos.

Mais do que no ambiente acadêmico, a ideia da elite do poder ecoou no discurso político, nos Estados Unidos e em outros países do Ocidente. Está presente, por exemplo, nas denúncias de Noam Chomsky ou nas críticas, em voga até os anos 1980, ao "complexo industrial-militar" – expressão que, aliás, foi popularizada no discurso com que Dwight Eisenhower se despediu da presidência dos Estados Unidos, em 1961. É razoável pensar que, para a maior parte do discurso político corrente hoje, "elite" é o oposto de "povo"; as elites são as inimigas da maioria da população, caracterizam um atributo que se aplica, sempre, somente aos adversários. A democracia aparece, assim, como o oposto do governo da elite.

É um processo de diluição do elitismo crítico que está bem presente no discurso dos grupos políticos que se querem mais à esquerda. Sem uma exploração das raízes e dos efeitos das diferentes assimetrias sobre o sistema político, há apenas uma retórica de repúdio aos privilégios e à concentração do poder.

O elitismo tradicional, por sua vez, por mais que se queira um pensamento realista, é sobretudo um discurso ideológico. Não pela afirmação da impossibilidade de uma democracia real. Rousseau, numa frase célebre, escreveu que a democracia é um regime tão perfeito que só caberia a um "povo de deuses" (Rousseau, 1964 [1762], p.406) – mas isso não o impediu de investigar as condições sociais que favoreceriam um regime popular, mesmo entre humanos. Pareto, Mosca e Michels, ao contrário, apresentam o veredito da inviabilidade da democracia como um ponto de chegada: seu objetivo é, antes, obstaculizar o prosseguimento da investigação sobre os impedimentos à soberania popular e eventuais caminhos para superá-los ou mitigá-los.

No entanto, o casamento surpreendente entre a democracia e o elitismo teve impacto profundo na forma como pensamos os nossos regimes políticos. Dele advém a naturalidade com que o qualificativo "democrático" é atribuído a regimes nos quais o povo é sistematicamente afastado do processo decisório efetivo. E também o fato de que, contra toda a tradição do pensamento político anterior, grande parte da ciência política é capaz de tratar da democracia sem se preocupar com a questão da igualdade. Com isso, os efeitos das desigualdades sociais sobre o funcionamento das instituições democráticas deixam de ser tematizados, pois fogem ao paradigma da análise.

Referências bibliográficas

ALMOND, Gabriel A.; VERBA, Sidney. *The Civic Culture: Political Attitudes and Democracy in Five Nations*. Boston: Little, Brown, 1963.

ANSELL-PEARSON, Keith. *Nietzsche como pensador político: uma introdução*. Rio de Janeiro: Jorge Zahar, 1997 [1994].

ARON, Raymond. *As etapas do pensamento sociológico*. São Paulo: Martins Fontes, 1993 [1967].

BARBER, Benjamin R. *Strong Democracy: Participatory Politics for a New Age*. Berkeley: University of California Press, 1984.

BELL, Daniel. *The End of Ideology: on the Exhaustion of Political Ideas in the Fifties*. Cambridge (MA): Harvard University Press, 2000 [1960].

BOURDIEU, Pierre. *La distinction: critique sociale du jugement*. Paris: Minuit, 1979.

______. *Propos sur le champ politique*. Lyon: Presses Universitaires de Lyon, 2000.

BURNHAM, James. *The Machiavellians: Defenders of Freedom*. Chicago: Gateway, 1970 [1943].

CATEPHORES, George. "The imperious Austrian: Schumpeter as bourgeois Marxist". *New Left Review*, n.205, 1994, p.3-30.

CROZIER, Michael J.; HUNTINGTON, Samuel P.; WATANUKI, Joji. *The Crisis of Democracy: Report on the Governability of Democracies to the Trilateral Comission*. New York: New York University Press, 1975.

DAHL, Robert A. "A critique of the ruling elite model", *American Political Science Review*, v.52, n.2, 1958, p.463-9.

______. *Who Governs? Democracy and Power in an American City*. New Haven: Yale University Press, 1961.

DOMHOFF, G. William. *Who Rules America?* Engleewood Cliffs: Prentice--Hall, 1967.

______. *The Power Elite and the State: How Policy is Made in America*. New York: Aldine de Gruyrer, 1990.

DOWNS, Anthony. *An Economic Theory of Democracy*. New York: Harper & Brothers, 1957.

DYE, Thomas. *Who's Running America?* Engleewood Cliffs: Prentice-Hall, 1976.

ELSTER, Jon. *Ulyses Unbound: Studies in Rationality, Precommitment, and Constraints*. Cambridge: Cambridge University Press, 2000.

FREEMAN, Samuel. "Illiberal libertarians: why libertarianism is not a liberal view". *Philosophy & Public Affairs*, v.30, n.2, 2002, p.105-51.

GRAY, John. *Liberalism*. 2.ed. rev. Minneapolis: University of Minnesota Press, 1995.

HABERMAS, Jürgen. *Problemas de legitimación en el capitalismo tardío*. Buenos Aires: Amorrortu, 1975 [1973].

HAYEK, F. A. *O caminho da servidão*. Rio de Janeiro, Instituto Liberal, 1990 [1944].

HIRSCHMAN, Albert O. *A retórica da intransigência: perversidade, futilidade, ameaça*. São Paulo: Companhia das Letras, 1992 [1991].

HUNTER, Floyd. *Community Power Structure: A Study of Decision Makers*. Chapel Hill: The University of North Carolina Press, 1969 [1953].

HUNTINGTON, Samuel P. *A ordem política nas sociedades em mudança*. Rio de Janeiro: Forense-Universitária; São Paulo: Edusp, 1975a [1968].

______. "The United States". In: CROZIER, Michel J.; HUNTINGTON, Samuel P.; WATANUKI, Joji. *The Crisis of Democracy: Report on the Governability of Democracies to the Trilateral Comission*. New York: New York University Press, 1975b.

______. *The Soldier and the State: The Theory and Politics of Civil-Military Relations*. Cambridge: Belknap, 1981 [1957].

______. *The Third Wave: Democratization in the Late 20th Century*. Norman: University of Oklahoma Press, 1991.

LASSWELL, Harold D.; LERNER, Daniel (orgs.). *As elites revolucionárias*. Rio de Janeiro: Zahar, 1967 [1951].

LAZARSFELD, Paul F.; BERELSON, Bernard; GAUDET, Hazel. *The People's Choice: How the Voter Makes Up his Mind in a Presidential Election*. New York: Columbia University Press, 1944.

MANIN, Bernard. *The Principles of Representative Government*. Cambridge: Cambridge University Press, 1997.

MANSBRIDGE, Jane J. "The rise and fall of self-interest in the explanation of political life". In: MANSBRIDGE, Jane J. (ed.). *Beyond Self-Interest*. Chicago: The University of Chicago Press, 1990.

MICHELS, Robert. *Sociologia dos partidos políticos*. Brasília: Editora UnB, 1982 [1911].

MIGUEL, Luis Felipe. "Uma democracia esquálida: a teoria de Anthony Downs". *Política & Trabalho*, n.18, João Pessoa, 2002, p.125-34.

______. *Democracia e representação: territórios em disputa*. São Paulo: Editora Unesp, 2014a.

______. "Oligarquia, democracia e representação no pensamento de Michels". *Revista Brasileira de Ciência Política*, n.13, 2014b, p.137-54.

MILL, John Stuart. *O governo representativo*. São Paulo: Ibrasa, 1995 [1861].

MILLS, C. Wright. *A elite do poder*. Rio de Janeiro: Zahar, 1981 [1956].

MOSCA, Gaetano. *The ruling class*. New York: McGraw-Hill, 1939 [1896].

NIETZSCHE, Friedrich. *Além do bem e o do mal: prelúdio a uma filosofia do futuro*. São Paulo: Companhia das Letras, 1992 [1886].

NOZICK, Robert. *Anarchy, State, and Utopia*. New York: Basic Books, 1974.

O'CONNOR, James. *The Fiscal Crisis of State*. New York: St. Martin, 1973.

OFFE, Claus. "Dominação de classe e sistema político: sobre a seletividade das instituições políticas". In: *Problemas estruturais do Estado capitalista*. Rio de Janeiro: Tempo Brasileiro, 1984 [1972].

ORTEGA Y GASSET, José. *A rebelião das massas*. São Paulo: Martins Fontes, 1987 [1937].

PARETO, Vilfredo. *The Mind and Society: A Treatise on General Sociology*. 4v. New York: Harcourt, Brace, 1935 [1916].

PATEMAN, Carole. *The Disorder of Women: Democracy, Feminism and Political Theory*. Stanford: Stanford University Press, 1989.

______. *Participação e teoria democrática*. São Paulo: Paz e Terra, 1992 [1970].

ROUSSEAU, Jean-Jacques. *Du contract social*, em *Œuvres complètes*, t. III. Paris: Gallimard, 1964 [1762].

SARTORI, Giovanni. *A teoria da democracia revisitada*. 2v. São Paulo: Ática, 1994 [1987].

______. *Homo videns: la sociedad teledirigida*. Buenos Aires: Taurus, 1998 [1997].

SCHUMPETER, Joseph A. *Capitalism, socialism and democracy*. New York: Harper Perennial, 1976 [1942].

TOCQUEVILLE, Alexis de. *De la démocratie en Amérique*, em *Œuvres*, t.II. Paris: Gallimard, 1992 [1835-40].

WEBER, Max. *Parlamento e governo na Alemanha reordenada: crítica política do funcionalismo e da natureza dos partidos*. Petrópolis: Vozes, 1993 [1918].

4. Liberdade, desigualdade e dominação: a economia política do neorrepublicanismo

Ricardo Silva

O recente interesse no pensamento político republicano consolidou-se inicialmente entre historiadores dedicados à reconstrução de uma *tradição* intelectual inaugurada nas cidades da Antiguidade clássica. A circunstância exata da gênese da tradição republicana é assunto controverso entre tais historiadores, havendo aqueles que a situem na experiência da *polis* grega e aqueles que a encontrem na emergência da antiga república romana (respectivamente, Pocock, 1975; Skinner, 2002).

A despeito da disputa genealógica, consagrou-se a visão de que o republicanismo, após o longo eclipse de mais de um milênio que se seguiu ao final da república romana, ressurgiu no princípio da era moderna com o humanismo cívico do renascimento italiano, seguindo posteriormente seu curso em outros contextos. Ele foi influente, por exemplo, entre os leitores de Maquiavel que se insurgiram contra o absolutismo monárquico na Inglaterra do século XVII, a exemplo de Milton e Harrington, experimentando sua última importante aparição no século XVIII, nos ideais e na retórica dos protagonistas das grandes revoluções modernas, especialmente a francesa e a norte-americana. Na virada do século XVIII para o XIX, no curso do intenso processo de transformação estrutural das sociedades modernas, a linguagem do republicanismo, infusa de conceitos e valores da Antiguidade, passou a soar excessivamente anacrônica. Observou-se, a partir de então, sua derrota gradual na batalha ideológica com seu novo e poderoso rival, o liberalismo.

Subjacente à reconstrução da história do republicanismo, encontra-se o sentimento dos historiadores de que o eclipse dessa tradição de pensamento político e a hegemonia assumida pelo liberalismo resultaram no empobrecimento do debate de ideias e na inibição da imaginação de soluções para os dilemas políticos e institucionais das sociedades contemporâneas. Mais do que isso, há a sugestão de que tal situação não é necessária nem irreversível. O liberalismo teria vencido a batalha, mas não o argumento (Skinner, 2010).

Esses esforços de reconstrução da tradição republicana no campo da história das ideias despertaram o interesse de estudiosos em outros campos de conhecimento. Tomando como ponto de partida o trabalho dos historiadores, um número crescente de constitucionalistas e teóricos da política passou a vislumbrar na atualização dos ideais republicanos uma alternativa à supremacia ideológica do liberalismo. A crise do marxismo, o mais importante rival da tradição liberal ao longo do século XX, acentuou ainda mais a necessidade e a oportunidade de novas (ou renovadas) vias de contestação.

Vários temas centrais da teoria política contemporânea passaram a ser observados através das lentes do neorrepublicanismo, mas a mais influente contribuição desta abordagem é a definição de um conceito de liberdade que se quer alternativo àquele que se encontra no cerne da tradição liberal. Sabemos que não há consenso sobre o significado da liberdade no âmbito do heterogêneo movimento neorrepublicano (Silva, 2015a). No entanto, a simples observação panorâmica das principais linhas de força do debate sobre o tema indica o crescente predomínio de uma visão específica da liberdade republicana, a qual se define basicamente como um status jurídico-político dos cidadãos. Nessa visão, os portadores do status de pessoas livres contam com uma espécie de imunidade contra a dominação, dispondo de meios efetivos de resistência à interferência arbitrária de terceiros na formação de suas preferências e na realização de suas escolhas. Trata-se da "liberdade como não dominação", para usar a expressão cunhada por Philip Pettit e consagrada na literatura (Pettit, 1997). Conforme reconheceu recentemente uma crítica liberal dessa vertente neorrepublicana, "a teoria neorromana da liberdade como não dominação adquiriu um status de liderança na ciência política e redesenhou a geografia dos estudos políticos" (Urbinati, 2012, p.607).

Além de ocupar o núcleo dos debates recentes sobre o conceito de liberdade, disputando com o liberalismo sua mais preciosa arma retórica, o republicanismo neorromano vem também estimulando novos desenvolvimentos em campos como constitucionalismo (Besson; Martí, 2009; Bellamy, 2007), teoria da justiça (Lovett, 2010; Pettit, 2014), teoria democrática (Pettit, 2012; McCormick, 2011; Maynor, 2003; McBride, 2013) e política internacional e global (Quill, 2005; Slaugther, 2005; Bohman, 2007). Vale observar que, em todas essas fronteiras de debates, o neorrepublicanismo apresenta-se não apenas como um instrumento de análise e crítica das instituições das sociedades contemporâneas, mas também como uma perspectiva *normativa* para a indução de reformas institucionais e para a produção de leis e políticas públicas em consonância com o ideal de liberdade que a constituiu.

O objetivo deste capítulo é apresentar a contribuição do neorrepublicanismo em uma área ainda pouco explorada por seus principais teóricos. Quais os impactos das desigualdades, especialmente das desigualdades materiais, para uma ordem social e política que se quer fundada na liberdade? Embora o neorrepublicanismo se notabilize pela ênfase na liberdade como o princípio normativo central de uma sociedade bem ordenada, essa ênfase não exclui, antes pelo contrário, estimula, a igualdade entre os cidadãos em suas diversas expressões (política, social, econômica). O ideal de liberdade subjacente ao neorrepublicanismo é um ideal essencialmente igualitário. E aqui reside uma das principais distinções entre a tradição republicana e a liberal: enquanto o liberalismo tende a enfatizar a antinomia entre liberdade e igualdade (ao menos quando o significado de igualdade transcende o plano estritamente formal), o republicanismo promove a busca de reconciliação entre esses ideais. A própria fundação de uma república pressupõe um alto nível de igualdade entre os cidadãos. Para Maquiavel, a principal autoridade na tradição neorromana do republicanismo, "onde existe igualdade, não se pode criar um principado; e onde ela não existe, não se pode criar uma república" (Maquiavel, 2007, p.158).

Este capítulo divide-se em três seções. Na primeira seção apresento as linhas gerais do conceito neorromano de liberdade em contraste a visão liberal. Em seguida, discuto o que os neorrepublicanos entendem por dominação, uma vez que na perspectiva neorromana a liberdade se define pela ausência de dominação. Já aí começo a direcionar a discussão para o tema da dominação nas relações econômicas. Na última parte, trato das consequências do ideal normativo da liberdade como não dominação para análise do impacto das desigualdades materiais no âmbito das sociedades modernas. Além disso, indico brevemente as estratégias da política econômico-social do neorrepublicanismo para lidar com as assimetrias oriundas da desigualdade econômica.

Além do liberalismo: redefinindo a liberdade

Na perspectiva liberal dominante na teoria política contemporânea, a liberdade é definida como ausência de interferência externa nas escolhas que um indivíduo ou grupo é capaz de realizar. Para uma parcela significativa dos pensadores associados a essa visão, a interferência que limita a liberdade pode ser fruto tanto de uma disposição intencional do agente coator externo, como de arranjos sociais não intencionais ou mesmo de obstáculos naturais. Não importa a origem do impedimento, desde que ele constitua, em última instância, uma efetiva *barreira física* ao movimento dos corpos. Essa visão foi inaugurada por Thomas Hobbes em meados do século XVII e só a partir do final do século seguinte foi incorporada pelo liberalismo. Nos termos de Hobbes, "*liberdade* significa, em sentido próprio, a ausência de oposição (entendendo por oposição os impedimentos externos do movimento); e não se aplica menos às criaturas irracionais e inanimadas do que às racionais" (Hobbes, 2003, p.179) Recentemente, essa linha de argumentação foi retomada por teóricos vinculados à chamada teoria da "liberdade negativa pura", os quais vêm acentuando a abordagem fisicalista de Hobbes e investindo com grande disposição contra a natureza normativa dos esforços de reconstrução da liberdade republicana (Carter, 1999, 2008; Kramer, 2003, 2008).

Uma outra variante da visão inaugurada por Hobbes encontra-se na contribuição de Isaiah Berlin, provavelmente a mais influente revisão liberal do conceito de liberdade no século XX. Berlin promove uma restrição do campo de aplicação do conceito de liberdade, e o faz por meio da redefinição da noção daquilo que deve estar ausente para se falar em liberdade. Divergindo de Hobbes, Berlin enfatiza a natureza necessariamente humana e intencional dos obstáculos que se opõem à liberdade dos indivíduos. Obstáculos ocasionados pela natureza ou por resultados não intencionais das ações humanas não se qualificam como restrição à liberdade. Na definição que já se tornou clássica, Berlin apresenta a liberdade como "a área em que um homem pode agir sem a obstrução de outros" (Berlin, 1990, p.122), salientando que a violação da liberdade ocorre "somente quando os obstáculos são deliberadamente intencionados e acompanhados pela consciência" (ibid.). Ausência da liberdade "requer interferência intencional" (ibid.).

A ênfase na intencionalidade da interferência para a caracterização dos fatores restritivos da liberdade é também a marca de teóricos vinculados ao liberalismo econômico, a exemplo de Friedrich Hayek. Ao excluir as interferências não intencionais do catálogo de obstáculos à liberdade individual, Hayek impede que se concebam as restrições geradas pelas estruturas e relações de mercado como fatores de coerção, exceto em casos raros em que um indivíduo se depara com um fornecedor monopolista de bens essenciais à sua subsistência (Hayek, 2011, p.202). Como observa Luis Felipe Miguel, em seu capítulo sobre o liberalismo nesta obra, "o impacto desta *démarche* é claro. As injustiças sociais estão fora do âmbito das questões que são tratáveis politicamente".

Independentemente das distinções finas entre as concepções de liberdade dos autores vinculados à vertente dominante do liberalismo contemporâneo, todas têm em comum a crença de que a liberdade se define negativamente pela ausência de interferência. A supremacia alcançada por essa definição negativa de liberdade nada mais é, porém, do que o triunfo de uma vertente específica do liberalismo, que precisou enfrentar fortes adversários no âmbito da própria tradição liberal. Na virada do século XIX para o século XX, pensadores liberais influenciados pelo idealismo hegeliano defendiam que uma concepção mais compreensiva da liberdade só seria alcançada com a superação da liberdade negativa e a afirmação da liberdade positiva. O filósofo inglês T. H. Green é provavelmente o mais notável propositor dessa concepção positiva da liberdade liberal (Green, 1999; Wemde, 2004). Mas esse movimento teórico no âmbito do liberalismo abarcava também outros autores vinculados ao idealismo britânico, como Bradley, Collingwood e Bosanquet (Boucher, 1997), além de ilustres pensadores do continente europeu, como o italiano Benedetto Croce.

Outro italiano, Guido de Ruggiero, no clássico *Storia del liberalismo europeo* (1925), traduzido para o inglês por Collingwood, anotou que "a história nos apresenta duas concepções [de liberdade]": a primeira desenvolve-se no século XVIII e a segunda no século XIX. Ambas seriam produtos do desenvolvimento do liberalismo moderno, sendo que a liberdade negativa teria precedido cronologicamente a liberdade positiva. A principal distinção entre essas duas concepções de liberdade residiria no fato de que "a liberdade negativa consiste em negar toda autoridade e toda lei", ao passo que "a nova liberdade positiva consiste em transferir a fonte da autoridade e da lei para a intimidade da mente do indivíduo" (Ruggiero, 1927, p.352). Ruggiero narra uma história do liberalismo moderno em que a concepção positiva de liberdade surge como superação dialética da concepção negativa. Esta última teria sido o produto de uma era em que a questão emergencial consistia em assegurar a liberdade dos indivíduos diante dos poderes autocráticos do Estado. Com as revoluções de fins do século XVIII, e com a nova era de construção institucional que se abria, o problema passaria a ser menos o de assegurar uma esfera de não intervenção na vida privada dos indivíduos e mais o de promover os meios para o autogoverno das comunidades políticas. A passagem da liberdade negativa à liberdade positiva é assim saudada como um aperfeiçoamento da tradição liberal.

É principalmente esse movimento interno ao liberalismo em direção à concepção positiva de liberdade que se encontra sob ataque no seminal ensaio de Berlin sobre os "dois conceitos de liberdade". Longe de significar seu aperfeiçoamento, a redefinição do liberalismo nos termos da liberdade positiva representaria a importação de incoerências conceituais, conducentes a indesejáveis consequências políticas. Concebido no contexto da Guerra Fria, o ensaio de Berlin sugeria afinidades entre as derivações românticas e idealistas do liberalismo e a ideologia subjacente ao fenômeno do totalitarismo soviético. Em seu entender, o liberalismo passava a aproximar-se demais de seu principal inimigo (Tully, 2013; Taylor, 1985). Em sua defesa do pluralismo contra o "monismo", Berlin redefine os vínculos da tradição liberal *vis-à-vis* às concepções negativa e positiva de liberdade. A complexidade das estruturas sociais e a pluralização de modos de vida que caracterizam a sociedade moderna teriam minado a outrora firme base sociológica para a liberdade concebida como a realização de finalidades específicas.

Em uma perspectiva similar, que antecede a elaboração de Berlin, essa incompatibilidade entre sociedade pluralista e "liberdade dos antigos" já havia sido apontada na célebre conferência pronunciada por Benjamin Constant (2001), em 1819, no *Athenée Royal* de Paris. Mas Constant escrevia em uma fase inicial de afirmação ideológica do liberalismo. Há, em sua visão da "liberdade dos modernos", aspectos que o aproximam da concepção republicana, até então predominante na imaginação política do Ocidente (Kalyvas; Katznelson, 2008; Maynor, 2003). Berlin vai além de Constant, desfazendo-se de ambiguidades e aprofundando a separação entre o liberalismo e todas ideologias políticas que não se acomodam a sua concepção estritamente negativa de liberdade, inclusive o republicanismo.

Posicionando-se diante da dicotomia formulada por Berlin, os neorrepublicanos têm tentado responder os desafios colocados pelos liberais. No curso das décadas recentes, podemos observar, tanto no campo acadêmico da teoria política como nas arenas do debate público, duas principais ondas de orientação republicana voltadas à defesa de uma concepção de liberdade alternativa à liberdade negativa do liberalismo. A primeira onda tomou forma no trabalho de historiadores do humanismo cívico e, subsequentemente, nas elaborações de teóricos comunitaristas. Entre as décadas de 1950 e 1990, autores tão diversos como Hannah Arendt (1972), Hans Baron (1966), J. G. A. Pocock (1975), Alasdair MacIntyre (2004), Charles Taylor (1985) e Michael Sandel (1998), para mencionar alguns dos mais renomados, reivindicavam os valores do civismo e da comunidade como antídoto ao individualismo "atomista" da vertente dominante do pensamento liberal. Ainda que esses autores diferenciem-se entre si em muitos aspectos, eles têm em comum o esforço de reafirmação do republicanismo como uma filosofia política rival do liberalismo, embasada na concepção positiva de liberdade, denunciada como anacrônica e/ou perigosa pela crítica liberal.

Assim procedendo, esses teóricos neorrepublicanos permaneceram no âmbito do enquadramento conceitual estabelecido por Berlin, embora tratassem de inverter o juízo axiológico liberal acerca do embate entre liberdade positiva e liberdade negativa. O que caracterizaria o republicanismo, afastando-o claramente da tradição liberal, seria justamente seu compromisso com uma visão da liberdade como florescimento de um tipo específico de capacidades humanas, cuja realização requer a efetiva participação dos indivíduos junto a seus iguais no processo de autogoverno de suas comunidades políticas.

A crítica ao liberalismo protagonizada por teóricos inspirados em diferentes variantes da noção de liberdade positiva estimulou um dos mais densos debates nos anais da teoria política contemporânea. Contudo, a despeito dos avanços decorrentes da controvérsia entre comunitaristas e liberais, que atravessou as décadas 1970 e 1980 (Taylor, 1989; Bell, 1993), a partir de meados da década de 1990 essa disputa entra em refluxo. Embora a crítica comunitarista tenha sido absorvida em alguma medida pela face mais progressista do liberalismo, a percepção geral que parece ter restado desse debate é a do caráter excessivamente exigente das demandas feitas em nome da comunidade no contexto de sociedades caracterizadas pelo "fato do pluralismo".

É precisamente no contexto do esgotamento do debate entre comunitaristas e liberais que uma segunda onda neorrepublicana começa a tomar corpo. As primeiras contribuições nessa direção foram os estudos do historiador Quentin Skinner sobre o conceito de liberdade subjacente às ideologias legitimadoras das cidades-repúblicas do Renascimento italiano, com foco principal no republicanismo de Maquiavel (Skinner, 1984a, 1984b, 1990a, 1990b). Ao mesmo tempo que apontava suas baterias contra o liberalismo, Skinner rejeitava enfaticamente a rota comunitarista para o republicanismo, marcada pela caracterização da liberdade republicana como a expressão política da liberdade positiva. Nesse aspecto, a narrativa de Skinner contrapunha-se à de seu colega da "escola de Cambridge", John Pocock, para quem "o vocabulário republicano empregava [...] a concepção positiva de liberdade", sendo o ser humano concebido de maneira tal que "sua natureza era completada somente em uma *vita activa* praticada em um *vivere civile*" (Pocock, 1985, p.40-1). Skinner não apenas rejeitou a definição da liberdade republicana como liberdade positiva, como também estabeleceu que o republicanismo se organiza em torno de uma concepção tipicamente negativa de liberdade. Detendo-se especialmente nos textos de Maquiavel, ele chegou a sustentar que o florentino "não tem objeções à constatação hobbesiana de que a capacidade de perseguir tais fins [fins individuais] sem obstrução é o que determina 'liberdade' propriamente dita" (Skinner, 1984a, p.17).

Mas humanistas cívicos e comunitaristas constituíam apenas um dos alvos da crítica de Skinner. O outro era o liberalismo, tanto em sua forma utilitarista quanto em sua forma contratualista. Por isso ele se apressou em afirmar que, embora negativa, a liberdade republicana não poderia dispensar o envolvimento dos cidadãos nos assuntos públicos. Pretender a manutenção da liberdade, ainda que negativa, renunciando à participação política, seria incorrer em uma grave "falha de racionalidade" (Skinner, 1984b, p.243). Seria como desejar os fins sem mobilizar os meios. Se a participação política não devia ser entendida, nos termos da liberdade positiva, como um valor intrínseco à liberdade, certamente não podia ser dispensada como um valor instrumental. Referindo-se novamente a Maquiavel, Skinner sustenta que "ele apenas argumenta que o desempenho de serviços públicos e o cultivo de virtudes necessárias para desempenhá-los provam, sob exame, serem instrumentalmente necessários para evitar a coerção e a servidão". A participação é um instrumento, mas um instrumento "necessário" para a "liberdade pessoal no sentido hobbesiano, ordinário, do termo" (Skinner, 1984a, p.217).

A diferença então ressaltada por Skinner tinha a virtude de acentuar a importância da participação para a manutenção da liberdade, mas era pouco convincente na explicitação de uma distinção conceitual significativa entre a liberdade "negativa" republicana, inspirada em Maquiavel, e a liberdade negativa liberal, herdeira da formulação original de Hobbes. A abordagem de Skinner fazia a liberdade republicana parecer uma justaposição de ambas. No entanto, a mera adição desses dois conceitos de liberdade ainda não resultava num terceiro conceito com qualidades próprias. Seria o republicanismo apenas um liberalismo em trajes participativistas?

A procura por uma resposta negativa para essa pergunta levou Skinner a reformular sua visão. Duas circunstâncias contribuíram para tal reformulação. A primeira foi o deslocamento da atenção de seus estudos históricos do contexto do Renascimento italiano para o contexto das disputas entre o Parlamento e a Coroa no século XVII inglês. O foco nos textos de Maquiavel cedeu lugar a exegese dos textos de autores como Harrington, Milton, Sidney e outros, que Skinner identificou como comprometidos com a concepção "neorromana" de liberdade, também atribuída a Maquiavel.[1] A segunda

---

1 Para um apanhado dessa mudança de contexto histórico da investigação de Skinner sobre a liberdade, ver Palonen (1998). Registre-se que Palonen lamenta esse movimento de Skinner, o qual teria resultado em concessões indevidas ao liberalismo contratualista de nossa época.

circunstância foi sua gradual incorporação das contribuições de Philip Pettit (Silva, 2008). Se em meados dos anos 1990 o historiador inglês dá um importante passo na direção da concepção da liberdade republicana articulada por Pettit (Skinner, 1997), em seus estudos mais recentes ele passa a adotar integralmente a proposição de um "terceiro conceito de liberdade", cujo critério de definição é "ausência de poder arbitrário" (Skinner, 2001; 2008).

A formulação de Pettit, para a qual Skinner converge, parte da crítica da dicotomia formulada por Isaiah Berlin, questionando seu limitado escopo. Para Pettit,

> A taxonomia de Berlin, de liberdades positiva e negativa, afasta uma terceira possibilidade mais ou menos saliente. Ele pensa em liberdade positiva como domínio de si próprio e em liberdade negativa como ausência de interferência alheia. Todavia, domínio e interferência não se equivalem. Então o que dizer da possibilidade intermediária, a de que a liberdade consista numa ausência, assim como a concepção negativa, mas numa ausência de domínio por outros, não numa ausência de interferência? (Pettit, 1997, p.21-2)

Concordando com a objeção levantada por Skinner contra os comunitaristas, Pettit compreende a liberdade republicana como uma concepção essencialmente negativa de liberdade. Isso porque ela é definida pela *ausência* e não pela *presença* de algo. Contudo, diferenciando-se de Skinner, Pettit desenvolve um argumento decisivo para marcar a almejada distinção entre republicanismo e liberalismo. Enquanto liberais como Berlin sustentam que qualquer tipo de interferência intencional diminui a quantidade de liberdade dos indivíduos, Pettit afirma que apenas as formas arbitrárias de interferência, vinculadas ao fenômeno da dominação, são lesivas à liberdade. A liberdade define-se idealmente como ausência de dominação.

Comparado com o ideal da não interferência, o ideal da não dominação é dotado de maior densidade, tanto do ponto de vista sociológico, quanto do ponto de vista constitucional (Pettit, 2001). Para demonstrar esta tese, Pettit nos convida a contemplar duas situações. A primeira é aquela em que o ideal da não dominação é capaz de detectar formas de comprometimento da liberdade ignoradas pelo ideal da não interferência; e a segunda é a situação em que o ideal da não dominação admite a manutenção e mesmo o fortalecimento da liberdade em casos em que ideal da não-interferência vê redução da liberdade.

Para ilustrar a primeira situação, o exemplo recorrentemente mobilizado por Pettit é hipotética relação entre um senhor benevolente e seu escravo afortunado. Trata-se da situação em que o senhor pode realmente eximir-se de qualquer tipo de interferência na vida do escravo; pode permitir que o escravo haja conforme lhe aprouver; e pode até mesmo fornecer meios para ampliar o leque de escolhas disponíveis ao escravo. Do ponto de vista da liberdade como não interferência, essa situação não acarretaria afronta à liberdade, uma vez que, *efetivamente*, o escravo não sofre interferência do senhor. Para Pettit, todavia, a liberdade negativa republicana requer não apenas que não haja interferência arbitrária *de fato*, mas também que nenhum dos agentes de uma dada relação mantenha um *status* que lhe permita interferir arbitrariamente nas escolhas e ações do outro. O paradoxo do "escravo livre" se desfaz com a concepção de liberdade como não dominação. Por mais benevolente que seja o senhor, o escravo continuará preso a seu estatuto de escravo e, enquanto tal, sujeito à dominação porque à mercê de um poder alienado, a vontade arbitrária de seu mestre.

Com relação à segunda situação, o que Pettit tem principalmente em mente são as leis que condicionam as escolhas dos cidadãos, mesmo nos regimes mais democráticos. Embora a lei seja um caso óbvio de interferência, uma vez que essa interferência se institua em consonância com os "interesses comuns assumidos" pelos indivíduos sobre os quais ela é exercida, tratar-se-ia de um tipo não arbitrário de interferência, não conducente à dominação e ao comprometimento da liberdade. Em suma, diferentemente da liberdade negativa definida nos termos de Berlin, a liberdade negativa de Pettit admite, por um lado, a dominação sem interferência, e, por outro, a interferência sem dominação (Pettit, 1997, p.23).

Ao definir a dominação, e não qualquer forma indiscriminada de interferência, como a afronta central à liberdade, o republicanismo neorromano põe em relevo a dimensão relacional (social e política) da liberdade. Além disso, traz para o centro do conceito considerações sobre a importância da igualdade, ausentes na definição liberal da liberdade como não interferência. Mas de que modo os neorromanos compreendem o fenômeno da dominação?

Dominação: entre a agência e a estrutura

Em linhas gerais, a dominação pode ser definida como uma condição experimentada por pessoas ou grupos que se encontram em uma situação de dependência e sujeitos à vontade arbitrária de outras pessoas ou grupos. A dominação é sempre um fenômeno relacional e baseado em algum tipo de desigualdade de recursos de poder, seja de natureza material ou simbólica. Embora a dominação necessariamente pressuponha desigualdade, nem toda forma de desigualdade resulta em dominação. De acordo com Pettit, a dominação que compromete a fruição da liberdade republicana é aquela em que, dada a desigualdade entre os agentes em uma relação social, um agente dispõe "(1) a capacidade de interferir; (2) em base arbitrária; (3) em certas escolhas que outro está em posição de fazer" (Pettit, 1997, p.52). Vale, novamente, chamar a atenção para dois pontos relevantes dessa definição. Primeiro, o fenômeno da dominação está relacionado a uma "capacidade" de interferir, não exclusivamente a uma interferência efetiva. O fato do agente dominante exercer ou não tal capacidade é sem dúvida relevante do ponto de vista de quem sofre a dominação. Todavia, não é relevante para a caracterização da ocorrência da dominação. Segundo, a interferência relevante para a constituição da relação de dominação é necessariamente "arbitrária". Isto é, ela se faz exclusivamente com base na vontade e nos interesses do agente dominante, em total indiferença em relação à vontade e aos interesses do agente sobre o qual a dominação é exercida.

O fato de a dominação ser definida primordialmente como uma relação entre agentes não significa que a dimensão estrutural do fenômeno seja de menor importância. Os termos com que Pettit estabelece o problema, com sua ênfase na "consciência comum" entre dominantes e dominados de suas relações assimétricas de poder e na natureza intencional da interferência arbitrária, vem dando margem ao surgimento de críticas que apontam justamente para a suposta desatenção dos neorrepublicanos à dimensão estrutural da dominação (Thompson, 2013; Gourevitch, 2013; Krause, 2013). Com efeito, para Pettit, "a dominação geralmente envolve a consciência do controle por parte do poderoso, a consciência da vulnerabilidade por parte do destituído de poder e a mútua compreensão [...] dessa consciência de cada lado" (Pettit, 1997, p.60). Portanto, a interferência arbitrária, constitutiva da relação de dominação, é sempre "mais ou menos intencional em caráter" (ibid., p.52)

Essa concepção relacional e intencionalista inspira-se no paradigma de dominação manifesto na relação entre senhor e escravo. Como se sabe, o paradigma "senhor-escravo" de dominação constitui um dos *topoi* centrais do republicanismo romano e de suas manifestações no mundo moderno. Entre os antigos, o *status* de pessoa livre (*liber homo*) era a exata negação do *status* de escravo, aquele a quem não é permitido viver conforme o exercício de suas próprias deliberações. Destituído de autodomínio, o escravo é reduzido a uma parte do domínio do senhor. Conforme observou Skinner, a legislação compilada no *Digesto* do direito romano (sob o imperador Justiniano, no século V) recolhe da Antiguidade o significado do uso do conceito de liberdade próprio da república romana. Na seção relativa ao direito das pessoas (*De statu hominum*), já surge a "distinção primordial no seio das associações civis", aquela entre os que "gozam do *status* de *liberi hominus* ou 'homens livres' e aqueles que vivem na servidão" (Skinner, 2010, p.10).

A questão compreensivelmente levantada em críticas recentes aponta para o possível anacronismo da mobilização desse paradigma nas condições das sociedades contemporâneas, nas quais a escravidão foi abolida moral e juridicamente. No paradigma "senhor-escravo", a "consciência comum" da dominação e a intencionalidade da interferência arbitrária são imediatamente visíveis em razão da desigualdade de *status* inscrita nos costumes e nas leis. Do ponto de vista do escravo, o reconhecimento de sua inferioridade representa, em si mesmo, uma força de anulação de sua vontade, de domesticação de suas ações e de degradação de suas atitudes, marcadas pela antecipação subserviente da vontade do senhor. Conforme já indicado, não há nem mesmo a necessidade de interferência efetiva do senhor para assegurar o comportamento servil do escravo. As consequências psicológicas do estatuto jurídico e social da escravidão se encarregam disso. Esta é uma lição que o republicanismo do limiar da modernidade herdou dos antigos. Ainda de acordo com Skinner, o século XVII inglês testemunhou o esforço de inúmeros pensadores neorromanos atentos a tal lição. Assim, por exemplo,

> como James Harrington afirmaria, em 1656, na sua exposição clássica da teoria republicana, Oceana, a desgraça dos escravos é que eles não têm o controle de sua vida, estando consequentemente forçados a viver em um estado de incessante ansiedade com relação ao que lhes pode ou não acontecer. (Skinner, 2010, p.12)

Porém, as sociedades capitalistas modernas, além de dispensarem as desigualdades formais de *status* entre as pessoas, as tomam como obstáculos ao pleno funcionamento do sistema de acumulação de capital. No lugar de classes de pessoas irrevogavelmente atadas a um *status* jurídico particular, constitui-se a figura do "indivíduo livre", único proprietário legítimo de sua própria pessoa e de todos os atributos naturais a ela vinculados, como sua capacidade de trabalho e os bens criados pela efetivação dessa capacidade. As relações entre compradores e vendedores dessa capacidade de trabalho se estabelecem pela via contratual e não por relações fixas de dependência baseada em desigualdades "naturais", sancionadas pelo costume ou pelo triunfo do conquistador sobre o conquistado. Os críticos do conceito neorrepublicano de dominação, ao menos como formulado por Pettit, assinalam que, nas condições das sociedades modernas, a "consciência comum" das relações de dominação e a intenção do agente dominante em agravar a situação do dominado são características muito menos visíveis, talvez inexistentes. A dominação decorreria mais do efeito das "estruturas" sobre os agentes do que de relações mais ou menos intencionais dos agentes entre si.

Sob o argumento de que é preciso radicalizar o republicanismo, ressaltando as tendências mais igualitárias da tradição, Thompson (2013, p.293) lamenta o fato de que "Pettit investe de demasiado poder a relação interpessoal, as formas de dominação centradas no agente". Isso o faria perder de vista a "relação funcionalista entre agência e estrutura" e, consequentemente, o fato de que "a dominação torna-se uma *lógica* além do mero exercício arbitrário da autoridade" (grifo no original). E a "lógica" da dominação "persiste devido à natureza sistêmica de um tipo de vida econômica enraizada em padrões de propriedade e de poder social altamente concentrados ou organizados em favor de fins privados ao invés de fins públicos" (ibid., p.292). Posição idêntica é defendida por Gourevich, que argumenta que "o neorrepublicanismo não dispõe de uma adequada concepção de dominação estrutural, o que o deixa sem recursos teóricos para abordar certas formas de dominação econômica" (Gourevitch, 2013, p.591).

Não há dúvida que críticas dessa natureza contribuem para revelar certos limites do republicanismo neorromano. Pettit, por exemplo, jamais sugere que a economia de mercado e o sistema de propriedade privada representem barreiras a serem removidas para a plena realização da liberdade como não dominação. Contudo, como veremos adiante, isso de modo algum situa o neorrepublicanismo no campo do liberalismo econômico (ou "libertarianismo", ou "liberismo", ou "neoliberalismo", como se o queira denominar). Além disso, à luz da experiência histórica do século XX, seria no mínimo imprudente não dispensar especial atenção aos casos em que a imaginação normativa baseada em uma visão do mercado como apenas o meio específico exploração econômica acabou por engendrar estruturas de dominação ainda mais perversas do que as estruturas da economia de mercado. Quer se tome o critério da legitimidade, quer o da justiça, a completa substituição do mecanismo de mercado pelo planejamento estatal revelou-se um notável fracasso. Ninguém poderia condenar as experiências do socialismo real por não promover mudanças radicais na estrutura econômica das sociedades capitalistas. Contudo, o grau de "radicalidade" de uma teoria normativa não parece um bom critério para aferir seu potencial emancipatório, medido por sua capacidade de produzir justiça e legitimidade.

É evidente que nenhum dos atuais demandantes da radicalização do neorrepublicanismo propõe a retomada do modelo do planejamento central. Na maior parte dos casos, simplesmente não são sugeridas alternativas. Assim, a radicalidade da crítica desemboca em certo anticlímax normativo. Se a economia de mercado e o sistema de propriedade privada são estruturas geradoras de dominação e, portanto, antagônicas à liberdade, como proceder para neutralizar essa ameaça à liberdade sem repetição dos erros do passado? Gourevich, reconstruindo os argumentos do "*labor republicanism*", uma vertente do republicanismo do século XIX nos EUA, aponta o caminho do cooperativismo para a realização da não dominação. Diversamente dos neorrepublicanos, os "*labor republicans*" estavam atentos à "dominação estrutural e à ausência de liberdade no trabalho", o que os levava a dar "ênfase à cooperação como a solução republicana" (ibid., p.596). O cerne desse projeto é a abolição das relações hierárquicas no local de trabalho, de modo que a atividade de trabalho deixe de ser experimentada como uma atividade conflitante com o florescimento das capacidades humanas dos trabalhadores.

Mas o fato é que um projeto dessa natureza não nos leva muito longe. Ainda que todas as unidades produtivas fossem propriedade comum dos trabalhadores nelas envolvidos, a viabilidade econômica dessas unidades continuaria a depender do modo como elas respondem aos imperativos do mercado. Critérios de eficiência e produtividade tendem a impor-se sob pena da inviabilidade do empreendimento. Isso explica, em grande medida, o renitente ressurgimento de relações hierárquicas em situações em que os trabalhadores assumem o controle da propriedade e da gestão das empresas em que trabalham. Não é incomum a frustração de tentativas de "autogestão", debilitadas pelo surgimento de novas divisões na organização da produção, a exemplo da divisão entre trabalhadores de planejamento e gerência e os demais.

Alguns críticos do neorrepublicanismo pretendem ir ainda mais longe, sugerindo que a própria instituição do "emprego", tão cultuada por partidos e sindicatos em todo o mundo capitalista, seria, na verdade, uma ameaça à liberdade e à democracia. "O emprego é uma vasta área de hierarquia e subordinação dentro das sociedades supostamente democráticas", o que o tornaria "antitético ao autogoverno e portanto uma ameaça à cidadania livre" (Pateman, 2007, p.4). Porém, quando se retorna ao mundo real, seja capitalista ou qualquer outro, é pouco provável que as alternativas ao emprego sejam mais eficazes para a realização da liberdade. Nas condições atuais, não há nada a celebrar no tempo "livre" que sobra aos desempregados.

Ainda que levantem questões relevantes, essas críticas tendem a compreender o papel das chamadas estruturas na constituição da dominação de forma excessivamente unilateral. De fato, os neorrepublicanos estão distantes da hoje desacreditada noção, central ao estruturalismo da segunda metade do século XX, de que os "sujeitos" nada mais são do que "suportes materiais" das estruturas sociais, sendo por elas exaustivamente constituídos. Conforme observou recentemente um teórico neorrepublicano, "é importante não confundir a razoável afirmação de que pessoas ou grupos dominam uns aos outros sob certas condições estruturais com a dúbia e obscura afirmação de que as próprias estruturas dominam pessoas ou grupos" (Lovett, 2010, p.49).

Estruturas não dominam as pessoas. São as pessoas que dominam umas às outras. A meu ver, não há por que criticar os neorrepublicanos por enfatizarem o papel da agência na configuração das relações de dominação. E quando a crítica assume a formulação hiperbólica de que os neorrepublicanos desconsideram a importância das "estruturas", estamos diante de um evidente erro de interpretação.

A própria noção de que a liberdade de uma pessoa se refere a um *status* por ela desfrutado, em oposição à noção de que se refere a mera ausência de interferência em suas escolhas, já indica a importância das instituições sociais e políticas, bem como da configuração cultural, na geração de estruturas de dominação antagônicas à liberdade. Talvez em decorrência das repetidas críticas ao suposto desinteresse dos neorrepublicanos na dimensão estrutural da dominação, Philip Pettit viu-se compelido a registrar o fato mais ou menos óbvio de que "a dominação é frequentemente possível apenas em razão das práticas e instituições da sociedade e do mundo de forma mais ampla: a cultura, a economia ou a constituição sob as quais as pessoas vivem" (Pettit, 2014, p.53). Uma vez que estruturas sem agentes são meras abstrações desprovidas de existência substantiva, as estratégias contra a dominação não podem deixar de incidir sobre os próprios agentes envolvidos nas relações assimétricas de poder. O enfraquecimento de uma determinada estrutura de dominação tem sua expressão concreta inevitável na redução do poder do agente dominante, no aumento do poder do agente dominado, ou ambas as coisas juntas.

A desigualdade econômica e a economia política do neorrepublicanismo

Conforme observamos, a liberdade como não dominação, central ao republicanismo neorromano, é um ideal essencialmente igualitário. Mesmo o senador romano Marco Túlio Cícero, acertadamente descrito como porta-voz da autoimagem aristocrática da tradição republicana, registrou essa íntima conexão entre igualdade e liberdade: "Nada pode ser mais doce que a liberdade. No entanto, se ela não é igual para todos, de modo algum é liberdade" (Cícero, 1998, p.21).

Do ponto de vista constitucional, a dimensão igualitária do pensamento republicano manifesta-se na ideia da superioridade do "império da lei" em relação ao "império dos homens". Como se sabe, o clamor pelo império da lei foi particularmente importante nas lutas contra as formas absolutistas de exercício do poder, em que o soberano, representado na figura do rei, possuía a prerrogativa de ditar aos súditos as leis que ele próprio estava dispensado de seguir. Desde então, esse tem sido o núcleo do tipo de entendimento da república como uma forma de governo antagônica à monarquia.[2]

Do ponto de vista político, a dimensão igualitária do republicanismo deduz-se da máxima latina de que o que a todos afeta, por todos deve ser aprovado ("*quod omnes tangit ab omnibus probetur*"). Não é o bastante que a lei seja aplicada a todos indiscriminadamente e todos considerados iguais perante à lei. É também necessário que haja o envolvimento do conjunto dos cidadãos na elaboração legislativa para que a lei possa ser, além de justa, legítima. A demanda de legitimidade nos conduz diretamente ao tema da democracia. A dimensão política do potencial igualitário encapsulado na liberdade republicana revela-se na eficácia da democracia para a minimização da dominação.

Não irei me deter na análise do potencial igualitário do republicanismo do ponto de vista constitucional (império da lei) e do ponto de vista da participação e legitimação (democracia). Esses são temas da maior relevância, mas uma análise mais pormenorizada nos desviaria do objetivo principal do capítulo.[3] O tema que aqui nos concerne

---

2 Vale assinalar que inúmeros autores clássicos hoje disputados pelo neorrepublicanismo não viam necessária contradição entre a monarquia e a vigência de ideais republicanos. O exemplo mais notável é Montesquieu, com sua conhecida afirmação no capítulo 19 (livro 5) de *O espírito das leis*, de que o sistema de governo inglês consistia em "uma república disfarçada sob a forma de monarquia". Skinner chama a atenção para o fato de que vários pensadores neorromanos do século XVII inglês rejeitavam enfaticamente o rótulo de adversários da monarquia, embora estivessem alinhados com a defesa da concepção de liberdade herdada do republicanismo romano (Skinner, 1997).

3 É ampla a literatura neorrepublicana sobre constitucionalismo e é crescente o interesse dessa literatura no tema da democracia republicana. Visões em disputa sobre a relação do constitucionalismo com o ideal da não dominação podem ser encontradas em Pettit (2009) e Bellamy (2007). Sobre o tema da democracia, as mais notáveis e recentes contribuições do republicanismo neorromano, também em visões contrastantes, devem-se a Pettit (2012) e McCormick (2011). Sobre os debates correntes no campo da teoria democrática

refere-se à dimensão econômica do igualitarismo latente no ideal da não dominação. Tal preocupação conduz a questões associadas ao papel das desigualdades materiais, típicas das sociedades capitalistas contemporâneas, na geração de injustiças e no agravamento de estruturas de dominação comprometedoras da liberdade. Especificamente, trata-se de compreender em que medida as estruturas da economia de mercado e a instituição da propriedade privada comprometem o modo de vida livre e quais as políticas vislumbradas pelo neorrepublicanismo para a minimização das formas de dominação fundadas na desigualdade material.

Conforme sugeri anteriormente, o neorrepublicanismo rejeita o programa dos socialistas do século XIX, organizado em torno da proposta de superação radical da lógica do mercado capitalista. Quando nos referimos ao capitalismo, estamos a falar de um modelo de organização da vida material em que: a) a alocação de recursos escassos é determinada prioritariamente pelo mercado; b) os recursos produtivos são propriedade privada de agentes de mercado e as decisões de investimento são controladas pelos proprietários desses recursos; c) há considerável desigualdade na distribuição da propriedade dos recursos produtivos. Para o pensamento liberal clássico, bem como para o chamado neoliberalismo, esse arranjo social configura-se como o mais adequado para a geração e distribuição da riqueza material. Hayek chega mesmo a afirmar que a sociedade de mercado foi "talvez a maior descoberta da humanidade em todos os tempos" (Hayek, 1976, p.104). Nada haveria a corrigir em todo o mecanismo, a não ser cuidar para que intervenções externas não perturbem seu pleno funcionamento.

Ora, se é certo que os neorrepublicanos não endossam a visão do capitalismo típica do socialismo de Estado, eles também rejeitam as cândidas ilusões do liberalismo econômico. Esse aspecto não passa despercebido por defensores contemporâneos

---

vinculada ao republicanismo neorromano, ver Silva (2011; 2015b). Dentre os críticos da emergente teoria democrática do republicanismo neorromano, destaca-se Urbinati (2010; 2012).

do liberalismo clássico. Gerald Gaus, por exemplo, sugere que o neorrepublicanismo pode ser explicado como uma crítica "pós-socialista" à sociedade de mercado. O fato é que, por razões meramente instrumentais, os socialistas – evidentemente, apenas aqueles que acordaram do sono dogmático – não podem deixar de reconhecer, à luz da experiência do século XX, a superior eficiência do mercado para a realização do complexo cálculo econômico requerido para a alocação de recursos produtivos. Nenhuma burocracia governamental, por mais numerosa e bem informada que seja, e ainda que fosse composta de anjos incorruptíveis leais ao interesse público, é capaz decidir com mais eficiência do que os agentes de mercado o que, quanto e onde produzir. Os neorrepublicanos são então retratados como socialistas que compreenderam essa insofismável realidade. No entanto, embora aceitem a economia de mercado por razões instrumentais, eles terminam rejeitando a "sociedade de mercado" por razões morais. Conforme lamenta Gaus, o neorrepublicanismo

> pretende mostrar que a despeito de seus benefícios instrumentais, os mercados não são um modo intrinsecamente moral das pessoas relacionarem-se umas com as outras [...] Somos informados de que o mercado é caracterizado por um desequilíbrio de poder, sendo portanto um reino de iliberdade. (Gaus, 2003, p.90)

Embora a crítica de Gaus exagere na aproximação entre neorrepublicanos e socialistas, ela me parece correta em sua descrição de como os neorrepublicanos compreendem o mercado. Só não vejo a razão de tal descrição ser apresentada como uma "crítica", especialmente para os que não compartilham o pressuposto de Gaus de que "o mercado não é simplesmente uma grande invenção econômica provedora de bens, mas a base para vidas livres" (ibid., p.90). Embora os neorrepublicanos não tenham dúvida de que o mercado seja de fato uma "grande invenção econômica", eles, corretamente a meu ver, não o tomam como "a" base do modo de vida livre. Ou seja, aceitar o imperativo da economia de mercado não implica assumir o compromisso com a superioridade moral da sociedade de mercado, como quer o liberalismo dominante.

Faz parte da visão instrumental do neorrepublicanismo, ao lado do reconhecimento das vantagens da economia de mercado no processo de alocação de recursos produtivos, a crença de que, mal manejado ou deixado a sua própria sorte, o mercado tende a gerar e agravar estruturas de dominação em vez de criar as condições para o enriquecimento material do conjunto dos cidadãos e para a consequente expansão dos níveis agregados das escolhas livres. Por isso, "a principal questão no âmbito da concepção de liberdade como não dominação refere-se à medida em que o mercado pode respeitar e fortalecer a liberdade social enquanto tal" (Pettit, 2006, p.134).

Não há mercado sem propriedade privada, mas a distribuição da propriedade orientada por princípios de mercado é marcadamente desigual. Quanto maior for o montante de recursos de que previamente dispõem um agente, maior tende a ser seu nível de apropriação da riqueza nova gerada. A base de desigualdade engendra uma dinâmica concentradora de riqueza e propriedade. É certo que os neorrepublicanos passam ao largo do anseio de conferir a cada membro da comunidade exatamente a mesma cota de propriedade de riqueza. Isso se aplica até mesmo às expressões mais democráticas e igualitaristas da tradição. Maquiavel, por exemplo, entendia que o povo não objetava a existência de cidadãos ricos, embora se voltasse com grande ressentimento e obstinação contra aqueles que utilizavam sua riqueza material para a opressão dos cidadãos pobres, convertendo vantagem econômica em dominação política (McCormick, 2011). A esse respeito, é plena de sentido a reflexão de Rousseau, que alertava que não se devia entender a igualdade como uma exigência de que "os graus de riqueza e poder sejam absolutamente os mesmos". A realização da igualdade requer, porém, que "nenhum cidadão seja assaz opulento que possa comprar o outro, e nenhum tão pobre que seja constrangido a vender-se" (Rousseau, 2003, p.63).

Não há dúvida de que as linhas divisórias, numa ponta, entre a pobreza aceitável e aquela que constrange alguém a "vender-se", e, na outra ponta, entre a riqueza aceitável e aquela que fornece a um indivíduo meios para "comprar" outro só podem ser traçadas em vista das especificidades de cada sociedade. De modo geral, a pobreza gera dominação quando ela compromete as liberdades básicas dos cidadãos, especialmente dos menos afortunados. A despeito das diferenças tecnológicas e culturais entre as sociedades, as escolhas expressivas das liberdades básicas dos indivíduos, dignas de proteção pública, são escolhas que obedecem a dois critérios: elas podem ser exercidas conjuntamente por todos os cidadãos e sua realização resulta em satisfação a todos. Não há jogo de soma zero. Recorrendo à fórmula de Pettit, pode-se dizer que as escolhas que refletem as liberdades básicas devem ser "*co-exercible*" e "*co-satisfying*" (Pettit, 2014, p.63). Exemplos de liberdades básicas incluem a liberdade de pensamento e de expressão pública do pensamento, a liberdade de religião, a liberdade de associação, a liberdade de realizar trocas conforme as regras de propriedade locais e a liberdade de escolher e mudar de ocupação e emprego (ibid., p.72). O pleno exercício das liberdades básicas é condição necessária para a realização do ideal da liberdade como não dominação.

Embora o sistema de propriedade privada e de economia de mercado não seja necessariamente antagônico às liberdades básicas, podendo inclusive operar no sentido oposto, fortalecendo tais liberdades, os neorrepublicanos reconhecem que "o sistema de propriedade ou distribuição tem o efeito contingente de permitir a dominação". Diferentemente das versões do liberalismo associadas ao ideal da liberdade como não interferência, o neorrepublicanismo defende que o referido efeito contingente do mercado deve ser neutralizado por meio de "ajustamentos institucionais" (Pettit, 2006, p.139). Como alguns autores vêm insistindo recentemente, o fato de o mercado ter o potencial para servir de instrumento eficaz para a expansão do leque de escolhas livres não significa que ele próprio deva ser "livre", ao menos não no sentido liberal de não sofrer interferência do poder público (Taylor, 2013; Dagger, 2006). Como regra geral, "a redistribuição ou restrição econômica será apoiada na teoria republicana na medida em que a pobreza ou desigualdade é produtora de dominação" (Pettit, 2006, p.141).

Mas a diferença entre o neorrepublicanismo e o liberalismo econômico é também conceitual. De fato, são duas maneiras distintas de compreender o conceito de mercado (MacGilvray, 2011). Para os neorrepublicanos, o mercado é em si mesmo um acervo institucional, um conjunto de leis e normas determinadas por influências culturais, políticas e sociais. Em contraste, o liberalismo econômico concebe o mercado como uma entidade preexistente às instituições que o constituem e o regulam, sendo dependente dessas instituições de modo apenas contingente, não constitutivo. É como se estivéssemos tratando de uma entidade natural, que sofre influências externas (algumas aceitáveis do ponto de vista liberal) provenientes do poder público. No entanto, como Pettit argumenta, "o papel do Estado em relação ao mercado [...] é constitutivo e não apenas regulatório, capacitante e não apenas constrangedor" (Pettit, 2013, p.3).

Na medida em que se compreende o mercado como uma criação humana histórica e culturalmente determinada, ressaltando a natureza contingente de sua constituição, elimina-se a barreira ideológica impeditiva de concebê-lo como uma instituição a serviço da república – como parte da república. Mas quais os princípios básicos para nortear as interferências do poder público na moldagem do mercado? Em primeiro lugar, é necessário criar mecanismos que coíbam as tendências à formação de monopólios, monopsônios, cartéis e outras formas de distorção da concorrência. Como mencionado anteriormente, o mercado capitalista favorece processos de concentração e centralização da propriedade. As firmas não precisam ser do mesmo tamanho, mas situações em que uma empresa ou grupo de empresas detenha tamanho poder de mercado que torne a existência das demais *dependente* de suas decisões é uma situação que compromete o funcionamento do mercado favorável à liberdade. Assim como a constituição política ideal do neorrepublicanismo é caracterizada pela dispersão do poder no conjunto do corpo político, sua "constituição econômica" ideal se expressa no modelo da concorrência perfeita, uma espécie de dispersão do poder econômico no mercado (Taylor, 2013).

O Estado republicano é instado a intervir no sentido de assegurar altos níveis de competição no mercado, de preferência entre o maior número possível de empresas. Leis antitrustes colaboram para isso. Mas o Estado pode também criar estímulos para que mais empresas entrem em determinado mercado, oferecendo, por exemplo, "*capital grants*", mediante os quais indivíduos e famílias de poucos recursos possam iniciar seus empreendimentos. Essa estratégia neorrepublicana é afim ao modelo, preconizado por Rawls, da "*property-owning democracy*". Para Rawls,

> as instituições de fundo da democracia de proprietários operam para dispersar a propriedade de riqueza e capital, e portanto para evitar que uma parte pequena da sociedade controle a economia e, indiretamente, também a vida política. (Rawls, 2001, p.139)[4]

Em linhas gerais, a atitude dos neorrepublicanos frente ao mercado é a de compreendê-lo como uma parte da república, uma instituição com potencial para reduzir os graus de dependência e dominação que comprometem a liberdade. No entanto, o mercado é também um espaço de disputa de poder – poder cuja almejada dispersão depende diretamente de normas e regulamentos constitutivos dos sistemas de propriedade e de distribuição da riqueza. Tal como a concentração de poder político compromete a liberdade na *polity*, a concentração de poder de mercado compromete a liberdade no mercado. É certo que esse otimismo do neorrepublicanismo acerca do potencial do mercado para a expansão das "*capabilities*" é um ponto controverso na história do republicanismo. Importantes nomes da tradição, a exemplo de Rousseau, deploravam a corrupção

---

4 Conforme advoga Richard Dagger, "'*property-owning democracy*' é um regime político-econômico obviamente simpático ao republicanismo. Sua ressonância dos temas neorrepublicanos da igualdade e da liberdade como autogoverno é especialmente evidente, bem como seu intento é 'colocar todos os cidadãos em condições de gerir seus próprios assuntos em pé de um grau adequado de igualdade social e econômica'. Considero, então, que uma economia cívica neorrepublicana deve ser uma democracia de proprietários" (Dagger, 2006, p.161).

da liberdade supostamente inerente à expansão do comércio (MacGilvray, 2011).

Todavia, como recentemente observaram historiadores do pensamento político, o republicanismo experimentou uma forte inflexão nas últimas décadas do século XVIII e primeiras do XIX, quando já não era mais possível ignorar a profunda transformação na estrutura social e econômica das sociedades europeias e o lugar central que passaram a ter os mercados na conformação dessas sociedades. Nesse quadro, os apelos tradicionais do republicanismo, norteados por valores diretamente hauridos dos modos de vida das cidades antigas, medievais e renascentistas, passaram a soar algo anacrônicos (Kalyvas; Katznelson, 2008). Na atualidade, a corrente principal do debate neorrepublicano sobre o mercado parece distanciar-se das posições históricas dos antagonistas das repúblicas comerciais. Expressiva dessa tendência é a posição tomada em artigo recente de Robert Taylor, para quem "a concorrência perfeita é a tradução do império da lei na esfera econômica". Conforme defende esse autor, "uma vez que os neorrepublicanos tomem a sério essa lição, eles irão (como seu antepassado republicano-comercial Adam Smith) olhar para os mercados competitivos com entusiasmo, não meramente com complacência" (Taylor, 2013, p.601).

Pode ser. Não obstante, ainda que políticas de promoção do mercado livre e competitivo sejam necessárias para evitar que as desigualdades materiais se convertam em dominação, essas políticas estão longe de suficientes do ponto de vista neorrepublicano. Por mais próximo que o mercado esteja do modelo da concorrência perfeita, ele continuará sendo uma estrutura geradora de ganhadores e perdedores. A sorte dos agentes de mercado continuará sendo definida pelos desiguais níveis de eficiência e produtividade desses agentes, sem falar no estoque de recursos por eles previamente apropriados. Para os neorrepublicanos, uma sociedade comprometida com o ideal da não dominação não pode acomodar-se aos resultados das operações de mercado, aceitando situações em que membros da comunidade surpreendem-se cerceados em suas liberdades básicas devido à penúria material acarretada por seus eventuais insucessos nas relações mercantis, especialmente no mercado de trabalho. Estimulado pelo anseio de apresentar solução para esse problema, um consenso vem se formando entre os neorrepublicanos: a política de renda básica.

A ideia de que todo e qualquer cidadão deve contar com uma renda mínima que lhe permita a fruição de suas liberdades básicas atende ao imperativo de Rousseau de que, numa democracia, ninguém deve ser tão pobre que tenha que vender-se a outro. Na história da tradição republicana, a liberdade sempre esteve vinculada à independência material. Aquele cuja existência realiza-se sob a dependência material de terceiros, como ocorre de forma paradigmática com o escravo em relação a seu mestre, não pode considerar-se livre. Conforme expressou um dos primeiros teóricos neorrepublicanos a promover uma extensa defesa da renda básica,

> uma maneira pela qual as pessoas podem acabar vivendo à mercê de outro é contando com esse outro para as necessidades básicas: dependem de um empregador para um trabalho, de um cônjuge para uma parcela dos ganhos, ou de um burocrata para a elegibilidade de um benefício social. Tal dependência dá ao outro o poder de interferir discricionariamente na vida do dependente. A renda básica parece ser um poderoso instrumento para reduzir, talvez até mesmo eliminar, tal dependência. (White, 2007, p.1)[5]

Esse argumento é endossado por Philip Pettit, quando afirma que "a promoção de uma posse republicana resiliente das liberdades básicas condiz com estabelecer um direito legal à renda básica" (Pettit, 2007, p.5).

Embora haja um progressivo consenso entre os neorrepublicanos sobre a importância da renda básica como estratégia de minimização da dominação, o debate parece estar apenas se iniciando. As justificativas, os alcances e os limites das políticas de renda básica variam

5 Para um aprofundamento dos argumentos desse autor em favor da renda básica, ver White (2003). Para um sumário de sua visão do republicanismo como uma teoria crítica do capitalismo, ver White (2011).

conforme os autores e as vertentes da tradição republicana a que eles se filiam. Não pretendo detalhar esse debate, que requereria mais espaço do que o que me resta para concluir a presente discussão sobre a economia política do neorrepublicanismo. Concluo chamando a atenção para uma disputa que atualmente divide os neorrepublicanos defensores da renda básica. A questão é a seguinte: a renda básica deve ser assegurada em qualquer circunstância a todos os cidadãos ou apenas nas circunstâncias em que se efetiva a exposição de um agente ao poder arbitrário de outro?

Os críticos neorrepublicanos da universalidade e incondicionalidade da renda básica enfatizam os riscos que esse tipo de acesso aos recursos traz para o cultivo de virtudes cívicas essenciais ao autogoverno da cidade. No republicanismo moderno, esse receio foi bem expresso por Rousseau. Em seu *Discurso sobre a economia política*, após apontar o dever do estado de garantir a subsistência e as "necessidades públicas" dos cidadãos, Rousseau esclarece que

> este dever, é preciso enfatizar, não consiste em encher os celeiros de cidadãos privados e dispensar seus proprietários de trabalho, mas em garantir que a prosperidade é sempre suficientemente acessível e que, a fim de adquiri-la, o trabalho é sempre necessário, e nunca supérfluo. (Rousseau, 1994, p.25)

A mesma crença no valor do trabalho como uma importante fonte constitutiva das virtudes cívicas observa-se em alguns teóricos do neorrepublicanismo. Richard Dagger, comentando a defesa da renda básica incondicional realizada pelo teórico liberal-igualitário Philippe van Parijs, anota o seguinte:

> Philippe van Parijs tem defendido uma renda básica incondicional [...] com o fundamento de que o liberalismo [...] exige neutralidade em relação a concepções do bem; impor condições sobre o recebimento da renda básica, como exigir de alguém um esforço genuíno para encontrar trabalho remunerado, seria contrário a esta exigência de neutralidade. (Dagger, 2006, p.166)

Novamente, a rejeição se dá com base no temor de que a renda básica incondicional possa induzir comportamentos do tipo "*free rider*", que debilitam as virtudes cívicas. O indivíduo manteria sua condição de consumidor sem exercer sua condição de produtor. Porém, o "assim chamado cidadão-consumidor é, nos termos republicanos tradicionais, a corrupção do que um cidadão deveria ser" (ibid., p.159).

Por outro lado, um crescente número de teóricos neorrepublicanos, precisamente por definirem a liberdade como ausência de dominação e não como o exercício de virtudes cívicas, tende a minimizar o risco descrito acima (White, 2011; Raventós, 2007; Lovett, 2009; Pettit, 2007). O principal argumento desses autores apoia-se exatamente no efeito de "antipoder" que o direito incondicional à renda básica teria nas estruturas de dominação no mercado de trabalho. A liberdade do empregado frente ao patrão é inversamente proporcional aos custos que a troca de emprego ou, pior, o desemprego faz incidir sobre o primeiro. Se os custos implicarem a impossibilidade da manutenção das liberdades básicas, provavelmente o empregado submeter-se-á ao arbítrio do empregador. A renda básica incondicional cria uma situação em que os custos de saída reduzem-se sensivelmente, jamais sendo tão altos a ponto de comprometer as liberdades básicas. Não resta dúvida de que, do ponto de vista do ideal neorrepublicano da não dominação, a renda básica oferece uma sólida base material para a maximização da liberdade do conjunto dos cidadãos, contribuindo para neutralizar os efeitos da desigualdade entre ricos e pobres, a mais poderosa fonte de dominação nas sociedades capitalistas contemporâneas. Seja como for, o debate sobre sua viabilidade econômica e sobre seus impactos no requisito de reciprocidade essencial às virtudes cívicas precisa ser explorado com maior profundidade.

Referências bibliográficas

ARENDT, Hannah. *Entre o passado e o futuro*. São Paulo: Perspectiva, 1972.

BARON, Hans. *The Crisis of the Early Italian Renaissance*. Princeton: Princeton University Press, 1966.

BELL, Daniel. *Communitarianism and its Critics*. Oxford: Oxford University Press, 1993.

BELLAMY, Richard. *Political Constitutionalism: a Republican Defense of Constitutionality of Democracy*. Cambridge: Cambridge University Press, 2007.

BERLIN, Isaiah. *Four Essays on Liberty*. Oxford: Oxford University Press, 1990.

BESSON, Samantha; MARTÍ, José Luis. *Legal Republicanism: National and International Perspectives*. Oxford: Oxford University Press, 2009.

BOHMAN, John. *Democracy across Borders: From Demos to Demoi*. Cambridge: MIT Press, 2007.

BOUCHER, David. *The British Idealists*. Cambridge: Cambridge University Press, 1997.

CARTER, Ian. *A measure of Freedom*. Oxford: Oxford University Press, 1999.

______. "How are power and unfreedom related?". In: LABORDE, Cecile; MAYNOR, John (eds.). *Republicanism and Political Theory*. London: Blackwell, 2008.

CICERO, Marco T. *The Republic and the Laws*. Oxford: Oxford University Press, 1998.

CONSTANT, Benjamin. *A liberdade dos antigos comparada à liberdade dos modernos*. Coimbra: Tenacitas, 2001.

DAGGER, Richard. "Neo-republicanism and civic economy", *Politics, Philosophy, and Economics*, v.5, n.2, 2006.

GAUS, Gerald. "Backwards into the future: neorepublicanism as a postsocialist critique of the market society", *Social Philosophy and Policy*, v.20, n.1, 2003.

GOUREVITCH, Alex. "Labor republicanism and the transformation of work", *Political Theory*, v.41, n.4, 2013.

GREEN, T. H. *Lectures on the Principles of Political Obligation*. Kitchener: Batoche Books, 1999.

HAYEK, Friedrich. *Law, Legislation and Liberty*, v.1. Chicago: The University of Chicago Press, 1976.

______. *The Constitution of Liberty* (the definitive edition). Chicago: The University of Chicago Press, 2011.

HOBBES, Thomas. *Leviatã ou matéria, forma e poder de uma república eclesiástica e civil*. São Paulo: Martins Fontes, 2003.

KALYVAS, Andreas; KATZNELSON, Ira. *Liberal Beginnings: Making a Republic for the Moderns*. Cambridge: Cambridge University Press, 2008.

KRAMER, Matthew. *The quality of freedom*. Oxford: Oxford University Press, 2003.

______. "Liberty and domination". In: LABORDE, Cecile; MAYNOR, John (eds.). *Republicanism and Political Theory*. London: Blackwell, 2008.

KRAUSE, Sharon. "Beyond non-domination: agency, inequality and the meaning of freedom". *Philosophy and Social Criticism*, v.39, n.2., 2013.

LOVETT, Frank. "Domination and distributive justice", *The Journal of Politics*, v.71, n.3, 2009.

______. *A General Theory of Domination e Justice*. Oxford: Oxford University Press, 2010.

MacGilvray, Eric. The Invention of Market Freedom. Cambridge: Cambridge University Press, 2011.

MACINTYRE, Alasdair. *Depois da virtude*. Bauru: Edusc, 2004.

MAQUIAVEL, N. *Discursos sobre a primeira década de Tito Lívio*. São Paulo: Martins Fontes, 2007.

MAYNOR, John. *Republicanism in the modern world*. Cambridge (UK): Polity, 2003.

MCBRIDE, Cillian. "Democratic participation, engagement and freedom", *The British Journal of Politics and International Relations*, v.15, n.4, 2013.

MCCORMICK, John. *Machiavellian Democracy*. Cambridge: Cambridge University Press, 2011.

PALONEN, Kari. "Liberty is too *precious* a concept to be left to the liberals", *Finnish Yearbook of Political Thought*, v.2, 1998, p.243-60.

PATEMAN, Carole. "Why republicanism?", *Basic Income Studies*, v.2, n.2, 2007.

PETTIT, Philip. *Republicanism: A Theory of Freedom and Government*. Oxford: Oxford University Press, 1997.

______. *A Theory of Freedom*. Cambridge: Polity Press, 2001.

______. "Freedom in the market", *Politics, Philosophy, and Economics*, v.5, n.2, 2006.

______. A republican right to basic income? *Basic Income Studies*, v.2, n.2, 2007.

______. "Law and liberty". In: BESSON, S.; MARTÍ, J. *Legal Republicanism: National and International Perspectives*. Oxford: Oxford University Press, 2009.

______. *On the People's Terms: A Republican Theory and Model of Democracy*. Cambridge: Cambridge University Press, 2012.

______. "Taking back the economy: the market as a res publica". *OpenDemocracy.org*, 2013.

______. *Just Freedom*. New York: Norton e Company, 2014.

POCOCK, John. *The Machiavellian Moment: Florentine Political thought and the Antlantic Republican Tradition*. Princeton, NJ: Princeton University Press, 1975.

______. *Virtue, Commerce and History*. Cambridge: Cambridge University Press, 1985.

QUILL, L. *Liberty after Liberalism: Civic Republicanism in a Global Age*. London: Palgrave Macmillan, 2005.

RAVENTÓS, Daniel. *Basic Income: The Material Conditions of Freedom*. London: Pluto Press, 2007.

RAWLS, John. *Justice as Fairness: A Restatement*. Cambridge, MA: Harvard University Press, 2001.

ROUSSEAU, Jean-J. "Discourse on political economy". *The Social Contract*. Oxford: Oxford University Press, 1994. (Ed. and trans. by Christopher Betts.)

______. *O contrato social*. São Paulo: Martins Fontes, 2003.

RUGGIERO, Guido de. *The History of European Liberalism*. Oxford: Oxford University Press, 1927.

SANDEL, Michael. *Democracy's Discontent*. Cambridge, MA: Harvard University Press, 1998.

SILVA, Ricardo. "Liberdade e lei no neo-republicanismo de Skinner e Pettit", *Lua Nova*, n.74, 2008.

______. "Republicanismo neo-romano e democracia contestatória", *Revista de Sociologia e Política*, v.19, n.39, 2011.

______. "Visões da liberdade: republicanismo e liberalismo no debate teórico contemporâneo", *Lua Nova*, n.94, 2015a.

______. "Non-domination and political institutions: the contested concept of republican democracy", *Brazilian Political Science Review*, v.9, n.1, 2015b.

SKINNER, Quentin. "The idea of negative liberty: philosophical and historical perspectives". In: SKINNER, Quentin; RORTY, R; SCHNEEWIND, J. B. (eds.). *Philosophy in History*. Cambridge: Cambridge University Press, 1984a.

______. "The paradoxes of political liberty". In: *The Tanner Lectures on Human Values*. Harvard, 1984b.

______. "Machiavelli and the pre-humanist idea of freedom". In: SKINNER, Quentin; VIROLI, Maurizio; BOCK, Gisela. *Machiavelli and Republicanism*. Cambridge: Cambridge University Press, 1990a.

______. "The republican ideal of political liberty". In: SKINNER, Quentin; VIROLI, Maurizio; BOCK, Gisela. *Machiavelli and Republicanism*. Cambridge: Cambridge University Press, 1990b.

______. *Liberty before Liberalism*. Cambridge: Cambridge University Press, 1997.

______. "The third concept of liberty. A third concept of liberty". *Proceedings of the British Academy*, v.117, 2001.

______. *Visions of Politics: Renaissance Virtues*. 2.v. Cambridge: Cambridge University Press, 2002.

SKINNER, Quentin. "Freedom as the absence of arbitrary power". In: LABORDE, Cecile; MAYNOR, John. (eds.). *Republicanism and Political Theory*. London: Blackwell, 2008.

______. *Hobbes e a liberdade republican*. São Paulo: Unesp, 2010.

SLAUGTHER, S. *Liberty Beyond Neo-liberalism: A Republican Critique of Liberal Government in a Globalizing Age*. London: Macmillan Palgrave, 2005.

TAYLOR, Charles."What's wrong with negative liberty". In: TAYLOR, C. *Philosophy and Human Sciences*. Cambridge: Cambridge University Press, 1985.

______. "Cross-purposes: the liberal-communitarian debate". In: ROSENBLUM, N. (ed.). *Liberalism and the Moral Life*. Cambridge, MA: Harvard University Press, 1989.

TAYLOR, Robert. "Market freedom as antipower", *American Political Science Review*, v.107, n.3, 2013.

THOMPSON, Michael. "Reconstructing republican freedom: a critique of neo-roman concept of freedom as non-domination", *Philosophy and Social Criticism*, v.39, n.3, 2013.

TULLY, James. "Two concepts of liberty in context". In BAUM, B.; NICHOLS, R. (Eds.). *Isaiah Berlin and the Politics of Freedom*. New York: Routledge, 2013.

URBINATI, Nadia. "Unpolitical democracy", *Political Theory*, v.38, n.1, 2010.

______. "Competing for liberty: the republican critique of democracy". *Political Theory*, v.106, n.3, 2012.

WEMDE, Ben. *T.H. Green's Theory of Positive Freedom: From Metaphysics to Political Theory*. Imprint Academic, 2004.

WHITE, Stuart. *The Civic Minimum: On the Rights and Obligations of Economic Citizenship*. Oxford: Oxford University Press, 2003.

______. "The republican case for basic income: a plea for difficulty", *Basic Income Studies*, v.2, n.2, 2007.

______. "The republican critique of capitalism", *Critical Review of International Social and Political Philosophy*, v.14, n.5, 2011.

5.
PARTICIPAÇÃO, (DES)IGUALDADE POLÍTICA E DEMOCRACIA

Adrian Gurza Lavalle[1]

> *In the theory of participatory democracy "political equality" refers to equality of political power in determining the outcome of decisions.*
>
> (Pateman, 1993 [1970])

Este capítulo aborda a relação entre participação, democracia e igualdade política de uma perspectiva que, em princípio, parece simples, a dos fundamentos normativos da participação e dos limites que tais fundamentos definem para formas e níveis aceitáveis de desigualdade política em regimes democráticos. A perspectiva parece simples pelo menos por três motivos: primeiro, o valor da participação é um ponto pacífico na literatura participacionista e, a despeito de diferenças substantivas, em boa parte da teoria democrática tradicional; segundo, a participação é corolário da igualdade política, quer dizer, se assumida a segunda como uma premissa normativa fundamental – os homens são iguais –, a primeira se impõe por congruência como uma consequência lógica; por fim, na democracia o

1 Pesquisador do Centro de Estudos da Metrópole (CEM), processo nº 2013/07616-7, Fundação de Amparo à Pesquisa do Estado de São Paulo (Fapesp). As opiniões, hipóteses e conclusões ou recomendações expressas são de responsabilidade do autor e não necessariamente refletem a visão da Fapesp.

demos é, por definição, composto por sujeitos considerados iguais porque portadores de direitos políticos de cidadania inalienáveis. Assim, participação, democracia e igualdade política configuram uma tríade em que cada elemento, parece óbvio, pressupõe os outros dois. A literatura que se debruça sobre o papel da participação na democracia tem reconhecido e explorado analiticamente em registros diferentes a articulação intrínseca dessa tríade.

Porém, curiosamente, os fundamentos normativos da participação distam de ser óbvios e, por conseguinte, o leque de motivos pelos quais a participação tem sido considerada valiosa é variado – embora tais motivos pressuponham a igualdade intrínseca entre os homens. Por sua vez, a igualdade política pode admitir igualmente compreensões restritas ou exigentes e, em consequência, a *demarcação* entre formas aceitáveis e inaceitáveis de desigualdade política é operação em nada trivial, para a qual existem consensos apenas no que diz respeito a seus componentes mais básicos ou mínimos. Não bastasse isso, a própria definição de democracia tem sido objeto de disputa, animando a crítica tanto das teorias participacionistas quanto daquelas deliberacionistas. A relação entre participação, igualdade e democracia pode ser analiticamente equacionada, assim, de modos diversos e, por vezes, conflitantes entre si. Isto, a despeito de a desigualdade política e de sérios déficits de participação que afetam grupos específicos serem reprovados por boa parte da teoria democrática – de posturas liberais a radicais – devido a suas consequências deletérias para a democracia, e em particular para os grupos que não conseguem incluir a consideração dos seus interesses na própria democracia.

Nestas páginas, em sintonia com os diversos capítulos do livro que submetem a exame crítico a questão da acomodação entre desigualdades e democracia – conforme equacionados analiticamente nas diversas tradições da teoria política –, examino as respostas elaboradas da perspectiva da participação no que diz respeito à demarcação das desigualdades aceitáveis para a democracia e ao papel atribuído à participação no combate a tais desigualdades. A literatura dedicada ao exame da participação e as questões a ela correlatas excedem o campo da teoria democrática e, é claro, as fronteiras disciplinares da ciência política. O campo dos estudos do desenvolvimento, os estudos de comunidade e poder local, a pesquisa ação e outros métodos de produção de conhecimento empático e a literatura de governança democrática e/ou boa governança, por mencionar apenas exemplos conhecidos, têm dedicado atenção sistemática à participação. Afinal, a própria participação pode ser concebida de forma ampla como simplesmente "tomar parte em algo ou compartilhar algo" (Kanji; Greenwood, 2001, p.7). O escopo analítico aqui é mais restrito, e privilegia o campo da teoria democrática, embora as fronteiras entre corpos da literatura nem sempre sejam nítidas. Conforme será visto, a evolução da teoria participacionista encontrou um terreno de confluência com outras literaturas quando sua atenção passou a focar experiências de inovação participativa.

Trata-se de indagar diretamente três ordens de respostas a respeito da relação entre participação, desigualdade política e democracia: (i) quais os fundamentos que tornam a participação um desiderato e, conforme argumentado pelo participacionismo, (ii) uma resposta à desigualdade política real imperante nas democracias; bem como (iii) qual o papel reservado à participação no arcabouço institucional da democracia. Trata-se tanto da demarcação das desigualdades aceitáveis, nos termos aqui utilizados, quanto da viabilidade de respostas baseadas na participação como um antídoto para a desigualdade política – o problema da estabilidade da participação – e das fronteiras institucionais que delimitam o lugar e alcances da participação. Embora as respostas guardem estreita conexão entre si, sua abordagem exaustiva demandaria um número de páginas muito maior do que aquele que define a extensão razoável de um capítulo; ainda mais se, como feito nestas páginas, o exame se propõe a examinar diferentes respostas ao longo do tempo.

Para ensejar argumentos em alguma medida capazes de levar a cabo os propósitos acima definidos, é conveniente diferenciar claramente participação de participacionismo e explicitar o ganho analítico de se introduzir tal distinção. Para uma parte da teoria democrática a participação foi apenas um mecanismo de substituição consentida de governantes com funções expressivas mínimas, como no caso de Schumpeter (1984 [1942]), ou francamente secundárias perante outras funções como colocar em operação algumas das engrenagens do maquinário de pesos e contrapesos, tal e como ocorre nos federalistas (1993 [1787]).[2] De fato, a participação foi e é irrelevante para parte da teoria democrática, mas ela tem merecido atenção além ou aquém do participacionismo. A diferença entre participação e participacionismo permite evitar mal-entendidos e associações simplórias, pois a participação não tem sido reputada como valiosa e elaborada analiticamente apenas pela literatura que explicitamente se posiciona no campo da teoria democrática como propositora de modelos ou agendas participativos, nem posturas mais críticas ou radicais no campo da teoria democrática são necessariamente participativas. Mais: as teorias que sustentam modelos participativos tampouco oferecem necessariamente fundamentos normativos mais amplos ou ambiciosos em relação a formulações não participacionistas que, todavia, incorporaram a participação com algum destaque em seus arcabouços teóricos.

Reservo a denominação participacionismo para a literatura que explicitamente situa a participação em posição vertebral no modelo ou proposta sustentado no campo da teoria democrática ou – quando voltados a diagnósticos empíricos – em alusão a ele, significando essa posição de destaque por oposição ou em referência crítica a compreensões reputadas como restritivas, conservadoras, elitistas, formalistas ou minimalistas da democracia – não raro identificadas como liberais.[3] Proponho uma interpretação do participacionismo organizada em três gerações, cujas diferenças tornam especialmente

2 O caráter não expressivo do voto é particularmente claro no caso da compreensão dos federalistas da representação como um processo para desacelerar a política e emperrar decisões de modo a fazer com que a "prudência" impere (a esse respeito, ver a interpretação de Pitkin, 1967).

3 Por exemplo: "*But as progressive democrats have long pointed out, the participatory ideals of democracy were pushed to the margins of mainstream liberal democratic theory and ideology*" (Warren, 2002, p.678). O liberalismo, todavia, é consideravelmente diverso e contempla registros igualitários aos quais não caberia aplicar sem maiores qualificações o registro restritivo, formalista e elitista que é assumido como distintivo das compreensões liberais de democracia.

clara a mudança do papel da participação na crítica democrática. Assim, no registro do participacionismo encontram tipicamente a primeira geração de autores do que se convencionou em chamar de democracia participativa (Kaufman, 1960; Pateman, 1993 [1970]; MacPherson, 1991 [1977]; Arnstein, 1969), reformulações posteriores ainda empenhadas em defender um modelo alternativo de democracia de caráter participativo (Barber, 2003 [1984]), bem como a geração mais recente dedicada ao estudo das condições do sucesso, transferência e aprofundamento de inovações democráticas participativas (Warren, 2002; Fung; Wright, 2003; Fung, 2004). Por motivos que a exposição deverá tornar claros, também é cabível grupar no participacionismo modelos e propostas orientados a expandir a *autodeterminação direta* dos indivíduos, embora tais propostas sejam estribadas em outras categorias que não a participação – notadamente, associações (Hirst, 1994).[4]

Os teóricos do participacionismo integram as fileiras dos "teóricos democráticos radicais" (Pietrzyk-Reeves, 2005), dos "democratas progressistas" (Warren, 2002) ou dos partidários da "democracia forte" (Barber, 2003 [1984]), mas o campo da crítica democrática é mais amplo e sabidamente inclui teóricos da deliberação, das associações, da representação, os quais não privilegiam a participação nem a autodeterminação individual. Por sua vez, a participação comparece como questão que merece atenção em autores alheios ao participacionismo e dificilmente enquadráveis como integrantes do campo da crítica democrática (Dahl, 1997; 2001 [1998]; Verba; Nie; Jae-On, 1978; Verba; Schlozman; Brady, 1995; Bobbio, 2004 [1984]; Przeworski, 2010). Os adjetivos aplicados a esse conjunto de autores – elitistas, minimalistas, liberais, *mainstream* etc. – amiúde são imprecisos, imputados indistintamente e, por vezes, esgrimidos

Para uma análise crítica da vertente igualitária do liberalismo, ver o Capítulo 1, neste livro.

4 Dentro das propostas de democracia associativa, o trabalho de Hirst é singular, porquanto comprometido com a autodeterminação individual e não, por exemplo, com o aprimoramento da democracia ou a produção de certos bens considerados benéficos para ela (Cohen e Rogers, 1995; Warren, 2001).

como epítetos. Aqui serão referidos apenas como campo da teoria democrática tradicional.

O capítulo se organiza em três movimentos além desta introdução. Nas seguintes duas seções, que definem o corpo principal do capítulo, caracterizam-se as relações entre participação, (des)igualdade política e democracia na teoria democrática tradicional e nas três gerações do participacionismo, respectivamente. Na última seção e à guisa de conclusão, aproximam-se brevemente ambas as perspectivas e pontuam-se as implicações das mudanças na literatura participacionista entre as gerações contempladas na penúltima seção.

As consequências da desigualdade política e a participação distorcida

Na teoria democrática tradicional existe consenso razoavelmente estabelecido quanto ao diagnóstico empíricos da relação entre desigualdade – política e socioeconômica – e participação na democracia. Essa relação pode operar como um círculo virtuoso ou vicioso em que cada elemento se articula com o outro reforçando a dinâmica positiva ou negativa prevalecente. Se começarmos pela desigualdade política, é bem conhecido seu papel duplo de efeito e causa das desigualdades socioeconômicas. De um lado, desigualdades perduráveis e endêmicas de *status* social e econômico afetam as instituições políticas ao moldar o acesso à representação política ora pelos efeitos inibidores de atributos adscritivos – raça, gênero, classe – sobre a participação política dos indivíduos portadores desses atributos (Verba; Nie; Jae-On, 1978; Verba; Schlozman; Brady, 1995), ora por vieses de classe inscritos no funcionamento das instituições políticas (Przeworski, 1986; Dahl, 1991 [1982]) – vieses que nelas imprimem uma seletividade desfavorável a grupos mal-aquinhoados e sub-representados. De outro lado, interesses não representados e, nesse sentido, associados a grupos marcados pela desigualdade política, dificilmente conseguem se fazer ouvir, tornando improvável a possibilidade de incidirem na definição de leis e, em termos mais gerais, na tomada de decisões vinculantes pelas instituições políticas. Por conseguinte, grupos sociais com baixa participação, sem voz na esfera pública e sub-representados, simultaneamente posicionados em lugares desvantajosos em diversas dimensões de *status* social e econômico, tendem a permanecer presos em um círculo vicioso, enquanto grupos sociais bem-aquinhoados e organizados recebem os benefícios da sobrerrepresentação. A desigualdade econômica causa desigualdade política e a última faz que o funcionamento regular da representação favoreça os grupos abastados, perpetuando a primeira.

O fato de esse diagnóstico ser pouco controverso e de ele fazer parte do conjunto das proposições básicas que, na teoria democrática tradicional, vinculam desigualdade, participação e democracia não torna menos problemáticas suas implicações para a própria democracia (Dahl, 1991 [1982]; 2006; Przeworski, 1995). Nos resultados de sua notável pesquisa sobre voz, equidade e participação na política norte-americana, por exemplo, Verba, Scholzman e Brady (1995) registram sérias distorções e acusam os efeitos das desigualdades quanto à capacidade dos diversos grupos sociais de se fazer ouvir. Nas palavras de Mansbridge (1997, p.425), os autores demostram "com efeitos devastadores descritiva e substantivamente que o sistema de participação nos Estados Unidos acarreta distorções de vulto na representação". Não apenas essa capacidade segue a desigual distribuição dos recursos socioeconômicos e das posições dos indivíduos na hierarquia da estratificação social, como o ativismo político e as atividades de representação social a ele vinculadas tendem a ser exercidos por indivíduos oriundos de grupos sociais já favorecidos, os quais também tendem a mobilizar ou recrutar para a participação indivíduos mais propensos a serem mobilizados – logo oriundos de grupos bem munidos de recursos (Rosenstone; Hansen, 2003 [1993]). De fato, a estabilização das desigualdades políticas é o primeiro dos defeitos que Dahl (1991 [1982]; ver também 2006) reconhece como inerentes à democracia pluralista e a persistência das oligarquias e a centralidade dos interesses privados – "revanche dos interesses" – foram elencadas por Bobbio (2004 [1984], p.29-52) como duas entre as promessas não cumpridas pela democracia. Dahl e Bobbio firmaram tal diagnóstico no começo dos anos 1980, mas o panorama não mudou e, nas palavras de Przeworski, um dos desafios que continua a confrontar a democracia e a alimentar uma insatisfação generalizada é sua "incapacidade de fazer com que as pessoas sintam que sua participação política é efetiva" (2010, p.1).

Dado esse diagnóstico, não é fortuito que Verba e seus colegas enfatizem o papel das associações como antídotos sociais para as desiguais capacidades dos diferentes grupos sociais de participar ou se fazer ouvir pelo governo. Por outras palavras, malgrado indivíduos em posições de *status* socioeconômico inferiores se encontrarem desprovidos de recursos psicológicos – autoconfiança e, em termos mais gerais, motivações –, habilidades, informação e pressupostos materiais para participar, seu engajamento em associações comunitárias – particularmente nas de caráter religioso, nos Estados Unidos – exerce efeitos de compensação, dotando-os de repertórios simbólicos e técnicos que não puderam nem poderiam adquirir pela via da família, do mercado ou das instituições públicas de socialização (Verba; Scholzman; Brady, 1995).[5] Tampouco é casual que Dahl (1991 [1982], p.161-95) se manifeste favorável a reformas para limitar os efeitos da desigualdade sobre a política, por exemplo, mediante a introdução quer de tetos para o financiamento privado de campanhas, que incrementa abissalmente a desigualdade política ao permitir aos financiadores multiplicarem sua capacidade de serem escutados em proporção direta à sua "generosidade", quer de pisos para limitar o absenteísmo político de setores mal- aquinhoados, de per se sub-representados pelas instituições democráticas. A esse respeito, Dahl (1991 [1982]) e Verba, Nie e Jae-On (1978, p.6) coincidem:

> A igualdade de oportunidades para a atividade política coexiste com desigualdades no uso de tais oportunidades. Atingir igualdade

5 A associação entre participação em associações e maiores capacidades cívicas fora detectada já no estudo comparativo internacional pioneiro de Almond e Verba (1963) sobre a Cultura Cívica, e foi verificada novamente e reformulada de modo progressivamente mais acurado em Verba e Nie (1972); Verba, Nie e Jae-On (1978).

no uso das oportunidades de participação envolve maior intervenção governamental, uma intervenção que estabeleça tetos e pisos para a atividade política.

Surpreende, todavia, o fato de um diagnóstico de fundo assim revelador suscitar ora propostas de intervenção tímidas – quando não confessamente ineficazes –, ora a recondução das respostas ao plano descritivo ou explicativo. No primeiro caso, tetos e pisos, para preservar o exemplo de intervenção recém-mencionado, são expedientes comuns para limitar a extensão em que a desigualdade política joga na democracia conferindo pesos desiguais à participação dos cidadãos; entretanto, sua relativa inocuidade para controlar o peso do dinheiro na política ou para nivelar a participação de indivíduos oriundos de diferentes grupos sociais é reparo igualmente comum – apontado, por sinal, pelos próprios atores que os sugerem.

No segundo caso, reafirma-se aquilo que a democracia faz ou produz de fato, mas tal operação repõe os déficits identificados no diagnóstico, ainda que aprimore o entendimento sobre a natureza e até sobre as causas dos mesmos. O efeito nivelador das associações sobre as capacidades cívicas ou de participação de seus membros, por exemplo, é achado empírico valioso acerca do associativismo religioso e, mais especificamente, das denominações evangélicas nos Estados Unidos; porém, sua eventual generalização para além das especificidades desse tipo de entidades na experiência americana demandaria incursionar na teoria organizacional à busca de conexões entre feições organizacionais e efeitos de *desenvolvimento individual* – para usar os termos de Warren (2001).[6] Afinal, como os próprios autores reconhecem, "é *naïf* esperar que as instituições

6 Trata-se não apenas de achado empírico valioso, mas agraciado pela fortuna. É possível participar politicamente pelos estímulos favoráveis derivados da participação em associações cívicas, mas igualmente é possível se engajar em associações voluntárias em decorrência de um interesse mais geral na política. Como é plausível assumir que cidadãos médios participam na política como uma consequência da socialização comunitária no templo e não o inverso, tornou-se pertinente afirmar o sentido da relação causal, bem como, é claro, a ausência de endogenia.

da sociedade civil sejam o remédio mágico para superar os déficits de participação derivados da classe, pois a cura proposta contém as sementes do padecimento" (Scholzman; Verba; Brady, 1999). Afinal, a propensão a se associar é uma modalidade de ativismo cívico que também varia com o *status* socioeconômico dos indivíduos. Não são as associações, todavia, a resposta mais comum perante os conhecidos déficits, mas as características das eleições: o voto universal, secreto e direto é a forma mais ampla de inclusão já praticada; nele, teto e piso coincidem – pelo menos quando sufragar é uma obrigação compulsória do cidadão –, pois a cada cidadão corresponde apenas um voto com valor igual na apuração das preferências da cidadania. Nivelar-se-iam, assim, mediante o voto, as desigualdades políticas entre indivíduos, visto que a cada um corresponderia um voto, impedindo que iniquidades socioeconômicas como renda ou escolaridade sejam favorecidas e diretamente traduzidas em poder político. Porém, os déficits detectados ocorrem não em ausência de eleições, mas a despeito, mediante e graças a elas, e, assim, as respostas são reconduzidas ao plano descritivo e explicativo do diagnóstico.

Para o campo da teoria democrática tradicional, a distorção da participação é, por certo, um mal que erode os fundamentos que lhe conferem sentido no contexto da democracia. A igualdade política do *demos* é um pilar normativo da teoria democrática, cujo fundamento pode descansar, por sua vez, em ideias de igualdade mais abrangentes ou não puramente políticas – de igualdade intrínseca do homem, nos termos de Dahl (2001 [1998]). Nesse sentido, a participação é valiosa porque decorrência e veículo da igualdade política: se os cidadãos são politicamente iguais, a eles e apenas a eles cabe a determinação quanto às decisões coletivas que definem os termos da convivência e rumos da vida do corpo político ao qual pertencem; participação constitui, por sua vez, não apenas o exercício da autodeterminação, mas sua realização por excelência. Embora a participação seja indissociável da igualdade política no terreno dos princípios, ela é distorcida no terreno da prática sob o influxo das desigualdades imperantes no mundo e acaba não apenas por espelhar tais desigualdades, mas por se tornar o veículo da reprodução destas. Mais participa quem ocupa melhores posições de *status* socioeconômico e quem mais protegido é pelos canais institucionais de representação de interesses.

Porém, a distorção da participação não se encontra inscrita no elenco das grandes preocupações da teoria democrática tradicional. Isso basicamente devido a duas razões, quais sejam, o fato de os autores desse campo conceberem que as bondades e malefícios da democracia guardam conexões umbilicais entre si, e de sustentarem uma compreensão de participação estrita – tanto pela principal função a ela atribuída, a inclusão, quanto pela latitude dos fenômenos empíricos por ela cobertos. No caso da primeira razão, liberdade e desigualdade guardam relações intrincadas. As liberdades garantidas pelos direitos civis e políticos constituem condições *sine quan non* da democracia, mas seu exercício – notadamente da livre escolha de formas de vida e da livre associação – altera as chances de os indivíduos e grupos sociais aos quais eles pertencem resguardarem ou fazerem progredir seus interesses no mundo da política graças a sua participação. Assim, a participação em associações a um só tempo consubstancia as liberdades civis e políticas, e introduz desigualdade entre os cidadãos, pois elas granjeiam aos seus membros condições mais favoráveis de influência política e/ou de incidência sobre as políticas (Dahl, 1991 [1982]). Os remédios para tais males são, conforme os federalistas advertiram perspicazmente na sua análise dos perigos das facções (Madison; Hamilton; Jay, 1993 [1787]), quer inexequíveis quer mais danosos para a democracia do que o mal que pretendem combater: garantir condições de partida iguais para todos ou cercear a liberdade para conjurar os riscos dela decorrentes. Os argumentos a esse respeito no campo da teoria democrática tradicional continuam a oferecer variações apuradas na mesma linha.[7] No limite, seria insensato se empenhar na igualação política real dos cidadãos para conjurar as distorções da participação: "Se a participação é para significar

7 Ver, por exemplo, a experiência mental de Dahl (1991 [1982]) acerca da equalização das oportunidades e efeitos da liberdade de associação; ou a descrição de Verba, Nie e Kim (1978, p.7-10) das dificuldades de tornar efetivamente obrigatória a observância de tetos à influência do dinheiro na política.

efeitos causais no exercício do governo por indivíduos iguais, então, a 'democracia participativa' é um oximoro" (Przeworski, 2010, p.110). Seria um equívoco assumir, todavia, que a conexão intrínseca entre bondades e malefícios equivale a uma justificação do papel das grandes corporações privadas no financiamento da política, o *quid* do argumento reside em mostrar que se trata de um *continuum*, cujos extremos nos dois polos – a completa ausência de voz e a compra de poder político dos grandes doadores – podem em alguma medida ser aparados mediante a introdução de tetos e pisos.[8]

No caso da segunda razão, os efeitos esperados da participação são estritos. A participação é um valor em si para a teoria democrática tradicional graças a sua conexão íntima com a igualdade política – conforme apontado acima –, mas a função que a ela se atribui traduz esse valor em termos precisos, porém limitados: a inclusão daqueles que participam ou, com maior precisão, a inclusão de seus interesses (Mansbridge, 1983) – interesses entendidos como particularismos conflitantes. Assim, à participação é conferida, simultaneamente, uma posição assegurada no plano normativo dos princípios – o exercício da autodeterminação derivado da igualdade política – e uma conotação precisa e limitada no plano dos efeitos – inclusão de interesses no processo político. Sem dúvida, contemplar os interesses daqueles que serão afetados pelas decisões políticas pode ser entendido como um princípio de inclusão democrática; entretanto, é possível garantir a presença de interesses e suscitar correções ou moderações nas decisões políticas acarretadas pelo conflito de interesses por meios outros que não a participação, bem como é possível esperar que a participação permita qualificar modos de inclusão de interesses como mais ou menos democráticos em termos não apenas numéricos, mas do processo de definição dos próprios interesses. De um lado, sabe-se de sobejo que a representação é a resposta standard da teoria democrática aos desafios da inclusão. A resposta

8 Dificilmente se encontrarão teóricos de peso no campo da teoria democrática tradicional que defendam o caráter expressivo do "grande dinheiro" nas eleições, isto é, a proteção da primeira emenda para amparar o financiamento das grandes corporações às campanhas eleitorais.

pela via da representação é agregativa, de modo que permite conciliar participação e escolha social – distribuição das preferências coletivas –, perfilando uma configuração em que a relação entre democracia e participação torna-se menos premente, e a pergunta pelo limiar mínimo necessário de participação, pouco angustiante.[9] Afinal, a participação cede passo rapidamente à representação, e uma vez instaurada a segunda ganha vida o funcionamento regular da democracia.

A latitude dos fenômenos empíricos denotados como participação é igualmente estrita, amiúde delimitada de modo a abarcar apenas o voto e as atividades que vinculam cidadãos, partidos e candidatos nos momentos eleitorais – participação eleitoral.[10] No plano da definição, a participação política abarca um conjunto de práticas mais amplas, para além das eleições, contemplando repertórios de ação empregados pelos cidadãos e por atores da sociedade civil com o intuito de influir nas decisões das autoridades políticas ou na operação dos órgãos administrativos do Estado (Verba; Schlozman; Brady, 1995). Embora a concepção de participação política seja alargada de modo a contemplar um conjunto maior de atividades que poderiam ser denominadas de participação cívica, o foco empírico e analítico da teoria democrática tradicional tem sido a participação eleitoral e, amiúde, ela parece resumir o sentido da participação.

9 A saída pela via da representação permite lidar com os desafios inerentes às decisões coletivas, mas opera reduzindo o escopo da ação direta dos cidadãos, embora ela seja de alcance limitado: "*the ability of the citizens to exercise democratic control over the decisions of the polity versus the capacity of the system to respond satisfactorily to the collective preferences of its citizens*" (Dahl, 1994, p.28). Isto é caracterizado pelo autor como dilema democrático – ver nota de rodapé 10.

10 Dahl é exceção interessante, pois sua definição mais básica de democracia remete a uma forma de autogoverno de qualquer nível de governo ou organização, de modo que estados, municípios, sindicatos, associações e outras instituições possam ser examinadas como democracias – embora o foco de Dahl, justificado numerosas vezes como uma escolha possível, seja a democracia no nível do Estado nacional. Assim, a participação não necessariamente é dirigida ao governo ou delimitada às atividades de índole eleitoral.

Visto que as eleições permitem conciliar o princípio formal da igualdade política e a participação como a inclusão de todos os cidadãos com uma alternativa viável para o problema da agregação de preferências em que a distribuição destas conta, embora a efetividade da participação de cada indivíduo seja ínfima, demandas enfáticas de participação são reputadas no campo da teoria tradicional da democracia como irrealistas ou ignorantes, mesmo que legítimas. A participação como efetiva autodeterminação de sujeitos politicamente iguais é tida quer como ideal inatingível dados os problemas de escala e complexidade da democracia nos Estados nacionais – argumento que usualmente justificou a representação como opção viável perante a inviabilidade da democracia direta –, quer como demanda animada por sentimentos de privação legítimos, mas desinformados a respeito da lógica de operação do voto como mecanismo para a escolha social.[11] "É por isso intrigante que muitas pessoas objetem as decisões coletivas feitas dessa forma. Eles parecem valorizar o fato de serem agentes de escolha ativos independente dos resultados da escolha coletiva" – exprime Przeworski com certa perplexidade.

> Essas reações podem quiçá simplesmente emergir e crescer de uma compreensão incorreta do mecanismo eleitoral, mas isso as torna menos intensas como sentimento de destituição. A nostalgia por participação efetiva continua a assombrar as modernas democracias. (Przeworski, 2010, p.14)

---

11 Lembre-se, a esse respeito, o dilema democrático de Dahl entre eficácia e participação. "Quanto menor a unidade democrática, maior seu potencial para a participação do cidadão e menor a necessidade de que os cidadãos deleguem as decisões do governo a representantes. Quanto maior a unidade, maior sua capacidade para tratar de problemas importantes para seus cidadãos e maior a necessidade dos cidadãos de delegarem as decisões a representantes" (Dahl, 2001 [1998], p.125). De fato, para Dahl escala e relevância das decisões são indissociáveis: "*In very small political systems a citizen may be able to participate extensively in decisions that do not matter much but cannot participate much in decisions that really matter a great deal; whereas very large systems may be able to cope with problems that matter more to a citizen, the opportunities for the citizen to participate in and greatly influence decisions are vastly reduced*" (Dahl, 1994, p.28).

A participação como remédio e o problema da estabilidade

O participacionismo situa no centro de seus modelos e propostas a participação ou, em versões enfáticas, define a própria democracia em termos de participação. Corresponde, assim, àquelas compreensões de democracia que, em seu *Prefácio à teoria econômica*, Dahl (1989 [1956]) chamara de populistas, e cujo ideal leva ao desenvolvimento de teorias comprometidas com a maximização da soberania popular ou da autodeterminação dos cidadãos. Com efeito, a definição que Pateman (1993 [1970], p.43) oferece coincide com essa caracterização geral:

> É possível se caracterizar o modelo participativo como um onde é exigido o máximo *input* (participação) e onde o *output* inclui não penas políticas (decisões), mas o desenvolvimento das capacidades sociais e políticas de cada indivíduo, de modo que se estabeleça um "*feedback*" do *output* para o *input*.

Assim, o participacionismo também atribui à participação uma função substantiva quanto à formação do próprio cidadão e de suas capacidades de atuação política. Note-se que a fórmula "máxima participação" e "desenvolvimento de capacidades de cada indivíduo" dissipa quaisquer dúvidas quanto às discrepâncias de fundo com a teoria tradicional, bem menos demandante em relação ao papel da participação e grau de envolvimento dos indivíduos na democracia.[12]

Especificamente no que diz respeito à participação, duas feições distinguem o participacionismo do campo da teoria democrática tradicional: a caracterização da participação em registro substantivo, pelos seus efeitos e suas implicações para sanar diversos déficits

---

12 As exigências em relação aos cidadãos não são exclusivas da primeira geração, conforme definida nesta seção do capítulo e sensível aos novos comportamentos difundidos pela crítica contracultural dos anos 1960 e 1970; catorze anos depois, Barber (2003 [1984], p.132) sustentou definição ainda mais demandante, posto que estendida aos resultados da democracia: "A democracia

da democracia; e, em consonância com a primeira feição, a inversão da relação entre desigualdade política e participação, tornando a segunda o remédio para suprimir ou pelo menos moderar os efeitos da primeira. Assim, e malgrado pareça paradoxal, os fundamentos normativos da participação tornam-se secundários, pois não mais é preciso justificar o valor da participação; ele se torna pressuposto ou ponto de partida pacífico. Por outras palavras, o plano de reflexão mais geral sobre a igualdade intrínseca entre os homens e sua conexão com a igualdade política, como alicerces de uma fundamentação normativa, cedem passo a elaboração das consequências ou dos efeitos almejados, abrindo terreno para debates sobre a participação genuína – aquela capaz de realizar os propósitos esperados. Por sua vez, a participação não aparece como veículo político da desigualdade social, mas, ao contrário, como remédio para corrigir as distorções das diversas formas de desigualdade.

A primeira geração do participacionismo, que colheu a crítica social dos movimentos dos anos 1960 e escreveu suas propostas no espaço rarefeito para a crítica interna à democracia deixado pela Guerra Fria, concedeu especial importância aos efeitos formativos da participação (Plotke, 1997; Gurza Lavalle; Isunza. 2011). De fato, a participação tem sido concebida como fonte para a produção de efeitos corretivos de diversa índole sobre o funcionamento das instituições da democracia e da administração governamental, sobre a conexão entre instituições e cidadania e sobre o engajamento dos cidadãos na vida pública e no conjunto de âmbitos relevantes à reprodução da vida privada (cf. Gurza Lavalle, 2011). Os últimos, de caráter pedagógico, foram promovidos ao estatuto de função precípua da democracia participativa. Nas palavras de Pateman (1993 [1970], p.60-1), "a principal função da participação na teoria democrática

---

forte pode ser formalmente definida como política em modo participativo onde o conflito é resolvido na ausência de parâmetros independentes aceitos (*independent ground*), mediante processos participativos contínuos, autorregulação e criação de uma comunidade política capaz de transformar indivíduos privados e dependentes em cidadão livres, e interesses parciais e privados em bens públicos".

participativa é, então, educativa; educativa no mais amplo sentido da palavra, tanto no aspecto psicológico quanto na aquisição prática de habilidades e procedimentos democráticos". Trata-se da participação como escola da cidadania, mais entendida de modo abrangente, quer dizer, como experiência formativa para a compreensão de questões públicas relevantes, na formação de opiniões a respeito das mesmas, na aquisição de habilidades necessárias para a atuação em público e no desenvolvimento de condições subjetivas favoráveis ao engajamento – autoconfiança e autopercepção do senso de eficácia. Participação é a via para a formação de sujeitos políticos plenos, não apenas em relação às instituições políticas, como cidadãos, mas em relação aos âmbitos da vida que mais os afetam – notadamente, em Pateman, seguindo Cole, o local de trabalho como trabalhadores.

A segunda geração escreveu no contexto da reestruturação do Estado e das reformas liberalizantes dos anos 1980 e contando, até meados da década seguinte, com o pano de fundo favorável da valorização generalizada da sociedade civil como fonte de alternativas para as limitações do mercado e do Estado. Essa geração atentou menos para a importância da participação no local de trabalho e mais para os espaços de autonomia cívica, como, por exemplo, as associações, que mais suscitam o apreço dos cidadãos (Hirst, 1994; Barber, 2003 [1984]). Por sua vez, a terceira geração viu a multiplicação de experiências de inovação democrática nos governos locais – que na América Latina caracterizaram os anos da pós-transição. A participação também foi e continua a ser considerada fonte de efeitos de orientação e/ou corretivos sobre as decisões tomadas por representantes e sobre a operação das políticas públicas. A mais nova geração do participacionismo concentrou-se nesses efeitos, o que, conforme será visto, permitiu alterar os termos em que fora construída, nos anos 1960 a 1990, a relação entre participação e crítica democrática (Warren, 2002; Fung, 2006). Em todos os casos, o desenvolvimento de sujeitos políticos plenos, nas e para além das instituições da democracia, traz consigo efeitos de integração e, por conseguinte, de legitimidade, pois se estima que o engajamento leva ao reconhecimento, quando não à adesão das decisões adotadas.

A caracterização substantiva da participação, centrada nos efeitos, inverte o argumento de distorção da participação comum à teoria tradicional, tornando a participação remédio contra as desigualdades; entretanto, a plausibilidade dessa operação depende de se equacionar o problema da estabilidade, quer dizer, não apenas dos impulsos que animam a participação, mas dos mecanismos ou condições que permitem sustentá-la ao longo do tempo. Afinal, a correlação entre *status* socioeconômico e participação é um assunto espinhoso para o participacionismo. Diferentemente dos efeitos sobre as instituições políticas e as políticas públicas, definidos intencionalmente quando da decisão de participar ou mobilizar a participação cidadã ou quando da criação das instituições e/ou políticas participativas, os efeitos pedagógicos e de integração acontecem não como uma finalidade em si, como um objetivo visado, mas como um subproduto da participação, a qual pode ser animada por causas diversas, como os efeitos reprodutores da própria participação (Pateman, 1993 [1970]), mudanças nos valores de época (MacPherson, 1991 [1977]), proximidade às afinidades e escolhas de vida dos indivíduos (Hirst, 1994), implantação de reformas e inovações destinadas a abrir novas oportunidades de participação ou de políticas que demandam algum grau de colaboração por parte dos beneficiários (Arnstein, 1969; Fung; Wright, 2003).

A resposta de Pateman (1993 [1970], p.42-3) ao problema da estabilidade é, de certa forma, circular, reintroduzindo os efeitos pedagógicos como causa e motor da participação: "não existe o problema especial sobre a estabilidade do sistema participativo; ele se autossustenta mediante o impacto educativo do processo participativo. Participação desenvolve e impulsiona precisamente as qualidades [necessárias para tanto]". Mais: a participação em escala micro, em locais relevantes e significativos na vida dos indivíduos, prepara-os para a participação em escala nacional, de modo que apenas é possível esperar do cidadão comportamentos e capacidades que tenham sido promovidos e construídos em processos participativos na escala em que é possível apreciar seus efeitos e valorizar o engajamento neles. À circularidade da resposta e ao efeito da escala é preciso acrescer a questão da igualdade material: o valor das propostas de democracia industrial ou de participação no local de trabalho deriva, também, do fato de uma "medida de substancial igualdade econômica (ser) exigida para que o indivíduo tenha a independência e a segurança necessárias para a participação (igual)" (Pateman, 1993 [1970], p.61). A combinação de igualdade material, aprendizagem pelo efeito da escala e a autossustentação da participação oferece uma resposta multidimensional à questão da estabilidade da participação, sem dúvida mais sofisticada do que aquela oferecida por outro membro da primeira geração como Macpherson. Posturas como as desse autor localizam o impulso à participação em mudanças nos valores de época e correm o risco de generalizar como feições de uma nova época, tal e como ele fez, traços de índole conjuntural como a crítica anticultural dos anos 1960 ou os reclamos de autonomia dos atores da sociedade civil perante o Estado nos contextos das transições democráticas. Tais generalizações soem ser mais eloquentes no que tange à empatia entre a teoria e os "novos ventos" do momento do que em relação a caminhos para contornar as consequências de inibição e distorção, na participação, das desigualdades socioeconômicas. Seja como for, as desigualdades socioeconômicas ou outras clivagens que cindem a sociedade produzindo efeitos de exclusão e opressão não foram, sequer em Pateman, foco analítico prioritário da literatura participacionista, contrariamente a outras vertentes da teoria contemporânea como o marxismo e o feminismo (ver os capítulos 2 e 7 deste volume).

A segunda e a terceira gerações do participacionismo ofereceram outras respostas, mais específicas ou menos dependentes de uma proposição geral quanto à necessidade de reduzir expressivamente a desigualdade de modo à participação deflagrar as virtualidades advertidas pela literatura. Quiçá porque mais específicas, visto que descasam em mecanismos ao alcance de experiências participativas, e não de transformações exógenas à participação e/ou aos expedientes de inovação participativa, essas propostas para o problema da estabilidade da participação parecem mais persuasivas. Elas descansam nos mecanismos de afinidade e proximidade (Barber, 2003

[1984]; Hirst, 1994) ou em mecanismos de indução institucional e/ou organizacional (Warren, 2002; Fung; Wright, 2003; Fung, 2004).

Compreensões de participação alargadas de modo a englobar diversas esferas da vida relevantes para os indivíduos descentraram as instituições políticas como vértice da participação ou, se se preferir, politizaram esferas tradicionalmente consideradas como parte do âmbito privado e social não político. Assim, a participação ocorre pelo interesse dos indivíduos nas questões que genuinamente lhes dizem respeito, normalmente próximas e passíveis de controle. Criar associações e delas participar é, nesse sentido e conforme a proposta de Hirst (1994), uma prática de autodeterminação. Em vez de direcionar esforços para promover a participação em esferas distantes e "politicamente elevadas", um modelo de democracia comprometido com a capacidade de incidência direta dos indivíduos deveria, *à la* Hirst, avançar propostas de reforma demandando tanto descentralização e cessão de soberania do Estado para as microescalas da participação quanto autodeterminação efetiva. Proximidade e as afinidades eletivas a ela associadas constituem, sem dúvida, um impulso possível à participação e podem operar como mecanismos propícios à sustentação da mesma; contudo, e sem enveredar pelo extensíssimo debate sobre os riscos à liberdade inerentes à "devolução" de poder a instâncias locais,[13] não apenas os efeitos da desigualdade sobre a participação operam também no nível local – embora efeitos de vizinhança reduzam a variação das desigualdades socioeconômicas –, como o *trade-off* de escala entre eficácia e participação permanece em pé – se bem que em um balanço mais favorável ao plano local.[14]

Se respostas que invocam proximidade, afinidades e mudanças de valores próprias de uma nova época são pouco sensíveis ao papel dos interesses do ponto de vista do diagnóstico da relação entre desigualdade e participação próprio do campo da teoria democrática tradicional, a última geração do participacionismo – dedicada ao estudo das inovações democráticas de caráter participativo – abre caminho

13 Lembre-se, por exemplo, o debate entre comunitaristas e liberais.

14 Ver notas de rodapé 8 e 10.

a respostas compatíveis com compreensões não idealizadas da política, do funcionamento das instituições democráticas e da sociedade civil, bem como são capazes de responder aos dilemas clássicos da ação coletiva. Tanto a efetividade quanto a vitalidade da participação dependem de diversas dimensões definidas pelo desenho institucional, mas não existe um modelo institucional a ser seguido, pois "como não existe só uma forma de participação direta na governança democrática moderna, os modos da participação contemporânea são – e deveriam ser – legiões" (Fung, 2006, p.66) "Desenho institucional" não exprime aqui a forma jurídica, antes, consubstancia escolhas políticas e os conflitos a elas subjacentes. É política a escolha da dinâmica de recrutamento dos participantes, de modo que privilegiar a *autosseleção* – por sinal, assumida implicitamente em todas as outras respostas –, e não, por exemplo, o *recrutamento dirigido* ou *aleatório*, produz precisamente os efeitos de distorção diagnosticados pela teoria democrática tradicional. É viável e desejável produzir outros efeitos, por exemplo de inclusão, mas eles não derivam de quaisquer propriedades originais da participação em si, mas de modos de participação construídos política e institucionalmente. Para dizê-lo em termos dos dilemas da ação coletiva, os problemas de cooperação para a produção de um bem público (participação) são resolvidos pela política mediante intervenção institucional que diminui os custos, incrementa os incentivos ou privilegia certos grupos na apropriação dos benefícios. Combater a desigualdade política mediante a participação é, por conseguinte, uma escolha passível de materialização mediante o perfil da modalidade de participação a ser implantada, e cujas condições de possibilidade residem na política – não na participação em si. Mais: enfrentar a desigualdade política é apenas um propósito possível, visto que a "participação pública avança propósitos e valores múltiplos na governança contemporânea" (Fung, 2006, p.66).

À margem das diferentes respostas oferecidas para o problema da relação entre desigualdade e participação, a postulação da segunda como remédio para a desigualdade política implica, via de regra, a adoção de compreensões substantivas ou não formais de igualdade política, e isso define o papel esperado da própria participação na democracia. Para o participacionismo, se distanciando claramente da teoria democrática tradicional, a igualdade política formal é ponto de partida necessário, todavia, insuficiente. A inversão da relação entre desigualdade política e participação é expressão cabal de quão inaceitável é, para o participacionismo, a desigualdade política na democracia. Quiçá seja de Macpherson (1991 [1977], p.137-8) a formulação mais moderada, visto que para ele "o modelo participativo [é] via para realizar as potencialidades do modelo liberal de democracia como desenvolvimento da democracia, como desenvolvimento individual da personalidade".[15] A maior parte dos expoentes do participacionismo, todavia, tem sido mais enfática, ao ponto de definir participação em termos de igualdade política, não raro utilizada como meio para a conquista da igualdade econômica – seja porque a primeira permite definir as prioridades e os conteúdos das políticas, a estrutura da tributação e a alocação do gasto público, seja porque a ampliação da participação para o local de trabalho introduz as pressões da igualdade política onde realmente fazem diferença.

Ao assumir compreensões de participação e igualdade política substantivas – pela ênfase nas consequências e pela exigência de poder efetivo, respectivamente –, o participacionismo elevou a participação ao patamar de uma potência com capacidade de realizar as promessas não cumpridas da democracia ou de reformá-la profundamente, sanando suas mazelas. A conexão lógica da participação com o princípio da igualdade política é preservada, mas, diferentemente do que ocorre na teoria tradicional, ela não pode ser resolvida como inclusão formal; isto é, como direito que institui oportunidades

15 É pertinente lembrar que, para MacPherson (1991 [1977], p.114), "o único que nos interessa aqui são as perspectivas de um sistema mais participativo de governo para as nações democrático-liberais ocidentais". O compromisso moral com o desenvolvimento da humanidade remete a um dos modelos na evolução da democracia liberal, que nutria um modelo de homem e de sociedade desejáveis e cujo principal expoente foi John Stuart Mill (MacPherson, 1991 [1977], p.58-94).

iguais para o *demos* sem garantias de inclusão efetiva e da eficácia dessa inclusão – cada cidadão com igual poder.

Essa é a postura de Arnstein e Pateman em seus textos pioneiros da primeira geração do participacionismo. Para Arnstein (1969, p.216-7),

> participação cidadã é um termo categórico para poder cidadão. É a redistribuição de poder que permite aos cidadãos-que-não-têm (*have-not citizens*), excluídos no presente dos processos políticos e econômicos, serem deliberadamente incluídos no futuro. [...] Em síntese, é o meio pelo qual eles podem induzir uma reforma social significativa que lhes permita usufruir os benefícios da sociedade próspera.[16]

No campo da teoria democrática tradicional, cumpre lembrar, as consequências da igualdade política sobre as desigualdades socioeconômicas são contingentes e tentativas de se definir a democracia por seus resultados, evitadas.

As formulações da segunda geração são mais enfáticas e à participação não apenas é conferido o estatuto de uma potência com capacidade de vitalizar a democracia, mas de fulcro para a construção de ordens políticas outras, merecedoras do nome democracia como efetivo autogoverno. Hirst (1994) defendeu um modelo de democracia associativa em que a soberania pudesse ser efetivamente exercida de modo difuso e hiperpolicêntrico por uma cidadania organizada em associações comunitárias ou de escala local. Enquanto o Estado é uma forma de associação compulsória e adscritiva, as associações seriam voluntárias e graças ao direito de saída operariam como comunidade de escolha – não de destino –, outorgando aos seus membros um grau de controle sobre a comunidade inexistente nas instituições

16 Veja-se Pateman (1993 [1970], p.43): "*Again, in the participatory theory 'participation' refers to (equal) participation in the making of decisions, and 'political equality' refers to equality of power in determining the outcome of decisions, a very different definition from that in the contemporary theory*". Ou ainda, "*In the theory of participatory democracy 'political equality' refers to equality of political power in determining the outcome of decisions*" (Pateman, 1993 [1970], p.69)

da democracia.[17] Talvez pertença a Barber (2003 [1984]) a formulação em que a participação, como potência, se opõe mais claramente à democracia liberal como democracia reputada autêntica. Em sua concepção de democracia forte:

> Os dispositivos principais mediante os quais a teoria liberal consegue garantir a liberdade enquanto segura a democracia – [...] sobretudo representação – revelaram que não seguram a democracia e sequer garantem a liberdade. Representação destrói a participação e a cidadania mesmo se serve à *accountability* e os direitos privados. Representação democrática é um oximoro paradoxal produzido por nossa linguagem política; sua prática falha e confusa tornam isso ainda mais óbvio. (Barber, 2003 [1984], p.xxxiv)

Como é de se esperar, a definição de participação em termos substantivos, pela caracterização dos efeitos esperados, pela especificação do sentido, e não dos traços formais ou do devido processo, introduz o conhecido problema dos conceitos conotativos – por oposição aos denotativos –, em relação aos quais não é possível contar com consensos quanto à existência do fenômeno no mundo ou à correta classificação de uma experiência como instância do fenômeno em si. Por outras palavras, torna-se incontornável o problema de como dirimir quando a presença direta de cidadãos na operação de instituições incumbidas da tomada de decisões pode ser cabalmente caracterizada como participação? Não se trata apenas de especificar o conceito de modo a estabelecer um limiar mínimo que evite aquilo que Pateman (1993 [1970], p.68-9), seguindo a Verba, chama de pseudoparticipação, isto é, a criação de sentimentos de participação para endossar as decisões tomadas pelo líder. A questão da falsa participação se impõe logicamente como uma linha de raciocínio que visa a garantir que as manifestações empíricas realizem plenamente a potência da participação suposta no conceito, o que ocorreria apenas se a participação coincidir com igualdade política plena e

17 Para uma revisão crítica dos limites do direito de saída, ver Warren (2001).

com efetiva autodeterminação, conforme a epígrafe de Pateman que abre este capítulo.

O crivo conceitual mais influente, a esse respeito, pertence à primeira geração e foi burilado por Arnstein (1969) mediante sua hierarquia dos oito degraus da escada (*ladder*) da participação cidadã organizada em três níveis: casos de não participação (manipulação e terapia), casos de mero falatório (*talkenism*) – informação, consulta e aquietação – e casos de poder cidadão ou propriamente de participação – parceria, delegação de poder e controle cidadão.[18] Note-se, a escala é simultaneamente denotativa ou descritiva e conotativa ou valorativa: descreve modos e alcances da ação direta de cidadãos, mas qualifica positivamente como digna do nome de participação apenas uma parte do espectro. A segunda geração foi além, elevando a participação como modelo de democracia e a um só tempo como crivo para definir a vitalidade – autenticidade até – da democracia, conforme elaborado pela primeira geração, ao patamar de modelo alternativo da ordem política e social (Barber, 2003 [1984]; Hirst, 1994).

A mudança mais importante da terceira geração do participacionismo foi romper com os pressupostos unitários das duas gerações anteriores, isto é, abandonar a ideia de um modelo de democracia participativa ou da participação como um princípio capaz de alicerçar um novo arranjo arquitetônico para a democracia como um todo. O foco nas inovações participativas, conforme mostrado no exame das respostas ao problema da distorção da participação, levou a revisar alguns pressupostos, derivados dos modelos unitários anteriores. Se as modalidades de participação são hoje a tal ponto variadas que compões legiões – como sugerido por Fung –, os propósitos

18 Veja-se como Fredrik Wulz (1986) segue lógica paralela à de Arnstein no terreno da arquitetura. Nesse âmbito profissional, a participação da população quanto ao desenho arquitetônico dos espaços que ela irá habitar se defronta com um leque de possibilidades de sete estágios entre dois polos extremos – do especialista autônomo e do usuário autônomo –: representação, questionário, regionalismo (contextualismo), diálogo, alternativa (*menu* de opções), decisão conjunta, decisão autônoma, que é "a forma mais pura de democracia" (p.159), também conhecida como autodeterminação (ibid.).

só podem ser igualmente diversos. Mais: não é possível promover modalidades de participação ao *status* de modelo puro ou autêntico de participação à margem dos propósitos específicos dessas modalidades; nem há propósitos intrinsecamente superiores à margem dos problemas que animaram a sua determinação e escolha, contrariamente àquilo que decorre analiticamente da escada da participação de Arnstein ou da proposta de democracia forte de Barber. Logo, participação não é coextensiva com a igualdade política, e apenas sob determinadas circunstâncias, que é preciso elucidar teoricamente, a igualdade política é ou deve ser condição da participação. A própria definição da igualdade política perdeu lastro, pois, sem modelo unitário, o parâmetro comum se esvai. "Ironicamente, as mesmas forças que multiplicam as oportunidades para a participação também tornam o parâmetro da igualdade simples mais difícil de operar" (Warren, 2002, p.693). O novo cenário de multiplicação das modalidades de participação reclama a articulação de formas complexas de igualdade, adequadas à pluralidade de propósitos. Por fim, a relação entre democracia e participação não mais é passível de ser elaborada no nível unitário de um modelo de democracia participativa, antes, o desafio é conceituar não apenas quando a participação é democrática, mas quais os parâmetros para avaliar o caráter democrático de modalidades muito diversas e de alcances assumidamente distintos da participação.[19]

À guisa de conclusão

A participação é preocupação das teorias tradicionais da democracia e do participacionismo. As diferenças entre o participacionismo e autores oriundos do campo da teoria democrática tradicional que dedicaram atenção à participação, todavia, são de vulto, embora

19 Por exemplo, a participação é democrática quando cada indivíduo potencialmente afetado por uma decisão tem uma oportunidade igual de afetar a decisão (Warren, 2002, p.693).

exista concordância no plano mais abstrato da relação entre igualdade política e participação, e, é claro, do valor da primeira. Em ambos os casos, a fundamentação normativa última reside na autodeterminação, e pressupõe-se a conexão constitutiva entre igualdade política, participação e democracia; entretanto, esse plano permanece regularmente implícito, sobretudo no participacionismo, enquanto a interlocução trava o debate em planos menos abstratos. As diferenças residem, do ponto de vista do participacionismo, na ênfase no caráter efetivo da igualdade política e da autodeterminação, no lugar privilegiado da participação tanto como expediente para equacionar a desigualdade política – e indiretamente econômica – quanto como cerne da democracia e parâmetro exigente de vitalidade da última. A teoria democrática tradicional diagnostica que as desigualdades socioeconômicas correlacionam com e distorcem a participação, tornando-a veículo da desigualdade no seio das instituições democráticas. Embora lamentável, tal distorção é inevitável e, de certa forma, secundária no elenco de preocupações da teoria tradicional em virtude da sua conexão intrincada com a liberdade e da compreensão estrita de participação característica dos autores dessa teoria. Já o participacionismo inverte os termos da equação e posiciona a participação como remédio perante as desigualdades graças aos efeitos formativos esperados e considerados desejáveis da participação. Isso leva o participacionismo a associar a participação com resultados substantivos, inclusive de igualação socioeconômica, e, consequentemente, a definir propostas mais ambiciosas para escalar o papel da participação na democracia – no limite, a redefinir a segunda em termos da primeira. Em suma, a participação é um desiderato tímido na teoria tradicional, amparado pela sua conexão normativa com a igualdade política, e cuja distorção inevitável sob os influxos do dinheiro e do *status* é inevitável e indesejável, mas não angustiante devido ao papel limitado da participação como expediente para a definição de governos que cede passo ao funcionamento regular da democracia pela via da representação.

Distinguem o participacionismo, em face da teoria tradicional, a aposta na participação como potência e sua definição em termos substantivos e praticamente coextensivos com a igualdade política e autodeterminação, bem como a elaboração de respostas para a questão dos efeitos de distorção da desigualdade socioeconômica e dos mecanismos capazes de para assegurar a estabilidade – geração e continuidade – da própria participação. Nas três gerações a participação efetiva não apenas constitui um parâmetro ambicioso de inclusão democrática, mas atua como ponto de mudança ou ruptura da reprodução da desigualdade política graças aos seus efeitos pedagógicos como escola de cidadania e meio para a explicitação de interesses diversos e conflitantes. Na primeira geração, escala, algum grau de igualdade material e a dinâmica de autossustentação da participação permitem viabilizar a estabilidade da última; na segunda, a participação existe onde é significativa para os indivíduos e suas virtualidades podem ser amplificadas sob novos modelos de organização social cooperativa e associativa, em que o Estado e o mercado cedam terreno a esses novos modelos baseados na solidariedade. Já na terceira geração, a participação pode operar como ponto de ruptura, a despeito de sua conhecida correlação com o *status* socioeconômico dos indivíduos, devido ao fato de experiências institucionais de inovação participativa serem passíveis de desenho de modo a introduzir incentivos seletivos e recrutar determinados participantes de grupos sociais. Assim, inclusão, correção de distorções socioeconômicas, efeitos distributivos e outras possíveis qualidades não são atributos da participação em si, mas objetivos que dependem de escolhas políticas.

Para além da postura enfática quanto ao valor da participação, a aposta nas virtudes e/ou virtualidades da participação renderam ao participacionismo, no campo da teoria democrática tradicional, a pecha de utopismo, ingenuidade ou nostalgia desencarnados da política dos interesses e mal-informados quanto ao funcionamento das eleições como expediente de escolha social. De fato, é difícil não advertir quão pouca atenção dedicou o participacionismo das primeiras gerações aos microfundamentos das consequências conferidas à participação. Nessa literatura restaram subteorizadas as causas ou mecanismos responsáveis pela produção dos efeitos esperados.

Os efeitos da participação sobre o espírito cívico ou a autoconfiança dos cidadãos podem ser postulados, mas mesmo se houvesse mecanismos plausíveis, há bons motivos para pensar que os efeitos morais da participação sobre os indivíduos – para citar apenas um efeito caro ao participacionismo da primeira geração – são indeterminados (Rosemblum, 2002) ou que apenas podem ser elucidados em plano analítico supraindividual, dentro de teorias que levam em conta características organizacionais das entidades ou grupos em que a participação é efetuada (Warren, 2001). A terceira geração afastou-se da promoção da participação com base em modelos unitários de democracia ou de ordem social, conferindo a ela um papel simultaneamente mais modesto e plural, passível de ser especificado e disputado conforme os objetivos da política ou dos atores envolvidos. Porém, os ganhos analíticos e de exequibilidade trazidos pela crítica interna da última geração vêm à custa da radicalidade da primeira geração e de suas implicações prescritivas para a reforma da democracia. Conciliar radicalidade e exequibilidade institucional não é um problema para diversas vertentes do pensamento crítico na teoria política contemporânea, mas sem dúvida é um desafio posto no horizonte do participacionismo na teoria democrática.[20]

Referências bibliográficas

ALMOND, Gabriel A.; VERBA, Sidney. *The Civic Culture: Political Attitudes and Democracy in Five Nations*. Princeton: Princeton University Press, 1963.

ARNSTEIN, Sherry R. "A ladder of citizen participation". *JAIP*, v.35, n.4, 1969, p.216-224.

BARBER, Benjamin. R. *Strong Democracy: Participatory Politics for a New Age*. Berkeley: University of California Press, 2003 [1984].

BOBBIO, Norberto. *O futuro da democracia*. São Paulo: Paz e Terra, 2004 [1984].

20 Para um pensamento radical eximido da questão da viabilidade institucional, ver o capítulo 10 (neste livro).

CAIN, B. E.; DALTON, R. J.; SCARROW, S. E. (orgs.). *Democracy transformed? Expanding political*, 2006.

COHEN, Joshua; ROGERS, Joel. *Associations and Democracy*. London: Verso, 1995.

DAHL, Robert A. *Um prefácio à teoria democrática*. Rio de Janeiro: Jorge Zahar, 1989 [1956].

______. *Los dilemas del pluralismo democrático: autonomía versus control*. México: Alianza Editorial Conaculta, 1991 [1982].

______. "A democratic dilemma: system effectiveness versus citizen participation", *Political Science Quarterly*, v.109, n.1, 1994, p.23-34.

______. *Poliarquia: participação e oposição*. São Paulo: Edusp, 1997.

______. *Sobre a democracia*. Brasília: Editora Universidade de Brasília, 2001 [1998].

______. *Political Equality*. New Haven: Yale University Press, 2006.

DWORKIN, Gerald. *The Theory and Practice of Autonomy*. Cambridge: Cambridge University Press, 1988.

FUNG, Archon *Empowered Participation: Reinventing Urban Democracy*. Princeton: Princeton University Press, 2004.

______. "Varieties of participation in complex governance", *Public Administration Review*, v.66, special issue: Collaborative Public Management, dec. 2006, p.66-75.

FUNG, A.; WRIGHT, E. O. "Thinking about empowered participatory governance". In: FUNG, A.; WRIGHT, E. O. (eds.). *Deepening Democracy: Institutional Innovation in Empowered Participatory Governance*. London: Verso, 2003.

GURZA LAVALLE, Adrian. "Participação: valor, utilidade, efeitos e causa". In: PIRES, Roberto (org.). *Efetividade das instituições participativas no Brasil: estratégias de avaliação*. Brasília: IPEA, 2011.

GURZA LAVALLE, A.; ISUNZA, Ernesto. "A trama da crítica democrática: da participação à representação". *Lua Nova*, n.84, 2011.

HIRST, P. *Associative Democracy: New Forms of Economic and Social Governance*. Boston: MIT Press, 1994.

KANJI, Nazneen; GREENWOOD, Laura. Participatory approaches to research and development in IIED: Learning from experiences. London: IIED Report, 2001.

KAUFMAN, Arnold. "Human nature and Participatory Democracy". In: FRIEDERICH, Carl J. (ed.). *Responsability: Nomos III*. New York, Liberal Arts Press, 1960.

MACPHERSON, C. B. *La democracia liberal y su época*. Madrid: Alianza Editorial, 1991 [1977].

MADISON, James; HAMILTON, Alexander; JAY, John. *Os artigos federalistas*. Rio de Janeiro: Nova Fronteira, 1993 [1787].

MANSBRIDGE, Jane. *Beyond Adversary Democracy*. Chicago: University of Chicago Press, 1983.

______. "Normative theory and voice and equality", *American Political Science Review*, v.91, n.2, jun. 1997, p.423-425.

PATEMAN, C. *Participation and Democratic Theory*. London: Cambridge University Press, 1993 [1970].

PIETRZYK-REEVES, Dorota. "From Schumpeter to the ideal of participation: a few questions for radical democrats", *Politeja*, v.2, n.4, 2005, p.379-396.

PITKIN, F. Hanna. *The Concept of Representation*. Berkeley: University of California Press, 1967.

PLOTKE, D. "Representation is democracy", *Constellations*, v.4, n.1, 1997, p.19-34.

PRZEWORSKI, Adam. *Capitalism and Social Democracy*. Cambridge: Cambridge University Press, 1986.

______. *Sustainable Democracy*. Cambridge: Cambridge University Press, 1995.

______. *Democracy and the Limits of Self Government*. Cambridge: Cambridge University Press, Cambridge Studies in the Theory of Democracy, 2010.

ROSENBLUM, Nancy L. *Membership and Morals: The Personal Uses of Pluralism in America*. New Jersey: Princenton University Press, 2002.

ROSENSTONE, Steven J.; HANSEN, John Mark. *Mobilization, Participation, and Democracy in America*. Peranson: Longman Classics in Political Science, 2003 [1993].

SANTOS, Boaventura Sousa; AVRITZER, Leonardo. "Para ampliar o cânone democrático". In: SANTOS, Boaventura Sousa (org.). *Democratizar a democracia: os caminhos para a democracia participativa*. Porto: Afrontamento, p.35-69, 2003.

SCHLOZMAN, Kay Lehman; VERBA, Sidney; BRADY, Henry E. "Civic participation and the equality problem". In: SKOCPOL, Theda; FIORINA, Morris P. (eds). *Civic Engagement in America Democracy*. Washington: Brookings Institution Press, Russel Sage Foundation, 1999, p.427-59.

SCHUMPETER, J. *Capitalismo, socialismo e democracia*. Rio de Janeiro: Zahar, 1984 [1942].

VERBA, Sidney; NIE, Norman H. *Participation in America: Political Democracy and Social Equality*. Chicago: University of Chicago Press, 1972.

VERBA, Sidney; NIE, Norman H. JAE-ON, Kim. *Participation and Political Equality: A Seven-Nation Comparison*. Cambridge: Cambridge University Press, 1978.

VERBA, Sidney; SCHLOZMAN, Kay Lehman; BRADY, Henry E. *Voice and Equality: Civic Voluntarism in American Politics*. Cambridge: Cambridge University Press, 1995.

WARREN, Mark E. *Democracy and Associations*. Princeton: Princeton University Press, 2001.

______. "What can democratic participation mean today?", *Political Theory*, v.30, n.5, 2002, p.677-701.

WILLIAMS, Melissa S. *Voice, Trust, and Memory: Marginalized Groups and the Failings of Liberal Representation*. Princeton: Princeton University Press, 1998.

WULZ, Fredrik. "The concept of participation", *Design Studies*, v.7, n.3, p.153-162, 1986.

6.
Democracia deliberativa e (des)igualdade

Cláudia Feres Faria

A democracia deliberativa é considerada, por um conjunto de estudiosos do tema, um ideal político "revolucionário" (Fung, 2005; Cohen, 1989; Habermas, 1988). A justificativa para tal entusiasmo repousa no fato de esse modelo propor "mudanças importantes (1) na forma como o processo de tomada de decisão política ocorre, (2) no escopo inclusivo desse processo, (3) nas instituições que lidam com eles e, consequentemente, (4) nas próprias características da política". Uma vez que pressupõe igualdade comunicativa entre os atores que deliberam, a democracia deliberativa "requer condições políticas, sociais e econômicas mais igualitárias do que aquelas existentes em qualquer sociedade contemporânea", justificando assim o caráter diferencial desse ideal (Fung, 2005, p.397 – tradução própria).[1]

1 A ênfase dada ao processo decisório não é um consenso na teoria em análise. Dependendo da tradição a que se filia, a deliberação pode assumir diferentes funções que compreendem desde a formação da opinião pública e/ou da agenda pública até a decisão. Essa diferença aparece nas obras de dois grandes expoentes da primeira geração de deliberativos. Habermas (1996), por exemplo, não atribui ao processo decisório o caráter diferencial do modelo em tela. A deliberação, para o autor, serve tanto à formação da vontade coletiva quanto da decisão coletiva, mas uma vez que o lócus prioritário da deliberação é a esfera pública, a opinião pública discursivamente formada na esfera pública pode no máximo influenciar o sistema político, sem jamais conduzi-lo integralmente. Em Rawls

Sabe-se que "o modelo deliberativo de democracia" ganha proeminência acadêmica em um contexto marcado simultaneamente pela crítica e pela crise dos modelos até então hegemônicos de democracia, notadamente os modelos elitista e pluralista,[2] centrados na ideia de democracia enquanto um processo competitivo e adversarial entre indivíduos e/ou grupos com preferências fixas que buscam maximizá-las por meio da influência nos centros de poder. A interação nos e entre grupos ocorre por meio da disputa entre contendores que vão para o "fórum" já sabendo o que querem e como obtê-lo. O voto, a regra da maioria e os direitos liberais básicos são considerados procedimentos fundamentais para regular essa competição, garantir a representação de diferentes vozes e, ao mesmo tempo, manter a estabilidade do processo em questão. Não obstante, dadas as reconhecidas inconsistências e indeterminações dos mesmos para aferir a vontade popular, para incluir igualmente todas as vozes ao jogo democrático, bem como para influenciar e controlar os representantes, o modelo deliberativo de democracia (re)emerge como uma alternativa crítica à democracia liberal representativa ao propor o primeiro "giro" na teoria democrática: a mudança de foco da agregação de interesses, da barganha e do poder para o discurso, a troca de razão entre cidadãos iguais como base para a conformação tanto da vontade e da opinião pública, como da decisão democrática. Nos termos de Chambers (2003, p.308, tradução própria), "uma teoria democrática centrada na fala e não mais no voto".

(1997), assim como em Cohen (1996), encontramos uma ênfase maior no processo decisório. Entretanto, o escopo do que deve ser deliberado, bem como de quem pode deliberar, diferencia a posição de Rawls (1999) da posição de Cohen. Enquanto o primeiro restringe a deliberação aos assuntos constitucionais e, assim, ao parlamento e à Suprema Corte Americana, o segundo estende a deliberação para diferentes espaços sociais e para uma pluralidade de atores mesmo reconhecendo que ela constitui uma forma exigente de interação.

2 Não obstante diferenças expressivas entre e no interior desses modelos, é possível afirmar que o elitismo democrático e o pluralismo liberal americano dos anos 1950 assumem uma visão adversarial e utilitária da política e conferem ao voto e à regra da maioria centralidade na organização do poder democrático (Held, 1996; Shlosberg, 1998).

Assentada na ideia de que a decisão legítima é aquela derivada não só do voto de todos, mas também da deliberação de todos os afetados, a democracia deliberativa defende a participação igual de todos no processo de dar e receber razões que antecede e guia as decisões alcançadas. Tais processos podem ocorrer em diferentes espaços incluindo desde pequenos grupos até fóruns amplos. Assim sendo, a democracia deliberativa não descarta o voto e a regra da maioria enquanto recursos de aferição da vontade e da decisão pública, mas vai além ao refletir sobre a própria constituição dessa vontade. A teoria deliberativa aposta, diferentemente das tradições liberais da democracia, no caráter público e coletivo da constituição dessa vontade e, junto com o "republicanismo cívico", preocupa-se com a formação da autonomia pública e não só com a defesa da autonomia privada dos atores sociais. Os princípios que a regem, tais como aqueles que pressupõem o reconhecimento e o respeito à diferença de perspectivas e necessidades dos atores, são aqueles voltados à defesa de uma forma mais cooperativa (e, em princípio, menos contestatória) e mais inclusiva de assegurar o pluralismo e de alcançar decisões coletivas.

Em que pese a "popularidade" alcançada desde o fim do século passado enquanto crítica aos pressupostos elitistas, agregativos e adversariais da democracia liberal representativa, o modelo em tela, principalmente em sua primeira versão,[3] tornou-se alvo de críticas de diferentes campos da teoria democrática. Afeitos às versões econômica, institucionalista, participativa e agonista da democracia levantam uma série de limites aos seus pressupostos e às formas de operacionalizá-los, obrigando seus expoentes a exercerem na prática aquilo que defendem em teoria, o diálogo crítico com diferentes tradições do pensamento político contemporâneo. Desse diálogo gerou um conjunto de mudanças no modelo em análise.

3 Os trabalhos de Habermas (1994; 1996) e Rawls (1996) são considerados aqueles que conformam a primeira geração de deliberativos (Batchinger et al., 2010; Elstub, 2010, 2013). Considero também o trabalho de Cohen (1989) representante dessa primeira geração por ter contribuído para a elaboração do modelo habermasiano (Habermas, 1996).

Uma das principais críticas relaciona-se à promessa inclusiva contida no ideal da teoria deliberativa que abarca tanto os princípios que o conforma, quanto as possibilidades de concretizá-lo. Este texto busca analisar, de forma seletiva, essas críticas, bem como suas consequências para a teoria em tela. Para tal, na primeira seção deste artigo, descreveremos os princípios que orientaram a retomada da teoria deliberativa, buscando identificar os ganhos inclusivos que eles pressupõem. Na segunda seção, exporemos as críticas vinculadas ao possível caráter excludente dos princípios e das possibilidades de realizá-los. Na terceira seção, identificaremos três respostas a essas críticas que vêm marcando um conjunto de mudanças (mais giros) na teoria em questão. Na quarta seção, conclusiva, procuraremos analisar se e em que medida essas apostas são suficientes para dar conta dos problemas relativos à desigualdade cujas soluções podem assegurar, de fato, o caráter "revolucionário" do ideal deliberativo.

Dos princípios

A justificativa para decisões construídas deliberativamente repousa em princípios que visam garantir a liberdade, o uso da razão, a igualdade e o consenso (Cohen, 1989). Os estudiosos desse campo acreditam que os cidadãos serão livres e autônomos sempre que seguirem normas prescritas por eles mesmos de forma racional e pública, ou seja, dando e recebendo razões em espaços públicos e, preferencialmente, inclusivos. Isto quer dizer que "todos os afetados" podem e devem se apresentar à arena pública para debater questões de ordem prática, moral e ética cujo desfecho será decisões consensualmente alcançadas. Decisões geradas pelos procedimentos deliberativos são consideradas legítimas sempre que alcançarem o reconhecimento da comunidade de iguais.

Para concretizar tais princípios, pode-se dividir as características da deliberação em dois conjuntos: aquele referente a quem participa do processo deliberativo, ou seja, da "troca regulada de informações e de razões" e aquele que diz respeito ao escopo do debate e aos resultados da deliberação.

Do primeiro, ambos, Cohen (1989) e Habermas (1996), defendem que a deliberação precisa ser inclusiva e pública. Por isto postulam que "ninguém pode ser excluído e todos os afetados pelas decisões devem ter chances iguais de tomar parte do processo deliberativo". Por isto as deliberações não devem sofrer qualquer constrangimento externo ou interno. Dessa forma, o *status* social dos participantes não pode contar, importando apenas suas capacidades discursivas.

A posição assumida na arena deliberativa deve ser motivada exclusivamente pela "força do melhor argumento". Os participantes serão "soberanos somente quando se encontrarem vinculados pelos pressupostos da comunicação e pelas regras procedimentais da argumentação". Para tal, cada participante "deve ter oportunidade igual de ser ouvido, de introduzir tópicos, de fazer contribuições, de sugerir e criticar propostas" (Habermas, 1996).

No segundo conjunto, referente aos temas debatidos e aos resultados, os autores também assumem uma postura inclusiva ao argumentarem que "os tópicos debatidos podem abranger todos os assuntos passíveis de regulação tendo em vista o interesse igual de todos". Mesmo "temas e objetos tradicionalmente considerados privados também devem ser submetidos à discussão sempre que forem considerados publicamente relevantes". A deliberação pode ainda abarcar "a interpretação de necessidades e a transformação de preferências e enfoques pré-políticos" (Cohen, 1989; Habermas, 1996).

No que diz respeito às consequências da discussão, os autores defendem que as decisões sejam alcançadas prioritariamente por meio do consenso, sendo desenvolvidas sem restrições e podendo ser retomadas a qualquer momento. Não obstante, elas podem também ser concluídas levando em conta a decisão da maioria, dado que "a regra da maioria pode ser considerada uma base razoável para uma prática comum até que a minoria convença a maioria do contrário" (Habermas, 1996).

Das críticas

A crítica aos princípios e aos procedimentos agregativos da democracia liberal representativa esteve sempre presente nas diferentes versões da democracia deliberativa e constitui uma de suas grandes contribuições à teoria democrática em geral.

Como já mencionado, a ideia de que a autonomia dos indivíduos vincula-se à maximização dos seus interesses constituídos privadamente, expressos publicamente por meio do voto e agregados pela regra da maioria, é considerada por essa vertente insuficiente para produzir resultados políticos qualificados, uma vez que "carecem de recursos morais necessários para gerar e sustentar decisões coletivas legítimas" (Cohen, 1989).

Representantes da abordagem agregativa reagem de forma diferenciada diante da defesa discursiva da formação da vontade e da opinião coletiva. Alguns afirmarão que essa dinâmica, longe de gerar uma postura crítica e esclarecida dos atores sociais em relação ao contexto social e político em que estão inseridos, que deforma e obscurece suas crenças e preferências, a deliberação pode levar esses atores a assumirem "falsas crenças sobre o curso de ação referente aos seus interesses", gerando, assim, manipulação dos mesmos e mais, em vez de menos, dominação (Przeworski, 1998).

Outros reconhecem o valor contido na dinâmica discursiva enquanto mediadora e transformadora do conflito social. Consideram ainda que a deliberação pode produzir mais informação sobre o contexto e, assim, qualificar as preferências desses atores, mas assumem uma postura cética em relação à capacidade dessa prática em remediar os problemas atribuídos aos mecanismos agregativos. Knight e Johnson (1998) consideram que a demanda por participação efetiva, a capacidade e a motivação requeridas dos atores para engajarem em um processo mútuo de persuasão podem ser acometidas das mesmas distorções resultantes das "fontes exógenas como as desigualdades sociais, econômicas e culturais" que comprometem o voto e a regra da maioria. Por isto, consideram que o processo de construção das crenças e preferências via deliberação sofre dos mesmos problemas acometidos pelos mecanismos agregativos.

Defensores da participação e críticos da versão elitista da democracia, como Pateman (2012), embora não neguem completamente os princípios defendidos pelos deliberativos, criticam a forma de operacionalizá-los, dialogando diretamente com o caráter "supostamente" revolucionário dessa teoria.

Ao defenderem a participação ativa e direta dos cidadãos em diversos âmbitos da sociedade, a tradição participativa nega que o emprego público e autônomo da razão prática em espaços artificialmente construídos – minipúblicos – seja capaz de promover as transformações necessárias das instituições das sociedades modernas, promotoras do padrão de desigualdade que esse campo busca superar (Pateman, 2012). Negam que a "simples exigência de justificação pública" para as decisões alcançadas pelos representantes seja suficiente, uma vez que não promovem a transformação das regras do jogo, mas, ao contrário, provocam maior adequação a elas (Hauptanm, 2000).

Assim como participacionistas, democratas da diferença, feministas e pós-modernistas criticam a democracia deliberativa tanto no que diz respeito aos princípios, como a forma de operacionalizá-los. A centralidade conferida ao uso da razão pública como forma prioritária de interação política é vista como uma forma excludente de interação, menos em função da capacidade cognitiva e motivacional dos atores sociais e mais em função da afirmação de uma visão reducionista, pretensamente neutra, das próprias formas de comunicação política (Fraser, 1997; Young, 2001, 2002). Além da exclusão, esse tipo particular de interação gera também o arrefecimento do conflito e da paixão e, consequentemente, a negação da própria política cuja essência repousa na relação "agonista" dos grupos em disputa (Mouffe, 2000, 2005).

Representantes do próprio campo deliberativo chamam atenção para o perigo de um tipo particular de desigualdade que compromete a prática deliberativa: as "desigualdades comunicativas" (Bohman, 1996). Esse tipo de desigualdade diz respeito às possíveis inabilidades dos grupos de fazerem uso da esfera pública, ou seja, de terem voz e influência no debate público, comprometendo, assim, os ganhos que a comunicação pode trazer na conformação das preferências e na solução do conflito.

Diante das desigualdades comunicativas, os cidadãos que têm a oportunidade de entrar nos minipúblicos e/ou em espaços públicos mais amplos, mesmo sendo formalmente incluídos, permanecerão excluídos uma vez que não conseguem acompanhar o processo discursivo. Essa inabilidade gera aquilo que Young denominou de "inclusão política e exclusão pública" (Young, 2002). Inclusão uma vez que os cidadãos e os grupos são incluídos enquanto alvos legais dos acordos políticos; exclusão na medida em que são incapazes de influenciar os rumos dos mesmos (Bohman, 1996, p.129).[4] Assim, a inabilidade dos cidadãos para iniciarem a deliberação pública sobre assuntos que afetam suas vidas constrangerá a interação e o diálogo público. As desigualdades de riqueza, poder, conhecimento, formas e estilos de comunicação, bem como as formas como são estruturadas as questões, tendem a reforçá-las. Romper com elas requer, segundo Bohman, "a reinterpretação das normas da comunidade de forma a restaurar e/ou reparar *reflexivamente* os mecanismos dialógicos que, por sua vez, incidem sobre estas normas" (ibid.).

Diferentemente das demais, a crítica relativa à desigualdade comunicativa não propõe abandonar a deliberação em favor de outras formas de interação, mas busca identificar os resultados das desigualdades que restringem a comunicação pública e agir sobre eles restaurando as possibilidades inclusivas contidas nos princípios que fundamentam a teoria deliberativa da democracia. Tais iniciativas podem ocorrer por meio de reformas discursivamente empreendidas no desenho do próprio sistema político e nos espaços sociais que abrigam tais práticas.

---

4 Uma crítica similar foi realizada por Habermas (1984) em relação ao Estado de bem-estar social que, segundo ele, incluía formalmente os cidadãos, mas o fazia de forma tecnocrática, sem considerar as diferenças e o debate em torno da mesma e, assim, transformava-os em "clientes passivos" desse Estado (Habermas, 1984, v.II).

As preocupações relativas ao desenho assumido pelos espaços que abrigam e/ou promovem a deliberação são vistas por alguns autores como "tecnicismo" (Silva; Vieira, 2013). Monitorar e controlar reflexivamente as "estruturas de incentivos" que tais arranjos apresentam, podendo assim minorar os problemas advindos das assimetrias externas e internas que comprometem a prática deliberativa e de resto outras práticas sociais, como as participativas e as representativas, são vistas como algo artificial e tecnocrático.

Na próxima seção deste trabalho trataremos de analisar como a teoria deliberativa vem respondendo aos problemas levantados por esse conjunto de críticas que se encontram resumidas no quadro abaixo.

Tradições	**Críticas**
Teoria da Escolha Racional	Os mecanismos deliberativos podem gerar manipulação das crenças dos atores e, assim, mais dominação. Os mecanismos deliberativos, ao demandar participação efetiva, capacidade e motivação para deliberar, podem ser acometidos pelas mesmas assimetrias sociais, econômicas e culturais que comprometem os mecanismos agregativos. Tais assimetrias comprometerão o processo de conformação das crenças e a qualidade das decisões políticas.
Participacionistas	Negam que o emprego público e autônomo da razão prática em espaços artificialmente construídos – minipúblicos – e a exigência de justificação pública para as decisões por parte dos representantes públicos sejam capazes de promover as transformações necessárias às instituições das sociedades modernas.
Democratas da diferença	O uso da razão pública promove a exclusão de uma série de outras formas de expressão, fundamental para a constituição da identidade, interesse e ação de minorias oprimidas.
Agonistas	O uso da razão pública promove a exclusão da manifestação da diferença e do conflito, ambos centrais para a ideia de política.
Deliberativos	Inabilidades comunicativas geram "exclusão na inclusão".

Das propostas

O diálogo estabelecido entre deliberativos e os proponentes das tradições críticas da teoria democrática vem promovendo uma série de mudanças na teoria deliberativa, que abarca desde a negação de alguns de seus pressupostos básicos, como a busca do consenso (Bohman, 1996), até a acomodação de diferentes formas de ação ao modelo em análise (Mansbridge et al., 2010).

Uma resposta aos problemas advindos tanto das assimetrias internas quanto das externas ao processo deliberativo, sem, contudo, advogar mudanças radicais na teoria em tela, pode ser encontrada na proposta defendida por Fung (2005) e Fung e Cohen (Cohen; Fung, 2005), o "ativismo deliberativo".

Assumindo que a deliberação é uma forma exigente de interação política, mas necessária para a qualificação das decisões democráticas, os autores postulam que a deliberação deve ser combinada com outras formas de comunicação "sempre que o contexto for desfavorável ao uso da força do melhor argumento". Ou seja, sempre que o contexto for marcado por assimetrias estruturais, simbólicas e/ou motivacionais, outras práticas devem ser acomodadas com a função de "mobilizar a audiência pública e, se possível, iniciar e/ou restaurar a deliberação". Entretanto, alertam os autores, o uso das outras formas de comunicação – ativismo, contestação, barganha, negociação, pressão, poder e até mesmo desobediência civil – deve estar condicionado à justificação pública dessas outras formas de comunicação por meio da deliberação.

Quatro circunstâncias diferentes são apresentadas para justificar a mudança dos padrões de comunicação: 1) contexto marcado por participantes que estão motivados a deliberar uns com os outros, que possuem igual capacidade para fazê-lo, mas que apresentam resultados injustos ou ineficazes; 2) contexto marcado por participantes que estão motivados a deliberar uns com os outros, mas que apresentam posições econômica, política e social diferentes e que resultam na sobrerrepresentação de algumas posições, perspectivas e estilos de vida; 3) contexto marcado por desigualdades substantivas e por atores políticos que não estão dispostos a deliberarem; 4) contexto marcado pela negação completa das formas deliberativas de ação.

O uso dessas outras formas de comunicação estará condicionado à tentativa prévia de reformar os espaços e instituições para promover a qualidade das discussões entre e dentro dos grupos, tornando o processo decisório mais igualitário e propiciando um treinamento das capacidades deliberativas. Para tal, é recomendada a análise das "estruturas de incentivos" dos espaços e das instituições que abrigam tais práticas, monitorando e, se necessário, reformando-as para que tornem as regras do jogo políticas mais propícias à prática deliberativa.

A ideia de "sistema deliberativo" (Mansbridge et al., 2012) constitui uma outra proposta oferecida para responder aos problemas colocados à teoria deliberativa. Essa ideia se diferencia da anterior na medida em que busca flexibilizar os pressupostos "clássicos" da deliberação ao buscar acomodar uma pluralidade de formas de ação – monológicas e dialógicas.

Nessa proposta, a deliberação passa a ser pensada "enquanto um entre diversos momentos do processo político" que ocorre tanto dentro quanto fora dos espaços institucionais e que se combina com outras formas de ação. Todas as formas de ação passam a ser, em princípio, funcionalmente adequadas para a operacionalização do sistema e a prática deliberativa constitui uma dentre as diversas peças desse sistema (Mansbridge, 2007).

Diferentes formas de ação em diferentes espaços cumprirão funções diferentes no sistema proposto, servindo, na medida do possível, de *inputs* uns para os outros e para o sistema conformar uma visão crítica do todo.

O sistema é composto, assim, por "um conjunto de partes diferenciadas, mas interdependentes, com funções distribuídas e conectadas de forma a construir um todo complexo". Ele requer diferenciação e integração entre as partes, divisão e interdependência funcional de trabalho de forma que a mudança em um componente redundará em mudanças em outros. Ou seja, as partes não são fechadas em si, mas tendem a absorver as contribuições das outras partes.

O sistema envolverá ainda arenas formais de tomada de decisão e arenas informais de formulação de temas e problemas concernentes ao interesse público. Nesse sentido, esse modelo se difere do modelo centro e periferia oferecido por Habermas, uma vez que não assume uma estratégia defensiva diante das arenas institucionais. Ao contrário, busca envolvê-las diretamente no processo deliberativo como um todo. Como parte da tradição pluralista, essa abordagem considera o Estado como mais um ator dentre os atores envolvidos, embora reconheça que é a fonte última de decisão coletiva.

O conflito é um meio importante de vinculação dessas partes e sua solução não requer necessariamente a prática comunicativa, mas somente a fala, "uma forma de comunicação menos exigente que envolve a demonstração, a expressão e a persuasão" (Mansbridge et al., 2012, p.7, tradução livre).

A prática argumentativa está reservada à função epistêmica desse sistema que desempenha ainda mais duas outras funções: a ética e a democrática. A primeira diz respeito à produção de opiniões, preferências e decisões com base nos fatos e na lógica argumentativa. São resultados de considerações substantivas por meio da troca de razões. Porque os tópicos deliberados dizem respeito às questões do interesse comum, as preferências devem ser fundamentadas com base nas preferências e opiniões discursivamente consideradas (ibid., p.18). A função ética vincula-se, assim, à ideia do respeito mútuo entre os cidadãos que pressupõe um tratamento igual entre os pares e a não dominação com base no aporte de recursos diferenciados.

A função democrática tem a ver com a inclusão de múltiplas vozes, interesses e pretensões em bases mais igualitárias. Uma vez que o escopo e o conteúdo da deliberação são afetados por aqueles que participam do processo deliberativo, o sistema, para funcionar adequadamente, não pode excluir nenhum cidadão sem uma justificação que possa ser razoavelmente aceita por todos, incluídos e excluídos. Para incluir *todos os afetados*, o sistema precisa promover e facilitar ativamente a oportunidade igual de participação por meio de diferentes formas de comunicação que vão desde o protesto até a negociação cooperativa (ibid., p.19).

Segundo os autores, a realização dessas três funções pode entrar em conflito no sistema e, por isto, uma "ecologia deliberativa" é sugerida para que se possa analisar como a deliberação democrática pode ser alcançada. Práticas concretas, inseridas em contextos concretos, passam a ser analisadas com o objetivo de aferir o desempenho deliberativo do sistema como um todo. Isto não quer dizer que todas as partes se comportarão de forma a alcançar o ideal proposto. Faz parte da divisão de trabalho assumida não avaliar o todo pelas partes, ou seja, pela fraqueza ou pela força deliberativa de cada parte isolada. Argumenta-se que aquilo que é visto como fraqueza deliberativa isoladamente pode, no entanto, contribuir positivamente para o sistema como um todo (ibid., p.21).

Sendo assim, decisões democráticas legítimas serão alcançadas sempre que elas foram dialogicamente gestadas em um contexto de respeito mútuo entre os cidadãos e através de um processo inclusivo de escolha coletiva. Esse tipo de legitimidade pode facilitar a cooperação que, por sua vez, promove a deliberação. No entanto, toda vez que esse círculo virtuoso se quebrar, formas nomológicas de ação, como o protesto, podem contribuir para restaurar essa dinâmica ao denunciarem a falta de publicidade ou a fraqueza da deliberação em cumprir suas promessas. Não se advoga aqui uma abordagem sequencial, mas uma sobreposição das ações e formas de comunicação. Acredita-se que a circulação de informações por meio dessas distintas formas de comunicação pode servir para denunciar as desigualdades de acesso, oportunidades e capacidade, bem como o desrespeito para com os cidadãos (Mansbridge et al., 2012, p.31-2).

Dryzek (2009, 2010) acata a ideia de sistema e oferece uma descrição própria dos elementos constitutivos desse sistema e de suas possíveis relações. O sistema para Dryzek conta com duas partes inter-relacionadas: *o espaço público e os espaços "empoderados"*. O primeiro composto por diversos fóruns reais e virtuais, movimentos e associações. Tais fóruns são abertos à participação e à multiplicidade de temas abarcando, assim, diversos pontos de vista. Os espaços "*empoderados*", institucionais ou não, são responsáveis pela produção de decisões coletivas. Eles podem ser representados tanto por estruturas mais formalizadas como Legislativo, Judiciário e órgãos vinculados ao Executivo, como os conselhos e comitês, como por estruturas menos formalizadas. Ambos, espaços públicos e espaços *empoderados*, serão avaliados mediante suas capacidades de incluir interesses e vozes relevantes (Dryzek, 2009, p.1385-6).

Dado que nem todos os afetados têm condições de operar simultaneamente em todos os fóruns e estabelecer relações deliberativas face a face sobre o conteúdo de uma decisão, conexões entre esses espaços são necessárias. Elas ocorrerão por meio de (1) campanhas públicas realizadas por ativistas e movimentos sociais, (2) vínculos pessoais e (3) diferentes formas argumentativas, por exemplo, a retórica. Sua função é chamar atenção para as ações públicas, mas deve-se estar atento ao uso desta e das outras formas comunicativas para que não promovam a coerção e atitudes particularistas.

Essas conexões funcionam como mecanismos que "disputam" o entendimento dos atores e o poder. Por isto, a relação entre esses espaços pode assumir diferentes formas: de crítica, de apoio ou ambas (ibid.). O controle público decorrerá dessa disputa de discursos que conforma a opinião pública e representa o resultado provisório da contestação (ibid., p.1386).

Em relação à crítica ao padrão racionalizante assumido pela democracia deliberativa, Dryzek (2004, 2000) defende uma perspectiva baseada nessa *contestação discursiva* que ocorrerá no sistema como um todo. Ao fazer isto, o autor, assim como os demais deliberativos, desvincula a legitimidade da democracia da regra da maioria e a vincula à ideia de justificativa pública, realizada em diversas partes por atores reflexivos. Atores apresentam razões para suas posições e são capazes de mudar as mesmas como decorrência dessa dinâmica. Uma decisão política refletirá essa constelação discursiva sempre que ela sofrer o impacto dessa dinâmica.

Propostas	
Ativismo deliberativo (Fung, 2005; Cohen; Fung, 2005)	Mobilização de outras formas de comunicação sempre que as assimetrias estruturais e simbólicas, bem como as motivações pessoais impedirem os atores de exercerem a troca de razão. O objetivo é chamar atenção da audiência pública e restaurar as possibilidades da deliberação.
Sistema deliberativo (Mansbridge, 1999; Mansbridge et al., 2013)	Combina diversos tipos de comunicação, dentre elas a deliberação, em diferentes espaços, institucionais e não institucionais. Desempenha três funções: epistêmica, ética e democrática.
Sistema deliberativo (Dryzek, 2009; 2012)	Composto por duas partes inter-relacionadas: *espaço público* caracterizado pela contestação discursiva e *espaços "empoderados"* que visa implementar esta dinâmica. A legitimidade do sistema dependerá, portanto, de sua capacidade de refletir essa constelação discursiva.

Alcances e limites inclusivos da teoria deliberativa: notas conclusivas

Este artigo buscou mostrar como a teoria deliberativa, em diálogo com diferentes tradições da teoria democrática, vem passando por mudanças que visam responder a um conjunto de problemas referentes à exclusão, interna e externa. Para tal, o artigo analisou suas promessas, as críticas e algumas propostas oferecidas para superar os limites inclusivos que podem comprometer seu pretenso ideal "revolucionário". Tanto as ideias de ativismo deliberativo, quanto de sistema integrado de deliberação, representam uma reflexão por parte do conjunto de estudiosos que compartilham esse campo de superar os problemas colocados pela ordem social excludente.

Do ponto de vista teórico, em diálogo com a crítica referente ao endosso do padrão unitário de comunicação, a razão comunicativa, a teoria deliberativa vem reconhecendo a importância de abrigar outras formas de comunicação como a contestação, a narrativa e a retórica, por exemplo. Esse reconhecimento é acompanhado da reflexão empírica sobre tipos de contextos e bens debatidos com a finalidade de precisar qual tipo de "fala" é mais propícia para vincular os diferentes espaços no sentido de impulsionar a formação de decisões inclusivas.

Do ponto de vista empírico, a teoria deliberativa tem empreendido esforços para aferir não só quando e onde a prática da deliberação ocorre, mas também como podemos estendê-la no tempo e no espaço. Tal esforço visa responder à crítica referente ao localismo dessa prática, distante do público em geral, cujo impacto nas esferas política e econômica é duvidoso.

Os exemplos dos esforços empreendidos por esse campo marcam a quarta geração de estudos na teoria deliberativa (Elstub, 2013) que, embora louvável na tentativa de construção de uma abordagem contra-hegemônica da teoria democrática, ainda deixam sem respostas algumas lacunas.

A aceitação de formas plurais de comunicação, por exemplo, nos diz pouco sobre o equilíbrio entre elas. O reconhecimento dessas outras formas de comunicação, ao lado da deliberação, não garante que elas, embora incluindo mais vozes ao processo, produzirão resultados mais justos nem do ponto de vista material, nem do ponto de vista epistêmico. Variáveis institucionais e contextuais podem nos ajudar a predizer o uso mais propício de uma e outra na tentativa de controlar tanto o procedimento quanto os resultados, mas a mera aceitação delas não garante a inclusão.

Ao endossarem uma divisão de trabalho entre espaços sociais, padrões de ação e públicos, as propostas analisadas buscam responder também ao problema da escala (Dahl, 1989; Przeworski, 2010). Entretanto, a coordenação e o impacto dessas diferentes formas de ação e de públicos ainda não estão claros.

A promessa contida nessa ideia de diferenciação vincula-se à possibilidade de juntar mobilização e decisão deliberativamente alcançada. A primeira cumprindo o papel de denunciar e criar alternativas às desigualdades, propor soluções alternativas, e a segunda, de criar formas de institucionalizar tais alternativas, buscando ampliar os limites do político. Não obstante, essa estratégia nos diz pouco sobre como criar as motivações e as competências necessárias para a mobilização, bem como para racionalizar as diferentes vontades contidas neste processo para que formas de ação monológicas como a barganha, a manipulação e o uso do poder não "colonizem" as práticas emancipatórias.

Nesses casos, a teoria deliberativa poderá voltar a suas origens, lançando mão do argumento do déficit de legitimidade do processo democrático e colocando em questão as decisões alcançadas. A construção pública da crítica volta a ser a alternativa, sempre bem-vinda, para lidar com a operação seletiva da ordem social em análise.

Referências bibliográficas

BÄCHTIGER, A. et al. Disentangling Diversity in Deliberative Democracy: Competing Theories, Their Blind Spots and Complementarities. *The Journal of Political Philosophy*, v.18, n.1, 2010, p. 32-63.

BARBER, Benjamin. *Strong democracy*. University of California Press, 1984.

BOHMAN, James. *Public Deliberation: Pluralism, Complexity and Democracy*. Cambridge: MIT Press, 1996.

______. "Deliberative democracy and effective social freedom: capabilities, resources, and opportunities". In: BOHMAN, James; REHG, William (eds.). *Deliberative Democracy: Essays on Reason and Politics*. The MIT Press, 1997.

CHAMBERS, S. "Deliberative democratic theory". *Annual Review of Political Science*, v.6, 2003, p.307-326.

COHEN, Joshua. "Deliberation and democratic legitimacy". In: HAMLIN, A.; PETTIT, P. (eds.). *The Good Polity*. Blackwell Publishers, 1989.

______. "Deliberative democracy". In: ROSENBERG, Shawn (ed.) *Deliberation, Participation and Democracy: Can The People Govern?* Palgrave Macmillan, 2007.

COHEN, Joshua; FUNG, Archon. "Radical democracy". *Swiss Journal of Political Science*, 2004.

COHEN, Joshua; ROGERS, Joel. "Associations and democracy", em WRIGHT, Erik O. (ed.). *The Real Utopias Project*. v.1. London, New York: Verso, 1995.

COHEN, J. Deliberation and Democratic Legitimacy. In: Hamlin, A.; Pettit, P. (eds.). *The Good Polity*. Blackwell Publishers, 1989.

COHEN, J.; FUNG, A. Radical democracy. *Swiss Journal of Political Science*, 2004.

DAHL, R. *Democracy and its Critics*. New Haven and London: Yale University Press, 1989.

DRYZEK, John. *Deliberative Democracy and Beyond*. Oxford University Press, 2000.

______. "Democratization as deliberative capacity building". *Comparative Political Studies*, v.12, 2009, n.11.

______. *Foundations and Frontiers of Deliberative Governance*. New York: Oxford University Press, 2010.

______. Legitimidade e economia na democrcia deliberativa. In: Coelho, V. S. P.; Nobre, M. *Participação e deliberação: teoria democrática e experiências institucionais*. São Paulo: Editora 34, 2004.

ELSTUB, S.; McLaverty, P. Ten Issues for a Deliberative System. Paper to be presented at the APSA Conference 29 August –1 September 2013, Chicago. mimeo.

______. "The third generation on deliberative democracy". *Political Studies Review*, v.8, 2010, p.291-307.

FRASER, Nancy. *Justice interrupts: critical reflections on the "post socialist" condition*. Cambridge: Cambridge University Press, 1997.

FUNG, Archon. "Deliberation before the revolution: toward an ethics of deliberative democracy in an unjust world", *Political Theory*, v.33, n.2, 2005.

GUTMANN, Amy; THOMPSON, Dennis. *Why deliberative democracy?*. Princeton University Press, 2004.

HABERMAS, J. The theory of communicative action. V. I e II. Boston: Beacon Press, 1985.

______. *Three Normative Models of Democracy. Constellations*, v.1, Issue 1, http://onlinelibrary.wiley.com/doi/10.1111/cons.1994.1.issue-1/issuetocp.1-10, 1994.

______ Popular Sovereignty as Procedure. In: Bohman, J.; Rehg, W. (eds.) *Deliberative Democracy: Essays on Reason and Politics*. Cambridge, Massachusetts, London: The MIT Press, 1997.

______. *Between Facts and Norms*. London: Polity Press, 1996.

______. "Concluding comments on empirical approaches to deliberative politics". *Acta Politica*, n.40, 2005.

HAUPTMANN, E. 2001. Can Less Be More? Leftist Deliberative Democrats' Critique of Participatory Democrac. *Polity*, v.33, n.3.

HELD, D. *Modelos de democracia*. Belo Horizonte: Ed. Paidéia, 1995.

HOLZINGER, K. "Context or conflict types: which determines the selection of communication mode". *Acta Politica*, n.40, 2005.

KNIGHT, Jack; JOHNSON, James. Agregation and Deliberation: on the possibility of democratic legitimacy. *Political Theory*, v.22, n.2, 1994.

KNIGHT, Jack; JOHNSON, James. "What sort of equality does deliberative democracy require?". In: BOHMAN, James; REHG, William (eds.). *Deliberative Democracy: Essays on Reason and Politics.* Cambridge: MIT Press, 1997.

MANSBRIDGE, Jane. "Everyday talk in the deliberative system". In: MACEDO, Stephen (ed.). *Deliberative Politics: Essays on Democracy and Disagreement.* New York: Oxford University Press, 1999.

MANSBRIDGE, Jane et al. "The place of the self-interest and the role of power in the deliberative democracy", *The Journal of Political Philosophy*, v.18, n.1, 2010, p.66-100.

MANSBRIDGE, Jane, et al. "A systemic approach to deliberative democracy". In: MANSBRIDGE, Jane; PARKISON, John. *Deliberative System.* Oxford Press, 2012.

______. Deliberative Democracy or Democratic Deliberation? In: Rosenberg, S. W. *Deliberation, Participation and Democracy. Can the people govern?* Lindon: Palgrave Macmillan, 2007.

MOUFFE, Chantal (ed.) *Dimensions of Radical Democracy: Pluralism, Citizenship, Community.* London: Verso, 1992.

______. "Deliberative Democracy or Agonistic Pluralism", *Political Science Series 72.* Vienna: Institute for Advaced Studies, 2000.

PRZEWORSKI, Adam. "Deliberation and ideological domination", em ELSTER, J. (ed.). *Deliberative Democracy.* Cambridge University Press, 1998.

______. *Democracy and the Limits of Self-Government.* New York: Cambridge University Press, 2010.

PATEMAN, C. Participatory Democracy Revisited. *Perspectives on Politics,* v.10 / Issue 01 / March 2012, p7-19.

RAWLS, J. Political Liberalism. Columbia University Press, 1996.

SCHLOSBERG, David "Resurrecting the pluralist universe", *Political Research Quarterly,* v.51, n.583, 1998, p.583-615.

SILVA, Felipe C. da; VIEIRA, Mônica B. "Democracia deliberativa hoje: desafios e perspectivas", *Revista Brasileira de Ciência Política,* n.10, 2013.

THOMPSON, Dennis F. "Deliberative democratic theory and empirical political science", *Annual Review Political Science,* n.11, 2008.

YOUNG, Iris M. *Inclusion and Democracy.* Oxford University Press, 2000.

______. "Activists challenge deliberative democracy", *Political Theory,* v.29, n.2, 2001.

______. Inclusion and Democracy. Oxford University Press, 2002.

7. Redefinições do público e do privado no debate feminista: identidades, desigualdades e democracia

Flávia Biroli

As teorias feministas vêm sendo produzidas a partir de um intenso diálogo entre a atuação dos movimentos feministas, as experiências vividas das mulheres e a crítica aos limites de teorias que expressam a posição epistêmica e social privilegiada dos homens. Esse ponto de partida, que tem sua singularidade no conjunto das teorias políticas, marca as análises feministas de como as desigualdades são produzidas e como afetam distintamente os indivíduos. Nessas teorias, os limites da democracia são analisados a partir da perspectiva das mulheres, expondo as conexões entre as relações de poder em diversos âmbitos da vida e os obstáculos à participação política e à cidadania.

Historicamente, a luta feminista foi marcada pela busca da inclusão das mulheres, pressionando os limites do liberalismo para que a cidadania universal se efetivasse, mas também pela crítica aos limites dessa universalidade, uma vez que ela promovia valores e formas de organização da vida pública que marcavam as mulheres negativamente e organizavam as experiências pela oposição entre mundo público e mundo privado, racionalidade e afetividade. Essas aproximações estão, também, presentes nas teorias que se definem nessa luta e a partir desses problemas, e correspondem à tensão entre a valorização social dos indivíduos, que funda a própria noção de direitos no liberalismo, e sua crítica ao individualismo liberal abstrato. A suspensão das particularidades, inclusive dentro do feminismo, vem sendo criticada por ocultar ou deslegitimar as experiências e silenciar as vozes de muitas mulheres. A valorização do contexto em que se dão as relações sociais é feita em conjunto com a denúncia de que a universalidade e a neutralidade podem, em vez de promover os direitos de "todos", definir prioridades e ângulos de visão que expressam os interesses dos homens, e de alguns homens em particular. O feminismo assume, em diferentes abordagens, que "qualquer boa teoria terá como ponto de partida as pessoas em seus contextos sociais", em vez de princípios e abstrações que apagariam, ao mesmo tempo, as singularidades dos indivíduos e as relações entre eles (Held, 1993, p.61).

Nas aproximações feministas mais radicais das relações entre democracia e desigualdades, essa crítica contextual colabora para expor os mecanismos que afetam sistematicamente os indivíduos segundo padrões que estão relacionados a suas características, a seu pertencimento a grupos sociais e à posição relativa desses grupos em um momento e uma sociedade específicos. Destaca, assim, o reforço recíproco entre a posição desvantajosa de alguns grupos sociais e o privilégio político e epistêmico daqueles que estão em uma posição que permite que não se deem conta de quem são, isto é, numa posição em que são tomados, por si e pelos outros, como neutros (Williams, 1998 [1997], p.7). Esse comentário de Patricia Williams remete ao fato de que os brancos não se percebem e não são percebidos como racialmente definidos, enquanto "os outros" o são, mas é adequado também para se pensar a posição dos homens relativamente às mulheres e a posição das mulheres brancas e de classe média relativamente a outras mulheres.

As abordagens das desigualdades nas teorias feministas variam bastante, como são variáveis as definições do próprio feminismo. Mesmo a busca da igualdade, como objetivo que caracterizaria o feminismo, está longe de corrresponder a significados consensuais. Essa busca significaria a inclusão de mais mulheres nas posições hoje ocupadas pelos homens? E o objetivo seria igualar as mulheres a quais homens, a empresários de sucesso ou a trabalhadores da construção civil, aos homens brancos no topo da pirâmide da renda ou aos homens negros que estão na sua base? Igualdade aqui significaria eliminar as desigualdades de recursos entre homens e mulheres, numa sociedade que se manteria desigual, isto é, que manteria sua escala hierárquica de cor e de classe? Seria reduzida à igualdade de oportunidades, mantidas as estruturas, ou corresponderia à superação radical dessas estruturas e das desigualdades que produzem?

Parte do feminismo, que inclui abordagens influentes e estruturantes do feminismo contemporâneo (penso, por exemplo, em *O segundo sexo*, de Simone de Beauvoir, publicado pela primeira vez em 1949), busca a reinvenção do lugar das mulheres em pé de igualdade com os homens, mas tem pouco a dizer sobre as estruturas que definem o acesso desigual a recursos materiais e simbólicos em outros eixos, afetando as mulheres enquanto mulheres pobres, mulheres negras, mulheres imigrantes, mulheres lésbicas, para citar alguns exemplos. Fincado na experiência das mulheres de classe média, esse tipo de abordagem define a partir dela a alteridade feminino-masculino e os termos em que as relações seriam recriadas.

Para as autoras que fizeram a crítica do feminismo branco, sobretudo a partir da década de 1980, seria preciso romper com a estreiteza da crítica e compreender como o privilégio funciona também no pensamento feminista (Spelman, 1988, p.77). Sem deixar de lado o que singulariza o feminismo, que poderia ser definido como o enfrentamento com a vulnerabilidade, a violência e os constrangimentos de todo tipo que atingem as mulheres *por serem mulheres*, seria preciso dar conta das desigualdades pensando que a posição relativa das mulheres é construída em contextos nos quais o gênero compõe a identidade em conjunto com outras variáveis.

A incorporação do problema da desigualdade, de modo que ultrapasse uma visão estilizada das desigualdades entre homens e mulheres, levaria a uma atenção à construção diferenciada do gênero, segundo a posição social dos indivíduos. Por isso, a agenda da igualdade deveria incluir o enfrentamento dos privilégios, numa compreensão do feminismo que o define como "a luta para acabar com a opressão sexista", transformando significativamente as vidas de mulheres e homens de diferentes classes e raças (hooks, 1984, p.28). O projeto feminista, sem dúvida fincado, historicamente, no pensamento liberal, ganharia uma perspectiva revolucionária ao colocar em questão as estruturas sociais básicas, a divisão do trabalho e as formas do individualismo que incentivam o enquadramento da autonomia como uma conquista individual. O feminismo como um "estilo de vida" e sua acomodação às estruturas sociais vigentes estaria muito aquém dessa radicalidade (hooks, 1984, p.28-9). O reconhecimento de que as mudanças na posição das mulheres dependem da transformação de contextos marcados pela opressão e pela injustiça desloca o problema do acesso individual das mulheres a posições de poder para a análise e enfrentamento de sistemas estruturados de controle social (Collins, 2009, p.XI e p.7).

Abordagens que se limitam à promoção da igualdade de oportunidades entre mulheres e homens, focando no acesso das mulheres individualmente a posições de poder, podem, ao mesmo tempo, combater essas abstrações em um de seus eixos, o de gênero, e colaborar para que não sejam visíveis em outros eixos, como o de classe. A ascensão das mulheres, nas últimas décadas, a posições de alta remuneração, como executivas de grandes empresas, rompendo parcialmente com o que Catherine Mackinnon (1989, p.95) definira como "*high-heeled low-status jobs*", seria um exemplo típico da promoção de uma igualdade localizada e restrita. Ela de fato modifica a posição de algumas mulheres. Pode, também, até certo ponto, contribuir para redifinir o universo simbólico do masculino e do feminino, desnaturalizando pertencimentos. Mas em que medida ela toca nos mecanismos estruturais de reprodução das desigualdades, que continuam a situar a maioria das mulheres em empregos de baixa remuneração, reservando a elas rotinas e trajetórias nas quais sua autonomia como trabalhadoras e como cidadãs é muito restrita?

A crítica feminista parece, assim, ganhar um alcance maior quando é capaz de ultrapassar o domínio das oportunidades individuais das mulheres, analisando as vantagens e desvantagens estruturais que impactam diferenciadamente os indivíduos como integrantes de grupos sociais determinados. Quando isso se dá, a valorização do *contexto* escapa à oposição mulheres-homens para expor o conjunto complexo e multifacetado, ainda que organizado segundo padrões que podem ser revelados, das relações em que as posições sociais se definem. As mulheres são caracterizadas, nesse caso, ao mesmo tempo como um grupo social, por sua posição social relativamente aos homens, e como membros de diferentes grupos, tendo sua identidade e seu horizonte de possibilidades organizados por outras formas de pertencimento.

A categoria mulheres amalgama posições e experiências profundamente distintas. Mesmo no que diz respeito à socialização, "o desenvolvimento do gênero ocorre em um contexto no qual a pessoa aprende a ser uma garota ou um garoto muito particular, e não simplesmente uma garota ou um garoto" (Spelman, 1988, p.97, em comentário sobre a posição de Chodorow, 1978). A categoria mulheres, abstratamente, diz pouco, portanto, sobre as formas concretas das desigualdades de gênero porque elas não afetam do mesmo modo, e na mesma medida, todas as mulheres. O racismo, por exemplo, é confrontado cotidianamente por algumas mulheres e perpetuado com a colaboração de outras (Spelman, 1988, p.113). A divisão sexual do trabalho, assim como a ausência de políticas concretas relativamente ao cuidado com as crianças, como a oferta de creches, tem impacto muito diferente na vida de mulheres ricas e pobres. Mas isso não significa que o gênero deixe de ser um eixo importante na definição da posição dos indivíduos nas relações de poder ou que a categoria mulheres seja esvaziada de relevância política. Econômica, política e ideologicamente, o gênero permanece organizando identidades e definindo obstáculos.

Neste capítulo, analiso esse debate a partir da crítica à dualidade entre o público e o privado, que é fundante do feminismo como corrente na teoria política. Meu ponto de partida é a relação entre essa dualidade e a divisão sexual do trabalho, reconhecida em muitas abordagens como um dos fundamentos mais eficazes para a reprodução das desigualdades de gênero. Dou especial atenção às análises que expressam o entendimento de que os mecanismos que reproduzem vantagens e desvantagens não apenas atravessam a esfera privada e a esfera pública, mas são coproduzidos por elas. É essa perspectiva crítica, que leva em conta as relações de poder em esferas que não costumam ser pensadas como políticas, que permitiu que as teorias feministas contemporâneas dessem contribuições fundamentais para a análise dos obstáculos diferenciados à participação política e para a construção de políticas e mecanismos institucionais que são necessários para ampliar e aprofundar a democracia. Ao mesmo tempo, é central à construção dos argumentos neste texto o fato de que os obstáculos assim expostos atingem as mulheres de maneira distinta se são brancas ou negras, ricas, de classe média ou pobres, se são hetero ou homossexuais, se suas vidas se aproximam ou se distanciam das convenções associadas à família e à maternidade. É um ponto crucial para a discussão que trago aqui o desafio dessa complexidade, em que se definem relações estruturais que atingem as mulheres por serem mulheres, mas as atingem como mulheres concretas e distintas na sua posição social.

Público, privado e a vulnerabilidade diferenciada das mulheres

A crítica à dualidade convencional entre as esferas privada e pública no pensamento e nas instituições políticas modernas é compartilhada por um leque amplo de abordagens na teoria política feminista. Historicamente, a construção dessas esferas esteve relacionada a compreensões de como e em que aspectos da vida social a atuação do Estado é aceitável, a definições do que pertence ao âmbito das escolhas e dos afetos privados e do que deve ser publicamente regulado, à caracterização do que é "pessoal" e do que, ao menos normativamente, seria caracterizado como "impessoal". A participação diferenciada de mulheres e homens na esfera privada e na esfera pública é uma peça fundamental na definição do que faz parte de cada uma delas, de como funcionam as hierarquias e de como são dispostos direitos e deveres.

A divisão e seus sentidos resultam de processos históricos que estão, eles mesmos, imbricados nas formas desiguais de construção da cidadania, mas em boa parte da teoria política são tomados como pontos de partida. Ainda hoje, a despeito de todos os questionamentos que se acumularam – vindos não apenas do feminismo, mas também, de maneiras distintas, do marxismo, do comunitarismo, do participacionismo e do multiculturalismo –, correntes importantes do pensamento político continuam a tratar essa divisão, e as relações de gênero que estão envolvidas, como algo que não precisa ser problematizado.

A crítica à dualidade entre o público e o privado tem impacto na definição da política e na compreensão dos limites da universalidade liberal porque coloca em questão:

(1) a concepção restrita da política.
Expõe a relevância social e política das relações de poder em domínios considerados privados, como a esfera doméstica. Com isso, coloca em questão concepções da política que se fundam no seu isolamento em relação à vida social. Essas concepções restritas, que orientam normativamente boa parte do que se produz na ciência política hoje, levam a tratar as desigualdades do ponto de vista dos direitos formais e/ou a explicá-las a partir de escolhas individuais que teriam sido feitas num âmbito da vida e das disposições que não precisaria ser discutido. Além disso, um conjunto amplo de experiências, problemas, necessidades e interesses é deixado de fora da agenda política. A teoria e a prática política feministas tiveram e têm ainda como uma de suas características principais o esforço para colocar no centro do debate político questões como a divisão sexual do trabalho doméstico, a responsabilização diferenciada dos indivíduos pela reprodução cotidiana da vida, a violência na esfera doméstica e a violência sexual de forma geral, assim como os constrangimentos nas relações de trabalho.

(2) o caráter formal da universalidade.

Para superar os mecanismos que reproduzem a posição subordinada das mulheres, a democracia precisa corresponder a mais do que procedimentos e inclusão universal formal. Pelo estreitamento da política discutido no item anterior, o liberalismo permite acomodar a cidadania política universal com obstáculos efetivos à igualdade. O feminismo toca, assim, em dois problemas que estão relacionados: os procedimentos formais estão aquém do desejável ou são equivocados se não rompem com, ou se ativam, os filtros que reduzem sistematicamente a possibilidade de participação política dos indivíduos; a ausência de democracia e as relações opressivas nas esferas "não políticas" da vida comprometem a realização da democracia porque restringem a autonomia e a integridade dos indivíduos e porque compõem os obstáculos a sua participação política. Por isso é preciso considerar "a relevância da democracia para todos os aspectos da vida social" (Phillips, 1991, p.158). A análise dos limites das democracias deve expor a contradição entre a democracia e a tolerância social à subordinação de parte dos indivíduos (Pateman, 1985[1979]; 1989), impactando práticas e concepções teóricas.

(3) a neutralidade e a imparcialidade como princípios normativos.

Parte importante da crítica feminista discute os efeitos da neutralidade e da imparcialidade para a democracia e para os grupos sociais em situação de desvantagem. Em sociedades nas quais as vantagens de alguns grupos são estruturais mas não há barreiras formais à participação desses mesmos indivíduos, esses valores colaboram para que as exclusões sejam vistas como resultado de disposições e escolhas individuais. A oposição mérito-insucesso organiza boa parte das justificativas no registro da imparcialidade. Esses mesmos valores colaboram, também, para que as perspectivas diferenciadas daqueles que estão em posição social desvantajosa sejam silenciadas ou construídas como desvios. As mulheres estiveram, historicamente, numa posição em que a neutralidade equivaleu ao silêncio sobre a sua singularidade e seus interesses, algo que é incontornável na crítica que o feminismo produz das democracias. Além disso, a posição relativa das mulheres na vida privada e na vida pública só é de fato compreendida quando se ultrapassa a ficção de que as situações e ambientes nos quais os indivíduos fazem suas escolhas e constroem suas trajetórias são neutros em relação ao gênero.

(4) a privacidade que permite a opressão.
As críticas do feminismo são endereçadas à concepção abstrata do direito à privacidade, que não leva em conta as hierarquias e desigualdades na esfera doméstica, e à privacidade da entidade familiar, que colabora para ocultar as relações de poder e violência na família. Elas levaram ao desenvolvimento de concepções mais complexas da privacidade, que evitam as armadilhas da restrição do direito à privacidade ao direito negativo do indivíduo a ser deixado em paz e enfrentam o fato de que em sociedades desiguais o acesso a esse direito pode ser muito distinto para mulheres e homens e pode mesmo justificar a autoridade dos últimos sobre as primeiras. A correlação entre a privacidade e o direito igual dos indivíduos, independentemente do seu sexo, à integridade física e psíquica e à autonomia confronta desigualdades e formas de violência que estiveram acomodadas em outras noções liberais da privacidade. Expõe o fato de que se definiram a partir das experiências de alguns e da acomodação entre as hierarquias correntes e a codificação dos direitos de cidadania. A confrontação da violência doméstica, mas também a afirmação do direito dos indivíduos a viverem, no que concerne a sexualidade e a afetividade, de acordo com as identidades que lhes são caras (o que se aplica às relações consentidas entre adultos), dependem da redefinição da noção de privacidade.

A crítica à dualidade entre as esferas desafia, assim, não apenas algo que poderia ser pensado como a dimensão "espacial" das relações de poder. Permite discutir de que modo a universalidade dos direitos se acomoda a distinções, divisões e hierarquias. O feminismo incorpora à análise das desigualdades dimensões que não são consideradas, ou não são suficientemente consideradas, por outras correntes. Entre as correntes que antes afirmei que também questionam a dualidade moderna liberal entre as esferas pública e privada (marxismo, comunitarismo, participacionismo e multiculturalismo), são poucas as abordagens que consideram as continuidades entre as restrições na autodeterminação das mulheres pelas políticas da sexualidade e da conjugalidade, o acúmulo de trabalho na esfera doméstica e sua posição na esfera pública. Quando o fazem, a crítica é construída no diálogo com o feminismo, como é o caso nas discussões sobre obrigação e consentimento de Carole Pateman (1985 [1979]; 2008), em que a questão da participação política é central, e nas análises das desigualdades de classe e das relações de trabalho feitas por Johanna Brenner (2000) e Michèle Barrett (1989 [1980]), também consideradas, neste livro, no capítulo 2, sobre teoria marxista, assim como nas análises sobre trabalho, família e maternidade feitas por Alexandra Kollontai (1977). As outras correntes antes mencionadas, o comunitarismo e o multiculturalismo, não tomam as instituições liberais e a divisão entre público e privado como dados, mas ignoram ou permitem poucos avanços no que diz respeito às desigualdades de gênero justamente por não colocarem em questão formas da autoridade masculina na vida comunitária e privada e nas convenções culturais. O debate sobre gênero e multiculturalismo nos últimos anos foi amplo, evidenciando as tensões entre teorias que enfocam as diferenças problematizando a dicotomia entre público e privado e o modo como as relações de poder atravessam as duas esferas e aquelas para as quais as diferenças aparecem em um registro identitário no qual o problema das desigualdades é abordado sem a confrontação das hierarquias na vida doméstica, com as convenções de gênero que as naturalizam. Voltarei a essa discussão no capítulo 8 deste livro. Da perspectiva feminista – e, de fato, de qualquer perspectiva que leve em conta a posição social das mulheres –, a demanda por uma "igualdade robusta como a base da democracia" (Mansbridge, 2008, p.23) depende desses questionamentos.

A centralidade da dicotomia entre o público e o privado na organização das relações de poder expõe, assim, aspectos das conexões entre democracia e desigualdades que são desconsiderados completa ou parcialmente por outras correntes da teoria política. As correntes anteriormente mencionadas compartilham críticas à imparcialidade e à neutralidade como mecanismos de exclusão e naturalização de hierarquias. Em outros casos, como o do republicanismo, que é também uma das correntes discutidas neste volume (capítulo 4), encontramos um esforço renovado, relativamente ao liberalismo, para a problematização da dominação como limite à liberdade e à construção da democracia. Embora existam hoje esforços que procuram construir o problema da dominação – mais do que o da desigualdade – em um diálogo entre o feminismo e o republicanismo (Hirschmann, 2003), há um limite nesse casamento na medida em que o republicanismo adere à noção de imparcialidade e não coloca em questão a concepção de um público comum. Com isso, um problema central, que é das conexões entre experiências, opressão, identidades de grupo e ação coletiva segue à margem da análise da democracia.

No feminismo, as tensões entre a igualdade e a diferença também ganharam destaque ampliado em relação à maior parte das correntes teóricas de relevo no debate contemporâneo – a exceção aqui é o multiculturalismo, embora as aproximações com o feminismo não se deem de forma fácil, como será discutido no capítulo 8. Correntes que tiverem grande impacto no debate feminista contemporâneo, como a pós-estruturalista, discutida no capítulo 10 deste volume a partir de um conjunto específico de abordagens, romperam com os pressupostos liberais que estão na base da noção abstrata de indivíduo, expondo a complexidade das relações de poder na produção das identidades. Isso não significa que levem em conta, necessariamente, os padrões de gênero que atravessam e organizam essas relações. O capítulo deste volume voltado para o pós-colonialismo (capítulo 11), por sua vez, expõe as dificuldades para se dar conta, simultaneamente, de diferentes eixos em que a dominação e a opressão se definem nas sociedades contemporâneas: o foco no racismo, por exemplo, não se transpõe automaticamente para a incorporação do gênero e do sexismo e há especificidades na reprodução das desigualdades que encerram.

Igualdade e diferença, conjuntamente mas com pesos variáveis segundo os momentos históricos e as abordagens, atravessaram a ação política e a produção teórica feministas. Um dos desafios para o feminismo, ao conjugar as metas de enfrentamento da opressão e aprofundamento da democracia, é dar conta das diferenças como algo que não se reduz às desigualdades e que, portanto, não está simplesmente na condição de problema a ser enfrentado. O apagamento sistemático das perspectivas e dos interesses das mulheres se apresenta como um problema central e expõe a complexidade das conexões entre desigualdades e diferenças. O fortalecimento da democracia passaria, dessa perspectiva, pela valorização das experiências e das vozes das mulheres, diferentes das dos homens porque a posição social delas e deles é distinta. Essa é a razão para que o esforço de elaboração nas teorias feministas da política avançasse não apenas na crítica a essa forma das desigualdades, mas no reconhecimento das perspectivas diferenciadas como a base para a expressão de opiniões e a construção de interesses que não estão contidos na ideia de bem comum ou nas práticas daqueles que têm outras experiências como pontos de partida. É dessa aproximação do problema que surgem contribuições ao debate sobre representação política como as de Iris M. Young (1990; 2000) e Anne Phillips (1991; 1995), para citar autoras e obras que tiveram grande impacto nesse debate. É, também, a partir dessa aproximação que o diagnóstico da ausência das mulheres na política *como problema para a democracia* abre caminho para a análise e proposição de políticas de caráter afirmativo, como cotas em eleições, no parlamento e mesmo na direção de sindicatos e de empresas (cf. em especial o capítulo 7 de Young, 1990, e capítulo 3 de Phillips, 1995).

A transformação das experiências diferenciadas em fundamentos para a ação política é, em si mesma, um tópico que depende de um olhar que dê conta da relação entre a vivência individual e a construção da ação política em contextos concretos, de um esforço de teorização que dê conta da complexidade que está aí envolvida. A relação entre experiência vivida e pensamento (Miguel, 2014, p.209) ou entre experiência, obstáculos comuns e consciência (Collins, 2009, p.27-8) não se desdobra direta ou necessariamente em interesses assim reconhecidos ou em formas de ação política que se definam em relação a eles. A questão de como as experiências geram "uma visão distinta do mundo social" e de como se dá a conexão entre experiências, perspectivas e interesses permanece, assim, como um desafio (Miguel, 2014, p.214 e p. 219). Nas palavras de Patricia Hill Collins (2009, p.28), em sua análise de se e como se definiriam perspectivas comuns às mulheres negras estadunidenses, "se experiências comuns podem predispor as mulheres negras a desenvolver uma consciência de grupo distinta, isso não garante nem que essa consciência se desenvolverá entre todas as mulheres nem que ela será articulada como tal pelo grupo".

A posição diferenciada das mulheres se constrói em relações de poder, o que adiciona complicações a esse quadro: as diferenças podem ser subprodutos da dominação, mais do que de experiências "autenticamente" distintas. A dualidade entre o público e o privado, como vimos, é feita de posições desiguais para mulheres e homens, lhes atribuindo papéis diferenciados e produzindo as identidades de gênero a partir dos sentidos que são atribuídos ao sexo biológico. A construção do gênero se dá, nesse sentido, como aprendizado das hierarquias e da subordinação. O feminismo é marcado, por isso, por tensões entre a valorização da capacidade dos indivíduos de expressar autonomamente suas preferências e a crítica, necessária para o enfrentamento da opressão, ao fato de que as identidades e preferências das mulheres podem ser desdobramentos da sua posição em relações de poder que as colocaram numa situação desvantajosa (Biroli, 2013, p.89).

As diferenças podem constituir, também, posições sociais relevantes, que estão na base de interesses políticos legítimos e de identidades que são caras aos indivíduos. Mas são, muitas vezes, decorrentes de convenções que se quer superar – como ocorre ao menos parcialmente com os sentidos assumidos pelo gênero, pela raça e pela sexualidade nas sociedades contemporâneas –, daí o limite que acompanharia propostas e abordagens reformistas que reafirmam as identidades assim produzidas (Fraser, 1997, p.29). Em outras palavras, as diferenças de gênero são concretamente experimentadas por mulheres e homens em sociedades nas quais estar posicionado socialmente como mulher ou como homem tem impacto na definição de horizontes e expectativas, contribui para restringir as alternativas das primeiras e afeta suas possibilidades de autodeterminação. Mas isso não anula o problema de que essas mesmas diferenças decorrem de binarismos que correspondem à naturalização do sexo biológico e dos mecanismos de reprodução das desigualdades que o feminismo procura enfrentar. O horizonte diferenciado de expectativas que assim se definem incide diretamente nos projetos de vida dos indivíduos.

A relação entre mulher e maternidade é um exemplo importante, não apenas porque serve para ilustrar a complexidade do enfrentamento das desigualdades simultaneamente ao reconhecimento das diferenças, e do contexto em que as trajetórias dos indivíduos se definem, mas também porque produziu debates nos quais ficam claras as posições distintas no feminismo, que retomarei mais adiante.

A definição das mulheres como mães e, portanto, diferentes dos homens, foi criticada historicamente no feminismo porque permite a naturalização de convenções morais e a atribuição de habilidades, competências e lugares sociais distintos para mulheres e homens. Essas distinções estiveram na base de muitas restrições e formas de opressão às mulheres. O apagamento da maternidade como questão política, sua supressão como tópico socialmente relevante para o enfrentamento das desigualdades, não é, porém, uma solução: apenas embaça ou elide a compreensão de alguns dos principais mecanismos de reprodução das desigualdades entre mulheres e homens. Sua aceitação e valorização nos termos em que foi definida em sociedades nas quais a dominação masculina determina a perspectiva hegemônica, no entanto, também não é uma alternativa, do ponto de vista da superação das desigualdades e da construção de relações democráticas.

O exemplo das mães solteiras pode ser interessante aqui. Restringindo a posição das mulheres à de mães, uma política que garantisse recursos na forma de benefícios sociais para que as mães solteiras pudessem cuidar pessoalmente dos seus filhos, em vez de trabalhar fora, poderia ser vista como adequada. Afinal, suas alternativas muito provavelmente seriam buscar empregos que permitam flexibilidade para cuidar dos seus filhos – menos disponíveis e, em geral, mal remunerados – ou garantir seu sustento financeiro de maneira mais estável, muitas vezes deixando seus filhos numa situação de cuidado precário, além de ter menos contato com eles do que talvez desejassem. Do ponto de vista da democracia, e do tipo de igualdade de que trato aqui quando falo na "igualdade robusta", essa política tem efeitos perversos, embora possa suprir necessidades imediatas numa situação de carência e precariedade. Ela restringiria a participação dessas mulheres em outras esferas da vida social, impedindo o desenvolvimento e exercício das suas capacidades e da influência na sociedade mais ampla de que fazem parte. Sua autonomia seria comprometida, assim como sua participação social para além do papel de mãe.[1] A diferença – que é socialmente produzida uma vez que não se trata do fato biológico da gestação, mas da atribuição quase exclusiva às mulheres do cuidado com as crianças – seria "congelada" como desigualdade. A construção dos interesses a partir dessa experiência, de forma que possam ser politicamente expressos e considerados, fica mais comprometida quanto mais são restritas as condições para a participação dessas mulheres em outras esferas da vida. Políticas que visassem a oferta de creches de qualidade em período integral, à exigência de creches nos locais de trabalho e de maior flexibilidade nos contratos de trabalho para mães e pais nos primeiros anos de vida das crianças seriam mais adequadas, preenchendo requisitos de respeito às identidades e experiências singulares dos indivíduos sem incorrer nos mecanismos de reprodução das opressões e desigualdades. Mas a construção dessas políticas depende, entre outras coisas, de que essas mulheres tenham condições de vocalizar suas experiências.

Uma dinâmica semelhante se apresenta em um tema bastante distinto do da maternidade, que é o exercício da violência nas sociedades contemporâneas. A violência sexual foi e é ainda um recurso

1 Esse exemplo é trabalhado, mais longamente e da perspectiva das políticas relativas ao cuidado com as crianças, em Biroli (2014).

para coibir a livre circulação e a autonomia das mulheres. Políticas e atitudes que justifiquem graus de liberdade distintos para mulheres e homens em nome da "proteção" às mulheres não farão mais do que reproduzir a condição de vulnerabilidade em que são colocadas, como um grupo. As formas de combater esse problema dependem, entre outras coisas, de compreender que a vulnerabilidade de mulheres e homens é de fato socialmente diferenciada, em sociedades nas quais a violência sexual está permanentemente no horizonte das mulheres, garantindo, no entanto, autonomia, voz e participação às mulheres na construção das políticas e no enfrentamento cotidiano das situações de violência. É uma orientação que não implica definir as mulheres como sujeitos passivos de políticas de proteção, mas as coloca na posição de agentes para a construção de alternativas.

Ainda nesse caso, o problema pode ser bastante complexo porque a voz das mulheres não será, necessariamente, de inconformidade. No Brasil, a Ação Direta de Inconstitucionalidade n.4.424/2010, aprovada pelo Supremo Tribunal Federal (STF) em fevereiro de 2012, lida com essa situação de forma que foi considerada polêmica. Ela determina que no caso de violência doméstica os processos poderão ser abertos e mantidos como ações públicas incondicionadas à representação da vítima, isto é, que não dependem da denúncia, e da manutenção desta, pela mulher agredida.[2] A questão que vem sendo discutida é se o combate à opressão, nesse caso, colabora para a autonomia efetiva das mulheres, agindo sobre as condições que restringem sua ação e quiçá distorcem suas preferências nas situações de violência doméstica, ou se em nome da superação da violência se define a mulher como incapaz, ou menos capaz, de decidir sobre sua própria vida. A saída me parece ser considerar que o exercício da autonomia, que entendo como estreitamente relacionada à problemática da construção e vocalização dos interesses, não começa e termina em indivíduos

2 Entre as justificativas para a ação, que foi proposta pela Procuradoria Geral da República em 2010, está a de evitar a tolerância estatal relativa à violência doméstica contra a mulher, complementando a chamada Lei Maria da Penha (Lei n.11.340, de 2006).

concebidos e valorizados em termos abstratos, mas depende da construção de contextos mais justos e igualitários.

Passarei a tratar mais detidamente dessas questões a seguir, focando especificamente na divisão sexual do trabalho.

Mulheres e divisão sexual do trabalho

A ficção de que o público e o privado existem como dimensões distintas da vida oculta sua complementaridade na produção das alternativas dispostas para os indivíduos. As expectativas sociais levam ao desenvolvimento de habilidades diferenciadas pelas mulheres e pelos homens. As atividades para as quais são orientados correspondem, por outro lado, a posições diversamente valorizadas, levando não apenas a diferenças, mas a assimetrias no acesso a recursos e valorização social.

A atribuição do trabalho doméstico exclusivamente ou prioritariamente às mulheres é vista no feminismo como um dos principais fundamentos da opressão e das desigualdades de gênero. Em momentos e de perspectivas bastante distintas, feministas como Elizabeth Cady Stanton, no século XIX, e depois Betty Friedan e Simone de Beauvoir, em meados do século XX, definiram a vida doméstica como uma espécie de escravidão, que restringia as experiências, embotava as faculdades mentais e o senso prático e limitava as competências e os horizontes das mulheres. Com todas as transformações que ocorreram nas últimas décadas, as mulheres continuam a dedicar muito mais tempo às tarefas domésticas e, por outro lado, a ter rendimentos bem menores do que os homens na esfera pública – embora no Brasil de hoje, acompanhando tendências verificadas também em outras partes do mundo, as mulheres tenham mais tempo de ensino formal que os homens e sejam a maior parte dos indivíduos que completam o ensino superior.[3]

3 Para destacar apenas alguns desses dados, em 2012, o rendimento médio mensal das mulheres era quase 30% menor do que o dos homens (IBGE, 2013).

A divisão sexual do trabalho doméstico e as desvantagens no mundo do trabalho expõem facetas complementares das desigualdades entre mulheres e homens hoje. Parece-me bastante precisa, em sua crítica a essa complementaridade, a definição de que as posições distintas de mulheres e homens no casamento e nas relações de trabalho dentro e fora de casa as inserem em "ciclos de vulnerabilidade socialmente causada e distintamente assimétrica" (Okin, 1989, p.138). Isso não significa negar que muitos homens estejam em condições de vulnerabilidade social, mas expor a divisão sexual do trabalho e os arranjos familiares e conjugais convencionais correntes como a base para o acúmulo de desvantagens que tornam as mulheres mais vulneráveis do que os homens.

A responsabilização prioritária das mulhers pelo trabalho doméstico e pelo cuidado com as crianças e outros familiares que dependam de cuidados sistemáticos leva à opção por empregos de menor carga horária, porém mal-remunerados, à menor possibilidade de dedicar-se à profissionalização e à construção de uma carreira.[4] Não é preciso haver impedimentos formais para o exercício de trabalho remunerado em pé de igualdade com os homens para que suas chances efetivas se reduzam.[5] Há, assim, risco crescente de exposição à pobreza e às formas de vulnerabilidade que decorrem da dependência dos

---

Entre elas, a renda das mulheres brancas era, em média, 44% maior do que a das mulheres negras. Ao mesmo tempo, entre a população empregada com mais de 16 anos, as mulheres dedicavam, em 2009, em média 25 horas semanais aos afazeres domésticos, duas vezes e meia o tempo dedicado às mesmas atividades pelos homens, que era de 10 horas semanais (IPEA, 2011).

4 Em alguns pontos nesta discussão, retomo argumentos apresentados em Biroli (2014).

5 Além da renda menor, essa posição leva a assumir com maior frequência "bicos", em relações de trabalho mais precárias. As mulheres têm, no Brasil, menor acesso ao emprego formal do que os homens, o que compromete direitos como a licença-maternidade e a aposentadoria. Também estão concentradas em atividades vistas como extensão das atividades domésticas não remuneradas e, como tal, desvalorizadas e menos formalizadas. Em 2009, 17,1% das mulheres e 1% dos homens se dedicavam ao trabalho doméstico remunerado. Nesse mesmo ano, apenas uma em cada quatro mulheres no emprego doméstico tinha carteira assinada (IPEA, 2011).

recursos materiais provenientes do trabalho remunerado do marido e/ou de outros homens. E essa vulnerabilidade tende a ser ainda maior quando os casais se separam e as mulheres permanecem responsáveis pelos filhos. Nos casamentos convencionais, até mesmo o poder relativo das mulheres na definição da vida doméstica e afetiva, assim como na determinação de escolhas importantes na criação dos filhos – sobre os quais são responsabilizadas cotidianamente –, pode ser reduzido diante da autoridade proveniente dos recursos materiais e do machismo.

Menos tempo livre e menos renda também se traduzem em menor participação política. Com isso, as mulheres têm menores condições de influenciar as decisões e a produção das normas que as afetam diretamente. A cidadania é, assim, duplamente comprometida. Os empecilhos cotidianos ao exercício de um trabalho que faça sentido e à autonomia decisória na vida doméstica e íntima também a comprometem. As desigualdades no acesso a posições de trabalho e remuneração, assim como as hierarquias que retiram ao trabalhador sua autonomia, não incidem, é claro, apenas sobre as mulheres. No entanto, a divisão do trabalho doméstico e a responsabilidade pelos filhos em um modelo altamente privatizado das relações de cuidado impõem a elas obstáculos adicionais. Esses obstáculos se transformam em empecilhos para a cidadania no primeiro sentido, como participação ativa e autônoma na política e capacidade de definir politicamente seus interesses e legitimá-los no debate público e nos espaços em que os recursos são alocados e as políticas são produzidas. Mais uma vez, as desigualdades na renda e no mundo do trabalho afetam também a possibilidade de participação dos homens em sociedades nas quais as democracias representativas mantêm um componente censitário devido aos filtros sucessivos que dificultam a participação de segmentos amplos da população. Mas no caso das mulheres, os filtros de classe (e os de raça) se combinam com aqueles que a divisão sexual do trabalho ativa.

As alternativas consideradas para combater o empobrecimento das mulheres quando os casamentos terminam são um exemplo da mobilização de compreensões distintas dos papéis de gênero e da opressão a eles relacionada. No debate nos Estados Unidos, em que as disputas em torno das políticas de bem-estar social a partir dos anos 80 tornaram explícitas algumas dessas compreensões, há, tipicamente, argumentos favoráveis a políticas para a manutenção dos casamentos – mais casamento implicaria menos pobreza –, argumentos favoráveis à garantia de recursos para mulheres em condição de vulnerabilidade para que tenham condições de cuidar dos seus filhos – se os casamentos não são mantidos, o Estado entra, de certo modo, no lugar da renda do marido – e argumentos favoráveis a políticas para o compartilhamento do cuidado, como a oferta de creches e escolas públicas de qualidade em período integral, mudanças na legislação que avancem em direitos a flexibilidade na rotina de trabalho e a licenças para mães e pais com crianças pequenas.[6]

Nos dois primeiros casos, o papel convencional da mulher na esfera doméstica é reforçado ou reposto. Apenas no último se questiona não apenas esse papel, mas também a estruturação das relações de trabalho e de cuidado, em seu aspecto de gênero mas também em outro, que está estreitamente ligado a ele mas não se confunde inteiramente com ele, que é a privatização da vida familiar. Para que as responsabilidades individuais e coletivas sejam redefinidas, é necessário confrontar mais do que o rendimento desigual entre mulheres e homens e os arranjos "privados" na responsabilização pelos filhos e pela vida cotidiana.

O pensamento conservador defende o aperfeiçoamento da família e mais responsabilidade dos homens em nome da proteção às mulheres.[7] O liberalismo reformista, inclusive em abordagens feministas, defende que a mulher vulnerabilizada pela dependência

---

6 Mapeio essas posições a partir de "The feminization of poverty", em Brenner (2000), de "A genealogy of dependence", em Fraser (1997), e "Mothers, citizenship, and independence", em Young (1997).

7 No Brasil, o exemplo mais atual é o projeto de lei n.6.583, em defesa da "entidade familiar", proposto na Câmara dos Deputados em outubro de 2013. O rótulo "família" aparece nele como uma espécie de prêmio em que recursos, aprovação social e atenção do Estado vão para aqueles que se encaixam em *uma* forma de definição da vida conjugal, sexual, afetiva, parental.

receba assistência financeira por ter justificadamente falhado no teste da independência. As abordagens mais radicais no feminismo questionarão, diferentemente, as próprias noções de mérito e independência, assim como a visão da dependência como um desvio. Nos arranjos convencionais, os homens "são tão dependentes do trabalho não remunerado das mulheres (incluindo seu trabalho emocional) quanto as mulheres são dependentes da renda dos homens" e o cuidado com as crianças é uma contribuição social e deveria ser assim reconhecido (Brenner, 2000, p.104). É uma visão que contesta a escala de valorização das diferentes atividades e as formas de definição da independência e do mérito.

Na produção das desigualdades fundadas na divisão sexual do trabalho, a visão de que as mulheres ficaram presas à vida doméstica e ao papel de mães é só uma parte, localizada, da história. O casamento correspondeu, de fato, a muitas restrições na vida das mulheres, mas a realidade das mulheres brancas e de classe média que ficaram restritas ao papel de mães e donas de casa não expressa as formas de privação e a posição no mundo familiar e do trabalho de *todas* as mulheres. Essa é uma questão central porque está na base da construção dos problemas de gênero na teoria e na prática política feministas, expondo o fato de que as experiências de *algumas* mulheres ganharam prioridade, em detrimento das de outras.

Historicamente, o acesso das mulheres ao mundo do trabalho ganhou formas diferentes, segundo a dinâmica de produção – a necessidade de mais mão de obra, por exemplo – e de acordo com a sua posição de classe. As mulheres não estiveram fora do mundo do trabalho, mas nele adentraram em momentos e posições diferentes ao longo dos séculos XIX e XX. Por isso, a relação entre a presença das mulheres no mercado de trabalho e sua posição na esfera doméstica não é homogênea. O ideal da domesticidade parece ter, no entanto, uma função ideológica de sucesso: a responsabilização prioritária das mulheres pelo trabalho doméstico e pelo cuidado dos familiares, especialmente das crianças, atravessa diferentes classes sociais e se mantém, mesmo com a maior participação delas na esfera pública. A posição das mulheres é hoje, nos países ocidentais, cada vez menos marcada pela reclusão, mas ainda profundamente marcada pela marginalização e inferiorização recorrentes das ocupações tipicamente "femininas", de menor remuneração e menor status, e do salário inferior ao dos homens nas mesmas funções, profissões e níveis educacionais.

Na prática, a domesticidade esteve, historicamente, ao alcance de poucas mulheres porque ela dependeu e depende de que a remuneração do marido seja equivalente a um "salário familiar". O homem provedor, de um lado, e a dona de casa, de outro, são personagens que têm classe social, posição nas relações de trabalho e cor bem definidas. Mas a naturalização do exercício do trabalho doméstico pelas mulheres, a ideia de que seu trabalho fora da casa tem como objetivo complementar a renda familiar – mesmo quando, na realidade, corresponde em tantos casos à maior parte da renda familiar ou à única renda dessa mulher, ou dessa mulher e de seus filhos – está na base da posição economicamente mais vulnerável das mulheres, como grupo, em relação aos homens. E é uma questão que não pode ser deixada de lado quando se quer compreender as razões complexas da menor participação das mulheres na política institucional.

As desigualdades que ainda se definem não se restringem às hierarquias entre mulheres e homens. A esfera da reprodução, nos domicílios das classes mais favorecidas, tem o apoio do trabalho remunerado de cuidadoras e empregadas domésticas, mal-remunerado e caracterizado por relações de exploração ainda mais acentuadas do que nas atividades vistas como produtivas e tipicamente desempenhadas pelos homens fora de casa. Além de expor relações hierárquicas e diferenças de interesse e de classe entre mulheres, o trabalho doméstico remunerado, nas condições de servilidade que costumam caracterizá-lo, pode ser considerado como um problema em si para a democracia. O tipo de relação que assim se estabelece rompe com a igualdade que é necessária à democracia: cria subordinados, mas também mestres. Marca quem o exerce, ao mesmo tempo que reforça a identidade e o *status* social diferenciado de quem emprega (Tronto, 2013, p.111). Nas condições em que é realizado, o trabalho doméstico remunerado é uma radicalização das hierarquias e formas de opressão presentes de forma mais ampla no mundo do trabalho.[8]

A invisibilização do trabalho doméstico é um problema que atravessa as relações de classe. Ela obscurece "uma dimensão importante da desigualdade de gênero" e enfraquece "o poder de barganha das mulheres individualmente" (Folbre, 1994, p.96), além de corresponder a obstáculos à ocupação de outras posições. Mas a definição de Elizabeth Souza-Lobo (2011 [1991], p.82) nos ajuda na compreensão do que define a posição estrutural das mulheres como grupo e do que é tão distinto entre elas, construindo diferenças que não podem ser ignoradas: "o trabalho doméstico faz parte da condição de *mulher*, o emprego faz parte [e acrescento, sempre fez parte] da condição de *mulher pobre*".

Quando voltamos, agora desse ponto, ao problema da construção dos interesses fica claro que o deslocamento do indivíduo abstrato às condições concretas em que as trajetórias individuais se definem precisa ser complementado pelo deslocamento do foco em indivíduos isolados para os padrões socioestruturais que os colocam numa posição compartilhada com os outros, isto é, os posicionam como parte de um grupo. As teorias feministas, ao romperem com a concepção abstrata de indivíduo, expõem a posição diferenciada das mulheres mas colaboram, também, para a compreensão das dinâmicas de poder que silenciam indivíduos e grupos em posições de desvantagem – inclusive internamente ao grupo "mulheres".

Vida doméstica, identidades e opressão

Vale considerar, mais detidamente, de que modo diferentes abordagens no feminismo discutem a invisibilização do trabalho doméstico realizado pelas mulheres. Não se trata apenas de constatar essa

---

8 No Brasil, apenas 26,4% das trabalhadoras domésticas têm carteira assinada e 0,5% delas, o que corresponde a cerca de 30 mil mulheres, não têm renda própria, isto é, se encontram numa situação que é semelhante à do trabalho escravo (IPEA, 2011).

invisibilização, mas de caracterizar as experiências que estão sendo obscurecidas. Nesse ponto, toco também em um aspecto importante dos debates feministas sobre opressão e autonomia, que é a questão das preferências individuais das mulheres.

As preferências dos indivíduos por determinadas formas de relacionamento e de organização da vida doméstica têm relação direta com aspectos estruturais e fatores materiais. Os interesses imediatos das mulheres como indivíduos – no casamento, por exemplo – e os interesses das mulheres como grupo, tendo como referência normativa a superação da opressão, podem diferir bastante. Algumas autoras entendem ser possível e necessário distinguir claramente entre "o interesse imediato de uma mulher na sobrevivência pessoal, que é muitas vezes atado ao da família e do lar" e "seus interesses de longo prazo na erradicação da opressão que existe dentro da família e, portanto, nessa instituição como ela existe atualmente" (Walby, 1990, p.88). As experiências das mulheres, ainda que constitutivas das suas identidades e preferências, são vistas em algumas abordagens como desdobramentos das condições correntes de opressão. Em um contexto em que o ponto de vista masculino constitui a perspectiva "universal" do Estado, das leis e da indústria cultural, a mulher seria privada dos referenciais que possibilitariam a produção de preferências e interesses autônomos. A femininidade, por isso, expressaria a opressão: "aprender a femininidade" seria internalizar a alienação provocada pela dominação masculina, desenvolvendo uma "identidade que é agradável e subserviente e imitativa, agressivamente passiva e silenciosa" (Mackinnon, 1989, p.6-7). O ponto é que a fusão entre domesticidade e femininidade é bem mais do que uma questão de vivência individual.

Tanto para Sylvia Walby quanto para Catharine Mackinnon, a expressão autônoma depende de transformações sociais profundas. A primeira aposta em transformações estruturais no sistema patriarcal, considerando detidamente suas transformações em direção a sua forma atual. A segunda aposta na coibição e criminalização das formas de abuso e opressão masculinas no âmbito do judiciário, mas também no compartilhamento das experiências entre as mulheres, que lhes daria acesso a um "conhecimento vivido da realidade social de ser mulher" (Mackinnon, 1989, p.90).[9] A transposição da condição de alienação em direção à consciência da própria posição social (Mackinnon, 1989, p.94-5) dependeria do reconhecimento de que a condição da mulher envolve a privação em benefício de outros, no caso, dos homens (Mackinnon, 1989, p.86 e 89-91).[10]

O trabalho doméstico, mais especificamente, amplamente vivenciado pelas mulheres, foi definido como repetitivo, exaustivo (Davis, 1983 [1981], p.222), escravizante e tedioso (Beauvoir, 2008 [1949]), e problemático sobretudo por ser compulsório para as mulheres (Irigaray, 1992) nos arranjos atuais. Não é possível dizer que as mulheres escolhem autonomamente as atividades que desempenham, assim como não é possível dizer que o interesse das mulheres no casamento, e os investimentos vinculados a esse interesse, sejam preferências autônomas em sociedades nas quais a divisão sexual do trabalho, em suas várias facetas, estimula e incita a determinadas escolhas, enquanto demonstra sistematicamente o ônus das escolhas desviantes. Criar um filho numa situação familiar na qual a responsabilidade pelo cuidado e pela vida doméstica será exclusiva ou prioritariamente da mulher reduz as chances de que essas mulheres façam suas escolhas para além da escolha da maternidade, como foi discutido. Por outro lado, maternar fora do modelo familiar convencional em uma sociedade na qual a criação das crianças é vista como responsabilidade privada "das famílias" significará, muito provavelmente, problemas para manter empregos estáveis, já que a remuneração está baseada em rotinas de trabalho moldadas a partir da experiência de

9 Mackinnon tem como modelo os grupos de mulheres nos Estados Unidos, nas décadas de 1970 e 1980. A ressignificação das experiências depende de condições que se assemelham àquelas consideradas por Fraser com a noção de "contrapúblicos subalternos" (1997 [1992], p.123).

10 Aqui apresento a posição de Mackinnon apenas para tratar de sua crítica à feminilidade como alienação. Mas para compreender seu pensamento é importante ter em mente que a sexualidade e a violência sexual são componentes fundamentais das relações de gênero em suas análises. Considero sua posição detalhadamente nos capítulos 2 e 3 de Biroli (2013).

homens que não tiveram que se preocupar com o cuidado com seus filhos – porque uma mulher o fazia.

Apesar disso, o papel reservado às mulheres na divisão convencional do trabalho não recebe apenas sinal negativo no feminismo. Em algumas abordagens, há um esforço para mostrar que há bem mais do que opressão nas atividades e experiências das mulheres na vida doméstica. Sua desvalorização é vista, amplamente, como uma forma de silenciar as experiências das mulheres, reduzindo sua relevância. Mas há uma enorme diferença entre posições socialistas, como a de Alexandra Kollontai e Angela Davis, que argumentam pela coletivização e desprivatização de atividades como a preparação dos alimentos e o cuidado com as crianças, e posições que caracterizam o pensamento maternal, como as de Jean Elshtain e Sarah Ruddick, nas quais as experiências privadas do cuidado são valorizadas em seus termos.

Para as autoras do pensamento maternal, também chamado de "ética do cuidado", a dualidade convencional entre o público e o privado colaborou para que temas e problemas que se definem a partir da posição dos indivíduos na esfera privada, entre eles o cuidado (ou a negligência) com as crianças, questões relativas à saúde, à sexualidade, aos direitos reprodutivos e à violência doméstica, fossem despolitizados e "construídos como meras expressões de valores pessoais e preocupações de caráter moral" (Elshtain, 1992, p.113). Essa despolitização também excluiria da esfera pública valores e preocupações que seriam tipicamente femininos, dada a posição social das mulheres. A institucionalização do poder masculino teria correspondido, largamente, à incorporação de grande parte da vida social aos códigos e ao controle jurídico e burocratizado do Estado, com o estreitamento dos âmbitos nos quais o poder informal das mulheres teria sido historicamente exercido, o doméstico e o sagrado. O poder masculino – e a justiça – corresponderia, assim, a um tipo de "progresso" no qual as mulheres representam "o polo negativo juntamente com a natureza, a emoção e a paixão" (Elshtain, 1981, p.116). Uma das críticas assim elaborada se dirige ao fato de que o pensamento moderno situaria os indivíduos em um mundo no qual "os indivíduos são adultos antes de terem nascido; os garotos são homens antes de terem sido crianças; um mundo no qual nem mãe, nem irmã, nem esposa existem" (Benhabib, 1987, p.85). O acesso das mulheres à cidadania teria sido marcado, historicamente, pela confirmação desse apagamento: elas seriam cidadãs desde "que sua voz específica desse lugar ao discurso simbólico dominante" (Finzi, 1992, p.139).

Na contramão, assim, de um mundo fundado na abstração de indivíduos racionais e isolados, seria importante, para as pensadoras do maternalismo, valorizar as experiências e perspectivas das mulheres, engendradas por sua posição na esfera privada. Um dos principais problemas é que a dualidade entre o público e o privado tem, nesses argumentos, seu sinal invertido, mas não há uma orientação sobre como seriam superados os obstáculos estruturais relacionados ao papel das mulheres na vida doméstica. Ainda que a importância do cuidado com as crianças, por exemplo, seja inquestionável, a experiência valorizada, nesse caso, é justamente aquela que resulta da domesticação, da segregação das mulheres à esfera privada e/ou a atividades e competências consideradas femininas na esfera pública e que historicamente roubaram-lhe a voz. É uma direção completamente distinta do questionamento à privatização do cuidado e da vida familiar. O destaque à maternidade individualizada e privatizada vai na direção oposta da criação de "instituições que dariam a todas as mulheres, e não apenas às ricas, a oportunidade de que seus filhos cresçam em ambientes saudáveis e alegres", que possam trabalhar "sabendo que seus filhos estarão bem nas mãos de cuidadores especializados nas creches, nas escolas ou em casas coletivas para crianças" (Kollontai, 1977, p.146). A comparação entre as formas de realização da maternidade para mulheres de diferentes classes sociais mostra que a singularidade e os ideais da maternidade são acessíveis a poucas e que sua construção como questão privada colabora para que sejam mantidas as condições de injustiça e degradação nas quais a maternidade se realiza para a maioria das mulheres.[11]

---

11 A comparação feita por Alexandra Kollontai entre gravidez e maternagem de quatro mulheres, a esposa do diretor da fábrica, a lavadeira, a empregada

As críticas ao pensamento maternal ressaltam também a reprodução de estereótipos convencionais de gênero e a promoção da participação política por meio de estratégias que segregam as mulheres em posições subalternas (Miguel, 2001), reforçando "uma visão unidimensional das mulheres como criaturas da família" (Dietz, 1998, p.46). O resgate da voz não se distingue da mobilização dos estereótipos, sobretudo em sua ênfase no afeto e no altruísmo para a caracterização da atuação política "feminina", enquanto a expressão do interesse seria parte da política "masculina".[12]

A valorização das atividades das mulheres na esfera doméstica não se restringe, no entanto, ao maternalismo. Em abordagens que passam longe dele, como a de Iris Young, a valorização da voz e das experiências das mulheres também mobilizou sua vivência na esfera doméstica. O desprezo pelo trabalho doméstico é visto, nesse caso, como uma das formas do desprezo pela "voz das próprias mulheres" e por suas trajetórias. Em sua crítica à domesticidade como restrição, parte do feminismo jogaria fora a criança junto com a água do banho ao reconhecer no trabalho doméstico apenas as faces da opressão, sem perceber que ele também individualiza e dá sentido "às vidas individuais por meio da organização e da preservação das coisas" (Young, 1997, p.149).

Esse esforço para realizar, simultaneamente, a crítica à opressão relacionada ao confinamento das mulheres na esfera doméstica, reduzindo entre outras coisas suas chances de participação política, e confrontar a desvalorização do trabalho das mulheres, que seria "ao menos tão fundamentalmente construtor-do-mundo e produtor de sentido quanto o trabalho tipicamente masculino" (Young, 1997, p.156), esbarra em pelo menos dois problemas. Um deles é que no

---

doméstica e a trabalhadora da fábrica de tecidos, é exemplar (Kollontai, 1977, p.127-39). Vale lembrar que na abordagem da autora a centralidade do trabalho é determinante tanto para evitar o gasto de energia em "trabalho improdutivo" quanto para garantir a saúde e produtividade das novas gerações (Kollontai, 1977, p.142).

12 Para a exposição e a caracterização do pensamento maternalista entre as correntes da teoria política feminista, conferir Miguel e Biroli (2014).

mundo em que vivemos a cidadania e o reconhecimento social permanecem, em muitos sentidos, associados ao trabalho remunerado, que é também um dos canais para a construção das redes que dão acesso à política. Tomar parte da esfera pública por meio da inserção no mundo do trabalho em vez de permanecer na rotina de isolamento e trabalho doméstico repetitivo é considerado por muitas delas um bem, mesmo quando o trabalho fora de casa está muito distante da autonomia e das condições cotidianas e de remuneração que se poderia desejar (Davis, 1983 [1981], p.242). A afirmação da individualidade pode ser, aliás, aquilo que é sentido como gratificante mesmo em condições de trabalho que estejam aquém do desejável. Considerada a dinâmica do trabalho doméstico, a gratificação pode estar em, "pelo menos, sair de casa", "pegar aquele ônibus e ver todo aquele movimento", como aparece em um dos depoimentos de mulheres da periferia da cidade de São Paulo apresentados por Cynthia Sarti (2011, p.100), ainda que outros depoimentos relatem o sentido de dignidade da casa limpa e arrumada e dos filhos bem cuidados (Sarti, 2011, p.99), confirmando formas de valorização e de julgamento implícitas na divisão convencional dos papéis.

A posição hierárquica da dona de casa e o trabalho doméstico desvalorizado são faces de uma mesma moeda, mesmo quando as mulheres trabalham dentro *e* fora de casa. Entre as camadas mais pobres da população, a permanência da mulher na posição de "dona de casa" pode ser um efeito casado das convenções de gênero e do desemprego (Davis, 1983 [1981], p.239), e não uma escolha que individualiza e dá sentido à vida.

O outro problema, em abordagens como a que exemplifiquei a partir de Iris Young, é sua compreensão restrita do trabalho que faz sentido e produz sentido. Se quisermos escapar às convenções de gênero que naturalizam a domesticidade das mulheres e abarcar, na crítica, as formas de alienação presentes na organização do mundo social dentro e fora de casa, é preciso estabelecer alguma relação entre trabalho e controle autônomo do próprio tempo. É certo que a perspectiva liberal de que as mulheres serão libertadas da opressão do trabalho doméstico e alcançarão uma situação de igualdade relativamente aos homens pelo acesso ao trabalho remunerado é uma idealização baseada na vivência das poucas mulheres que podem ter acesso a carreiras profissionais com grau relativamente ampliado de autonomia e de remuneração (hooks, 1984, p.61). Mas a perspectiva de realizar um trabalho que faça sentido e manter algum controle sobre o próprio tempo é, sem dúvida, ainda menor para as mulheres quando elas acumulam rotinas exaustivas de trabalho fora e dentro de casa, realidade vivenciada pela maioria das mulheres. Por isso a privatização do trabalho doméstico teria que ser considerada em conjunto com as formas de opressão que a divisão sexual do trabalho e a divisão do trabalho de maneira mais ampla representam. Só assim seria possível levar em consideração a crítica radical ao trabalho coercitivo e expor o fato de que é preciso que exista "espaço suficientemente amplo de tempo livre" para que os indivíduos reconheçam suas vidas como um fim em si mesmas e descubram "uma esfera de valores não quantificáveis, os valores relativos ao 'tempo de viver'" (Gorz, 2003 [1988], p.117). Na forma atual das relações, as mulheres, e sobretudo as mulheres pobres, têm não apenas menores chances de realizar um trabalho que faça sentido, mas também menor acesso ao tempo livre que permite construir sentido autonomamente. A valorização do trabalho doméstico é certamente relevante, mas precisa ser feita de modo a desconstruir as relações de trabalho e as desigualdades estruturais no acesso a remuneração e tempo livre.

O conjunto de problemas que surgem dessa aproximação mostra que, se o gênero modifica o modo como pensamos a democracia (Phillips, 1991, p.149) é porque expõe a relação entre as desigualdades que organizam o acesso a recursos materiais e simbólicos, a opressão cotidiana, a produção diferenciada das identidades e a participação dos indivíduos na sociedade em que vivem. Os obstáculos no acesso a direitos e na participação política se definem nessa complexidade; sua superação depende de que seja, portanto, levada em conta.

Conclusão

A divisão sexual do trabalho é, parece-me, um dos principais fundamentos dos padrões atuais da exclusão e da marginalização das mulheres nas sociedades ocidentais contemporâneas. Sem a sua problematização, os limites da democracia não serão enunciados de forma que incorporem as desigualdades de gênero e levem em consideração a posição social das mulheres. As teorias feministas da política são fiéis à crítica, construída pelo feminismo, aos limites restritos de uma concepção da política que a afasta da vida concreta das pessoas. Essa reclusão coloca a política num espaço que é alheio, ao mesmo tempo, ao cotidiano de opressão e às perspectivas e interesses fundados nas experiências concretas, e plurais, dos indivíduos e grupos sociais em posição de desvantagem nas sociedades capitalistas contemporâneas.

Esse trânsito entre a opressão, a valorização das experiências e a vocalização dos interesses é um dos problemas de que procurei tratar, a partir de diferentes aproximações no debate teórico feminista. A aposta na experiência das mulheres como indivíduos, e nas preferências que se definem nessa experiência, pode encerrar a crítica social no domínio da individualidade. A análise das formas estruturais da opressão permite compreender a divisão sexual do trabalho, dentro e fora da casa, como um complexo de incitações e barreiras, e não como uma sucessão das escolhas dos indivíduos. Essa aproximação não apaga a singularidade das experiências vividas, mas tem o mérito de manter a autonomia como um valor de referência. Ela se recusa, também, a conceber a cidadania das mulheres a partir da posição que lhes foi definida, historicamente, pela dominação masculina. A atuação na esfera doméstica é, sem dúvida, socialmente relevante. Mas para que a crítica seja de fato capaz de lidar com os limites à construção de relações mais igualitárias nas democracias, é preciso promover o reconhecimento do seu valor social e o compartilhamento das responsabilidades pelas tarefas que encerra, recusando firmemente o entendimento de que qualquer indivíduo tenha sua experiência compulsoriamente restrita a esse domínio. A superação das desigualdades no acesso a recursos e nas possibilidades de atuação política depende dessas transformações.

As teorias feministas que são capazes, ao mesmo tempo, de manter a autonomia como valor de referência e colocar as relações, e o cuidado com os mais vulneráveis, no centro dos debates me parecem ser aquelas que dão uma contribuição maior para reenquadrar a análise das desigualdades nas democracias contemporâneas. O foco no direito à expressão igual e independente dos adultos, por meio da adoção de mecanismos institucionais que garantam que não serão silenciados e de políticas de caráter afirmativo que construam as condições para essa vocalização, garantindo que existam recursos e tempo livre para que a participação seja garantida (Tronto, 2013, p.108-9), é sem dúvida fundamental. Mas ele precisa ser considerado conjuntamente com o fato da dependência. O cuidado com as crianças, para que se transformem em indivíduos capazes, e com os doentes e idosos, para que a vida humana seja de fato considerada como um bem em si em vez de relativizada pela lógica de mercado, precisa ser garantido sem que se sacrifique a autonomia das mulheres. Ao mesmo tempo, a construção de alternativas políticas e institucionais deve permitir não apenas a expressão dos interesses pelos próprios adultos, mas também, e de formas sem dúvida distintas, pelas crianças, pelos doentes e pelos idosos. Parece-me necessário avançar na compreensão de que a vocalização dos interesses é possível e deve ser parte da democracia em diferentes momentos da vida, ainda que se dê de maneiras diferenciadas – e precise ser potencializada, portanto, por meio de mecanismos institucionais sensíveis a isso.

Como dito antes neste capítulo, duas das principais características das teorias feministas, se consideradas amplamente, são a crítica às formas modernas da dualidade entre público e privado, por permitirem a acomodação do valor da universalidade às desigualdades correntes, e a ênfase nas relações e no contexto, expondo os limites do individualismo abstrato. O potencial dessas abordagens é, sem dúvida, ampliado pelo fato de que o feminismo confronta a alternativa entre inclusão universal e cristalização das posições sociais diferenciadas dos indivíduos. E seu impacto e efetividade se ampliam quando se afastam da dualidade mulher-homem e procuram dar conta da construção diferenciada do gênero de acordo com as posições sociais de classe e raça das mulheres, enfrentando o desafio de expor as engrenagens complexas da reprodução das desigualdades nas sociedades contemporâneas.

Referências bibliográficas

BARRETT, Michèle. *Women's Opression Today: The Marxist/Feminist Encounter*. London: Verso, 1989 [1980].

BEAUVOIR, Simone. *O segundo sexo*, v.1. Lisboa: Bertrand /Quetzal, 2008 [1949].

BENHABIB, Seyla. "The generalized and the concrete other: the Kohlberg--Gilligan controversy and feminist theory". In: BENHABIB, Seyla; CORNELL, Crucilla (eds.). *Feminism as Critique*. Minneapolis: University of Minnesota Press, 1987.

BIROLI, Flávia. *Autonomia e desigualdades de gênero: contribuições do feminismo para a crítica democrática*. Vinhedo/Niterói: Horizonte/Eduff, 2013.

______. *Família: novos conceitos*. São Paulo: Editora da Fundação Perseu Abramo, 2014.

BRENNER, Johanna. *Women and the Politics of Class*. New York: Monthly Review Press, 2000.

CHODOROW, Nancy. *The Reproduction of Mothering*. Berkeley: University of California Press, 1978.

COHEN, Jean L. "Rethinking privacy: autonomy, identity, and the abortion controversy". In: WEINTRAUB, Jeff; KUMAR, Krishan (eds.). *Public and Private in Thought and Practice: Perspectives on a Grand Dichotomy*. Chicago: The University of Chicago Press, 1997.

COLLINS, Patricia Hill. *Black Feminist Thought: Knowledge, Consciousness, and the Politics of Empowerment*. New York and London: Routledge, 2009.

DAVIS, Angela Y. *Women, Race, & Class*. New York: Vintage, 1983 [1981].

______. "*I used to be your sweet mama*: ideología, sexualidad y domesticidad". In: JABARDO, Mercedes (ed.). *Feminismos negros: una antología*. Madrid: Traficantes de sueños, 2012.

DIETZ, Mary. "Citizenship with a feminist face: the problem with maternal thinking". In: LANDES, Joan B. (ed.). *Feminism, the Public and the Private*. Oxford: Oxford University Press, 1998.

ELSHTAIN, Jean Bethke. *Public Man, Private Woman: Women in Social and Political Thought*. Princeton: Princeton University Press, 1981.

FINZI, Silvia Vegetti. "Female identity between sexuality and maternity". In: BOCK, Gisela; JAMES, Susan (eds.). *Beyond Equality and Difference: Citizenship, Feminist Politics, Female Subjectivity*. London, New York: Routledge, 1992.

FOLBRE, Nancy. *Who Pays for the Kids? Gender and the Structures of Constraint*. New York: Routledge, 1994.

FRASER, Nancy. *Justice Interruptus: Critical Reflections On The "Postsocialist" Condition*. New York: Routledge, 1997.

______. "Rethinking the public sphere: a contribution to the critique of actually existing democracy". In: CALHOUN, Craig. *Habermas and the Public Sphere*. 5.ed. Massachussets: MIT, 1997 [1992].

FRIEDAN, Betty. *The Feminine Mystique*. New York / London: WW Norton, 1997 [1963].

GILLIGAN, Carol. *In a Different Voice: Psychological Theory and Women's Development*. Cambridge: Harvard University Press, 1982.

GORZ, André. *Metamorfoses do trabalho: crítica da razão econômica*. São Paulo: Annablume, 2003 [1988].

HELD, Virginia. *Feminist Morality: Transforming Culture, Society, and Politics*. Chicago: The University of Chicago Press, 1993.

HIRSCHMANN, Nancy. *The Subject of Liberty: Toward A Feminist Theory of Freedom*. Princeton: Princeton University Press, 2003.

HOOKS, Bell. *Feminist Theory: From Margin To Center*. 2.ed. New York and Boston: South End Press, 1984.

IBGE. *Pesquisa nacional por amostra de domicílios 2012: síntese de indicadores*. Rio de Janeiro: IBGE, 2013.

IPEA. *Retrato das desigualdades de gênero e raça*. 4.ed. Brasília: IPEA, 2011.

KOLLONTAI, Alexandra. "Theses on communist morality in the sphere of marital relations". In: *Selected writings*. New York and London: W. W. Norton, 1977.

MACKINNON, Catherine A. *Feminism Unmodified*. Cambridge: Harvard University Press, 1987.

______. *Toward a Feminist Theory of the State*. Cambridge: Harvard University Press, 1989.

MANSBRIDGE, Jane. "Carole Pateman: radical liberal?". In: O'NEILL, Daniel I.; SHANLEY, Mary Lyndon; YOUNG, Iris Marion (eds.). *Illusion of Consent: Engaging with Carole Pateman*. University Park: The Pennsylvania State University Press, 2008.

MIGUEL, Luis Felipe. "Política de interesses, política de desvelo: representação e 'singularidade feminina'", *Estudos Feministas*, v.9, n.1, 2001, p.253-67.

______. *Democracia e representação: territórios em disputa*. São Paulo: Editora Unesp, 2014.

MIGUEL, Luis Felipe; BIROLI, Flávia. *Feminismo e política: uma introdução*. São Paulo: Boitempo, 2014.

OKIN, Susan Moller. *Justice, Gender, and The Family*. New York: Basic Books, 1989.

PATEMAN, Carole. *The Problem of Political Obligation: A Critique of Liberal Theory*. Berkeley, Los Angeles: University of California Press, 1985 [1979].

______. "Afterword". In: O'NEILL, Daniel; SHANLEY, Mary Lyndon; YOUNG, Iris Marion (eds.). *Illusion of Consent: Engaging with Carole Pateman*. University Park: The Pennsylvania State University Press, 2008.

PHILLIPS, *Engendering Democracy*. Cambridge: Polity Press, 1991.

______. Anne. *The Politics of Presence: The Political Representation of Gender, Ethnicity, And Race*. Oxford: Oxford University Press, 1995.

RUDDICK, Sarah. *Maternal Thinking: Towards a Politics of Peace*. Boston: Beacon Press, 1989.

SARTI, Cynthia. *A família como espelho: um estudo sobre a moral dos pobres*. 7.ed. São Paulo: Cortez, 2011.

SOUZA-LOBO, Elizabeth. *A classe operária tem dois sexos: trabalho, dominação e resistência*. São Paulo: Perseu Abramo, 2011 [1991].

SPELMAN, Elizabeth V. *Inessential Woman: Problems of Exclusion in Feminist Thought*. Boston: Beacon Press, 1988.

TRONTO, Joan C. *Caring Democracy: Markets, Equality, and Justice*. New York: New York University Press, 2013.

WALBY, Sylvia. *Theorizing Patriarchy*. Oxford: Basil Blackwell, 1990.

WILLIAMS, Patricia. *Seeing a Color-Blind Future: The Paradox of Race*. New York: Farrar, Straus and Giroux, 1998 [1997].

YOUNG, Iris Marion. *Justice and the Politics of Democracy*. Princeton: Princeton University Press, 1990.

______. *Intersecting Voices: Dilemmas of Gender, Political Philosophy, and Policy*. Princeton: Princeton University Press, 1997.

______. *Inclusion and Democracy*. Oxford: Oxford University Press, 2000.

______. "House and home: feminist variations on a theme". In: *On female body experience*. Oxford: Oxford University Press, 2005.

______. *Responsibility for Justice*. Oxford: Oxford University Press, 2011.

8. Democracia, diversidade e desigualdades no multiculturalismo

Flávia Biroli

O multiculturalismo se define como corrente teórica por uma preocupação com a diversidade cultural e étnica das sociedades contemporâneas, colocando-a como questão central para o debate sobre os limites da democracia e os mecanismos de reprodução das desigualdades nessas sociedades. É, sobretudo, a forma assumida por essa diversidade nos países mais ricos do mundo ocidental que se apresenta como ponto de partida nessas reflexões. Ainda que a convivência entre grupos diversos por sua origem e pelos seus costumes não seja algo peculiar à segunda metade do século XX, é a partir da década de 1960 que ganharia força a relação entre democracia, justiça e preservação de modos de vida de grupos minoritários.

A garantia aos direitos das minorias passa a ser vista como algo que é realizado de modo insuficiente pelos valores e normas baseados na tolerância como não discriminação. Além disso, essa aproximação não seria capaz de incorporar uma questão fundamental, a relação entre a preservação dos estilos de vida dos grupos minoritários e o exercício da autonomia pelos indivíduos que se percebem como membros desses grupos.

A perspectiva multiculturalista ampliou o destaque ao problema da convivência entre grupos culturalmente distintos no debate contemporâneo sobre os limites das democracias. Essa produção intelectual e as formas de ação política com o objetivo de garantir o direito das minorias ganharam projeção nos embates políticos sobretudo no hemisfério norte, dentro e fora das universidades, a partir de meados do século XX. Na visão de um de seus oponentes nos Estados Unidos, nessa época teria sido possível acreditar na possibilidade de construção de um país beneficamente cego às diferenças raciais e étnicas. A partir dos anos 1970, e como um resultado dos avanços da visão multiculturalista, as diferenças seriam reforçadas e positivadas, em vez de esquecidas (Glazer, 1983). Mais tarde, seria possível dizer que o multiculturalismo venceu as "guerras culturais", impondo padrões na definição dos currículos escolares, da sociedade e da cultura de maneira mais ampla (Glazer, 1997, p.3).

O que Nathan Glazer define a partir de um passado em que a integração teria sido uma possibilidade concreta, e, em sua visão, uma alternativa legítima para a construção de uma sociedade baseada mais na união do que nas diferenças, é justamente o que os multiculturalistas e teóricos da diferença, mais amplamente, definiriam como uma fantasia tecida da perspectiva daqueles para quem os referenciais culturais hegemônicos garantiam uma posição vantajosa. Em outras palavras, estaríamos diante de um embate entre o etnocentrismo e o multiculturalismo. O que tornaria as disputas mais acaloradas é o fato de que a posição dos que se identificam com as perspectivas hegemônicas dos cânones e dos valores civilizatórios, "que antes parecia razoavelmente segura e autoevidente" (Eller, 1997, p.254), seria contestada.

Trata-se, assim, de uma produção teórica situada em embates muito concretos. Eles têm lugar e remetem a sociedades organizadas, ainda que, com variações, com base em valores pluralistas. A reação à abordagem liberal da diversidade é bastante semelhante àquela presente no pós-colonialismo, elaborando-se como denúncia de valores apresentados como universais, mas construídos a partir de uma perspectiva dominante etnocêntrica. Na corrente pós-colonialista, como se pode ver na discussão feita no capítulo 11, os contextos nos quais o impacto da colonização foi sentido diretamente são o ponto de partida, enquanto no multiculturalismo a base é a vivência das relações de poder que derivam da geopolítica atual nos países ricos, especialmente na América do Norte, na Europa, sobretudo ocidental, e na Oceania.

O enfoque varia junto com os problemas abordados. Pode ser na imigração – menos ou mais recente, como no caso dos afro-americanos e dos hispânicos nos Estados Unidos, assim como de asiáticos e árabes na América do Norte e na Europa. Pode destacar a posição e a luta por direitos dos grupos étnicos ou nacionais – como as etnias indígenas no Canadá, nos Estados Unidos e na Austrália e o exemplo clássico nessa literatura dos *québécois* no Canadá, em que as disputas em torno do reconhecimento oficial da língua falada pelo grupo minoritário ganha centralidade. Frequentemente, nos casos discutidos nessa literatura, as comunidades de cultura coincidem com comunidades religiosas, ou ao menos as práticas em questão quando são discutidos direitos multiculturais e formas de regulação não permitem estabelecer fronteiras claras entre uma e outra. Também aqui há exemplos já clássicos nessa literatura, como dos amish, menonitas e huteritas na América do Norte, dos sikhs na Inglaterra, dos aborígenes na Austrália e dos turcos na Alemanha. Têm sido destacadas práticas convencionais entre grupos islâmicos, como a poligamia e o controle sobre as mulheres por meio do vestuário e de intervenções para regular e restringir sua sexualidade. O uso do véu entre comunidades islâmicas na França é objeto de disputas e debates nos quais foi mobilizada não só a crítica ao controle sobre as mulheres nessas comunidades, mas também a ideia de que a lei de 2010, que proibiu o uso público do véu, seria contrária à liberdade religiosa e de expressão, correspondendo assim a mais um episódio de xenofobia na Europa contemporânea.

No Brasil, as questões relacionadas aos direitos das etnias indígenas são aquelas que mais se aproximam do leque de problemas discutidos pelo multiculturalismo. De modo aproximado, podem ser abordadas no registro das "culturas societais diferenciadas" ou grupos nacionais, nos quais língua e território desempenham um papel fundamental na preservação de um estilo de vida (Kymlicka, 1996, p.79). De maneira diversa, afro-brasileiros podem codificar suas demandas por direitos e pela garantia de afirmação de uma identidade diferenciada de formas que se aproximam, em alguns sentidos, das questões relacionadas aos grupos de imigrantes nos países em que esse debate se estabeleceu. Argumentos multiculturalistas estariam entre os que são mobilizados pelos movimentos negros no Brasil em defesa de políticas de ação afirmativa (Feres Junior; Campos, 2013). Não faço essas observações no sentindo de fundir essas diferentes realidades, mas para indicar algumas das possibilidades de diálogo com o multiculturalismo a partir do contexto brasileiro.

Além das variações já indicadas, uma questão sem dúvida importante para a discussão feita aqui é o fato de que as aproximações e os enfrentamentos do multiculturalismo com o pensamento e as instituições liberais são bastante diferenciadas. O grau de aproximação com o liberalismo pode ser tomado como divisor de águas entre as abordagens internas a essa corrente. Mas, diferentemente do que ocorre no feminismo, para mencionar uma das correntes em que as posições relativamente à tradição liberal variam bastante (como discutido no capítulo 7), ao promover os direitos dos grupos o multiculturalismo confronta diretamente a noção universal abstrata de cidadania, entendendo que a promoção da cidadania depende do tratamento diferenciado aos grupos de cultura. Mantendo o paralelo, enquanto historicamente parte da tradição e da ação política feminista se articulou em torno da demanda por direitos iguais de cidadania para mulheres e homens, até mesmo as abordagens que se autoidentificam como multiculturalistas liberais apostam na construção de uma "cidadania diferenciada". Entre elas, a mais conhecida é certamente a de Will Kymlicka, que procura em sua ampla produção nessa temática definir os limites da própria corrente e sistematizar problemas e abordagens por ela abrangidos. Por outro lado, a variedade das abordagens encontra limites no que pode ser definido como o denominador comum entre elas, que é a rejeição às compreensões do Estado-nação como algo unitário e homogêneo (Kymlicka, 2007, p.61), confrontando políticas de assimilação e de exclusão em direção ao reconhecimento e acomodação das diferenças (Kymlicka, 2007, p.77).

Com seus muitos matizes internos, o multiculturalismo articula de maneira singular o debate sobre igualdade e diferenças, caro à "nova esquerda" na segunda metade do século XX. No leque da chamada política das diferenças, reconhecimento das diferenças e participação paritária dos grupos ganharam o topo da agenda. Com eles, ganharia destaque também a posição teórica e prática de que as injustiças não poderiam ser reduzidas a sua forma distributiva. Feminismo, comunitarismo, teorias do reconhecimento e multiculturalismo são registros bastante distintos das críticas que ganhariam força nesse contexto. Em todos eles, coloca-se em alguma medida a valorização das diferenças em uma matriz identitária, o que significou um reajuste na agenda dos debates e das políticas. O capítulo sobre as teorias do reconhecimento (capítulo 9 deste volume) discute como as teorias da diferença que assim se definiram consideram as desigualdades materiais em sua abordagem da democracia. Essa é, sem dúvida, uma questão importante também para compreender as críticas ao multiculturalismo.

A resistência à agenda multiculturalista teve forte expressão em posições conservadoras contrárias ao reconhecimento de direitos para imigrantes e pouco sensíveis à ideia de tratar de maneira não hierárquica as diferenças entre estilos de vida. Mas ela se fez, também, a partir de um debate mais amplo, que incluiu preocupações de intelectuais de esquerda com o que foi tomado como uma espécie de refluxo no modo como as relações entre a democracia e a desigualdade eram compreendidas. O ponto é que o reconhecimento das diferenças teria correspondido a um deslocamento, e enfraquecimento, de uma agenda que priorizasse as desigualdades ou fosse capaz de compreender como as formas simbólicas e culturais da marginalização estão conectadas a aspectos materiais. Em posição que ganhou destaque nesse debate, Nancy Fraser afirma que é preciso conceituar desvantagem econômica e desrespeito cultural sem perder de vista que estão entrelaçados (Fraser, 2003). É quando as desigualdades materiais e de classe entram em cena, assim como seus efeitos na participação na sociedade, que fica claro que as diferenças não são apenas identidades a ser afirmadas, mas podem ser a expressão de hierarquias injustas e opressivas.[1]

A crítica se voltou para a redução do espaço para as demandas distributivas (Rorty, 2008, p.74), mas também para o que seria um reconhecimento deficitário da nossa "humanidade comum" (Rorty, 2008, p.71) em nome da celebração das diferenças. O melhor caminho para a construção de uma sociedade justa ainda seria, nesse recurso à universalidade, a não discriminação, "criando as crianças de modo que não pensem muito sobre se as pessoas são negras ou mulheres ou gays ou Navajo [...] que pensem que não importa se as pessoas são gays ou se são lésbicas" (Rorty, 2008, p.76-7). Essa seria a orientação para a construção da democracia diante da pluralidade, nas sociedades contemporâneas.

É uma posição semelhante à de Brian Barry (2001, p.133), que também se posiciona nesse debate como um crítico da corrente multiculturalista e dos seus efeitos nas sociedades liberais contemporâneas, quando afirma que o tipo de tolerância às diferenças culturais defendida pelo multiculturalismo corresponde ao relativismo moral. Para Barry, que recusa qualquer possibilidade de conciliação entre o multiculturalismo e o liberalismo, um ponto fundamental é que a diversidade cultural não pode ser tomada como um bem em si. A tolerância à diversidade, à maneira defendida pelo multiculturalismo, levaria ao rompimento com a premissa liberal básica da garantia aos direitos individuais. Em seu estilo característico, "a tolerância pública é uma forma para se criar muitos infernos privados" (Barry, 2001, p.143).

As abordagens que entendem que a democracia e a justiça dependem não apenas da tolerância à diferença, mas da construção de direitos que as reconheçam em vez de suspendê-las ou ocultá-las, colocam em questão o "comum" de que fala Rorty e a neutralidade do liberalismo como mobilizada por Brian Barry. O multiculturalismo

---

1 Vale conferir o debate entre Iris Young, Nancy Fraser e Anne Phillips, publicado na *New Left Review* em 1997. Os textos foram publicados em português no número 2 da *Revista Brasileira de Ciência Política*, em 2009.

denuncia justamente a falsa universalidade da "medida do homem",[2] que daria forma à nossa humanidade comum e permitiria falar no *indivíduo* como realidade que ultrapassa a singularidade das posições dos grupos e dos sujeitos nos contextos concretos das relações de poder. Concebida como universalidade, a igualdade não seria a base adequada para a construção de políticas capazes de remover os obstáculos ao igual reconhecimento do valor dos indivíduos quando há vieses que colocam alguns deles – pela sua raça, etnia, nacionalidade – em posições desvantajosas. Uma compreensão alargada da justiça que, como se verá adiante, não é necessariamente a que orienta as abordagens multiculturalistas demandaria a remoção de obstáculos à participação paritária dos indivíduos nas sociedades, e isso não seria alcançado apenas por meio de normas não discriminatórias, como discute Nancy Fraser (2008), em uma posição que, como dito anteriormente, é crítica aos efeitos de deslocamento que as teorias da diferença teriam produzido, mas incorpora a diversidade das identidades e a importância do seu reconhecimento como demandas incontornáveis para as democracias contemporâneas.

As próximas seções tratarão das posições no multiculturalismo, concentrando-se na questão do pertencimento dos indivíduos ao grupo, nas formas de definição da cidadania diferenciada e no problema das desigualdades internas aos grupos. A ideia de pertencimento dos indivíduos a um grupo e, mais especificamente, a uma cultura, será discutida na próxima seção, a segunda deste capítulo. Os questionamentos à noção de cultura como base para pertencimentos e identidades são discutidos na terceira seção. A quarta seção, por sua vez, discute a relação entre preferências, identidade individual e identidade de grupo. É nela, também, que discuto mais diretamente os problemas expostos pelas desigualdades internas aos grupos, embora atravessem todo o capítulo. O pano de fundo da discussão aqui apresentada são as críticas e aproximações do

---

2 Faço aqui uma apropriação aproximada da expressão "a falsa medida do homem", título do livro no qual Stephen Jay Gould (2003) discute o mito da objetividade científica e demonstra, utilizando-se de uma série de exemplos, como o condicionamento cultural define a verdade em diferentes épocas e contextos.

multiculturalismo em relação ao pensamento liberal, mas é frequente também o diálogo com o feminismo e com o comunitarismo, uma vez que as tensões entre essas correntes nos ajudam a melhor compreender os limites e potenciais das abordagens multiculturalistas.

Autonomia individual e pertencimento ao grupo

A posição de Will Kymlicka é, provavelmente, a mais conhecida no debate multiculturalista. Nem de longe, no entanto, pode ser vista como representativa do conjunto das abordagens sobre os direitos das minorias e a proteção a práticas e estilos de vida minoritários. Nela, a autonomia individual se mantém como referencial normativo importante, em conjunto com a defesa de formas de reconhecimento e mecanismos institucionais que permitiriam a construção de democracias sensíveis às diferenças entre grupos nas sociedades contemporâneas.

Fica estabelecida uma relação entre democracia, reconhecimento das identidades de grupo e respeito às escolhas individuais. A noção de escolha ganha, assim, uma abordagem vinculada à de cultura. Para Kymlicka, só é possível afirmar que há escolha individual autônoma quando a compreendemos no contexto de uma cultura determinada, uma vez que "a decisão sobre como levar nossas vidas é, primeiramente, uma questão de explorar as possibilidades que a nossa cultura torna disponíveis" (Kymlicka, 1996, p.126). A preservação da cultura dos grupos minoritários corresponderia, assim, à construção de condições adequadas para as práticas, os sentidos culturais e a língua comum nos quais a liberdade de escolha se efetiva. O "contexto da escolha individual" é visto como o conjunto das opções que nos são legadas e significadas em tradições e culturas determinadas, com os estilos de vida que configuram. Mesmo a revisão das nossas concepções e do entendimento que temos de como gostaríamos de viver, fundamental para a conexão feita por Kymlicka entre sua posição e o pensamento liberal contemporâneo, é feita pelos indivíduos a partir das referências concretas que compõem seu contexto étnico, cultural, racial. Uma outra forma de definir essa posição é dizer que é como indivíduos culturalmente situados que definimos os valores que nos são caros, ainda que na abordagem de Kymlicka seja aceitável que se possa, a partir desse "lugar", confirmar, ressignificar ou refutar as tradições dos grupos aos quais estamos vinculados. Embora as identidades sejam culturalmente definidas, a ênfase de Kymlicka no indivíduo o coloca em uma posição bastante distinta daquela expressa, no âmbito do comunitarismo, por autores como Charles Taylor e Michael Sandel. Para eles, os sujeitos *são* seus laços sociais e, por isso, não *optam* por laços e compartilhamentos, mas compreendem-se neles (Sandel, 1998 [1982]). Pode-se pensar que o comunitarismo e uma parte do multiculturalismo, como se verá adiante, fundem a crítica aos limites da compreensão social da individualidade no liberalismo à crítica aos valores liberais, que tomam o indivíduo como sujeito de direitos.[3]

Correndo o risco de ser redundante, chamo a atenção para o fato de que, na perspectiva de Kymlicka, a autonomia *individual*, e não a autonomia *do grupo*, se afirma como valor e orientação normativa. Nesse ponto, há duas frentes, que vão compor, igualmente, o "multiculturalismo liberal". Uma delas é que esse multiculturalismo reconhece alguns grupos, os que são internamente liberais, mas não reconhece aqueles que impõem restrições à autonomia individual dos seus membros, que inclui aqui a liberdade para rever vínculos, valores e fins. A autonomia individual é mobilizada, assim, como uma espécie de valor-limite na avaliação da justeza das demandas dos grupos por reconhecimento. A distinção entre demandas multiculturalistas que implicam "proteção externa" (aos grupos, na relação com grupos majoritários numa sociedade) e demandas que respaldam "restrições internas" (no âmbito dos grupos, limitando a autonomia dos indivíduos e, em especial, sua capacidade de rever

3 Agradeço a Luis Felipe Miguel por ter me chamado a atenção para os efeitos da sobreposição entre duas dimensões distintas da crítica ao apontar, em seus comentários sobre este capítulo, para a diferença entre a crítica à "sociologia tácita" do liberalismo, com seu foco no indivíduo, e a crítica ao horizonte ético do liberalismo, que poderia ser tomado como o da autonomia individual.

suas concepções e modos de vida) expressa essa posição. As últimas ferem o critério da autonomia, por isso não devem ser atendidas. É no entendimento das primeiras que se define a segunda frente dos argumentos nessa abordagem: além de a "proteção externa" ser considerada justa nos casos em que os grupos são internamente não restritivos (ou, se quisermos, liberais no seu zelo pelos direitos individuais), ela precisa ser atendida para que seja possível superar desigualdades que significam, na prática, restrições à autonomia dos indivíduos no contexto da sociedade mais ampla, plural, na qual vivem.

O exercício da autonomia individual é comprometido quando o grupo de cultura do qual o indivíduo é parte, com os valores e práticas que lhe identificam, é estigmatizado ou marginalizado na definição das normas e formas de participação na sociedade mais ampla. Por isso, o contexto cultural no qual a autonomia pode ser exercida é aquele em que os modos de vida significativos para os indivíduos têm condições de ser mantidos – o que requer medidas variadas, como o direito ao ensino regular de uma língua minoritária, a manutenção de práticas culturais e religiosas, a delimitação de um território, a aceitação de formas de organização política próprias ao grupo nesse território, a garantia para formas convencionais de interação com o ambiente, o direito à utilização de vestimentas tradicionais, o direito a determinadas formas de exercício da autoridade parental, para citar algumas.

A relação entre escolhas, identidades individuais e "pertencimento" ao grupo é, nessa perspectiva, incontornável: "a participação [*membership*] em uma cultura nos oferece um contexto inteligível de escolha, e um sentido seguro de identidade e pertencimento, que nós mobilizamos ao confrontar questões relacionadas a projetos e valores pessoais" (Kymlicka, 1996, p.106). A discussão sobre a legitimidade das demandas dos grupos é construída, assim, a partir dos pressupostos de que "o acesso a uma cultura societal é essencial para a liberdade individual" e que a maioria das pessoas não apenas tem um forte laço com "sua própria cultura" como tem interesse em manter esse laço (Kymlicka, 1996, p.107).

A noção de pertencimento é, portanto, fundamental. A liberdade, e segundo Kymlicka a liberdade que o liberalismo define e defende, não implica a superação da "própria história", mas a possibilidade de movimentar-se nela e mesmo de distanciar-se e escolher aquilo que nela pareça satisfatório e valoroso (Kymlicka, 1996, p.91). Dignidade e identidade ficam comprometidas quando a cultura à qual pertenço é desvalorizada ou ameaçada. Mas, diferentemente da compreensão sustentada pela corrente comunitarista, em que o foco em "quem sou", em vez de nos projetos que reconheço como meus, leva a definir os indivíduos pelo compartilhamento de uma "identidade comum" (Sandel, 1998 [1992], p.143), no "multiculturalismo liberal" de Kymlicka o contexto de cultura que define minhas referências e me constitui não é idêntico a quem sou e aos projetos de vida que definirei como válidos para mim. Ele se afasta, explicitamente, da concepção constitutiva do sujeito em Sandel, na qual os indivíduos "concebem sua identidade – o sujeito e não somente o objeto de seus sentimentos e aspirações – como definida até certo ponto pela comunidade de que fazem parte", definindo a comunidade não como algo que têm em comum com outros cidadãos, mas como "o que eles são" (Sandel, 1998 [1992], p.150), como foi dito anteriormente. Kymlicka reconhece mediações e diferenças internas aos grupos que a abordagem comunitarista de Sandel simplesmente suspende ou ignora em nome da antecedência da comunidade em relação à posição do sujeito. A posição dos indivíduos em uma cultura pode ser bastante variável – por exemplo, se são homens ou se são mulheres – e, portanto, sua adesão ao "caráter", isto é, aos traços que definem uma cultura *em um dado momento*, pode ser também bastante variada.

Isso não anula, no entanto, o fato de que nessa abordagem eu me reconheço e sou reconhecido por outras pessoas como membro de uma cultura. Por isso um dos principais focos da crítica é justamente o sentido da cultura e sua materialização na definição das identidades dos grupos e das vivências que são significativas para os indivíduos (Phillips, 2007). O problema político fundamental que daí advém se mantém: é, como dito anteriormente, que os obstáculos à vivência pública dessa identidade se transpõem em obstáculos à participação autônoma, comprometendo a dignidade individual e a cidadania. Se para tomar parte da sociedade mais ampla é preciso negar aspectos relevantes da minha identidade – como, por exemplo, hábitos alimentares, o uso de determinadas peças do vestuário ou a rotina de orações que entendo que devo manter –, minhas escolhas, mesmo imediatas e localizadas, como a de me candidatar a um emprego, ficam comprometidas, interferindo na minha autonomia para definir e buscar meus projetos de vida. Por isso, a igual cidadania só seria possível, de fato, quando as diferenças são consideradas e acomodadas (Kymlicka, 1996, p.181). A construção de relações nas quais se procura garantir o igual exercício da autonomia individual dependeria, assim, da "cidadania diferenciada".

A referência feita pelo próprio Kymlicka à análise de Carole Pateman (1988) sobre o acesso à cidadania para as mulheres é importante para a compreensão dessa posição. A extensão à cidadania para as mulheres como se fossem homens, ou como homens de menor valor ou envergadura, não permitiria que tomassem parte como iguais na sociedade por suspender as diferenças nas posições presentes de mulheres e homens. Tratar as mulheres "como se fossem homens", em vez de construir um caminho para a coparticipação e o igual exercício da autonomia, significaria suspender suas experiências, suas vozes e a relevância política da produção dos seus interesses – diferenciados, singulares – a partir delas. A construção da igualdade não poderia, assim, tomar como referência as perspectivas e os interesses, determinados, daqueles que estiveram historicamente em posição tão vantajosa a ponto de terem obtido a chance e a vantagem histórica de definir sua própria visão como neutra e extensiva a todos os outros. Algo semelhante ocorreria quando, para viver como um igual na Inglaterra, tenho que ser, não um sikh, mas uma espécie de inglês desfalcado das características que me fariam ser reconhecido como igual, ou se tiver que ser menos Kaiowá para ser reconhecido como um brasileiro "como qualquer outro". Em casos como esses, o direito à "cidadania diferenciada" seria necessário para permitir a integração dos indivíduos como iguais e, portanto, seria incontornável para a realização efetiva de valores liberais como o pluralismo, a tolerância e a autonomia individual.

Mas, ressalto ainda uma vez, os indivíduos não são, nessa percepção, meros depositários da identidade dos grupos. A expectativa de que se integrem à sociedade mais ampla, portanto, não é vista como a transição de um vínculo voluntário para outro, ainda que se aceite que os direitos individuais prevalecem sobre os do grupo, o que na prática significa que é plenamente aceitável que os indivíduos tomem contato com outras formas de vida e se distanciem daquelas que os vinculavam a uma cultura determinada. É justamente na construção desse elo entre a concepção individual de autonomia e o reconhecimento dos grupos de cultura que Kymlicka se afasta do comunitarismo, como dito anteriormente. Mas uma vez que sua compreensão do indivíduo depende em alto grau de que aceitemos a noção de cultura e o fato fundamental do "pertencimento", é preciso considerar também quais as chances reais de que a concepção liberal do indivíduo de direito seja mantida. A distinção entre "proteção externa" e "restrições internas" é de fato uma solução? Em que medida é possível, de fato, dar peso normativo simultaneamente à "cultura" e à capacidade dos indivíduos de rever valores e fins?

No pensamento liberal contemporâneo, é importante o entendimento de que o indivíduo é moralmente capaz de sustentar uma concepção de bem e deve ser considerado a fonte de reivindicações válidas relativamente a suas preferências e ao modo como procura viver. A adaptação às circunstâncias é, por sua vez, uma dinâmica permanente. Na abordagem de John Rawls, que tem peso destacado no pensamento liberal hoje, "é parte da condição humana lidar com as preferências que nossa educação nos lega" (Rawls, 2000 [1993], p.232-3, nota 15) e a capacidade de assumir responsabilidade "faz parte da capacidade moral de formar, revisar e procurar racionalmente realizar uma concepção de bem" (Rawls, 2000 [1993], p.234). A centralidade da cultura na corrente multiculturalista, mesmo no chamado "multiculturalismo liberal", a afasta, ao menos parcialmente, dessa compreensão. Pensado como posição da qual valores e práticas determinados fazem sentido e dão sentido às escolhas individuais, o pertencimento a grupos de cultura dá realidade a laços que implicam, se não restrições legais, obstáculos ao ideal da construção racional individual dos fins que é uma espécie de coluna vertebral da compreensão liberal da autonomia. No limite, o próprio "multiculturalismo liberal" coloca em questão o liberalismo ao acentuar nele uma forma de diversidade que não cabe nos limites da justiça concebida como imparcialidade. O indivíduo rawlsiano não é um indivíduo não solidário ou destacado de quaisquer laços, como quer Sandel (1998 [1982]). Mas a abstração desses laços é incontornável para a construção da justiça como imparcialidade, espinha dorsal daquela que é sem dúvida a obra de maior impacto de John Rawls, *Uma teoria da justiça*. Em outras palavras, a proposta de Kymlicka parece demandar a incorporação simultânea dos valores do "pertencimento" cultural e de uma autonomia individual amparada numa forma de justiça que procura promover o "equilíbrio apropriado entre exigências conflitantes" (Rawls, 2008 [1971], p.12) por meio da suspensão dos laços e singularidades. Em Kymlicka, a produção da igualdade entre os indivíduos depende da aceitação do pertencimento cultural, em Rawls ela depende da suspensão de características como raça, gênero, etnia – do que foi definido como "equanimidade decorrente da ignorância" (Kolm, 2000, p.211). O foco nos laços dos indivíduos com os grupos, no seu "pertencimento" a grupos culturalmente definidos, dá centralidade normativa ao fato de que nos definimos como indivíduos em contextos de valores muito distintos. A ideia de associação voluntária, embora normativamente importante na garantia aos direitos dos indivíduos de reverem seus vínculos e os fins que definem como relevantes para si, fortaleceria a visão do indivíduo suspenso dos seus vínculos e singularidades que, de formas distintas, multiculturalismo e comunitarismo colocam em questão.

O liberalismo é reivindicado, na corrente multiculturalista, também em abordagens muito distintas da que venho discutindo. Nesse caso, o reconhecimento do pluralismo é equiparado à não adesão a valores identificados com culturas ou grupos, entre eles o valor da autonomia individual ou uma visão específica da dignidade humana. A defesa de uma "política de indiferença" (Kukathas, 1998) como a forma adequada da preservação da pluralidade cultural caracteriza uma abordagem multiculturalista que abre mão do valor da autonomia individual e consagra, ainda que nem sempre de maneira direta, a autoridade dos grupos sobre os indivíduos. Essa forma da convivência entre grupos de cultura legitima as desigualdades internas ao grupo e justifica relações que ferem a liberdade individual: mais do que uma questão de valores, trata-se de construir justificativas para a não interferência do Estado nos casos em que há violação da liberdade, da autonomia e da dignidade individual. A construção histórica desses valores na modernidade se deu no domínio do liberalismo como corrente política e de pensamento. Abandoná-los hoje parece, no entanto, afastar-se não do liberalismo como corrente, mas de patamares mínimos para a garantia aos direitos individuais construídos historicamente.

O desafio parece ser integrar direitos individuais e igualdade em abordagens que sejam capazes de dar conta da importância e peso das diferenças para a construção e o exercício dos direitos, mobilizando a igualdade como um valor que não seja meramente formal. Destaco a construção e não apenas o exercício dos direitos, lembrando que o multiculturalismo coloca questões importantes sobre quem é ouvido e quais perspectivas são consideradas na construção das normas que organizam as democracias contemporâneas. São questões que não se esgotam no reconhecimento dos grupos de cultura, organizados muitas vezes de forma que corresponde ao silenciamento de parte dos integrantes em nome da manutenção de hierarquias que lhes são fundamentais, como será discutido na próxima seção.

A realidade da cultura

O recurso à noção de "cultura" impõe uma série de reflexões. Algumas das abordagens críticas ao multiculturalismo discutem o que é entendido como reificação da noção de cultura. Estereótipos e comportamentos convencionais seriam justificados e naturalizados por serem vistos como culturalmente condicionados. Uma forma radical da crítica a esse olhar sobre "as culturas" aparece na crítica de Slavoj Žižek, quando define o multiculturalismo como "uma forma inconfessada, invertida, autorreferencial de racismo", como um "racismo que mantém as distâncias", "'respeita' a identidade do Outro" e vê as comunidades como "autênticas" na medida em que não contesta a perspectiva privilegiada da qual são apreciadas, a da posição universal (Žižek, 2009, p.56). A cultura ganharia realidade, assim, na mesma proporção em que se preservaria a superioridade de quem a vê e define como tal.

Neste capítulo, aproximo-me dessa discussão pelas abordagens de Susan Okin (1999) e de Anne Phillips (2007). São análises que se constroem a partir de reflexões sobre as tensões entre o multiculturalismo e o feminismo. A posição de Okin pode ser resumida como a crítica ao que vê como ocultação e mesmo proteção aberta das injustiças internas aos grupos com base no argumento da preservação da identidade cultural desses mesmos grupos. Ela reforça a posição, já mencionada a partir de Kymlicka, de que a autonomia individual é o valor normativo que deve orientar nossa posição relativamente à preservação e apoio a práticas e valores, às tradições se quisermos, de um grupo.

Os grupos não são monólitos e não podem ser assim concebidos porque isso suspende toda a problemática das desigualdades e formas de opressão internas a eles. Além disso, a ideia de que a cultura determina as opções dos indivíduos deixa pouco lugar à agência individual, o que é problemático porque distorce os fins: a preservação de uma cultura não pode ser um fim em si e não há nada de óbvio na ideia de que tradições devam ser preservadas. A posição de Phillips é mais matizada e, possivelmente, mais complexa. Também para ela, as formas de opressão internas aos grupos devem ser combatidas e a reificação da cultura serve a fins que podem ter pouco em comum com o enfrentamento das desigualdades. Mas essa crítica não deveria significar um abandono da agenda que coloca a superação da opressão dos grupos majoritários sobre grupos minoritários numa sociedade como uma questão fundamental para a justiça e a democracia. Do mesmo modo que "a cultura" não pode ser mobilizada como forma de se justificar outras formas de opressão, a igualdade de gênero, por exemplo, não pode servir de pretexto para justificar formas de intolerância e opressão impetradas contra imigrantes ou minorias étnicas e/ou nacionais. Em outras palavras, Okin se fixa numa compreensão das desigualdades que ressalta as relações entre os indivíduos, e sua posição distinta nos grupos, enquanto Phillips entende que as desigualdades entre os grupos de cultura permanecem como uma questão política central nas sociedades contemporâneas, ainda que seja problemático abordá-la na forma do discurso da preservação das culturas e tradições.

Voltarei a esse ponto, mas o que interessa neste momento da discussão é que nos dois casos a ideia de pertencimento do indivíduo a uma cultura é colocada em xeque. Para evitar o determinismo, ou o determinismo seletivo que atribui motivações culturais aos grupos minoritários enquanto vê naqueles que são parte dos grupos majoritários motivações racionais e individualizadas, a cultura deveria ser pensada como "algo que influencia, dá forma, e constrange o comportamento, mas que não o determina" (Phillips, 2007, p.10). O entendimento firmado nesse caso é o de que "os direitos que interessam quando se constrói uma posição favorável ao multiculturalismo são direitos dos indivíduos, e não dos grupos" (Phillips, 2007, p.165). Mas as posições são, ainda assim, distintas. Susan Okin é cética em relação à possibilidade de que seja possível, ao mesmo tempo, assegurar direitos a grupos que seriam culturalmente definidos e garantir o direito à liberdade individual, uma vez que boa parte dos grupos minoritários que apresentam demandas pelo reconhecimento de direitos diferenciados nas sociedades contemporâneas o fazem para garantir práticas convencionais que legitimam o controle dos mais velhos sobre os mais jovens e a subordinação das mulheres. Um exemplo particularmente importante, para ela, é o do direito à poligamia. Mais do que a preservação de "uma tradição" em abstrato, ele corresponderia à preservação do exercício convencional da autoridade dos homens sobre as mulheres.

Essa visão se complica quando se traz à discussão os limites às garantias dos direitos individuais no caso dos grupos minoritários. Para além da questão da "preservação" de culturas, tradições e modos de vida, há no mínimo uma tensão razoável entre a estigmatização desses indivíduos e a possibilidade de que tomem parte como iguais nas sociedades nas quais vivem. No contexto atual dos países europeus e norte-americanos com grande presença de imigrantes, a possibilidade de que esses indivíduos sejam ouvidos e considerados, em situações nas quais possam expor autonomamente suas visões e justificativas para os modos de vida que lhes parecem relevantes, é bastante pequena. Ainda que se tenha em mente a crítica de que, no contexto do multiculturalismo, quando isso se dá a voz que se faz ouvir é frequentemente a de lideranças desses grupos que não expressam os interesses de todos os indivíduos dos grupos, o problema dos limites à coparticipação das minorias nas sociedades permanece.

A estigmatização dos indivíduos dos grupos minoritários não é um problema teórico e político que possa ser abandonado com facilidade quando se pretende confrontar as formas de desigualdade que limitam o usufruto dos direitos pelos indivíduos e o exercício efetivo da autonomia. O fato de que a estigmatização possa ser um subproduto do próprio multiculturalismo quando este eleva a cultura à posição de determinante dos comportamentos dos indivíduos, levando a percepções de que os indivíduos pertencentes a minorias culturais racializadas não são motivados por suas escolhas, enquanto "nós" seríamos motivados pelas nossas escolhas (Okin, 1999, p.27; Phillips, 2007, p.29), é sem dúvida relevante, mas não é suficiente para se deixar de lado o fato político da opressão e exclusão das minorias nas sociedades contemporâneas. Os dispositivos liberais para a garantia dos direitos dos indivíduos não têm se mostrado apropriados para combater as formas de opressão caracterizadas como "imperialismo cultural" (Young, 1990), nas quais a imposição das perspectivas dos dominantes como se fossem universais afeta a vida daqueles cujas experiências e posições não correspondem aos valores dominantes.

Anne Phillips procura lidar com os dois desafios – o da garantia dos direitos individuais e o do enfrentamento da opressão sofrida pelos indivíduos dos grupos minoritários e/ou estigmatizados por sua etnia, raça, estilo de vida. Uma política democrática atenta aos dois problemas considerados acima deveria colocar limites aos direitos reivindicados por grupos de cultura de modo a "prevenir prejuízos sérios aos menores de idade, prevenir a violência física e mental, e assegurar que homens e mulheres sejam tratados como iguais" (Phillips, 2007, p.165). Deveria, também, atender a um outro critério, o de que a legitimidade das demandas por reconhecimento e da definição de direitos derive de um processo democrático. Por isso é fundamental discutir quem fala em nome dos indivíduos dos grupos minoritários e quais seriam as alternativas institucionais para garantir direitos e participação aos indivíduos que se reconhecem como membros de grupos minoritários. Como lembra a própria autora, processos baseados no voto da maioria podem servir para legitimar a opressão às minorias e fortalecer vieses baseados nas diferenças culturais. Por outro lado, distribuir poder aos grupos, ampliando o poder regulatório dos grupos sobre seus membros (Phillips, 2007, p.169), tem efeitos indesejáveis do ponto de vista do primeiro problema, o dos direitos individuais – a posição das mulheres e dos mais jovens nesses grupos continua a ser, sem dúvida, o maior exemplo da perversidade dos direitos multiculturais assim concebidos.

O reconhecimento de que os indivíduos não são abstrações, mas têm posições sociais *distintas* numa sociedade, implica reconhecer que as desigualdades, inclusive na possibilidade de usufruir dos direitos individuais no contexto social mais amplo em que vivem, se aprofundam quando os indivíduos dos grupos minoritários não têm voz no debate público e são excluídos dos foros de representação. Nesse aspecto, o multiculturalismo tem correspondido a pressões pela construção institucional de alternativas para a incorporação, de fato, da diversidade das experiências e dos interesses nas dinâmicas políticas representativas. O ponto aqui é quais medidas, nessa direção, serviriam para legitimar relações opressivas internamente aos grupos e quais permitiram lidar com a exclusão sem abrir mão dos direitos individuais e sem reificar os grupos de cultura. Essas alternativas estariam presentes na diferenciação entre a "representação corporativa na qual os indivíduos servem como os representantes autorizados do seu grupo e são tomados como sua voz autêntica" e medidas com o objetivo de "aumentar a representação de pessoas que compartilham as marcas e experiências desses grupos" (Phillips, 2007, p.168).

Desigualdades e produção das preferências

Um dos muitos problemas com os quais se esbarra nessa argumentação é o da produção e expressão autônoma das preferências. Sem dúvida, os indivíduos que não se identificam como membros de grupos minoritários de cultura não têm, nas sociedades contemporâneas, condições perfeitamente adequadas para a produção autônoma das suas preferências. Não se pode, também, assumir que estejam em condições de igualdade, nas sociedades de mercado que conhecemos, para participar da definição das alternativas possíveis para a construção das suas vidas ou que tenham acesso em condições minimamente igualitárias aos recursos necessários para buscar seus projetos de vida (Biroli, 2013). Ainda assim, e mais uma vez, essa não é toda a história. Há pressões adicionais, e singulares, no caso de grupos de cultura orientados por visões convencionais e religiosas não liberais. Há muitos exemplos em que a fronteira entre a coerção e a individualização é complexa, como nos casos em que há exigência, por grupos islâmicos, de que as mulheres usem roupas que cubram seu corpo e seu rosto; nos casos em que se recorre a formas violentas de punição quando o comportamento sexual de mulheres e jovens se afasta dos padrões aceitáveis pelo grupo, ou mesmo quando em seu comportamento, genericamente falando, se lê a intenção de romper com esses padrões; nos casos em que se mantêm crianças fora da escola para que não tomem contato com outros valores e modos de vida nas sociedades pluralistas, frequentes entre grupos como os amish e os menonitas, mas cada vez mais frequentes entre fundamentalistas religiosos que reivindicam legitimidade para a prática de "*homeschoolling*" ou educação domiciliar.

Em algumas de suas frentes, o multiculturalismo oscila entre a negação de que a autonomia individual é um valor que deve ser preservado (Kukathas, 1998) e uma visão simplista dos limites entre autonomia e coerção, como na afirmação de que

> é difícil ver em nome de que direito nós podemos dizer a uma mulher adulta e que tenha plena posse dos seus sentidos que sua demanda não coagida pela clitoridectomia é inaceitável, ou dizer para homens e mulheres adultos em uma sociedade livre que eles não podem se casar com mais do que uma pessoa. (Parekh, 1996, p.258)

Ainda que o próprio Bikhu Parekh considere, no texto do qual foi extraída essa citação, que as razões para a prática da clitoridectomia expostas pelos grupos muçulmanos não são aceitáveis e que ela deve ser banida, seu ponto de partida – a opção pelas mulheres adultas, tratando-se de uma prática que só ganha sentido em contextos nos quais a opressão de gênero é peça-chave na organização das relações – me parece equivocado. É um caso em que o "pertencimento" das mulheres a uma cultura confere sentido a sua posição subordinada, e não a suas escolhas autônomas.

A posição assumida por Parekh quando discute a poligamia é mais ambígua, mas nem por isso menos clara em sua simplificação dos problemas em torno do exercício da autonomia. As justificativas para a poligamia por parte dos grupos que convencionalmente a praticam não são todas vistas como inaceitáveis, como no caso da clitoridectomia. Na construção de seus argumentos, ele opta por destacar a crítica ao modo como as sociedades ocidentais lidam com o valor da monogamia. A valorização da monogamia não serviria propriamente como constrangimento a práticas não monogâmicas entre os indivíduos dos grupos majoritários nas sociedades ocidentais, mas seria ativada como recurso para a estigmatização do modo de vida das minorias no mesmo contexto (Parekh, 1996). Há, nesse sentido, um ponto – e não mais que ele – em comum com o comentário irônico de Phillips (2007), na introdução a *Multiculturalism without Culture*, de que nunca tantas pessoas estiveram preocupadas com a igualdade de gênero como nos contextos atuais, em que ela serve para restringir os direitos dos imigrantes e confirmar estigmas a eles relacionados.

Colocar a agência individual no centro da discussão me parece normativamente correto como orientação mais ampla. É inevitável para a conexão entre o problema da permeabilidade desigual da democracia e o de como são levadas em conta as perspectivas e vivências, por meio da expressão autônoma dos indivíduos, com o sentido que conferem a suas experiências. Mas levar a sério "o que as pessoas representam como sendo sua própria escolha" (Phillips, 2007, p.38), como sendo uma escolha autodeterminada, pode ser uma forma de legitimar pressões e naturalizar relações opressivas. Daí a posição de Martha Nussbaum de que as mulheres mais jovens nos grupos devem ser ouvidas e de que é preciso ter cautela ao considerar as definições do que seria crucial para se "ser mulher" em uma cultura (1999, p.126). Não se trata apenas da posição diferente e desigual de homens e mulheres no grupo, mas também de disputas e conflitos entre mulheres mais jovens e mais velhas, em contextos nos quais o questionamento dos constrangimentos e das formas de opressão numa dada cultura pode ser tomado como um questionamento das bases em que suas vidas foram construídas:

> Se uma pessoa teve que adaptar suas preferências e concepções de si para agradar aos homens e para aceitar seu próprio papel como subordinada a eles, essa adaptação não é fácil de ser mudada. Além disso, a experiência desse tipo de constrangimento pode produzir uma necessidade psicológica de impor as mesmas restrições à geração mais jovem. (Nussbaum, 1999, p.126)

A representação autônoma dos interesses pelos próprios indivíduos é, como dito, um dos nós principais para a abordagem da relação entre democracia e igualdade. Mas quando o contexto no qual as preferências dos indivíduos se definem é permeado por formas naturalizadas de opressão, e por pressões, incitações, estímulos e ameaças que podem moldar a identidade dos indivíduos às possibilidades que lhe são reservadas nas hierarquias que organizam as relações nos grupos, a suspensão da crítica à opressão em nome da valorização das perspectivas dos próprios agentes corresponde a abrir mão do valor da igualdade e mesmo do valor da autonomia individual – em nome do qual a defesa da autorrepresentação, pelos indivíduos, dos seus próprios interesses é mobilizada. Pode, também, corresponder a legitimar a posição de alguns ou algumas, em detrimento das vozes contestatórias no próprio grupo.

Quando o multiculturalismo evita essa problematização, ele se aproxima das justificativas comunitaristas para a manutenção dos modos de vida em nome de valores que seriam compartilhados pelo grupo. A ênfase no que é compartilhado e interindividual significa, nesse caso, a suspensão do problema de como as convenções se reproduzem, em muitos casos, em detrimento da autonomia dos indivíduos no grupo e da possibilidade de reverem as práticas e valores convencionais e definirem um curso alternativo para suas vidas. Afasta-se, por outro lado, das abordagens feministas, uma vez que a história da conquista de direitos pelas mulheres como indivíduos passou, sistematicamente, pela crítica às formas de autoridade fundadas nos "valores compartilhados" no âmbito da comunidade, da família, da cultura, da religião. Essa autoridade funcionou como um bloqueio à participação autônoma das mulheres e permitiu, pela invisibilização das suas experiências e dos seus interesses, acomodar as instituições liberais às desigualdades que restringem a construção da democracia.

Um outro problema que é importante ressaltar é que o debate multiculturalista opera, frequentemente, com duas fontes para a legitimação das perspectivas e dos interesses, os grupos minoritários *ou* os indivíduos, sem necessariamente dar conta do fato de que os elos entre eles não são apenas e necessariamente uma questão de identidade, mas das formas estruturais de reprodução de posições desiguais para os indivíduos com base na sua raça, etnia ou cultura. Não se trata aqui de desconsiderar que a demanda pelo reconhecimento das identidades culturalmente diferenciadas tenha como ponto de partida, em muitos casos, os indivíduos dos grupos minoritários. É necessário considerar em que medida parte dos indivíduos do próprio grupo, os mais jovens por exemplo, desejam se autorrepresentar como membros desses grupos ou se veem numa situação em que não conseguem superar representações externas a eles, e ao próprio grupo, que determinam sua posição e restringem as formas da sua identidade.

A ideia de que os indivíduos tendem a valorizar a preservação dos seus vínculos com o grupo ou, na radicalização dessa visão no comunitarismo, a buscar a realização dos fins "comuns" do grupo porque isso significa contribuir para a realização de um modo de vida do qual se orgulham e ao qual sua identidade está ligada (Sandel, 1998 [1992], p.143) deve, no mínimo, ser colocada sob escrutínio crítico. Internamente ao grupo, pode haver constrangimentos para a manutenção dos "valores compartilhados". Externamente, o reconhecimento baseado na etnia, na raça e na cultura pode ser um desdobramento indesejável do ponto de vista dos próprios indivíduos, um subproduto da construção das diferenças como determinações e como estigmas nas sociedades.

Conclusão

A crítica às concepções abstratas do indivíduo não depende da adesão a uma noção forte de "pertencimento", em que sua posição e sua trajetória se tornam um destino em vez de um conjunto de motivações e constrangimentos que singularizam sua vida. Por outro lado, a constatação de que o que existe é um conjunto de indivíduos que estabelecem seus laços voluntariamente é tão equivocada e normativamente nociva para a construção de sociedades democráticas e igualitárias quanto a de que os indivíduos são determinados por e têm laços indissolúveis com sua origem cultural, étnica e racial. Ainda que não seja uma resposta, e menos ainda um ponto final na complexidade dessa discussão, a percepção de que há padrões e posições estruturalmente definidos, que limitam e constrangem a ação individual, é uma forma de compreender a relação entre indivíduos e grupos que não implica a suspensão da agência, da concretude das trajetórias, mas também não leva a abrir mão da crítica aos circuitos de reprodução das desigualdades. O entendimento de que os indivíduos produzem suas próprias identidades, mas em condições que não foram escolhidas por eles (Young, 2000, p.99), parece ser o mais adequado empírica e normativamente. É menos dado a equívocos na percepção de como se definem, concretamente, os elos entre as trajetórias individuais, o pertencimento a grupos e a dinâmica dos constrangimentos estruturais numa sociedade, ao mesmo tempo que pode ser um ponto de partida para abordagens da democracia que priorizam o valor da igualdade, sem abrir mão do valor da autonomia individual.

A posição do indivíduo na sociedade, isto é, o sentido da sua identidade e suas possibilidades relativamente às de outros indivíduos, pode ser fortemente condicionada pela etnia, pela raça e pela cultura. O multiculturalismo procura mostrar que negar essa realidade não significa tratar os indivíduos como iguais. Reconhecê-la, por outro lado, teria que ser um passo em direção à construção de condições mais igualitárias para a participação dos indivíduos nas sociedades em que vivem. Quando esse reconhecimento se torna um fim em si mesmo e respaldá-lo significa caminhar na direção contrária, a abordagem multiculturalista perde sua força. A preservação da cultura é uma alegação em si problemática diante da fragilidade da própria noção de cultura como realidade com um grau de unidade, homogeneidade e permanência que permitiria falar em seu nome. Ela também se choca com, ou mesmo constrange, a análise crítica da opressão e das desigualdades, na medida em que situa os indivíduos em uma alteridade que estaria dada pelo seu pertencimento a um grupo e pela autenticidade das formas de vida às quais corresponderia. Amplia-se, assim, a tolerância potencial a práticas não democráticas e que reproduzem desigualdades significativas pelo fato de serem informadas pela "cultura".

Considerados esses problemas, o multiculturalismo coloca para a democracia, como dito antes, o desafio fundamental de enfrentar o fato de que há filtros importantes na definição de quais experiências são, nelas, consideradas e, em especial, de quem nelas é ouvido. É preciso dar conta de quais fatores contribuem para a marginalização e a invisibilização de indivíduos e grupos nas sociedades liberais contemporâneas. Ignorar o modo como pertencimentos étnicos e fluxos migratórios constituem os padrões de exclusão não colabora para isso.

Referências bibliográficas

BARRY, Brian. *Culture and Equality: an Egalitarian Critique of Multiculturalism*. Cambridge: Harvard University Press, 2001.

BIROLI, Flávia. *Autonomia e desigualdades de gênero: contribuições do feminismo para a crítica democrática*. Niterói; Vinhedo: Eduff; Horizonte, 2013.

ELLER, Jack David. "Anti-anti-multiculturalism", *American Anthropologist*, New Series, v.99, n.2; 1997, p.249-260.

FERES JUNIOR, João; CAMPOS, Luiz Augusto. "Liberalismo igualitário e ação afirmativa: da teoria moral à política pública", *Revista de Sociologia e Política*, v.21, n. 48, 2013, p.85-99.

FRASER, Nancy. "Multiculturalism, antiessentialism, and radical democracy: a genealogy of the current impasse in feminist theory". In: *Justice Interruptus: Critical Reflections on the "Postsocialist" Condition*. New York: Routledge, 1997.

______. "Social justice in the age of identity politics: redistribution, recognition and participation". In: FRASER, Nancy; HONNETH, Axel. *Redistribution or Recognition? A Political-Philosophical Exchange*. London: Verso, 2003.

______. "Why overcoming prejudice is not enough: a rejoinder to Richard Rorty". In: OLSON, Kevin. *Adding insult to injury: Nancy Fraser debates her critics*. New York: Verso, 2008.

GLAZER, Nathan. *Ethnic Dilemmas: 1964-1982*. Cambridge: Harvard University Press, 1983.

______. *We Are All Multiculturalists Now*. Cambridge: Harvard University Press, 1997.

GOULD, Stephen Jay. *A falsa medida do homem*. São Paulo: Martins Fontes, 2003.

GUNEW, Sneja. "Postcolonialism and multiculturalism: between race and ethnicity", *Modern Humanities Research Association*, 1997, p.22-39.

KOLM, Serge-Cristophe. *Teorias modernas da justiça*. São Paulo: Martins Fontes, 2000.

KUKATHAS, Chandram. "Liberalism and multiculturalism: the politics of indifference". *Political Theory*, v.26, n.5, 1998, p.686-699.

KYMLICKA, Will. *Multicultural Odysseys: Navigating the New International Politics of Diversity*. Oxford: Oxford University Press, 2007.

______. *Multicultural Citizenship*. Oxford: Oxford University Press, 1996.

NUSSBAUM, Martha C. *Sex and Social Justice*. New York: Oxford University Press, 1999.

OKIN, Susan. "Is multiculturalism bad for women?". In: COHEN, Joshua; HOWARD, Matthew (eds.). *Is Multiculturalism Bad for Women?* Princeton: Princeton University Press, 1999.

PAREKH, Bhikhu. "Minority practices and principles of toleration", *International Migration Review*, v.30, n.1, 1996, p.251-284.

PATEMAN, Carole. *The Sexual Contract*. Stanford: Stanford University Press, 1988.

PHILLIPS, Anne. *Multiculturalism without Culture*. Princeton: Princeton University Press, 2007.

RAWLS, John. *O liberalismo político*. São Paulo: Ática, 2000 [1993].

______. *Uma teoria da justiça*. 3.ed. São Paulo: Martins Fontes, 2008 [1971].

RORTY, Richard. "Is 'cultural recognition' a useful notion?". In: OLSON, Kevin. *Adding insult to injury: Nancy Fraser debates her critics*. New York: Verso, 2008.

SANDEL, Michael J. *Liberalism and the Limits of Justice*. Cambridge: Cambridge University Press, 1998 [1982].

YOUNG, Iris Marion. *Justice and the politics of difference*. Princeton: Princeton University Press, 1990.

______. *Inclusion and Democracy*. Oxford: Oxford University Press, 2000.

ŽIŽEK, Slavoj. *En defensa de la intolerancia*. Madrid: Ediciones Sequitur, 2009.

9.
Reconhecimento, desigualdades e capitalismo

Ricardo Fabrino Mendonça

O conceito de reconhecimento tornou-se peça fundamental em discussões políticas contemporâneas de justiça. Seja para endossá-lo ou para criticá-lo, filósofos e cientistas políticos têm se debruçado sobre a noção, desde que Charles Taylor e Axel Honneth avançaram essa agenda de pesquisa a partir de reinterpretações do legado hegeliano. Nesse debate, ganha relevo o problema da articulação entre igualdade e diferença, que permite complexificar formas simplistas de classificação das desigualdades tidas como injustas e como maléficas à democracia.

Este artigo pretende discutir justamente a forma como o tema da *desigualdade* atravessa a literatura sobre reconhecimento. Inserindo-se no campo das teorias da justiça, essa literatura precisa, necessariamente, responder a quatro questões: (1) Qual a natureza das desigualdades contemporâneas? (2) Que tipo de desigualdade é política e moralmente inaceitável? (3) Como essas formas inaceitáveis de desigualdade podem ser superadas e/ou reduzidas? (4) Que ideal de política democrática se delineia com o questionamento dessas desigualdades? Tendo em vista a diversidade interna da literatura sobre reconhecimento, diferentes abordagens respondem a essas questões de maneiras distintas. Na primeira seção do presente artigo, procuro mapear, ainda que brevemente, as respostas de algumas dessas abordagens.

A questão central a despontar nesse mapeamento, contudo, diz respeito ao lugar das desigualdades econômicas nesses modelos de análise. Tal questão remete, fundamentalmente, à crítica feita por Nancy Fraser a partir de meados dos anos de 1990 de que haveria uma negligência à dimensão econômica da justiça na base das premissas do reconhecimento. Na segunda seção deste artigo, procuro evidenciar que a crítica de Nancy Fraser é problemática e não trata as premissas sobre as quais se estrutura o trabalho de Axel Honneth. A economia é base importante para o entendimento da proposta honnethiana de reconhecimento, o que fica evidente na forma como o autor analisa o paradigma do trabalho, o capitalismo contemporâneo e a noção de justiça.

Reconhecer que Honneth trata, de forma central, a dimensão econômica não significa, todavia, que ele o faça adequadamente. Na terceira seção do artigo, discutem-se alguns dos limites da visão de Honneth para fomentar a efetiva transformação das democracias contemporâneas. Argumenta-se que Honneth não consegue evidenciar formas efetivas de superação das gramáticas liberais em que se baseiam o capitalismo e as patologias da individualidade que deseja questionar.

Antes de passar ao desenvolvimento dessas três seções, cabe levantar, de saída, uma ressalva, relacionada à natureza do projeto de pesquisa que abarca este texto. Não será possível aprofundar, aqui, a articulação conceitual entre reconhecimento e democracia, algo já explorado em outro artigo (Mendonça, 2012). Visando à clareza da linha argumentativa, optou-se por tomar essa articulação como premissa, operando com uma ideia de coimplicação entre justiça e democracia. Os autores centrais do debate sobre reconhecimento, como Honneth, Taylor e Fraser, partem do pressuposto de que a justiça promove a democracia, ao mesmo tempo que depende dela. Por razões de espaço e escopo, e com o intuito de fazer avançar o debate, não voltarei de forma aprofundada a este ponto. Feita essa ressalva, passemos ao supradelineado percurso.

1. As desigualdades injustas nas abordagens do reconhecimento

O acalorado debate em torno do conceito de reconhecimento a partir dos anos 1990 promoveu não apenas uma popularização do termo, mas também uma diversificação dele. Ao fim e ao cabo, reconhecimento tornou-se um termo genérico que articula diversas perspectivas de justiça classificadas como críticas e preocupadas com o desvelamento das profundas exclusões existentes que minam a efetividade democrática.

Nesse sentido, discutir a forma como a questão das desigualdades é trabalhada na literatura sobre reconhecimento requer, antes de tudo, organizar esse debate. Em outro trabalho, propus dividir as teorias do reconhecimento em cinco perspectivas (Mendonça, 2013): (1) reconhecimento como forma de autorrealização; (2) reconhecimento como tolerância; (3) reconhecimento como base da paridade de participação; (4) reconhecimento como luta afirmativa de identidades; (5) reconhecimento como consideração do interlocutor.

Ainda que haja algumas sobreposições entre as mencionadas perspectivas e apesar da natureza lacunar de algumas delas, é nessa divisão que o texto se apoiará, em sua primeira parte, para discutir a questão das desigualdades. Nas subseções que se seguem buscarei delinear, muito rapidamente, cada uma dessas perspectivas[1] e procurarei responder às quatro questões sobre desigualdades listadas na introdução: (A) Qual a natureza das desigualdades contemporâneas? (B) Que tipo de desigualdade é política e moralmente inaceitável? (C) Como as formas inaceitáveis de desigualdade podem ser superadas e/ou reduzidas? (D) Que ideal de política democrática se delineia com o questionamento dessas desigualdades?

1 Trata-se de um delineamento genérico que aponta apenas alguns aspectos fundamentais de cada perspectiva. Para uma apresentação mais didática de cada uma delas, ver Mendonça (2013).

1.1. Reconhecimento como forma de autorrealização

As fundações da teoria do reconhecimento partem de uma concepção de justiça assentada na ideia de autorrealização. Nessa concepção, esposada tanto por Charles Taylor (1994; 1997) como por Axel Honneth (1995d; 2003a), sociedades justas são sociedades capazes de assegurar condições de autorrealização a seus integrantes. Importante destacar que a autorrealização não é, aqui, sinônimo de autoafirmação individual, mas relaciona-se à possibilidade de ver-se socialmente respeitado e passível de estima, o que depende das redes intersubjetivas no interior das quais identidades são construídas. Taylor e Honneth negam o atomismo liberal e localizam as bases da justiça no processo coletivo de construção e de questionamento de gramáticas morais. Não se trata, pois, de uma defesa do individualismo, na medida em que se parte de um descentramento do indivíduo cartesiano. Opera-se centralmente com a premissa da dimensão social e relacional da autorrealização, o que os distingue fundamentalmente do ideário liberal, incluindo o pensamento de Rawls. Nessa perspectiva do reconhecimento, a autorrealização não é pensada e construída individualmente.

Cabe salientar, ainda, que, na visão de Taylor e Honneth, a autorrealização é uma construção histórica. Taylor (1997) faz uma arqueologia das concepções de bem para evidenciar como o princípio da dignidade universal e o da autenticidade particular se configuraram como bases do que é valorizado no Ocidente contemporâneo. Honneth (2003a; 2003b) investiga como amor, direitos e estima social se estruturaram como alicerces de uma autorrelação saudável, marcada pela autoconfiança, pelo autorrespeito e pela autoestima. Nos dois autores, nota-se uma concepção de justiça atenta, simultaneamente, à centralidade da generalização da igualdade e à relevância da ideia de diferença. E se ambos os filósofos empregam narrativas históricas para entender as balizas da autorrealização, isso não significa a adoção de um relativismo puramente contextualista. Taylor (1994) escapa do relativismo por meio da noção de *fusão de horizontes*, enquanto Honneth (2003a) defende uma *eticidade formal* que permita a adoção de um olhar contextualizado sem perder de vista um processo mais amplo de transformação moral.

Mas qual o lugar das desigualdades nessa perspectiva do reconhecimento? As desigualdades (em suas manifestações diversas) se configuram como um desrespeito que mina a possibilidade de autorrealização. Interessante observar que tanto Taylor como Honneth frisam a importância da igualdade para a justiça, o que, obviamente, não implica a negligência à diferença. Taylor (1994) é bastante claro a esse respeito quando frisa que a proteção de particularidades e diferenças é condição fundamental para a existência em igualdade de condições. Honneth (2003a), por sua vez, questiona como injustas as desigualdades que negam a alguns indivíduos a possibilidade de se autorrespeitarem. A questão das desigualdades não para por aí, contudo. Honneth também questiona as desigualdades que minam a simetria da estima, humilhando e estigmatizando certos grupos de pessoas, independentemente do que os indivíduos venham a fazer. E aponta para uma desigualdade tremenda que se revela no uso da força física, privando algumas pessoas da livre disposição sobre seus corpos.

Nesse contexto, cabe ler os autores dessa perspectiva com base nas quatro perguntas que colocamos. Passemos à primeira, sobre a natureza das desigualdades contemporâneas. Como já mencionado, para Honneth e Taylor, as desigualdades hodiernas se revelam na negação da possibilidade de autorrealização a indivíduos. O curioso é que essa desigualdade pode vir maquiada em um discurso de igualdade, que não consegue enxergar a necessidade de tratamentos diferenciados para assegurar condições de autorrealização. Esse é um dos argumentos fundamentais de Taylor em seu debate sobre a situação do Quebec. Ele também atravessa a obra de Honneth, que percebe que a possibilidade de estima deve ser mais simétrica.

Ainda no que concerne à natureza das desigualdades existentes a partir da ótica do reconhecimento como autorrealização, convém lembrar, aqui, o trabalho de Jessé Souza (2006; 2009) sobre o Brasil. Partindo das ideias de Taylor, Souza (2006) aponta a invisibilidade da desigualdade brasileira, que se encontra entranhada em hierarquias valorativas opacas manifestas em práticas e instituições sociais. Em diálogo com Bourdieu, ele tematiza a forma como essas hierarquias manifestam-se de forma pré-reflexiva na constituição de um *habitus* que se encarna nas ações humanas. Para Souza (2006), a modernidade periférica do Brasil reproduz sistematicamente um *habitus* precário, em que a ideia de generalização da igualdade não foi difundida e internalizada. Disso resultaria uma reprodução sistemática da subcidadania, em um contexto em que a própria desigualdade não é notada. Retomando o trabalho de Kreckel, Souza (2006) assinala que a ideologia do desempenho, assentada na tríade meritocrática (qualificação-posição-salário), justifica a exclusão e culpabiliza a parcela da população precarizada, assegurando sua permanente marginalização. As desigualdades estruturais teriam sido, assim, naturalizadas, invisibilizadas e legitimadas, alimentando a reprodução sistemática de uma "ralé".

> O valor do brasileiro pobre não europeizado – ou seja, que não compartilha da economia emocional do *self* pontual que é a criação cultural contingente da Europa e da América do Norte – é comparável ao que se confere a um animal doméstico, o que caracteriza objetivamente seu status sub-humano. (Souza, 2006, p.45)

Isso nos conduz à segunda questão a guiar nosso argumento, a qual diz respeito ao tipo inaceitável de desigualdade. Obviamente, há assimetrias que não são essencialmente políticas ou moralmente condenáveis. Há pessoas que caminham mais rápido que outras, porque têm as pernas mais compridas. Na perspectiva do reconhecimento como autorrealização, as desigualdades condenáveis são aquelas que impedem que certos sujeitos tenham condições de construir uma autorrelação saudável. Taylor, Honneth e Souza frisam como as relações intersubjetivas podem ferir profundamente certas pessoas, negando-lhes a possibilidade de se realizarem, justamente pela maneira como atualizam as hierarquias existentes. A desigualdade condenável pode ser simbólica ou material. Pode manifestar-se nas esferas íntimas, afetivas, jurídicas ou comunitárias. O que a marca como injusta não é o domínio em que ocorre ou seu tipo, mas as implicações em termos de processos de construção do *self*. Implicações essas que se revelam não apenas em uma condição transitória que pode ser remediada com o acesso a um bem (de qualquer natureza), mas na estruturação dos horizontes de possível que se colocam aos sujeitos e às suas formas de autopercepção.

A terceira questão aborda a possibilidade de superação das desigualdades. Taylor, Honneth e Souza apostam nas lutas por reconhecimento – no agonismo – como uma forma de tematizar as desigualdades injustas e propor outras gramáticas morais (Honneth, 2003a) ou horizontes normativos (Taylor, 1994). As lutas que surgem de sentimentos de injustiça e se traduzem como conflitos sociais mais amplos podem deslocar hierarquias valorativas, padrões distributivos e práticas sociais enraizadas. O processo de questionamento das desigualdades é, pois, o processo de um conflito moral que busca evidenciar a existência e a injustiça de certas desigualdades, propondo novos padrões de interação social (institucionalizados ou não).

Por fim, a quarta questão versa sobre a noção de democracia a inspirar tais autores. Taylor e Honneth partem de uma definição pragmatista da democracia que depende da interação constante entre sujeitos para a estruturação de uma comunidade política. As redes de interlocução são centrais não apenas para a construção dos sujeitos, mas para que uma comunidade política se organize democraticamente, lidando com suas diferenças e combatendo suas formas condenáveis de desigualdade. Honneth (2001a) discute essa questão explicitamente em diálogo com Dewey. Ao fazê-lo, ele sugere uma teoria democrática atenta às opressões, capaz de questionar a dualidade entre público e privado e desafiadora de uma visão homogeneizadora de igualdade (Mendonça, 2012, p.143). Com isso, ele se distancia da visão universalizante de Rawls e percebe o pluralismo não como um fato (ou fardo) com o qual precisamos lidar, mas como algo definidor da própria ideia de democracia.[2] Com isso, também,

2 Agradeço a Flávia Biroli por este apontamento comparativo sobre o lugar do pluralismo em Rawls e Honneth.

ele se aproxima do feminismo ao propor um modelo de política democrática que contesta as fronteiras entre o público e o privado para discutir as bases cotidianas das opressões existentes.

1.2 Reconhecimento como tolerância

A segunda perspectiva a ser abordada compreende o reconhecimento como uma nova forma de conceber a clássica noção de tolerância. Refiro-me, aqui, especificamente ao trabalho de Anna Elisabeta Galeotti (2002), que propõe pensar a tolerância em um viés não liberal.[3] De acordo com Galeotti, seria fundamental submeter a noção de tolerância a duas extensões de que o marco liberal não daria conta: "primeiro, uma extensão espacial do domínio privado ao público, e, segundo, uma extensão semântica do sentido negativo de não interferência para o sentido positivo de aceitação e reconhecimento" (2002, p.10). O reconhecimento seria exatamente um tipo de tolerância à diferença que a valoriza publicamente.

A perspectiva da autora é fundada na premissa de que os grupos majoritários de uma sociedade estabelecem padrões de valorização e, ao fazê-lo, impõem injustiças de naturezas diversas em grupos minoritários. De acordo com ela, apenas alguns atributos, hábitos e modos de vida são considerados "diferentes" e algumas diferenças carregam fardos mais pesados em uma dada sociedade. O desprezo, o estereótipo e o preconceito quase inviabilizam as chances de algumas pessoas de se configurarem como agentes e efetivamente como cidadãos (Galeotti, 2002, p.9). Nessas circunstâncias, a justiça social não pode ser realizada com a proteção privada das diferenças. Seria preciso valorizar publicamente as diferenças, para que a tolerância e a justiça se façam possíveis. A valorização das identidades de grupos oprimidos afirmaria simbolicamente a legitimidade de sua

3 Forst (2007b) também discute a relação entre tolerância e reconhecimento, embora o faça a partir de uma outra perspectiva e estabelecendo uma clara distinção entre os dois conceitos.

existência e semearia as bases de um mundo mais respeitoso e inclusivo (Galeotti, 2002, p.101)

Nessa abordagem, as desigualdades são tratadas, sobretudo, em um plano simbólico e quantitativo. Isso porque Galeotti enfatiza, sistematicamente, o embate entre maiorias e minorias, sem discutir o fato de que muitos grupos numericamente majoritários em certas sociedades são "minorizados" justamente pela opressão a que são submetidos. Mulheres, negros e pobres não são minorias no Brasil. O modelo de Galeotti não parece se voltar, todavia, para o tipo de injustiça a que esses grupos estão submetidos. O reconhecimento que a interessa diz respeito a desigualdades de ordem simbólica, geradas pela estigmatização da diferença. Galeotti está mais preocupada com a situação de sociedades profundamente divididas, enfocando um tipo muito particular de desigualdade.

No contexto dessa problemática, as desigualdades condenáveis, de um ponto de vista moral e político, são aquelas em que a maioria da população humilha e estigmatiza certas formas de diferenças. Não se trata de uma desigualdade que mina as condições individuais de autorrealização, mas de uma desigualdade que mostra o valor inferior de um grupo no interior da sociedade. A forma de endereçar o problema por ela enfocado é a manifestação pública de um reconhecimento simbólico. O Estado tem papel preponderante nesse reconhecimento público, que não envolve a distribuição de um bem escasso: "na medida em que a diferença em questão não infrinja nenhum direito, reconhecimento público, ainda que deva ser atribuído a cada grupo separadamente, pode ser generalizado a todos os reivindicantes" (Galeotti, 2002, p.16). Trata-se, em suma, de um esforço estatal para afirmar e legitimar as identidades de minorias, desde que elas não ameacem os direitos de todos.

Nesse sentido, a visão de democracia esposada por Galeotti está assentada em um ideal pluralista de democracia, com fortes elementos comunitaristas. Para Galeotti (2002), uma democracia pluralista se funda em uma compreensão da cidadania que demanda não apenas a proteção de minorias, mas o fortalecimento e a valorização destas por meio de ações públicas. A democracia precisa do combate às assimetrias simbólicas existentes, porque, do contrário, ela se confunde com a opressão da maioria sobre as minorias. Empoderar minorias oprimidas é uma forma de fortalecer a democracia.

1.3 Reconhecimento como base da paridade de participação

A terceira perspectiva aqui inventariada é aquela proposta por Nancy Fraser (1997; 2000; 2001; 2003a; 2003b; 2008). A autora adentrou o debate do reconhecimento com o intuito de revelar uma supervalorização da cultura na discussão sobre justiça. Fraser critica o paradigma identitário do reconhecimento, que pensaria a injustiça como um cerceamento da autorrealização, alegando tratar-se de um modelo relativista e incapaz de apreender a efetiva dinâmica da opressão. Para Fraser, a base da justiça não está na possibilidade de estabelecimento de formas saudáveis de autorrelação, mas na garantia de que todos e todas convivam em condições de *paridade de participação*. O essencial é, pois, questionar formas de subalternidade institucionalizadas e reproduzidas socialmente.

No modelo de Fraser (2008), a paridade de participação pode ser minada por formas de desrespeito em três dimensões: a economia, a cultura e a política. No campo da economia, formas de distribuição assimétricas criam obstáculos muito concretos (*objetivos*) para a realização da paridade de participação. A marginalização econômica, a exploração e a privação seriam ilustrações desses impedimentos à paridade de participação. Na esfera da cultura, formas de dominação cultural, não reconhecimento e desrespeito minariam as condições *intersubjetivas* necessárias para a paridade de participação. Por fim, na esfera política, a exclusão política e a metainjustiça da perda do direito a ter direitos também gerariam obstáculos significativos à mencionada paridade.

Nessa perspectiva, desigualdades de diferentes tipos recebem atenção muito especial. Isso porque a paridade de participação é o critério normativo a reger a ideia de justiça. As desigualdades materiais, simbólicas e políticas oprimem indivíduos e grupos, relegando-os a uma existência sub-humana. Para Fraser, as sociedades contemporâneas engendram complexas desigualdades, em que cultura, economia e política interagem de maneiras não totalmente claras para gerar injustiças. E se, muitas vezes, essas injustiças são percebidas como problemas "apenas" de redistribuição ou de reconhecimento, muitas delas se devem a formas de exclusão política anteriores, que retiram do sujeito a possibilidade de participar da definição do que seria uma sociedade cultural e economicamente mais justa.

As desigualdades inaceitáveis são, em Fraser, aquelas que negam a condição de paridade a parcelas da população. Ou seja, aquelas que geram subalternidade de classe, de *status* e de participação cívica. As desigualdades são o próprio impedimento a uma sociedade em que todos viveriam em condições equânimes. Elas são o avesso do que a justiça deveria significar.

Para enfrentar essas desigualdades injustas, Fraser recomenda a combinação entre redistribuição, reconhecimento e representação de forma complexa e atenta aos efeitos colaterais de políticas em cada uma dessas áreas. Em sua abordagem, as soluções buscadas deveriam ser transformativas (estruturais), ainda que soluções afirmativas (mais superficiais) possam vir a iniciar mudanças mais profundas. Além disso, as soluções precisariam ser democraticamente construídas, por meio de um procedimento discursivo envolvendo todos os afetados. A forma de superação das desigualdades não pode ser prescrita por especialistas, nem apenas atender aos desejos individuais de cada cidadão. Ela precisa nascer do teste democrático de perspectivas voltadas à solução de problemas. O intuito final dessas soluções gestadas democraticamente seria a superação da subordinação social. Fraser recomenda, assim, uma abordagem deliberacionista de democracia, que sugere que a melhor maneira de questionar desigualdades é por meio de um processo público de discussão, com a participação efetiva de todos aqueles potencialmente afetados por uma questão.

1.4 Reconhecimento como luta afirmativa

A compreensão do reconhecimento como uma luta afirmativa atravessa a obra de diversos autores. Ela aparece de algum modo no pensamento de Galeotti e, mesmo, na interpretação de Fraser sobre as ideias de Honneth. Nessa sessão, contudo, devo ater-me apenas ao trabalho de Patchen Markell, até para evitar sobreposições. Nisso, minha opção é meramente didática.

Markell (2003) faz uma crítica à ideia de reconhecimento, alegando que ela traz consigo o desejo de levar ao conhecimento do outro uma identidade preexistente. Para o autor, esse desejo revela a incansável, ainda que infrutífera, procura humana pela maestria de seus atos e expressões. E seria justamente esse desejo humano de afirmar-se soberano sobre seus atos e identidades que alimenta a lógica de competição e dominação entre as pessoas. De acordo com Markell (2003), lutas por reconhecimento não seriam emancipatórias, mas, ao contrário, geradoras de formas de dominação.

Nessa abordagem, as desigualdades são fruto de uma espécie de expressão do egocentrismo individual. Na medida em que cada um tenta se afirmar sobre os demais, estrutura-se um modelo de sociedade que conduz à competição e à cristalização de assimetrias. Assimetrias essas que são moralmente condenáveis na medida em que perpetuam a lógica de imposição de uns sobre os outros.

Para endereçar tais assimetrias, Markell propõe uma mudança das políticas de *recognition* para uma política de *acknowledgment*. Recorrendo a Sófocles, Aristóteles, Hegel e Arendt, ele chama a atenção para a finitude humana e para a falta de maestria sobre nossos atos. Nesse sentido, a justiça não poderia advir de uma afirmação de várias identidades preexistentes. Ela nasceria de ações e gestos que promovessem a aceitação (*acknowledgment*) dessa condição humana. Ela estaria ligada à percepção de que as próprias identidades se configuram processualmente e não estão prontas para serem afirmadas. As desigualdades injustas não seriam contestadas, como supunha Galeotti, por exemplo, pela afirmação de cada um. Em vez disso, o desafio a tais desigualdades só pode advir do descortinar da condição ontológica de fragilidade dos seres humanos diante de um futuro imprevisível e produzido relacionalmente.

Nesse horizonte, importante frisar, ainda, que a política de *acknowledgment* não se centra no Estado, mas envolve processos mais amplos que permitem aos sujeitos revelarem-se em sua dependência recíproca. Trata-se de uma política contingente, diversificada e, curiosamente, autocentrada, visando a questionar o egocentrismo de uma sociedade que empurra seus indivíduos a uma luta dominadora.

Cabe assinalar, por fim, que Markell não chega a prescrever um modelo democrático. Sua teoria se organiza mais pela negatividade do questionamento do que pela proposição em si. No entanto, é possível ler, em sua obra, um desafio fundamental ao ideário liberal de democracia que prevê indivíduos autointeressados em uma relação vertical com o Estado. Uma sociedade efetivamente democrática deveria minar tanto o individualismo como a centralidade do Estado, atentando para a necessidade de desconstrução das lógicas sociais que minam a possibilidade da igualdade. A busca por soberania, prestígio e valorização gera assimetria e solapa as condições de estruturação de um mundo comum, do qual depende a democracia.

1.5 Reconhecimento como consideração do interlocutor

A quinta perspectiva a ser mencionada pode ser chamada de concepção discursiva ou dialógica do reconhecimento. Nela, a chave para a construção da justiça é a consideração recíproca em um processo no qual os sujeitos refletem conjuntamente sobre o futuro da coletividade, por meio de um intercâmbio de discursos. O reconhecimento não é, aqui, um bem a ser distribuído ou um fim a ser atingido, mas a base de um procedimento dialógico que possibilita a construção conjunta da própria definição de justiça.

O principal defensor dessa abordagem é James Tully (2000; 2004), para quem as lutas *acerca do* (e não *por*) reconhecimento ancoram-se em uma liberdade cívica dialógica que permite a transformação da maneira como os sujeitos se percebem. A questão fulcral passa a ser o desenvolvimento de "instituições que permaneçam sempre abertas aos parceiros em práticas de governança, para que coloquem em questão e renegociem livremente as sempre menos-que-perfeitas normas de reconhecimento mútuo a que estão sujeitos" (Tully, 2004, p.85). As lutas em torno do reconhecimento envolvem uma renegociação dos padrões de tratamento e consideração recíproca. Essa renegociação é justa na medida em que todos os afetados por uma decisão são considerados (reconhecidos) como interlocutores válidos, capazes de opinar sobre os rumos da coletividade.

Importante frisar ainda que, na visão de Tully (2000), as lutas não têm um fim, porque os argumentos e as identidades se chocam publicamente, transformando-se no mesmo processo em que buscam transformar os outros argumentos e atores. Identidades, discursos e normas são revisáveis, e as próprias soluções para problemas de injustiça devem ser pensadas como passíveis de alteração constante. Elas devem "permanecer abertas ao questionamento público de modo que as razões sejam ouvidas e consideradas" (Tully, 2004, p.98). A política do reconhecimento requer, em suma, o reconhecimento dos outros como interlocutores para que normas e decisões políticas sejam coletiva e dialogicamente delineadas.

Concepções semelhantes de reconhecimento podem ser encontradas nos trabalhos de Forst (2007a), Cooke (2009) e Mendonça (2014). Em todas elas, encontra-se uma defesa da centralidade das justificativas e da consideração do outro na permanente construção da justiça. O reconhecimento deve assegurar, fundamentalmente, a reciprocidade de que depende a construção das balizas morais que alicerçam a justiça.

Nessa concepção discursiva, as desigualdades inaceitáveis são aquelas que impedem que sujeitos venham a ser considerados nos processos de luta e cooperação por meio dos quais a sociedade se transforma. Desigualdades de naturezas diversas são condenáveis na medida em que silenciam algumas pessoas ou possibilitam que elas sejam solenemente ignoradas. Elas viabilizam, em síntese, a não consideração do outro.

Tully (2004) é claro ao advogar que essas desigualdades não podem ser classificadas como culturais *ou* econômicas. Elas dizem respeito a uma dimensão estrutural de como os sujeitos são percebidos e inseridos em redes de relações. A base da injustiça não está na desigualdade material ou na capacidade que alguns grupos têm de humilhar outros. A injustiça se manifesta dessas maneiras, mas o que a expressa é a desconsideração do outro que possibilita tanto a privação econômica como a estigmatização. As desigualdades evidenciam a natureza lacunar de uma suposta rede de reciprocidade almejada normativamente.

O combate a essas desigualdades, em Tully (2000; 2004), nasce de lutas nas quais as normas vigentes de (não)reconhecimento são experienciadas como intoleráveis. "As lutas concretas são, frequentemente, sobre essas várias formas de desigualdades, e não conflitos hipotéticos entre diversidade e tratamento especial, de um lado, e defensores da igualdade universal do status quo, de outro" (Tully, 2004, p.94).

Essas lutas podem ser informais ou formais, legais ou fora do campo do judiciário, pacíficas ou violentas. O que as atravessa é a tentativa de um grupo de revelar a injustiça e de mostrar-se passível de consideração. Assim, o questionamento das desigualdades passa pela construção discursiva de novas normas de reconhecimento recíproco.

A visão de democracia contida nessa abordagem é de natureza dialógica ou deliberativa (em uma acepção ampliada de deliberação). Uma sociedade democrática depende do confronto público de discursos sobre as normas sociais vigentes e sobre a maneira como estas hierarquizam sujeitos. A democracia requer um constante debate público capaz de questionar as desigualdades que silenciam muitas vozes no processo de construção coletiva da comunidade política. Democracia requer (e é consequência de) um processo permanente de contestação pública sobre a forma como os sujeitos se relacionam e se tratam.

***

Essa rápida incursão por diferentes perspectivas revela que a temática das desigualdades atravessa debate sobre reconhecimento. Além disso, de alguma maneira, todas essas perspectivas partem do pressuposto de que desigualdades cotidianamente atualizadas minam a efetividade democrática. Por fim, destaca-se que a atenção às questões econômicas é recorrente. Isso nos leva à segunda seção do artigo, a qual procura desmistificar a ideia de que Honneth desconsidera a dimensão material da justiça.

2. O papel da dimensão econômica em Axel Honneth

Discutir o lugar da distribuição material na obra de Honneth é importante por duas razões. A primeira diz respeito à própria relevância do autor nos quadros do debate do reconhecimento. É possível afirmar, sem dúvidas, que Honneth é o principal defensor de uma teoria da justiça assentada no conceito de reconhecimento. O filósofo alemão não vê o reconhecimento como uma ideia importante para discutir justiça ou como uma das dimensões da moralidade. O reconhecimento é *a* base da renovação que ele propõe para a teoria crítica. Explorar suas ideias implica, pois, ir ao cerne da teoria do reconhecimento.

A segunda razão está ligada à crença de que a teoria do reconhecimento negligenciaria as profundas desigualdades econômicas que atravessam o tecido social. A ideia generalizada de que o autor desconsidera a dureza das relações econômicas para se restringir a uma discussão da dimensão simbólica das lutas sociais e a uma idílica visão focada no amor e na solidariedade foi apresentada por Fraser desde a década de 1990 e se alastrou. No entanto, essa redução do reconhecimento ao campo da cultura (e da valorização de identidades grupais) pode minar as bases críticas do conceito, tornando-o, na melhor das hipóteses, desnecessário ou, na pior delas, perigoso aos próprios oprimidos. Assim, mais do que fazer justiça a Honneth, discutir a dimensão econômica em seu trabalho é importante para que a teoria do reconhecimento tenha utilidade ao diagnóstico das desigualdades contemporâneas. Em um cenário de profundas assimetrias materiais, qualquer teoria da justiça que fosse cega a esse tipo de desigualdade seria simplesmente inadmissível.

O argumento que pretendo desenvolver nesta seção destaca a centralidade da crítica econômica ao longo da obra de Honneth (Smith, 2009; Thompson, 2006; Mattos, 2006; Mendonça, 2009). Seu trabalho faz uma análise crítica da natureza do capitalismo contemporâneo, que envolve uma releitura de conceitos caros ao marxismo (como trabalho e reificação) e a proposição de um paradigma de justiça centrado no conceito de reconhecimento. Julgá-lo com base apenas na leitura do livro *Luta por reconhecimento* é perder de vista o percurso e as bases de sua proposta. Para compreendê-los será necessário resgatar outros elementos do trajeto percorrido por Honneth.[4]

2.1 Trabalho e dominação de classe: releituras do legado marxista

Ao longo de sua trajetória, Honneth sempre buscou avançar o legado da teoria crítica, de modo a realizar seu próprio diagnóstico das possibilidades de emancipação existentes, porém bloqueadas, na contemporaneidade. Essa procura o levou, por mais de duas décadas, a discutir o lugar do conceito de *trabalho* na teoria de Karl Marx e naqueles que procuraram, de diferentes maneiras, elaborar teorias críticas.

4 Neste artigo, opto por dedicar-me especificamente aos trabalhos de Honneth que alicerçam a conformação do paradigma do reconhecimento e dele derivam diretamente. Nesse sentido, não se abordaram as discussões mais recentes do autor sobre mercado e economia, apresentadas em *Freedom's Right*, por se entender que a obra marca uma inflexão mais significativa em seu trabalho. Ressalta-se, contudo, que, em *Freedom's right*, Honneth (2014) desenvolve e dá novos contornos a críticas voltadas às injustiças distributivas contemporâneas Seria muito interessante, em outro artigo, realizar uma discussão comparativa desse momento atual com o percurso que lhe antecede.

Em *Work and Instrumental Action* [Trabalho e ação instrumental], Honneth (1995a [1980]) visa resgatar as dimensões expressivas e morais atribuídas por Marx à noção de *trabalho*, salientando que sua força emancipatória reside justamente aí. *Trabalho*, em Marx, não é uma mera prática de produção de objetos físicos, mas uma atividade que tem múltiplas funções, ocupando um lugar central na estruturação da sociedade e na percepção que os sujeitos têm de si mesmos. De acordo com Honneth (1995a, p.19), para Marx, "a espécie humana se torna consciente de suas necessidades e capacidades por meio do mesmo processo de trabalho social pelo qual ela reproduz sua própria existência". O trabalho dá concretude às capacidades humanas, estando ligado à experiência dos sujeitos e à forma como se percebem no mundo.

Para Honneth, todavia, o marxismo teria pouco a pouco abandonado essa dimensão normativa do trabalho, aderindo a uma visão mais estrutural que negligenciaria sua função expressiva. Ademais, e para além do marxismo, Honneth (1995a) salienta uma alteração mais ampla na sociologia, que vê perspectivas organizacionais do trabalho ganharem terreno, em detrimento de abordagens sensíveis à sua dimensão sociofilosófica. A sociologia da indústria teria se tornado uma ciência da racionalização produtiva. Mesmo no campo da filosofia, Honneth nota o apagamento da dimensão emancipatória do trabalho, o que ficaria patente nos escritos de Adorno e Horkheimer, Arendt e Habermas, por exemplo. O trabalho não é um espaço de realização e transcendência, mas o local de dominações (seja da natureza, seja de seres humanos).

Buscando reencontrar espaço para o conceito de *trabalho* na teoria crítica com um retorno a Marx, Honneth (1995a, p.46) advoga a necessidade de captar a ambivalência do autor, que permite distinguir atos instrumentais baseados na capacidade autônoma dos sujeitos de atos instrumentais despidos de qualquer significação. Em outras palavras, ele defende uma tensão entre alienação e emancipação a perpassar atividades laborais. Justamente por isso, Honneth percebe que o espaço do trabalho é um espaço de luta, evidenciada, por exemplo, nas táticas de resistência desenvolvidas por operários.

Em *Domination and Moral Struggle* [Dominação e luta moral], publicado nove anos mais tarde, Honneth (1995b [1989]) dá continuidade à sua releitura do legado marxista. Apesar das fortes críticas vivenciadas pelo marxismo no momento de queda do socialismo real, Honneth se propõe a evidenciar o que deveria permanecer do marxismo. Novamente, o foco do autor recai na interpretação dada pelo jovem Marx ao conceito de trabalho. Marx entendia "o trabalho humano não apenas como uma realização produtiva, mas também como um evento formativo" (Honneth, 1995b, p.9). Assim, Marx não concebia a luta de classes como um conflito meramente estratégico para a redistribuição de bens: trata-se de um "conflito moral em que uma classe oprimida está lutando para atingir as condições sociais de autorrespeito" (Honneth, 1995b, p.13).

As desigualdades econômicas profundas e sistematicamente reproduzidas, nesse contexto, são condenáveis não apenas porque criam uma distribuição injusta de recursos materiais, mas porque evidenciam a assimetria moral entre indivíduos. As relações de trabalho alimentadas pelo capitalismo contemporâneo destituem de sentido a vida de amplas camadas da população, e essa destituição se faz evidente na forma como os recursos materiais são distribuídos. Não basta, portanto, redistribuir. É preciso transformar as gramáticas morais que estruturam os mecanismos de distribuição. Nesse contexto, Honneth pode avançar sua teoria do reconhecimento (à qual voltaremos, com mais detalhes, mais adiante). No paradigma de reconhecimento,

> a teoria da emancipação e a análise da sociedade podem ser conectadas novamente em uma teoria da ação; porque os conteúdos práticos desse processo de luta por reconhecimento são constituídos por normas morais, normas pelas quais o capitalismo pode ser criticado como uma relação social de reconhecimento danificado. (Honneth, 1995b, p.14)

A crítica ao capitalismo se fortalece em um texto do ano seguinte, intitulado *Moral Consciousness and Class Domination* [Consciência moral e dominação de classe] (Honneth, 1995c [1990]). Aqui, o tema das desigualdades econômicas ganha foco nos quadros de uma postura neomarxista que busca descortinar a natureza da dominação de classe contemporânea. Curiosamente, Honneth procura mostrar como a perda de interesse na economia pode ser vinculada ao próprio desenvolvimento da teoria crítica, já que Adorno, Horkheimer e Marcuse, influenciados pelo diagnóstico de Pollock sobre a configuração do *Capitalismo de Estado*, deixaram de ver possibilidades emancipatórias no plano das relações materiais. As formulações de Habermas sobre a colonização do mundo da vida também são criticadas pela negligência à questão mais específica das classes.

Para Honneth (1995c, p.207), "um campo de conflitos morais e práticos pode estar oculto atrás de uma fachada de integração do capitalismo tardio, em que velhos conflitos de classe continuam a ocorrer tanto de formas socialmente controladas como de formas altamente individualizadas". Ele afirma que os integrantes das *classes dominantes* justificam normativamente a ordem social da qual extraem privilégios, e a força dessas justificativas se dá no seu enraizamento em formas de ver e sentir o mundo. Tanto que até mesmo os sentimentos de injustiça devem ser pensados como "influenciados e codeterminados por vários mecanismos de dominação de classe" (Honneth, 1995c, p.212).

De acordo com o filósofo alemão, o capitalismo tardio tem alimentado processos de exclusão cultural que limitam as chances de articulação das injustiças de classe, e esse processo se atualiza por meio de instituições tão diversas como a educação pública e a mídia. Ademais, ao institucionalizar o individualismo nas próprias relações de trabalho, o capitalismo contemporâneo cercearia possibilidades de estruturação de experiências coletivas de classe. Por isso, o problema das injustiças de classe, que se desdobram em desigualdades econômicas, permanece oculto. Nesse texto de 1990, ele questiona explicitamente a ideia de que haveria um apaziguamento da luta de classes, alegando que essa explicação é problemática e reducionista. Em sua visão, "uma teoria de classes desenhada para descrever o capitalismo não pode se limitar à distribuição desigual de bens materiais, mas deve se estender à distribuição assimétrica, nos planos cultural e psicológico, de chances de vida" (Honneth, 1995c, p.217). Sua teoria busca mostrar a inseparabilidade dessas dimensões para que a justiça seja pensada de forma complexa.

Ao questionar a ideia de que a dimensão econômica e a dominação de classes restrinjam-se a uma desigual distribuição de recursos, Honneth ressalta a dimensão normativa das desigualdades econômicas e procura entender suas consequências e suas causas de uma forma não simplista. Essas desigualdades dizem respeito à *desigual distribuição de dignidade social* em uma sociedade de classes alicerçada em *chances desiguais de mercado* (Honneth, 1995c, p.218). O fato de as sociedades contemporâneas negarem a muitas pessoas a chance de serem humanas se manifesta na forma como certas desigualdades econômicas são naturalizadas. Esse ponto será aprofundado na seção 2.3, quando me aterei à discussão sobre as dimensões do reconhecimento. Por ora, contudo, faz-se importante dar mais um passo na compreensão da crítica feita por Honneth ao capitalismo tardio.

2.2 Os paradoxos da individualização e do capitalismo contemporâneo

A compreensão da crítica honnethiana ao capitalismo contemporâneo envolve, necessariamente, o estudo do seu diagnóstico sobre os processos de individualização na modernidade tardia. Ainda nos anos 1990, Honneth escreve alguns artigos em que chama atenção para a aceleração dos processos de individualização pessoal nas sociedades ocidentais contemporâneas. Ele nota esse processo em *Pluralization and Recognition* [Pluralização e reconhecimento] (1991), artigo em que contesta elementos da ideia de pós-modernidade, e, em *The Limits of Liberalism* [Os limites do liberalismo] (1991), quando tenta se situar no debate entre liberais e comunitaristas, apontando as falhas de ambas as correntes. A questão da individualização também é centralmente tratada na tese de livre-docência de Honneth, *Luta por reconhecimento* (2003a [1992]).

Para Honneth, entender essa aceleração da individualização requer interpretar o contexto sociocultural e econômico mais amplo que a possibilitou. Em *Organized Self-Realization: Some Paradoxes of Individualization* [Autorrealização organizada: alguns paradoxos da individualização] (2004), o autor apresenta consistente sistematização sobre a natureza deste processo. Baseando-se em Simmel, ele argumenta que a ideia de individualização pode se referir "à individualização de biografias, [...] ao crescente isolamento de atores individuais, assim como a um aumento dos poderes individuais de reflexão ou ao desenvolvimento da autonomia" (Honneth, 2004, p.466). A questão, para Honneth, é que esses quatro fenômenos, alimentados pelo processo de modernização, embasam alguns paradoxos.

Fiel à tradição crítica, Honneth (2004) faz um diagnóstico do contemporâneo que percebe potenciais emancipatórios profundamente vinculados àquilo que gera a opressão. Se a individualização acena para frutíferas possibilidades de autorrealização, com incremento de reflexividade e demandas por autonomia, ela também promoveu a legitimidade do sistema socioeconômico, restringindo as possibilidades de sua transformação.

> O resultado dessa inversão paradoxal, em que os processos que prometiam um aumento qualitativo da liberdade passam a ser uma ideologia da desinstitucionalização, é a emergência, nos indivíduos, de vários sintomas de vazio interior, do sentimento de ver-se como supérfluo, e da ausência de propósito. (Honneth, 2004, p.467)

Nesse processo, a configuração do capitalismo contemporâneo teve papel preponderante, na medida em que alterou fundamentalmente as formas de trabalho, apostando na flexibilidade, na autonomia, nas "carreiras solo", nas realizações pessoais, no autoplanejamento. De acordo com Honneth (2004, p.472), os indivíduos passaram a ser massivamente "confrontados com a expectativa de que se apresentem como flexíveis (para citar um jargão contemporâneo) e dispostos a se desenvolver se desejarem atingir sucesso em suas profissões e na sociedade".

No mundo da economia pós-fordista, os trabalhadores devem se adaptar a quaisquer condições, e a pressão desse processo os leva a imaginar que suas autonarrativas são fruto de escolhas pessoais, embora elas geralmente revelem nada mais do que o desejo por segurança socioeconômica. O individualismo se torna, simultaneamente, um fator produtivo para a indústria e o setor de serviços, e uma fonte de sofrimento para os indivíduos. Sofrimento este que se torna manifesto no crescimento dos casos de depressão e do consumo de antidepressivos, estudados por Ehrenberg (1998), de acordo com quem os sujeitos padeceriam sob o fardo de *terem que ser eles mesmos.*

As consequências ambivalentes do capitalismo contemporâneo são tratadas também em um artigo escrito em coautoria com Martin Hartmann, intitulado *Paradoxes of Capitalism* [Paradoxos do capitalismo] (2006). Em diálogo com Parsons, os autores vinculam o estabelecimento do capitalismo a quatro princípios: (1) individualismo; (2) concepção igualitária de justiça; (3) a ideia de realização como base para atribuição de *status*; (4) a ideia romântica do amor como espaço de transcendência (Hartmann; Honneth, 2006, p.42). De acordo com eles, a era social-democrata nas economias centrais do Ocidente teria produzido progressos morais vinculados a esses quatro princípios, com (1) o aumento dos salários e da experimentação individual, (2) a criação de direitos sociais, (3) os desenvolvimentos do feminismo e (4) o fortalecimento da ideia de *relações puras.* No entanto, o capitalismo "desorganizado" que emerge da "revolução neoliberal" reverte o potencial emancipatório dessas conquistas, de maneiras paradoxais. De acordo com eles,

> Sob a influência de um capitalismo em expansão, elementos de um vocabulário emancipatório ou uma transformação de instituições sociais empreendida com intentos emancipatórios perdem seu conteúdo original e, assim, de modos complexos promovem precisamente a lógica de ação baseada na utilidade que pretendiam limitar. (Hartmann; Honneth, 2006, p.47)

Em linha muito semelhante à trabalhada no artigo anterior de Honneth (2004), os autores destacam como a ideia de autonomia individual se converteu em demandas não razoáveis, disciplina, insegurança e enfraquecimento da solidariedade de classe. No bojo de um debate detalhado sobre as consequências paradoxais do capitalismo contemporâneo, eles questionam, especificamente, o surgimento de políticas sociais que transformam ações de *welfare* em serviços sociais economicizados, no qual o "cliente" do Estado precisa fazer algo em retorno pelo benefício que recebe. Haveria, assim, uma adaptação perversa da ideia emancipatória de que a cidadania "só pode se realizar se os sujeitos têm ao seu dispor certo padrão de vida que não conseguem estabelecer por eles mesmos" (Hartmann; Honneth, 2006, p.51).

Hartmann e Honneth destacam, ainda, o perigo desse tipo de capitalismo que justifica as desigualdades sociais e as injustiças existentes ao transferir para os indivíduos a responsabilidade de seu próprio êxito ou fracasso, sem vinculá-lo a um todo mais complexo. Ademais, a noção de realização em voga centra-se na valorização exclusiva da produtividade e da geração de bens e serviços comercializáveis, negligenciando as muitas formas de contribuições que indivíduos podem dar à realização de objetivos sociais. Por fim, destaca-se que

> o novo "espírito" do capitalismo, ao transferir a ideia empreendedora de ação calculadora para as autorrealizações dos sujeitos, penetra nas capilaridades das relações íntimas, de modo que o modelo de cálculo orientado para a utilidade começa a predominar. (Hartmann; Honneth, 2006, p.56)

Com base nesses argumentos, e a título de síntese, é possível afirmar duas questões. Em primeiro lugar, a crítica do capitalismo ocupa lugar central no pensamento de Honneth. Em segundo lugar, o impacto das desigualdades econômicas vai muito além da distribuição de bens e está relacionado à realização da dignidade humana. Suas consequências se manifestam na posse de bens materiais, mas também de uma maneira estrutural na conformação dos sujeitos, de seus desejos, relações e sentimentos.

2.3 O lugar das desigualdades econômicas na matriz do reconhecimento

Se, a esta altura, já argumentei a centralidade da dimensão econômica na visão de justiça de Honneth, é preciso deixar mais claro, agora, o lugar da distribuição material em seu construto teórico. Para Honneth, as desigualdades econômicas são inaceitáveis, porque revelam injustiças profundas das sociedades contemporâneas. Injustiças essas que assinalam a falta de valor de segmentos inteiros da sociedade.

Em *Luta por reconhecimento*, Honneth (2003a) procura tratar a conformação histórica de um padrão de autorrealização fundado em três domínios: os vínculos afetivos fortes, os direitos e a solidariedade. A autorrealização humana em sociedades ocidentais contemporâneas estaria calcada na possibilidade simultânea de: (1) ver-se reconhecido como pessoa autônoma, porém dependente; (2) ver-se respeitado como cidadão dotado de direitos como todos os demais; e (3) ver-se passível de estima por eventuais realizações e contribuições à realização de objetivos sociais. Esses três domínios não significam, como pressupõem interpretações que banalizam as ideias de Honneth, que todas as pessoas devem ser amadas, ter tudo aquilo que consideram "de direito" e ter seus grupos identitários publicamente valorizados. A teoria do reconhecimento é mais complexa e busca pensar a conformação de gramáticas morais fundadas na reciprocidade e capazes de fazer avançar padrões coletivos de justiça (Mendonça, 2009).

No esquema delineado por Honneth, a reprodução sistemática das desigualdades econômicas é duplamente desrespeitosa. Em primeiro lugar, ela representa um desafio muito concreto ao exercício igualitário da cidadania. A negação a amplas parcelas da sociedade de condições mínimas de existência explicita que a igualdade pressuposta normativamente pela noção de cidadania não se realiza na prática. As profundas assimetrias econômicas submetem milhões de pessoas a uma existência que não pode ser vista como digna e, ao fazê-lo, mostram à sociedade que alguns de seus membros não são tratados como seres humanos. Honneth (2003a, p.193) defende explicitamente que a segurança econômica, expressa na propriedade concreta de ter um nível adequado de vida, é fundamental para que os sujeitos sejam respeitados como iguais. A reprodução sistemática de fortes desigualdades econômicas é uma das faces mais concretas da assimetria estrutural a exibir os limites do mito fundacional contratualista calcado na ideia da igualdade política. Mito esse que, para Honneth, não deixa de ter uma validade normativa para que se julguem e se critiquem essas assimetrias existentes.

Em segundo lugar, Honneth (2001b; 2003b) faz um grande esforço para demonstrar que o problema da distribuição econômica não está exclusivamente relacionado à ideia de igualdade. Em sociedades complexas, a integração social depende de uma forma de solidariedade que está fundada no reconhecimento da dependência recíproca entre indivíduos. De acordo com Honneth (2001a), a divisão do trabalho, em tese, poderia conduzir à percepção de que dependemos uns dos outros para viver em sociedade. Na medida em que as contribuições individuais fossem reconhecidas em seu valor para o coletivo, ter-se-ia uma sociedade respeitosa, cujo princípio da dignidade não homogeneíza as diferenças. O terceiro domínio trabalhado por Honneth se funda, assim, na ideia de que a justiça depende de uma distribuição mais simétrica da possibilidade de estima.

A questão é que as hierarquias valorativas das sociedades tendem a negar a possibilidade de reconhecimento de algumas atividades que lhe são essenciais. Mesmo porque, nas condições atuais do capitalismo, ações vistas como produtivas, de um ponto de vista comercial, tendem a ser socialmente mais valorizadas do que outras formas de ação (Hartmann; Honneth, 2006). Além disso, as hierarquias valorativas sustentam estereótipos que estigmatizam e humilham algumas pessoas seja por seus atributos físicos, seja pelos seus modos de vida (Honneth, 2003a). Com isso, certas pessoas são desvalorizadas *a priori*, independentemente do que venham a fazer. No bojo dessa desvalorização, Honneth (2001b; 2003b) percebe uma das bases das desigualdades econômicas. Alguns sujeitos não têm suas realizações reconhecidas financeiramente, porque a sociedade desvaloriza a própria atividade ou porque desconsidera a possibilidade de vir a estimar o sujeito. As desigualdades econômicas são sociais porque se ligam às estruturas valorativas enraizadas em nossas práticas cotidianas, ao mesmo tempo que as atualizam. A distribuição material diz do valor que, como sociedade, damos aos outros e a seus afazeres.

Interessante notar, ainda, que o duplo desrespeito das desigualdades econômicas (i.e., negação da igualdade e desvalorização da especificidade) não se manifesta em modalidades paralelas. Os domínios trabalhados por Honneth não têm uma existência dissociada e autônoma. É a desvalorização de alguns sujeitos e de suas atividades que se traduz em forma de subalternidade, negando dignidade, cidadania e possibilidade de autorrespeito. Simultaneamente, é a negação da igualdade que alimenta hierarquias valorativas que permitem humilhar e estigmatizar sujeitos e grupos da sociedade.

Mas como endereçar essa situação? A saída vislumbrada por Honneth é agonística. Ele vê o conflito como um *acontecimento ético* que permite à sociedade exibir a inadequação moral de suas assimetrias. A luta por reconhecimento, que nasce da percepção da injustiça e é travada no sentido de construção de novas gramáticas morais, pode elucidar a negação sistemática da igualdade e a injustiça das hierarquias valorativas que impedem a simetria da estima (Honneth, 2003a; 2003b). As lutas por reconhecimento buscariam assegurar condições de autorrealização mais amplas, necessitando, assim, contestar as desigualdades econômicas, suas causas sociais e suas implicações concretas e intangíveis.

É importante destacar que a vereda indicada por Honneth é diferente da ideia de uma realocação de recursos. Em um de seus textos mais recentes (*The Fabric of Justice: on the Limits of Contemporary Proceduralism* [O tecido da justiça: sobre os limites do procedimentalismo contemporâneo), Honneth (2012a)[5] faz uma ampla crítica a dois consensos que ele vê atravessando as teorias contemporâneas da justiça: (1) uma defesa de que a justiça deva redistribuir algo que assegure a autonomia individual; (2) a crença de que esse algo deve resultar de um processo inclusivo de formação da vontade. Para Honneth, esses consensos são equivocados, porque supõem que a justiça é uma entidade (ou bem) passível de distribuição (preferencialmente pelo Estado). Ademais, a concepção em voga não consegue perceber que o segundo consenso só faria sentido se o primeiro existisse, o que não é o caso em situações de injustiça.[6]

Em um ataque ao paradigma procedimental-distributivo, Honneth (2012a, p.41) propõe uma visão de justiça que perceba que relações de reciprocidade (e não bens distribuíveis) são a condição fundamental da autonomia:

> O que nos ajuda a adquirir autonomia não é um pedaço de um mesmo tecido como um bem que pode ser distribuído; ela é formada de relações vivas de reconhecimento recíproco que são justas na medida em que nos permitem valorizar nossas necessidades, crenças e habilidades.

Assim, lidar com a questão das desigualdades econômicas não pode significar apenas redistribuição de recursos, o que não significa que esta deva ter um lugar secundário ou deva aguardar a desconstrução total das estruturas sociais. A questão, para Honneth, é que é preciso haver ações capazes de alterar as gramáticas morais (com suas bases materiais e culturais) que alimentam a reprodução sistemática

5 Trata-se de uma palestra proferida em dezembro de 2008 na Siemens Foundation (Munique).

6 "*This means that the specific preconditions of liberty to be decided upon must be settled* before *the participants begin to deliberate. In a certain sense, therefore, the theory must unintentionally anticipate the normative results of the procedure by positing specific conditions of autonomy*" (Honneth, 2012a, p.38).

de tais desigualdades. Ações essas que passam, necessariamente, pelo conflito. Sem isso, medidas supostamente voltadas à construção de uma sociedade mais justa podem ser ineficientes ou gerar uma crosta de legitimidade a um "falso reconhecimento".

Nesse aspecto, cabe lembrar uma ideia desenvolvida por Honneth em um texto intitulado *Recognition as Ideology* [Reconhecimento como ideologia] (2007). Nele, Honneth critica as situações em que o reconhecimento se torna uma retórica que não empodera e emancipa sujeitos, mas alimenta "atitudes que se conformam ao sistema dominante" (Honneth, 2007, p.323). Esse reconhecimento é ideológico, na acepção negativa do termo, porque cria um sentimento de autovalor sem contribuir para a efetiva autonomia. Esse seria o caso, por exemplo, da valorização das mulheres atrelada à maternidade, ou da valorização de trabalhadores em situação de vulnerabilidade por sua flexibilidade e capacidade de adaptação à incerteza.

> Ao prometer reconhecimento social para a demonstração subjetiva de certas habilidades, necessidades, ou desejos, elas [as formas ideológicas de reconhecimento] engendram uma disposição a adotar uma rede de práticas e modos de comportamento que se adéquam à reprodução da dominação social. (Honneth, 2007, p.342)

Medidas paliativas e pontuais de realocação de recursos podem cobrir de verniz a sustentação da opressão. Para Honneth (2007, p.346), o que distingue o reconhecimento emancipatório do reconhecimento ideológico é a sua capacidade de "assegurar os prerrequisitos materiais para a realização de novas qualidades avaliativas". Em outras palavras, Honneth não nega a centralidade da distribuição material, mas a liga à construção de gramáticas morais que permitem o estabelecimento de relações recíprocas mais justas. As desigualdades socioeconômicas precisam ser combatidas (em suas causas e consequências) para que relações moralmente defensáveis se façam possíveis. Relações essas que devem assegurar dignidade a todos os seres humanos e possibilidade de valorização de especificidades.

3. Os limites da abordagem honnethiana

Até aqui, este texto procurou deixar claro: (1) que as teorias do reconhecimento pensam a questão das desigualdades de formas variadas; e (2) que a teoria do reconhecimento de Honneth não pode ser acusada por negligenciar as desigualdades econômicas e a dimensão mais estrutural do capitalismo. Admitir que as assimetrias econômicas ocupam um lugar importante do diagnóstico da teoria crítica de Axel Honneth não significa, todavia, aceitar sua abordagem no atacado. Gostaria, assim, de destacar limites da proposta de reconhecimento elaborada pelo autor.

Um dos problemas mais significativos da matriz teórica erigida por Honneth diz respeito à ausência de uma formulação consistente sobre o modo de deslocamento de padrões de autorrealização que são essencialmente modernos e construídos em forte relação com o processo de desenvolvimento do capitalismo. A narrativa histórica elaborada por Honneth (2003a; 2003b) evidencia como amor, direitos e estima emergiram como dimensões importantes para a autorrealização humana. Ele é relativamente bem-sucedido no argumento de que o desenvolvimento desses domínios promoveu a inclusão de mais pessoas e de mais dimensões de personalidade nas gramáticas morais da justiça. No entanto, Honneth não dá o passo seguinte de refletir sobre a forma como outros padrões de autorrealização podem vir a deslocar os existentes.

Isso faz com que, muitas vezes, Honneth precise caminhar sobre o fio de uma navalha conceitual. Pense-se, por exemplo, no uso das palavras *mérito* e *realização* no tratamento dado pelo autor à possibilidade de vir a ser estimado (Honneth, 2003b). É claro que Honneth (2004, 2007), como também o faz Souza (2006), critica as ambivalências da noção de mérito e analisa a forma como a ideologia do desempenho pode se converter em retórica que sustenta a dominação. Mas ele continua operando com o linguajar (as gramáticas, poderíamos dizer) socialmente gestado por uma sociedade repleta de ambivalências. Isso é necessário, porque Honneth precisa fazer um diagnóstico crítico da realidade existente. Parece faltar-lhe, contudo, um passo mais decisivo (uma *grande recusa*, diria Marcuse) rumo a uma transcendência mais efetiva.

Honneth permanece preso à gramática das sociedades ocidentais capitalistas que deseja criticar, não oferecendo pistas muito concretas sobre a formulação de outros padrões de autorrealização. Tanto que ele abre mão da possibilidade de "'construir' um marco imparcial para justificar princípios de justiça", propondo "reconstruí-los a partir de processos históricos de relações de reconhecimento em que já estejam operando" (Honneth, 2012a, p.47). A possibilidade de uma mudança mais radical parece, pois, tolhida de partida.

Fiel ao ideário crítico de evitar utopias irrealizáveis, o próprio Honneth (2012b, p.72) admite que vê "poucas razões para abandonar o reservatório de princípios morais" que embasou (em tese) a estruturação do mercado de trabalho capitalista. Ora, tal afirmação mina a possibilidade de um questionamento mais profundo das estruturas existentes. Embora reconheça as ambivalências do capitalismo contemporâneo, Honneth não está disposto a abrir mão de seus horizontes normativos. Por isso, não pode dar um passo mais desafiador às balizas da autorrealização historicamente construídas.

Ainda que não seja possível desenvolver o argumento aqui, gostaria de sugerir que a investigação de atritos, tensões e discrepâncias entre os domínios de autorrealização poderia apontar no sentido do questionamento delas. Em outro trabalho, procuro argumentar que amor, direitos e estima não caminham necessariamente na mesma direção (Mendonça, 2014). O tensionamento desses domínios pode evidenciar o próprio limite deles e abrir caminho para o surgimento de novos padrões de autorrealização. Tais atritos podem abrir trilhas para mudanças mais radicais nas gramáticas morais que regem as interações sociais.

Um segundo limite da abordagem de Honneth tem a ver com sua concepção de ação política. Honneth se atém a explicar a passagem do sofrimento à luta por meio de breves menções às situações contextuais, sem explorar devidamente os alicerces da agência política para a construção de tais contextos. É a falta de atenção a esse link que o deixa vulnerável a críticas como a de McNay, que o acusam de não contemplar adequadamente a forma como as desigualdades minam a capacidade de agência dos sujeitos e suas próprias percepções. Vimos que essa crítica não é inteiramente adequada, mas é fato que Honneth não se dedica longamente à explicação dos fatores *agência* e *contexto* no tratamento das lutas.

4. Considerações finais

Este capítulo buscou discutir como as teorias do reconhecimento trabalham a questão das desigualdades nos quadros da discussão sobre justiça. Para tanto, realizaram-se dois movimentos. Inicialmente, buscou-se percorrer a literatura mais fundamental sobre reconhecimento, a partir de sua organização em cinco grandes perspectivas: (1) Reconhecimento como forma de autorrealização; (2) Reconhecimento como tolerância; (3) Reconhecimento como base da paridade de participação; (4) Reconhecimento como luta afirmativa; (5) Reconhecimento como consideração do interlocutor. Cada uma dessas perspectivas foi sucintamente apresentada, para que quatro questões pudessem ser abordadas: (A) Qual a natureza das desigualdades contemporâneas? (B) Que tipo de desigualdade é política e moralmente inaceitável? (C) Como essas formas inaceitáveis de desigualdade podem ser superadas e/ou reduzidas? (D) Que ideal de política democrática se delineia com o questionamento dessas desigualdades?

A análise dessas cinco perspectivas explicita que a temática das desigualdades atravessa todo o debate sobre reconhecimento em sua multiplicidade de definições. Observou-se, ainda, que todas as abordagens partem do pressuposto de que desigualdades cotidianamente atualizadas minam a efetividade democrática, operando com uma ideia de coimplicação entre justiça e democracia. Notou-se, por fim, que a atenção às questões econômicas é recorrente nessa literatura, o que conduziu o texto a um segundo movimento, centrado na desmistificação de que o principal nome associado à teoria do reconhecimento – Axel Honneth – desconsideraria a dimensão material da justiça.

O artigo explorou a centralidade da questão econômica ao longo da obra de Honneth, o que aparece com clareza em sua discussão sobre a noção de *trabalho* em Marx, na crítica feita aos paradoxos do capitalismo contemporâneo e no desenvolvimento da natureza do reconhecimento. Evidenciou-se, inclusive e ironicamente, que, muito antes de Fraser, Honneth já criticava a perda de interesse da teoria crítica pela economia e pela luta de classes. O que Honneth se recusa a fazer é reduzir a luta de classes a um conflito meramente estratégico pela redistribuição de bens. O autor ressalta a base moral dos conflitos sociais, advogando que a questão da dignidade atravessa as lutas por justiça de uma forma mais ampla e mais densa.

Por fim, buscou-se argumentar que, se é incorreto acusar Honneth de negligenciar a dimensão material-econômica da justiça, isso não significa que sua visão seja isenta de problemas. Apontou-se que Honneth permanece, de alguma maneira, ligado às instituições e padrões interpretativos vigentes no mesmo capitalismo contemporâneo que ele pretende criticar. Embora ele pareça ciente desse perigo quando discute os paradoxos do capitalismo, ele não desenvolve com clareza uma saída para esse paradoxo. Dessa forma, corre o risco de retornar ao mesmo dilema vivenciado por Horkheimer e Adorno: cria um diagnóstico crítico, mas aparentemente sem alternativas, conduzindo à resignação ou à utopia, ambas pouco eficazes no avanço da democracia.

Referências bibliográficas

COOKE, Maeve. "Beyond dignity and difference: revisiting the politics of recognition". *European Journal of Political Theory*, v.8, n.1, 2009, p.76-95.

EHRENBERG, Alain. *La fatigue d'être soi: dépression et société*. Paris: Odile Jacob, 1998.

FORST, Rainer. "First things first: redistribution, recognition and justification", *European Journal of Political Theory, v.*6, n.3, 2007a, p.291-304.

______. "'To tolerate means to insult': toleration, recognition, and emancipation". In: BRINK, B; OWEN, D. (eds.). *Recognition and Power: Axel*

Honneth and the Tradition of Critical Theory. Cambridge: Cambridge University Press, 2007b.

FRASER, Nancy. "From distribution to recognition? Dilemmas of justice in a 'postsocialist' age". In: *Justice Interruptus: Critical Reflections on the 'Postsocialist'condition*. London: Routledge, 1997.

______. "Rethinking recognition". *New Left Review* (II), 3, 2000, p.107-120.

______. "Recognition without ethics?", *Theory, Culture & Society*. London; Thousand Oaks; New Delhi, v.18, n.2-3, 2001, p.21-42.

______. "Social Justice in the age of identity politics: redistribution, recognition, and participation". In: FRASER, Nancy; HONNETH, A. *Redistribution or Recognition? A Political-Philosophical Exchange.* London; New York: Verso, 2003a.

______. "Distorted beyond all recognition: a rejoinder to Axel Honneth". In: FRASER, Nancy; HONNETH, A. *Redistribution or Recognition? A Political-Philosophical Exchange*. London; New York: Verso, 2003b.

______. *Scales of Justice: Reimagining Political Space in a Globalizing World.* New York: Columbia University Press, 2008.

GALEOTTI, Anna Elisabetta. *Toleration as recognition*. Cambridge; New York: Cambridge University Press, 2002.

HARTMANN, Martin; HONNETH, Axel. "Paradoxes of capitalism", *Constellations*, v.13, n.1, 2006, p.41-58.

HONNETH, Axel. *The Critique of Power*. Cambridge, MA: MIT Press, 1991.

______. "Work and instrumental action". In: *The Fragmented World of the Social: Essays in Social and Political Philosophy.* Albany: Suny, 1995a [1980].

______. "Domination and moral struggle: the philosophical heritage of Marxism reviewed". In: *The Fragmented World of the Social: Essays in Social and Political Philosophy.* Albany: Suny, 1995b [1989].

______. "Moral consciousness and class domination: some problems in the analysis of hidden morality". In: *The Fragmented World of the Social: Essays in Social and Political Philosophy.* Albany: Suny, 1995c [1990].

______. "Integrity and disrespect: principles of a conception of morality based on a theory of recognition". In: *The Fragmented World of the Social: Essays in Social and Political Philosophy.* Albany: Suny, 1995d [1990].

______. "Pluralization and recognition: on the self-misunderstanding of postmodern social theories". In: *The Fragmented World of the Social: Essays in Social and Political Philosophy.* Albany: Suny, 1995e [1991].

______. "The limits of liberalism: on the political-ethical discussion concerning communitarianism". In: *The Fragmented World of the Social: Essays in Social and Political Philosophy.* Albany: Suny, 1995f [1991].

HONNETH, Axel. "Democracia como cooperação reflexiva: John Dewey e a teoria democrática hoje". In: SOUZA, Jessé. *Democracia hoje: novos desafios para a teoria democrática contemporânea*. Brasília: Editora UnB, 2001a.

______. "Recognition or redistribution? changing perspectives on the moral order of society", *Theory, Culture & Society*, London, v.18, n.2-3, 2001b, p.43-55.

______. *Luta por reconhecimento: a gramática moral dos conflitos sociais*. São Paulo: Editora 34, 2003a.

______. "Redistribution as recognition: a response to Nancy Fraser". In: FRASER, Nancy; HONNETH, Axel. *Redistribution or Recognition? A Political-Philosophical Exchange*. London; New York: Verso, 2003b.

______."Organized self-realization: some paradoxes of individualization", *European Journal of Social Theory*, v.7, n.4, 2004, p.463-478.

______. "Reification: a recognition-theoretical view". *The Tanner Lectures on Human Values*, University of California, Berkeley, 14-16, 2005, p.91-135.

______. "Recognition as ideology". In: BRINK, B.; OWEN, D. *Recognition and Power: Axel Honneth and the Tradition of Critical Theory*. Cambridge: Cambridge University Press, 2007.

______. *Pathologies of Reason*. New York: Columbia University Press, 2009.

______. "The fabric of justice: on the limits of contemporary proceduralism". In: *The I in We: Studies in the Theory of Recognition*. Cambridge: Polity, 2012a.

______. "Labour and recognition: a redefinition". In: *The I in We: Studies in the Theory of Recognition*. Cambridge: Polity, 2012b.

______. *Freedom's Right: New Direction in Critical Theory*. New York: Columbia University Press, 2014.

MARKELL, Patchen. *Bound by Recognition*. Princeton: Princeton University Press, 2003.

MATTOS, Patrícia. *Sociologia política do reconhecimento: as contribuições de Charles Taylor, Axel Honneth e Nancy Fraser*. São Paulo: AnnaBlume, 2006.

MCNAY, Lois. *Against Recognition*. Cambridge, UK, Malden, MA: Polity Press, 2008.

MENDONÇA, Ricardo F. "A dimensão intersubjetiva da auto-realização: em defesa da teoria do reconhecimento", *Revista Brasileira de Ciências Sociais*, v.24, n.70, 2009, p.143-154.

______. "Democracia e desigualdade: as contribuições da teoria do reconhecimento", *Revista Brasileira de Ciência Política*. Brasília, n.9, 2012, p.119-146.

______. "Reconhecimento". In: FILGUEIRAS, F.; AVRITZER, L.; BIGNOTTO, N.; GUIMARÃES, J. *Dimensões políticas da justiça*. Rio de Janeiro: Civilização Brasileira, 2013.

MENDONÇA, Ricardo F. "Contradictions of recognition: the struggles of people affected by leprosy in Brazil", *Constellations*, 2014, no prelo.

SMITH, Nicholas H. "Work and the struggle for recognition", *European Journal of Political Theory, v.*8, n.1, 2009, p.46-60.

SOUZA, Jessé. *A invisibilidade da desigualdade brasileira*. Belo Horizonte: Editora UFMG, 2006.

______. (org.). *A ralé brasileira: quem é e como vive*. Belo Horizonte: UFMG, 2009.

TAYLOR, Charles. *As fontes do self*. São Paulo: Loyola, 1997.

______. "The politics of recognition". In: GUTMANN, Amy (ed.). *Multiculturalism: Examining the Politics of Recognition*. Princeton: Princeton University Press, 1994.

THOMPSON, Simon. *The Political Theory of Recognition: A Critical Introduction*. Cambridge, UK; Malden, MA: Polity, 2006.

TULLY, James. "Struggles over recognition and distribution", *Constellations,* v.7, n.4, 2000, p.469-482.

______. "Recognition and dialogue: the emergence of a new field", *Critical Review of International Social and Political Philosophy*, v.7, n.3, 2004, p.84-106.

10.
Democracia e desigualdade: pós-estruturalismo

Daniel de Mendonça

O objetivo deste capítulo é discutir temas referentes à democracia e à desigualdade a partir da matriz teórico-política genericamente denominada de pós-estruturalismo. Para a consecução deste objetivo, o texto está dividido em quatro seções principais.

Na primeira seção, com o fito de introduzir o leitor ao que consideramos as origens do pós-estruturalismo, apresentaremos, de forma sucinta, o movimento de pensamento conhecido por estruturalismo. Neste sentido, veremos os elementos basilares que compuseram essa proposta científica, desde os seus antecedentes, que remontam à linguística de Ferdinand de Saussure, chegando ao seu personagem principal, o qual se tornou a figura mais destacada do movimento, Claude Lévi-Strauss.

Na sequência, nosso objetivo é apresentar a "virada" pós-estruturalista, sobretudo a partir da leitura desconstrucionista de Jacques Derrida acerca do essencialismo presente na abordagem estruturalista. Nossa ideia, nesta seção, é demonstrar que o pós-estruturalismo ocorre como consequência do próprio estruturalismo a partir de um duplo movimento, de ruptura e de continuidade.

A seguir, estabelecidas as bases filosóficas sobre as quais se assenta o pós-estruturalismo, nosso esforço será no sentido de localizá-lo no âmbito da teoria política. Nesse sentido, buscaremos enfocar, a despeito das evidentes diferenças que existem entre os diversos autores, alguns pontos que podem ser considerados comuns ao que genericamente chamaremos de pós-estruturalismo na política.

Na última seção principal, enfocaremos, de forma mais clara, os temas da democracia e das desigualdades tendo em vista a abordagem política do pós-estruturalismo. Nesta parte, como forma de mais bem organizar o debate, optamos por trabalhar basicamente com as obras de Jacques Rancière e Ernesto Laclau.

Estruturalismo: de Saussure a Lévi-Strauss

As bases do estruturalismo se assentaram no início da segunda metade do século XX no cenário intelectual francês do pós-guerra e representaram um ataque frontal e decisivo contra o humanismo de Jean-Paul Sartre (Dosse, 2007). O estilo de pensar calcado na intencionalidade, na consciência e na liberdade foi anulado "em proveito da regra, do código e da estrutura" (Dosse, 2007, p.33). Nesse sentido, o estruturalismo marcou uma revolução que ocorreu no âmbito das ciências humanas, sobretudo no cenário francês, indicando, por oposição ao humanismo, uma nova forma de pensamento, um novo paradigma para as ciências humanas.

Nesta seção, faremos menção especificamente aos elementos constituidores e indispensáveis do estruturalismo que sofrerão as críticas pós-estruturalistas a partir da segunda metade da década de 1960.[1] Tal opção procura indicar, de forma específica, as principais conexões entre o estruturalismo e o pós-estruturalismo com vistas ao debate teórico-político contemporâneo que será abordado nas

1 De forma alguma é objetivo deste capítulo fazer uma apresentação exaustiva do estruturalismo e o pós-estruturalismo, além do que consideramos essencial em ambos os movimentos com vistas a fornecer suporte à discussão considerada aqui central, que é a da apropriação dos pressupostos pós-estruturalistas nos âmbitos das filosofia e teoria políticas. Para mais subsídios históricos e teóricos acerca de ambos os movimentos, ver, entre outros, os competentes trabalhos de Dosse (2007), Rodrigues (2010) e Williams (2013).

últimas seções deste capítulo. Comecemos com a ideia de estrutura antes mesmo do advento do estruturalismo, ou seja, com a linguística estrutural de Ferdinand de Saussure.

O estruturalismo, como se sabe, foi profundamente influenciado pelos notórios estudos de Saussure que resultaram nos três cursos de linguística geral por ele pronunciados entre 1906 e 1911 na Universidade de Genebra e sistematizados no "Curso de Linguística Geral", originalmente lançado em 1916, postumamente a sua morte ocorrida em 1913. As teses saussureanas tiveram um profundo impacto primeiramente na linguística e mais tardiamente nas ciências humanas (entre as décadas de 1940 e 1950), particularmente na antropologia estrutural de Lévi-Strauss.

Saussure parte do mapeamento de dois tipos de linguísticas: a diacrônica e a sincrônica. A primeira refere-se aos aspectos atinentes à evolução histórica da linguagem. Já a dimensão sincrônica, alheia à historicidade da língua, preocupa-se com a linguagem como um sistema de elementos entre si relacionados. O caminho tomado por Saussure, como amplamente conhecido, foi o de privilegiar a dimensão sincrônica.

Desse modo, para o linguista genebrino, "a língua é um sistema do qual todas as partes podem e devem ser consideradas em sua solidariedade sincrônica" (Saussure, 2006, p.102).[2] Além de considerar a língua um sistema (ou uma estrutura, como chamarão mais tarde os estruturalistas), Saussure promove uma fundamental distinção entre língua e fala. A língua representa a dimensão estrutural, um verdadeiro sistema social, enquanto a fala é um ato individual. A importância de tal distinção ocorre no momento em que se percebe que cada ato de fala é sempre precedido por um sistema linguístico partilhado entre os falantes. Nesse sentido, é ilustrativa a analogia que Saussure faz entre língua/fala e regras/jogo de xadrez. Para que um jogador movimente as peças num tabuleiro de xadrez, ele precisa de

2 Tal solidariedade entre as partes constituintes do sistema linguístico será entendida como fundamental tanto pelo estruturalismo como pelo pós-estruturalismo, como veremos ao longo desta e da próxima seção.

antemão conhecer as regras do jogo: "é bem verdade que os valores dependem também, e sobretudo, de uma convenção imutável: a regra do jogo, que existe antes do início da partida e persiste após cada lance" (2006, p.104). Dessa forma, o movimento pode ser realizado por um jogador experiente ou novato, ser um movimento exato ou errôneo, o que denota que não importam os atos individuais, mas o *background* sistêmico baseado no conhecimento prévio das regras do xadrez.

Podemos dizer que o princípio mais geral da linguística sincrônica de Saussure é, portanto, a sua ideia de sistema. A partir daí, outras características, que serão mais tarde caras ao estruturalismo, surgem. A mais difundida entre elas é a noção de signo linguístico. O signo é a união entre o conceito (significado) e a imagem acústica (significante). Nas palavras de Saussure: "O signo linguístico une não uma coisa e uma palavra, mas um conceito e uma imagem acústica" (2006, p.80). Esse simples enunciado já denota outra característica fundamental da teoria saussureana, ou seja, o signo não é a tradução linguística de uma coisa, não descreve uma coisa, pois que ele *arbitrariamente* nomeia uma coisa. Saussure apresenta como exemplo de tal arbitrariedade, entre tantos outros que poderíamos aqui denotar, o da palavra "boi" que, em francês, grifa-se como *boeuf* e em alemão, *Ochs*.

Além disso, Saussure atribui que o signo tem um caráter relacional e negativo. Nesse sentido, David Howarth (2000) exemplifica afirmando que "mãe" tem o seu sentido não em relação a uma substância específica, mas justamente pela *relação* que tal ideia tem com outras como "pai", "avó", "filha" etc. Assim, ser "mãe" implica considerarmos uma "família" (caráter relacional), mas implica igualmente considerar que ser "mãe" é ocupar uma posição negativa, ou seja, é não ser "pai", não ser "avó", não ser "filha" etc.

A teoria saussureana do signo sofreu uma série de críticas e de readequações.[3] No entanto, ela foi fundamental para o movimento

---

3 Lacan, por exemplo, inverte a prevalência do significado pelo significante, atribuindo ao segundo a efetiva possibilidade para a produção de sentidos. Ver, a esse respeito, Lacan (1998) e Stavrakakis (1999).

estruturalista a partir da leitura de Lévi-Strauss. O que basicamente permanece de seu ensino é a ideia de sistema e as características de relação e de negatividade dos elementos sistêmicos, como veremos a seguir.

Assim, para Claude Lévi-Strauss – profundamente influenciado pela linguística a partir do seu encontro, no início da década de 1940, com Roman Jakobson nos Estados Unidos (Dosse, 2007, p.53) –, o método de análise da antropologia é análogo ao da linguística (evidentemente que a proposta por Saussure). No artigo com o sugestivo título "A análise estrutural em linguística e antropologia", Lévi-Strauss claramente estabelece que "os fenômenos de parentesco são fenômenos do *mesmo tipo* que os fenômenos linguísticos" (2012, p.61, grifos do original).

Para os propósitos deste texto, é suficiente estabelecer as características gerais e definidoras do estruturalismo francês, mais claramente identificadas com a leitura de Lévi-Strauss, seja para fins didáticos, seja pelo fato mais fundamental de que sendo o antropólogo francês o principal expoente estruturalista, os críticos pós-estruturalistas centrarão suas análises sobretudo em relação à obra desse autor. Tais características serão, a seguir, brevemente apresentadas e, finalmente, confrontadas e postas em xeque, tendo como resultado o surgimento do pós-estruturalismo.

"Estrutura" não foi, evidentemente, uma invenção do estruturalismo, visto que esse termo tem sido recorrentemente usado para distinguir organização ou arranjo daquilo que é, por oposição, amorfo (Pouillon, 1968, p.4). Aliás, num excepcional artigo crítico ao estruturalismo, o qual veremos em mais detalhe na sequência, Jacques Derrida (2002, p.230) afirma que o termo estrutura tem a idade da episteme. A grande novidade do estruturalismo, segundo Pouillon (1968, p.6), está na implicância concomitante das ideias de totalidade e de interdependência. Neste ponto, é perceptível a influência de Saussure, pois ele já afirmava que a língua se constituía numa totalidade significativa cuja possibilidade de compreensão, e, mais ainda, de ingresso no seu sistema, dar-se-ia desde que considerada a interdependência entre cada um de seus elementos.

Tomemos novamente o exemplo do jogo de xadrez diversas vezes utilizado por Saussure para promover analogias com a língua. Esse jogo constitui-se numa totalidade arbitrariamente dada (sua invenção e suas regras não são naturais), em que todas as suas peças possuem interdependência entre si. Além disso, cada parte tem determinado valor, sendo a relação entre elas sempre negativa. Por exemplo, uma rainha tem certo valor que somente pode ser aferido em conjunto com as demais peças e nunca individualmente. Além disso, ela tem o seu valor tomado negativamente em relação às demais peças, ou seja, ela não é rei, bispo, cavalo etc. Resumindo: todas as relações que ocorrem seja no jogo de xadrez, seja na língua, seja ainda na sociedade são análogas, pois todas são estruturais. Para o estruturalismo, fundamental é compreender a estrutura como algo sempre totalizante. Esse ponto é crucial: conhecer uma estrutura não significa compreender individualmente seus elementos, pois individualmente eles não produzem qualquer sentido; deve-se, antes, entender a interdependência que a estrutura promove entre os seus elementos constituintes: estes somente têm sentido se considerados na relação entre si.

No entanto, o estruturalismo não busca conhecer simplesmente as relações mais óbvias e aparentes de uma dada estrutura, mas justamente aquilo que subjaz a todas essas e que lhes dá o seu fundamento. Neste ponto, o conhecido trabalho de Lévi-Strauss (2012) sobre a estrutura de parentesco é exemplar e será aqui brevemente relatado. O antropólogo francês afirma que tal estrutura funda-se na relação entre quatro termos, ou seja, irmão, irmã, pai, filho. Continua afirmando que para existir uma estrutura de parentesco é preciso haver três formas de relação familiar que sempre ocorrem em sociedades humanas, a saber: i) consanguinidade (ou germanos); ii) aliança (ou cônjuges); e iii) filiação (ou pais e filhos). Essa estrutura mais básica de parentesco ocorre, segundo o autor, em todas as sociedades humanas independentemente do tempo e do espaço. O ponto fundamental do estruturalismo, no entanto, não reside simplesmente em descobrir esse fato, por si só curioso, mas o que o motiva.

Nesse sentido, a tese de Lévi-Strauss, como sabemos, é a da clássica afirmação da proibição do incesto:

> O caráter primitivo e irredutível do elemento de parentesco tal como o definimos decorre, imediatamente, da existência universal da proibição do incesto. Esta equivale a dizer que, na sociedade humana, um homem só pode obter uma esposa de um outro homem, que a cede na pessoa de uma filha ou irmã. [...] O erro da sociologia tradicional, e da linguística tradicional, estava em considerar os termos, e não as relações entre os termos. (Lévi-Strauss, 2012, p.79)

A estrutura que os estruturalistas buscam conhecer não é a simples relação mais evidente a que temos acesso simplesmente pela intuição. Não está igualmente no desvelamento da "estratégia" que os indivíduos possam eventualmente ter em mente, mas em outro nível, ao mesmo tempo imperceptível e que governa a estrutura ditando-lhe a sua regra fundamental de funcionamento. Como claramente estatui Lévi-Strauss, "em antropologia, como em linguística, o método estrutural consiste em descobrir formas invariantes no interior de conteúdos diferentes" (1968, p.393). Aqui voltamos, mais uma vez, ao exemplo do jogo de xadrez: é absolutamente inócuo buscar saber a razão pela qual o jogador moveu uma peça e não outra: o fundamental é conhecer as leis invariantes que governam cada movimento, pois que governam todos os movimentos.

Assim, para os propósitos deste capítulo, o que devemos ter claro é que, conforme o estruturalismo, todas as características de uma estrutura, ou seja, totalidade, interdependência, valor, sincronia, negatividade, têm como objetivo científico descobrir os fundamentos invariáveis que se tornam as leis que definem uma dada estrutura. Essa tarefa científica e fundacionalista consistiu o projeto do estruturalismo nas suas décadas de ouro, ou seja, os anos 1950 e 1960.

No entanto, a partir do final desta última década, diversas críticas passaram a ser opostas no sentido de ruir ou deslocar as certezas fundantes do estruturalismo. Trata-se do início do pensamento pós-estruturalista de matriz pós-fundacional, cujo principal expoente desconstrucionista foi inegavelmente Jacques Derrida.

Jacques Derrida e o fundamento estruturalista desconstruído

Da mesma forma que se pode dizer que existem "estruturalismos",[4] no sentido que não estamos falando de um movimento intelectual homogêneo, também não podemos reduzir o que comumente é chamado de "pós-estruturalismo" a uma espécie de "escola".[5] Em ambos os casos, certamente é preferível afirmar que estamos diante de formas de pensamento, a primeira centrada na busca das relações essenciais das estruturas e a segunda focada na crítica ao fundamento ou essência identificada e reivindicada pelo estruturalismo.

Na seção anterior, buscamos delinear alguns contornos básicos que podem ser encontrados nas mais diversas abordagens estruturalistas existentes, ainda que tenhamos focado nossa análise basicamente em elementos do estruturalismo de Lévi-Strauss. Nesta seção, manteremos a ideia de apresentar elementos centrais que possam definir as linhas gerais do pensamento pós-estruturalista. Para tanto, nos centraremos em pontos específicos da filosofia de Jacques Derrida, principalmente por que a sua noção de desconstrução é central para entendermos a forma como o pós-estruturalismo

4 François Châtelet chama a atenção para a existência de diversos estruturalismos: "a unidade do estruturalismo é criada artificialmente por aqueles que julgam encontrar num inimigo arbitrariamente fabricado um remédio à sua vacuidade intelectual" (1968, p.37). Para esse autor, existem distintos "estruturalismos", divididos nos trabalhos de diferentes grupos liderados por Lévi-Strauss, Lacan, Foucault, Barthes e Althusser. Para nossos propósitos, basta simplesmente chamar a atenção contra a tentação da unicidade provocada pelo termo "estruturalismo".

5 O trabalho introdutório de sistematização dos principais precursores do pós-estruturalismo realizado por James Williams (2013) demonstra claramente a existência de "pós-estruturalismos", a partir das obras de Derrida, Deleuze, Lyotard, Foucault e Kristeva.

foi recepcionado pelos teóricos políticos que analisaremos na seção seguinte.

Primeiramente, o pós-estruturalismo não é uma forma de pensar "além" da estrutura. Com a adição do "pós", não é a existência da estrutura em si que é posta em xeque, mas a forma essencialista como a mesma tinha sido até então pensada.[6] Se o desejo de Lévi-Strauss era o de descobrir formas invariantes, sincrônicas e trans-históricas que governavam estruturas (essências, portanto), Derrida efetiva a desconstrução desse fundamento "seguro" que julgavam os estruturalistas existir nas estruturas por eles estudadas. O ponto mais fundamental da leitura derridiana para os propósitos deste capítulo é o elemento pós-fundacional presente na sua filosofia, o qual veremos a partir de agora.

Coloquemos o problema da seguinte forma. Os estruturalistas tinham a pretensão de encontrar regras que governassem invariavelmente estruturas. Derrida chamará tais regras "invariáveis", tais "verdades" ou "fundamentos" de "centro". É justamente o "centro" que será alvo da leitura desconstrucionista do autor. Nesse sentido, em "A estrutura, o signo e o jogo no discurso das ciências humanas", Derrida (2002) critica a ideia de centro como "fundamento", como "origem fixa" e "permanente" de uma estrutura. No entanto, é fundamental ressaltar que tal crítica não é dirigida propriamente contra a existência de um centro em si, visto que, como o próprio Derrida admite, "uma estrutura privada de centro representa o próprio impensável" (Derrida, 2002, p.230). O problema, segundo o autor, está na ideia da "função" atribuída ao centro, no sentido de

6 A continuidade e a ruptura do estruturalismo para o pós-estruturalismo são bem percebidas nesta passagem de Laclau: "[O] grande avanço do estruturalismo foi o reconhecimento do caráter relacional de toda identidade social; seu limite foi a transformação destas num sistema, num objeto identificável e inteligível (ou seja, uma essência). Mas se mantivermos o caráter relacional de toda identidade e se, ao mesmo tempo, renunciarmos à *fixação* destas identidades em um sistema, neste caso, o social deve ser identificado com o jogo infinito das diferenças, ou seja, com o que no sentido mais estrito do termo podemos chamar *discurso* [...]" (1993, p.104, grifos do original).

esse cumprir o papel, segundo a lógica estruturalista, de ser o fundamento transcendente de uma dada estrutura.

Conforme o autor, falar da existência de um centro fixo é considerá-lo fora do jogo estrutural que ele próprio preside. Se tudo na estrutura está no jogo, à exceção do centro, a conclusão lógica de Derrida é que esse fundamento escapa à própria estruturalidade, ao seu jogo e, nesse sentido, "o centro não é o centro" (Derrida, 2002, p.230). Nas palavras de Derrida:

> O conceito de estrutura centrada é, com efeito, o conceito de um jogo *fundado*, constituído a partir de uma imobilidade fundadora e de uma certeza tranquilizadora, ela própria subtraída ao jogo. A partir desta certeza, a angústia pode ser dominada, a qual nasce sempre de uma certa maneira de estar implicado no jogo, de ser apanhado no jogo, de ser como ser logo de início no jogo. (Derrida, 2002, p.230-1)

A passagem acima endereça-se fundamentalmente contra o que Lévi-Strauss entendia ser a tarefa primordial do método estrutural, ou seja, como vimos, "descobrir formas invariantes no interior de conteúdos diferentes" (Lévi-Strauss, 1968, p.393). Tais formas invariantes são exatamente o que Derrida chamou de o centro imóvel da estrutura: um sentido transcendente que não joga o jogo estrutural, que está além deste, que arbitra a sua lógica de funcionamento e que, portanto, limita o próprio jogo.

Tentemos explicar o que foi acima dito a partir de exemplos de princípios ou centros fundadores os mais práticos possíveis. Assim, um mito fundador em uma determinada sociedade (em uma sociedade primitiva), a onipotência e ubiquidade de Deus (no cristianismo), um princípio político como a intransigente defesa da liberdade individual sobre interesses coletivos (no liberalismo), a afirmação de que a economia é a determinação em última instância da forma como todas as relações sociais se organizam (segundo o marxismo clássico) são exemplos de tentativas de atribuir centros imóveis e que, não raras vezes, são tomados como verdades últimas, desconsiderando-se totalmente outras configurações que poderiam ser possíveis, mas que, por uma questão de decisão (tomada sempre em um terreno indecidível, ou seja, em que outras decisões poderiam ter tido lugar), foram postas de lado. Nesse sentido, um determinado mito governa uma dada sociedade, pois outro não a governa, Deus é de uma forma, pois não é de outra, a defesa da liberdade individual é intransigente, pois se decidiu assim contra a defesa da primazia do coletivo, a economia determina as relações sociais em última instância, pois não é a política que assume este papel e assim por diante.

Para Derrida (2002), ao contrário da lógica fundante estruturalista, uma estrutura não possui qualquer significado transcendental e, por esta razão, o jogo da significação não tem propriamente limite. Dessa forma, a estrutura é descentrada, sendo esta ideia "um abandono declarado de toda referência a um centro, a um sujeito, a uma referência privilegiada, a uma origem ou a uma arquia absoluta" (Derrida, 2002, p.240). A crítica derridiana ao centro, como fundamento da estrutura, desnuda o limite da sua significação, pondo-o em xeque. Se não há um princípio transcendental fora de todo o jogo das diferenças, se esse centro é também parte da articulação, abre-se outra perspectiva epistemológica (e também ontológica) a partir do próprio estruturalismo. Dessa forma, quando falamos em pós-estruturalismo, como consequência de uma forma de pensamento pós-fundacional, estamos questionando o fundamento último da estrutura, afirmando que não há nada além dela mesma que lhe sirva de fundamento ou de justificação. Aquela "certeza tranquilizadora, ela própria subtraída ao jogo", a qual fez referência Derrida como um dos pilares do estruturalismo, dissipa-se. Enfatizamos, assim, que quando falamos em pós-estruturalismo temos sempre presente a sua tarefa destruidora, desconstrutiva ou desfundadora.

Insistamos na discussão do por que um fundamento – uma verdade, uma lei, um preceito moral ou ético – não pode, desde a perspectiva pós-fundacional, ser tratado como último ou definitivo, não bastando, ainda, o mesmo ser enunciado para que institua uma dada ordem. Consideremos o momento político em que vivemos nas democracias liberal-representativas ocidentais e pensemos nas mais diversas conquistas alcançadas, ao longo do século XX, no âmbito dos direitos humanos e civis. Estas são vistas como princípios de justiça, mesmo que em alguns lugares não sejam plenamente respeitadas. Nesse sentido, infelizmente, ainda testemunhamos covardes agressões contra mulheres e crianças, distinções salariais baseadas em diferenças de gênero, cor de pele, orientação sexual etc. Podemos, neste particular, pensar que entre a ideia (teórica) de justiça e a prática (efetiva) da justiça existe uma importante diferença. De fato ela existe, mas não pode ser simplesmente vista como uma banal distinção entre "teoria e prática", pois ambas nunca estão desvinculadas. Uma ação já possui a sua própria "teoria" ou, de forma mais apropriada para a nossa discussão, o marco discursivo que lhe atribui sentido. Se pessoas ainda são desrespeitadas, agredidas, humilhadas em razão de gênero, cor, orientação sexual etc., isso se deve ao fato de que os princípios de justiça que advogamos não são propriamente orientadores de todas as práticas humanas; outras práticas, como diariamente testemunhamos, se orientam por princípios diversos, muitos dos quais por nós condenados. O social é, nesse contexto, justamente o espaço em que diferentes práticas, fundadas em princípios, convivem e/ou chocam-se politicamente. Tais choques políticos devem ser vistos como fundamentos diferentes e, se políticos, antagônicos entre si.

Nesse sentido, não basta simplesmente, e de forma hipotética, concebermos um ideal (de justiça, de verdade) como se a sua simples enunciação fosse suficiente para lhe dar existência efetiva (como entendemos ser este o questionável caminho assumido tanto pelos liberais como pelos deliberativos, ou seja, o de um normativismo desconectado do fluxo da vida). Não vivemos necessariamente numa época que valoriza, por exemplo, os direitos individuais, os direitos humanos simplesmente porque tais direitos estão enunciados em leis e são tidos como certos. O ponto fundamental aqui é constatar o óbvio: simplesmente enunciá-los não resolve os danos que eles visam atacar. Na linguagem pós-fundacionalista, podemos dizer que tais direitos não são centros imóveis de uma estrutura de justiça mais ampla – ela própria transcendente às relações sociais –, mas que estão no jogo e que seus sentidos alteram-se constantemente. Num artigo com o provocativo título "Contra os direitos humanos", Slavoj Žižek (2010) claramente manifesta que, em nome dos direitos humanos, sob a alegação da defesa dos direitos humanos, os Estados Unidos promovem intervenções militares em países inimigos. Uma observação como esta abre ainda outro flanco em nosso debate, qual seja, mesmo nos colocando como defensores dos direitos humanos podemos, inclusive, sermos os seus próprios violadores. É, nesse sentido, também que não há um conceito de direitos humanos nem inequívoco, tampouco que possa ser descolado da própria prática que este visa informar.

Vimos até agora a premissa fundamental do pós-estruturalismo que reside na impossibilidade de se conceber a ideia de um fundamento último. Conforme Derrida (2002, p.244), "[a] totalização é, portanto, definida ora como inútil, ora como impossível". Resta-nos saber, neste momento, a razão pela qual é sustentada a ausência de fundamento último a partir dessa perspectiva teórica.

Derrida menciona a existência de duas formas para se pensar o "limite da totalização" ou a impossibilidade de um fundamento final. A primeira, e sobejamente difundida, é a que o filósofo argelino chama de "estilo clássico" ou "hipótese clássica", segundo a qual todo esforço empírico de totalização é finito diante das infinitas possibilidades que este jamais será capaz de dominar. Dessa forma, um fundamento nunca será um princípio final alcançado, visto que ele é apenas um entre outros possíveis. Tomemos o exemplo da "democracia". Segundo a hipótese clássica, não há a possibilidade de fechamento de sentidos que torne unívoca a ideia de "democracia", tendo em vista a existência de um sem-número de experiências e de teorizações que se reivindicam democráticas impedindo, assim, que uma entre elas, diante de sua finitude (conceitual ou no nível da experiência), consiga abarcar múltiplos sentidos oriundos de outras noções concorrentes. No entanto, conforme Derrida, o estilo clássico para compreender a inexistência de fundamento último não é suficientemente explicativo, visto que o problema não está na "abundância" de propostas concorrentes que impedem a objetivação de sentidos. Para ele, o problema é justamente oposto: o que ocorre é a mais absoluta "falta" ou inexistência de um fundamento final. É com base na ideia da falta que Derrida incorpora a "hipótese pós-clássica"[7] ao debate do pós-fundacionalismo. Em suas palavras:

> Se então a totalização não tem mais sentido, não é porque a infinidade de um campo não pode ser coberta por um olhar ou um discurso finitos, mas porque a natureza do campo – a saber, a linguagem e uma linguagem finita – exclui a totalização: este campo é com efeito o de um jogo, isto é, de substituições infinitas no fechamento de um conjunto finito. Esse campo só permite essas substituições infinitas porque é finito, isto é, porque em vez de ser demasiado grande, lhe falta algo, a saber um centro que detenha e fundamente o jogo das substituições. (Derrida, 2002, p.244)

Nesses termos, a "hipótese pós-clássica" afirma que o fundamento último é impossível não pelo excesso de possibilidades empíricas verificáveis, mas justamente pela inexistência de um fundamento definitivo como tal. Se este último inexiste, o que permanece é simplesmente o intento vão de preencher empiricamente esse vazio, essa falta constitutiva e impossível de ser superada. Tomando novamente o exemplo da democracia. No caso da hipótese pós-clássica, o sentido de democracia torna-se impossível de ser aprendido em sua plenitude justamente pelo fato de ser marcado por uma falta constitutiva. Falta constitutiva significa justamente que, sendo impossível alcançar o sentido de democracia, a consequência é a eterna tentativa de cobrir essa falta a partir do preenchimento contingente de sentidos parciais. É isso que explica a democracia ter sido fundada e refundada a partir de diferentes perspectivas teóricas e práticas em diferentes momentos históricos.

É importante enfatizar, no entanto, que, apesar de o pós-fundacionalismo ser a crítica a um fundamento em última instância, ele não pode ser confundido com antifundacionalismo. A diferença entre ambos está no fato de que para o pós-fundacionalismo,

7 "Hipótese pós-clássica" é assim chamada por Oliver Marchart (2009, p.33).

ao contrário do antifundacionalismo, sempre há a possibilidade do estabelecimento de ordens, de fundamentos parciais, marcados pela contingência e pela precariedade. Conforme Oliver Marchart, o pós-fundacionalismo:

> Não deve ser confundido com *anti*fundacionalismo [...], uma vez que a abordagem pós-fundacional não visa apagar completamente as figuras do fundamento, mas enfraquecer o seu *status* ontológico. O enfraquecimento ontológico do fundamento não conduz ao pressuposto da completa ausência de todos os fundamentos, mas antes ao pressuposto da impossibilidade de um fundamento final, o que é algo completamente diferente, já que implica maior consciência de, por um lado, a contingência e, por outro lado, o político, como o momento do parcial e sempre, em última instância, fundamento sem sucesso. (2007, p.2, grifo do original)

Na seção seguinte, exploraremos as consequências da virada pós-estruturalista no âmbito da filosofia e da teoria políticas. Abordaremos fundamentalmente que o estabelecimento sempre precário de uma ordem social, assim como o deslocamento de uma estrutura, são produtos do caráter desestabilizador do político.

O pós-estruturalismo na filosofia e na teoria políticas

Nesta seção, veremos a relação que se estabelece entre a operação desconstrutivista na estrutura, vista há pouco sob a perspectiva filosófica derridiana, e as filosofia e teoria políticas. O flanco aberto pelo pós-estruturalismo é, entendemos, fundamental para pensarmos o político. Pensá-lo sob esse ponto de vista significa adotarmos uma perspectiva epistemológica contrária, como vimos, ao estabelecimento de essências ou de verdades transcendentes no âmbito social. Na prática, tal postura requer constantemente questionar as mais distintas ordens estabelecidas (mesmo aquelas por nós entendidas como positivas ou desejáveis). Uma determinada ordem somente torna-se possível tendo em vista uma constelação de forças e de decisões políticas que a fizeram possível em detrimento de outras possibilidades que atualmente sequer estão presentes em nosso horizonte político.

Portanto, ordens não são simplesmente atos de comando desprovidos de contextos específicos. São partes de estruturas estabelecidas e, como tais, devem ser pensadas em relação às condições sistêmicas de emergência que as tornam possíveis. A tarefa pós-estruturalista na política reside na constante percepção de que ordens são sempre convenções instáveis e contingentes. Isto quer dizer que algo somente se justifica em si mesmo e nunca além (não há uma essência anterior tal como havia no estruturalismo). Dessa maneira, por mais constante que possamos pensar uma estrutura, ela está indelevelmente marcada por sua finitude ôntica. Tal finitude ocorre, pois toda experiência é contingente e precária. Tal inconstância estrutural ocorre tendo em vista o que, por exemplo, Ernesto Laclau chamou de a "primazia do político em relação ao social" (Laclau, 1993, p.50).

O social, constituído por estruturas que visam se manter tais como estão conformadas, é sempre marcado pela contingência e pela precariedade, tendo em vista justamente a presença do político. O político, nesse sentido, é o que explica a instabilidade do social e a impossibilidade de uma experiência ôntica tornar-se permanente (um regime político, por exemplo). A instabilidade social marcada pela presença do político pode ser mais bem entendida se tomarmos a apropriação que Laclau faz das categorias "sedimentação" e "reativação" de Husserl.[8] Vejamos primeiramente a sua apropriação da noção de sedimentação:

---

8 Laclau deixa claro que o uso que faz das categorias husserlianas não é tal qual as mesmas foram originalmente apresentadas, sobretudo no que diz respeito à de "reativação". Para Husserl, reativação significa um retorno às origens, ou seja, o resgate das alternativas que foram descartadas em detrimento daquela que foi escolhida. Para Laclau (1993), diferentemente, o momento de reativação marca o caráter contingente da pretendida "objetividade" da alternativa escolhida, a qual

> Na medida em que um ato de instituição foi exitoso, tende a ser produzido um "esquecimento das origens"; o sistema de possibilidades alternativas tende a se dissipar e as marcas da contingência originária a se borrarem. Deste modo, o instituído tende a assumir a forma de uma mera presença objetiva. Este é o momento da sedimentação. (Laclau, 1993, p.51)

A sedimentação, podemos assim dizer, é o "social estruturado", mesmo correndo o risco de incorrermos em uma redundância, pois, no limite, todo "social", a partir de uma perspectiva pós-estruturalista, é em si "estruturado". No entanto, optamos por manter tal expressão com o fito de demonstrar que o social se estrutura invariavelmente de forma contingente e precária. É parte de sua constituição a operação para se tornar a única alternativa possível no processo de naturalização de sua experiência. Tal processo, mais ou menos bem-sucedido, é o que Laclau chama de sedimentação. Nesse sentido, qualquer ordem política estabelecida está mais ou menos sedimentada. Tomemos o exemplo da democracia liberal representativa a qual conhecemos nas sociedades ocidentais. Não raras vezes, ela é vista com naturalidade ou resignação, ainda assim, a despeito do conhecido "é a pior das formas de governo, mas até hoje não inventaram outra melhor", não passa de uma experiência política limitada que, para manter-se como tal, atribui-se a si uma "objetividade"[9] acima de qualquer tipo de interesse ou injunções. Em outras palavras: o discurso da democracia liberal representativa, simbolizado teoricamente na clássica formulação da poliarquia de Robert Dahl (2001), apresenta-se como o único possível, visando claramente à sedimentação de seus conteúdos e o esquecimento do momento polí-

---

tem lugar no exato momento em que pontos de antagonismo ameaçam a ordem sedimentada e não a retomada de alternativas antes descartadas.

9 Objetividade, na teoria de Ernesto Laclau, entende-se pela constante tentativa de um discurso (de um regime político, por exemplo) de promover o fechamento completo de seus sentidos, o que é uma operação necessária (para a produção da sedimentação), mas, ao mesmo tempo impossível, tendo em vista o caráter contingente e precário da ontologia do político.

tico e contingente de sua existência. No entanto, toda sedimentação esconde uma experiência particular que é, de fato, fruto de uma violência, da instituição forçada de uma alternativa em detrimento de outras. Quando uma ordem é posta em xeque ou quando outra é instituída, estamos diante da reativação no sentido preconizado por Laclau:

> A reativação não consiste, pois, num retorno a situação originária, mas tão somente na redescoberta, através da emergência de novos antagonismos, do caráter contingente da pretendida "objetividade". Mas esta redescoberta pode, por sua vez, reativar a compreensão *histórica* dos atos originários de instituição, na medida em que formas estagnadas, que eram consideradas como simples objetividade e dadas por certas, se revelam agora como contingentes e projetam esta contingência a suas próprias origens. (Laclau, 1993, p.51)

A reativação demonstra a finitude de toda experiência, a historicidade da sua origem e a ameaça de uma alternativa de ordem insurgente que lhe é antagônica. Nesse sentido, tal categoria demonstra a radical abertura a que o social está submetido, pois ainda que se tente sedimentar sentidos ou que se pense que sentidos atuais são imutáveis, na verdade, os mesmos são sempre contingentes e provisórios. Isto não quer dizer que não se possa sedimentar sentidos: basta dizermos que vivemos sob égide de várias ordens para percebermos claramente a possibilidade da sedimentação. O ponto fundamental, no entanto, é que o processo de sedimentação é uma operação ao mesmo tempo necessária (e efetiva em certo momento) e impossível (sempre precária).

Nesse momento, voltamos à discussão anterior sobre o pós-fundacionalismo. O que transborda o limite de toda experiência possível não são as múltiplas alternativas que se colocam às ordens estabelecidas, mas justamente o contrário: é a falta de um fundamento final que torna possível o estabelecimento de fundamentos provisórios. Tomemos novamente o termo democracia e as ineficazes e seculares tentativas de lhe atribuir um sentido último. Tal incapacidade não se dá pelo fato de existirem múltiplos sentidos em disputa, seja no passado seja hoje, mas justamente porque tais sentidos foram e continuam sendo possíveis, visto que a democracia como tal é marcada por uma falta constitutiva: é apenas um nome, um significante vazio, carente de significado definitivo.

Neste ponto, torna-se importante enfatizar que tanto a sedimentação como a reativação não representam, no contexto pós-estruturalista, simplesmente a instituição ou a destituição de regimes políticos ou de revoluções. Tais categorias são igualmente úteis para demonstrar que qualquer ordem estabelecida é histórica e, portanto, resultado de uma decisão em que outras possibilidades foram descartadas. Vejamos, nesse particular, que os evidentes avanços políticos que as mulheres e os negros alcançaram no século XX, a despeito de todas as lutas ainda em curso, são exemplos de reativações de estruturas (sociais, políticas, culturais)[10] até então sedimentadas e que pareciam, num certo período, barreiras intransponíveis de serem derrubadas até meados da década de 1960.

A discussão entre sedimentação e reativação, ainda que particular à discussão pós-estruturalista desenvolvida por Ernesto Laclau, permite-nos introduzir agora um debate fundamental presente nas formulações de distintos autores pós-fundacionais referente à centralidade que o político exerce no âmbito das relações humanas. Por político, entendemos o especial momento de reativação em que uma ordem ou é posta em xeque ou é instituída. Vejamos o político por oposição à política, segundo Marchart:

---

10 Independentemente de utilizarmos expressões como estruturas sociais, estruturas políticas e estruturas culturais, deve ficar clara a posição de que toda e qualquer luta visando alterar uma estrutura é sempre uma luta política (Laclau, 2013). Nesse sentido, um contexto de disputa pela afirmação ou substituição de preceitos culturais e/ou religiosos é sempre político, ou seja, toda mudança e até mesmo conservação de uma ordem são atos profundamente políticos. Dessa forma, para Laclau, uma "característica das relações sociais [...] é podermos qualificá-las a partir da primazia do político na sua relação com o social" (Laclau, 1993, p.50).

> Por um lado, a política, no nível ôntico, continua sendo um regime discursivo específico, um sistema social particular, uma certa forma de ação; enquanto, por outro lado, o político assume, no nível ontológico, o papel de algo que é de uma natureza totalmente distinta: o princípio de autonomia política, ou o momento de instituição da sociedade. Enquanto diferenciada da política, a noção do político não pode integrar-se nas diferenças sociais, a repetição, a tradição, a sedimentação ou a burocracia. O político, como outras figuras da contingência e da infundabilidade, tais como o acontecimento, o antagonismo, a verdade, o real ou a liberdade, mora, por assim dizer, no não fundamento da sociedade, o qual se faz sentir no jogo diferencial da diferença política. (Marchart, 2009, p.22)

A primeira observação tem a ver com o fato de que a dimensão do político é estranha à da política. A política é toda a experiência sistematizada, ordenada, o regime vigente (as democracias representativas liberais as quais mencionamos acima). Apesar de todas as contradições que podem ser observadas numa determinada ordem política, a maior parte delas, tais como diferenças ideológicas entre partidos políticos numa democracia representativa, movimentos mais ou menos tolerantes com relação às diferenças, entre outras, ainda assim, estamos no terreno da política, o que chamaremos aqui de dimensão administrativa. Administrativa, pois não faz diferença para a manutenção da ordem democrática (a estrutura política) se um partido mais à esquerda ou mais à direita vencer a eleição: o regime permanecerá funcionando normalmente, seja porque quem vencer o pleito seguirá as regras do jogo, seja pelo sistema de freios e contrapesos existente, o qual impede a tomada de medidas de caráter radicalmente transformadoras à ordem.

Nesses termos, insistimos, o político é estranho à política, pois ele representa o caráter subversivo e radical oposto ao sistema instituído. A razão para tal deve-se ao fato de que o político opera fora do código da ordem, ou seja, constitui o que Alain Badiou (1994; 2012) chama de uma "verdade", uma novidade no sentido mais radical do termo, pois é um corpo estranho na repetição e no contraste de um saber.

Já o "saber" é, para esse mesmo autor, contrariamente, a rotina. Por exemplo, podemos dizer que o processo eleitoral e a alternância de poder são saberes numa democracia: é, nesse sentido, que a direita e a esquerda, pacificamente, trocam de lugar na dança das cadeiras do poder, sem comprometer o funcionamento do sistema como tal. Pode-se, inclusive, inferir que essas correntes políticas tendem a se indiferenciar tanto maior for a experiência de ambas à frente da administração pública. É assim, portanto, que a política não passa de uma esfera administrativa: a dimensão badiouniana do saber que é oposta/desafiada por uma verdade.

Vejamos agora como a dimensão do político é pensada por alguns teóricos pós-fundacionalistas.[11] Nosso objetivo, neste ponto, é o de simplesmente demonstrar que a discussão do político, como momento de ruptura e, mais, de crítica a qualquer ordem vigente é, a despeito das diferenças, um tema, não somente caro, mas comum aos pós-estruturalistas. Iniciaremos por Jacques Rancière, com a distinção entre política e polícia, passando pela análise do evento em Alain Badiou para, enfim, nos atermos à abordagem da relação entre o discurso e o momento do deslocamento, conforme a perspectiva de Ernesto Laclau.

Sobre a distinção entre política e polícia,[12] segundo Jacques Rancière (1996), inicialmente vejamos um exemplo dado pelo autor no que diz respeito à resistência e à intransigência dos patrícios em torno das demandas políticas dos plebeus no período da república romana. Tal postura derivava-se de um não reconhecimento pelos primeiros de que os plebeus, assim como eles, detinham o dom da fala: "não há por que discutir com os plebeus, pela simples razão de que estes não

---

11 Uma abordagem mais pormenorizada sobre a noção de o político para a tradição pós-estruturalista/pós-fundacionalista, inclusive com o acréscimo de outras perspectivas teóricas, é realizada por Marchart (2009).

12 Rancière não utiliza o termo o "político" em contraposição à "política", prefere a distinção entre "política" e "polícia". No entanto, entendemos que, em termos gerais, tais usos têm o mesmo objetivo central pós-fundacionalista, ou seja, o de atribuir a historicidade e a falibilidade de toda e qualquer ordem instituída.

falam. E não falam porque são seres sem nome, privados de logos, quer dizer, de inscrição simbólica na polis" (1996, p.37).

Em sua narrativa, Rancière argumenta que a luta dos plebeus não era para fazer parte dos espaços políticos existentes e já ocupados pelos patrícios, visto que os mesmos lhes eram em si estranhos, não os incluíam, tendo em vista as linguagens de ambos os grupos serem completamente incompatíveis. A solução que os plebeus encontraram foi a instituição de "uma outra ordem, uma outra divisão do sensível" (Rancière, 1996, p.37-8). A partir de então, vendo que os plebeus possuíam fala, não restou alternativa aos patrícios: eles teriam de falar com os plebeus. A questão da igualdade política não está, desse modo, na simples construção de pretensos espaços comuns para tomada de decisões públicas, visto que a mesma é anterior. Os espaços são, ao mesmo tempo, inclusivos e excludentes. A luta é a sempre uma disputa política por inclusão, por uma "cena comum". Nas palavras de Rancière:

> A política é primeiramente o conflito em torno da existência de uma cena comum, em torno da existência e a qualidade daqueles que estão ali presentes. É preciso, antes de tudo, estabelecer que a cena existe para o uso de um interlocutor que não vê e que não tem razões para vê-la já que ela não existe. As partes não preexistem ao conflito, que elas nomeiam e no qual são contadas como partes. [...] Existe política porque aqueles que não têm direito de ser contados, e instituem uma comunidade pelo fato de colocarem em comum o dano que nada mais é que o próprio enfrentamento, a contradição de dois mundos alojados num só: o mundo em que estão e aquele em que não estão, o mundo onde há algo "entre" eles e aqueles que não os conhecem como seres falantes e contáveis e o mundo onde não há nada. (1996, p.40)

É neste momento que a distinção elaborada por Rancière entre polícia e política faz sentido. Polícia é o momento da ordem, da manutenção de uma regra, daquilo que é possível ser dito, pois já regrado e visto como discurso, ao contrário do ruído. Naquele contexto da república romana, os patrícios tinham a polícia instituída e esta não admitia, pois que estavam fora da regra e fora do discurso, a presença dos plebeus, aqueles que emitiam somente ruído. Por outra parte, a política é o instante do rompimento dessa ordem; "ela faz ver o que não cabia ser visto, faz ouvir um discurso ali onde só tinha lugar o barulho, faz ouvir como discurso o que só era ouvido como barulho" (1996, p.42).

Já para Alain Badiou, o momento que podemos caracterizar como o do político deve ser compreendido a partir de dois elementos que se conectam: a verdade e o evento. Vejamos ambos em conjunto.

Primeiro, a verdade. Como já acima referido, verdade para esse autor difere-se claramente da noção de saber. Enquanto este está no domínio da *techné*, do conhecimento sistematizado e reproduzido pela ordem, "uma verdade é primeiro uma novidade" (Badiou, 1994, p.177). No entanto, uma verdade, por ser realmente o novo, não pode acontecer no âmbito do próprio sistema, não advém deste, visto que simplesmente não compartilha qualquer conteúdo com ele. Conforme Badiou:

> Para que se inicie o processo de uma verdade, é preciso que algo aconteça. Pois, o que existe, a situação do saber tal como está, dá-nos apenas a repetição. Para que uma verdade afirme sua novidade, tem de haver um suplemento, o qual está entregue ao acaso. Ele é imprevisível, incalculável. Situa-se para além daquilo que existe, chamo-o evento. (Badiou, 1994, p.178)

O evento representa uma ruptura com uma situação vigente. "Um evento é a criação de novas possibilidades" (Badiou, 2012, p.138). O evento, em contraste com outra noção badiouniana – a de Estado (que é a finitude da possibilidade, visto que o Estado está no campo do saber) –, é a "infinitização" da possibilidade, pois o evento não é, em absoluto, uma possibilidade interna, mas algo exterior à ordem vigente: ele é a criação de novas possibilidades (Badiou, 2012). É nesse novo ambiente que uma verdade tem condições de emergência: uma verdade, portanto, tão rara, advém de um evento, algo improvável e impensável diante de uma situação existente.

Nesse sentido, o evento representa uma situação extraordinária sempre em relação ao *Estado*, este último entendido nos termos de Badiou, tal como afirmamos há pouco. Em termos políticos, uma revolução, tal como a russa, em 1917, tem o carácter radical e disruptivo próprio de um evento. A derrubada de governos e o processo ainda em curso de mudança de regimes, com todos os seus avanços e retrocessos, como o que ocorreu em 2011 na chamada "Primavera Árabe", sobretudo em países como Egito, Líbia e Síria, apontam, em nossa opinião, claramente para a ocorrência de eventos, uma vez que nesses contextos foram criados, primeiramente, usando a terminologia de Badiou, processos de verdade e de constituição de sujeitos a eles relacionados e, além disso, claramente foram criadas novas possibilidades independentemente dos resultados, os quais, por se tratar de eventos, encontram-se no plano da contingência radical.

Por fim, a noção de deslocamento conforme Ernesto Laclau. Para esse autor, tal momento representa o claro limite de significação de um sistema político, sempre visto por esse autor como uma estrutura discursiva. Este ocorre justamente quando a estrutura não consegue processar, semantizar novos pontos de antagonismo, os quais lhe fogem à significação. O deslocamento é, portanto, um encontro com o Real,[13] um momento em que a ocorrência de um evento não é passível de ser dialetizada, ameaçando a própria existência da estrutura. Em termos sociopolíticos, uma ordem deslocada é aquela que experimenta uma crise radical.

O deslocamento só pode ser, portanto, externo ao discurso, à ordem: trata-se de uma experiência traumática e desajustadora por que passa uma estrutura, a qual somente pode se recompor a partir de novos processos de significação. Estamos falando de processos de significação substituindo outros processos de significação, tendo em vista que a falha de toda estrutura – que é reativada a partir da

13 Uma excelente análise sobre o Real lacaniano e sua importância para a teoria política pós-estruturalista pode ser pesquisada em Yannis Stavrakakis (1999, 2003).

experiência dislocatória[14] – é, talvez, a única essência existente em toda experiência política possível, sempre contingente.

Se não podemos alcançar o Real, pois o Real não é passível de significação, o deslocamento é a evidência da incompletude da estrutura, da impossibilidade de sua estruturação final. Se o Real refere-se ao limite de significação de todo sistema, então, no limite, estamos sempre diante de estruturas incompletas, marcadas constantemente pelo trauma dislocatório. Numa palavra: são estruturas da falta. É nesse momento de falha na estrutura que o sujeito toma seu lugar de destaque. Conforme Laclau (1993, p.57), "[o] lugar do sujeito é o lugar do deslocamento. Portanto, longe do sujeito ser o momento da estrutura, ele é o resultado da impossibilidade de constituir a estrutura como tal – quer dizer, como objetividade". Segundo Howarth:

> É neste momento de "falha" da estrutura para conferir identidade aos atores sociais que "compele" o sujeito a agir. Neste sentido, o sujeito não é simplesmente determinado pela estrutura, nem, contudo, ele constitui a estrutura. O sujeito é forçado a tomar decisões [...] quando identidades sociais estão em crise e estruturas necessitam ser recriadas. É no processo desta identificação que as subjetividades políticas são criadas e formadas. (Howarth, 2000, p.109)

No sentido pós-estruturalista mais corriqueiro, ou seja, em que a estrutura estrutura o sujeito, mas que também é, em certa medida, por ele estruturada, é que existe a resposta ao trauma do deslocamento. A partir de uma estrutura deslocada, gera-se a necessidade de sua reestruturação por novos sentidos ou da reativação de sentidos

14 No Glossário de Torfing sobre os principais conceitos desenvolvidos pela teoria do discurso, o deslocamento é assim conceituado e exemplificado: "Deslocamento: uma desestabilização de um discurso que resulta da emergência de eventos os quais não podem ser domesticados, simbolizados ou integrados pelo discurso em questão. Por exemplo, a concorrência de inflação e de desemprego no início dos anos 1970 deslocou a ortodoxia keynesiana, a qual, basicamente, afirmava que a 'estagnaflação' nunca ocorreria. Igualmente, o processo de globalização tende a deslocar a ideia da nação-Estado como o terreno privilegiado para a atividade econômica" (1999, p.301).

já existentes. É neste momento que o antagonismo tem lugar para o autor: como parte de processos de significação, de constituição de novas formas de inclusão, mas também de exclusão de sentidos discursivos. Nas palavras de Laclau:

> a resposta ao deslocamento da estrutura será a recomposição da mesma por parte das diversas forças antagônicas em torno de pontos nodais de articulação precisos. O centramento – a ação de centrar – só é possível, portanto, na medida em que há deslocamento e desnivelamento estrutural. Novamente: o deslocamento é a condição de possibilidade e de impossibilidade de um centro. (Laclau, 1993, p.57)

Assim, o (re)centramento da estrutura, segundo Laclau, passa necessariamente pela constituição de novos antagonismos e de novos processos hegemônicos. Uma ordem incompleta será substituída por outra, igualmente falha.

A precariedade de toda estrutura social, marcada justamente pela presença perturbadora do político, é a possibilidade real de mudanças em regimes até então sedimentados. O político é esse momento de reativação, de evento, de deslocamento que explica mudanças estruturais e, no limite, avanços sociais (mas também retrocessos). O político é a possibilidade de pensarmos em modelos democráticos mais inclusivos e, portanto, radicalizados, assim como em cenários sociais menos desiguais os quais somente podem ser desejados por força da ação desestabilizadora e antagônica do político. É nesse sentido que a relação entre o político e o par democracia/desigualdade será analisado mais detidamente na última seção deste capítulo.

Democracia e a questão da desigualdade

Considerando os elementos referentes aos estudos pós-estruturalistas da política, os quais, como vimos, identificam qualquer configuração social como inerentemente instável, tendo em vista a presença desestabilizadora do político, como tratar o par democracia/desigualdade sob este ponto de vista teórico-filosófico? Por razões de compatibilidade analítica,[15] optamos pelas formulações de Jacques Rancière e de Ernesto Laclau para aprofundar a leitura da referida relação.

Ainda que democracia e desigualdade sejam temas ao mesmo tempo centrais e interrelacionados nas discussões empreendidas pelos autores escolhidos, optamos por primeiramente apresentar suas visões "peculiares" de democracia. Peculiares se as compararmos com as formulações do *mainstream* da teoria política, notadamente as teorias liberais e deliberativas (desenvolvidas em capítulos anteriores desta obra). A partir da apresentação das noções de democracia de Rancière e Laclau, ambas fundamentadas na vontade e poder do povo, a discussão sobre desigualdade será uma consequência facilmente verificável.

Como ponto de partida, que marca uma visão distinta e radical do referido *mainstream* teórico, a democracia, no contexto da discussão pós-estruturalista, não deve ser confundida com um regime político. Democracia é considerada primordialmente em seu sentido forte, ou seja, a partir do enunciado clássico que lhe confere o *status* de o "poder do povo". Vejamos, por exemplo, a posição de Rancière neste particular. Numa entrevista, em resposta à questão, "O que podemos fazer para restaurar os valores democráticos?", ele responde:

> Para começar, seria necessário chegar a um acordo sobre o que chamamos de democracia. Na Europa, nos acostumamos a identificar a democracia com o sistema duplo de instituições representativas e do livre mercado. Hoje, esse idílio é uma coisa do passado: o livre

15 A compatibilidade entre as análises de Laclau e Rancière é inclusive ressaltada por Laclau. Ainda que, como mesmo infere o autor, haja diferenças entre ambos (em nossa análise, pouco substanciais), as semelhanças em pontos centrais mostram-se evidentes. No capítulo final de *A razão populista*, Laclau (2013) compara a sua perspectiva teórica com a de outros filósofos e apresenta importantes e, não raras vezes, duras críticas às formulações de Žižek e de Hardt e Negri. No caso de Rancière, no entanto, ele destaca: "Com relação a Rancière, a resposta é mais difícil, pois concordo com alguns pressupostos centrais de sua abordagem" (Laclau, 2013, p.351).

> mercado se mostra cada vez mais como uma força de constrição que transforma as instituições representativas em simples agentes da sua vontade e reduz a liberdade de escolha dos cidadãos às variantes de uma mesma lógica fundamental. Nessa situação, ou denunciamos a própria ideia de democracia como uma ilusão, ou repensamos completamente o que a democracia, no sentido forte do termo, significa. Para começar, a democracia não é uma forma de Estado. Ela é, em primeiro lugar, a realidade de um poder do povo que não pode jamais coincidir com uma forma de Estado. Sempre haverá tensão entre a democracia como exercício de um poder compartilhado de pensar e agir, e o Estado, cujo princípio mesmo é apropriar-se desse poder. [...] A primeira virtude democrática é essa virtude da confiança na capacidade de qualquer um. (Rancière, 2012, p.1)

Se, como acima aponta Rancière, democracia claramente não tem relação com uma "forma de Estado", mas com um poder do povo que é, aí sim, apropriado pelo Estado – não raras vezes contra a vontade desse mesmo povo –, Laclau, por seu turno, também, estranhamente ao *mainstream* do pensamento político, elege o momento do populismo não somente como uma forma de constituir a política como tal, mas como *conditio sine qua non* para o próprio exercício da democracia:

> Quando as massas populares, que estavam excluídas, incorporam-se na arena política, aparecem formas de liderança que não são ortodoxas desde o ponto de vista liberal-democrático, como o populismo. No entanto, o populismo, longe de ser um obstáculo, garante a democracia, evitando que esta se converta em mera administração (Laclau, 2005, p.1)

O que definitivamente une Rancière e Laclau em torno da ideia de democracia é o resgate do seu sentido mais elementar e original. Democracia, como poder do povo, não pode coincidir com um regime político, com uma forma específica de administração, mas com a efetiva tomada de decisões tendo em vista a vontade popular. Nesse sentido, portanto, entendemos que as perspectivas desses autores têm evidentes pontos de encontro, os quais buscaremos explorar nesta seção.

A ideia que une ambos os autores está na constituição da ideia de povo. Povo, segundo suas teorias, a despeito das diferenças que serão apontadas no decorrer desta seção, não é uma categoria numérico-jurídica, tal como a soma dos cidadãos ou habitantes de um Estado, nem tampouco povo é uma categoria sociológica. Para Laclau (2013), povo, aliás, não tem qualquer conteúdo específico, sendo sempre uma construção discursiva e, nesse sentido, varia contingentemente, de acordo com o tipo de constituição populista como veremos daqui a pouco. É uma parte da sociedade (a *plebs*) que visa se constituir na representação da sociedade como um todo (o *populus*). Assim, povo pode ser o discurso dos mais pobres contra os ricos e poderosos, mas também o povo pode ser a parcela dos nacionais contra os estrangeiros, dos nacionalistas contra os "traidores da pátria", dos trabalhadores contra os capitalistas. O ponto fundamental, para Laclau (2013), é compreender o povo sempre como uma categoria política e, como tal, marcada pelo conflito contra o seu inimigo.

Conforme Rancière, povo tem conotação semelhante, ainda que, diferentemente de Laclau, sua nomeação independe de um discurso populista propriamente dito. A construção rancieriana de povo parte de uma reflexão no âmbito da filosofia grega clássica – sobretudo em Platão e Aristóteles – em que ele percebe que a comunidade política, em princípio, está dividida em três partes: os mais ricos (os *oligoi*), os melhores (os *aristoi*) e aqueles que não são nem ricos nem virtuosos, mas que, ainda assim, têm liberdade, ou seja, o povo (*demos*). A liberdade que possui o povo não é, como ressalta Rancière (1996, p.22), "nenhuma propriedade determinável mas facticidade pura", o que quer dizer que o povo detém liberdade, pois como em si ele nada possui (nem riqueza, tampouco virtude) ser livre significa ter o que todos têm, mesmo aqueles que, como o povo, nada têm.[16] Nas palavras do autor:

---

16 É importante enfatizar que, para Rancière, povo não tem, assim como Laclau, um conteúdo definido. Para o filósofo argelino, o povo é a identificação com o

> O povo nada mais é que a massa indiferenciada daqueles que não têm nenhum título positivo – nem riqueza, nem virtude – mas que, no entanto, têm reconhecida a mesma liberdade que aqueles que os possuem. A gente do povo é de fato simplesmente livre *como* os outros. Ora, é dessa simples identidade com aqueles que, por outro lado, lhes são em tudo superiores que eles tiram um título específico. O *demos* atribui-se, como sua parcela própria, a igualdade que pertence a todos os cidadãos. (Rancière, 1996, p.23-4, grifos do original)

Para ambos os autores, povo é a parte da comunidade política que se reivindica como "o todo da comunidade" (Rancière), ou como a *plebs* que reivindica ser o *populus* (Laclau). Ainda mais: o povo é a própria possibilidade da democracia, da existência de uma forma de governo para a qual ele empresta seu nome. Democracia, nesse sentido, deve ser vista como o momento em que o povo reivindica para si o poder que *desde sempre* é reconhecido como seu. A reivindicação do povo de um poder propriamente seu, reconhecidamente seu, faz emergir, conforme Rancière, o escândalo da política, momento em que a partilha do sensível,[17] uma determinada ordem, é posta em xeque. Só há política, segundo esse autor, justamente por que ocorre esse litígio promovido pelos que não têm (o povo), contra um *status quo* que não os inclui: "existe política porque – quando – a ordem natural dos reis pastores, dos senhores de guerra ou das pessoas de posse é interrompida por uma liberdade que vem atualizar a igualdade última na qual se assenta toda ordem social" (Rancière, 1996, p.31). Nesse sentido, o momento da política é propriamente o

---

todo da comunidade: "Quem não tem parcela – os pobres da Antiguidade, o Terceiro Estado ou o proletariado moderno – não pode mesmo ter outra parcela a não ser nada ou tudo (1996, p. 24).

17 Para Rancière, a "partilha do sensível" pode ser compreendida como a forma em que o comum é dividido, prevendo as inclusões e suas respectivas partes, mas também exclusões daqueles que não têm parte nessa divisão: "Denomino partilha do sensível o sistema de evidências sensíveis que revela, ao mesmo tempo, a existência de um *comum* e dos recortes que nele definem lugares e partes respectivas. Uma partilha do sensível fixa, portanto, ao mesmo tempo, um *comum* partilhado e partes exclusivas" (2009, p.15).

momento da democracia. A democracia ocorre nesse instante raro da política, do desentendimento entre os que nada têm além de sua "igualdade última"[18] contra a ordem estabelecida da qual eles não têm parte.

Para Laclau, a formação do povo ocorre como parte de um amplo processo de constituição de um discurso populista, uma operação eminentemente política. A construção do povo, nesse contexto, é resultado da articulação entre demandas, e uma dessas, de forma contingente e precária, assume o papel de representação hegemônica de uma universalidade popular. Por exemplo, num território ocupado por forças estrangeiras, a demanda por independência dos nacionais pode se tornar o ponto nodal que passa a representar outras demandas da sociedade como aquelas por "mais educação", "liberdade", "democracia", entre outras.

Conforme o teórico argentino, a unidade mínima para a constituição do povo não é o grupo (que pressuporia uma organização *a priori*), mas a demanda social (ou simplesmente demanda). Há duas formas de compreender essa categoria. Demanda pode ser um simples *pedido* ou uma *reivindicação* (algo mais grave, tendo em vista o não acolhimento do pedido inicial). Na primeira forma, a demanda é tão somente uma solicitação diretamente realizada aos canais institucionais formais. Assim, por exemplo, a ausência de uma escola primária num determinado bairro pode ensejar tal pedido ao governo municipal. Se a escola é construída, o problema termina, a demanda exaure-se. O atendimento desta dá-se no plano administrativo. No entanto, se a demanda não for atendida administrativamente, considerando também o não atendimento de outras nesse mesmo nível local, por exemplo, ocorrerá o aumento de demandas insatisfeitas, o que poderá estabelecer entre elas uma relação de equivalência

18 A igualdade última de que fala Rancière se refere à condição de igualdade que é um ponto de partida e não de chegada para o autor. Portanto, a luta política nunca é por igualdade, mas por sua atualização por parte daqueles que têm a sua voz negada na partilha do sensível: "a igualdade não é um objetivo. É um ponto de partida, uma opinião ou um pressuposto que abre o campo para uma possível verificação" (Rancière, 2010, p.168).

originada por esta frustração comum. Nesse caso, os simples pedidos convertem-se em reivindicações. Segundo o autor, a partir desse momento, um corte antagônico passa a dividir negativamente o espaço social entre essas demandas populares articuladas contra a institucionalidade (que se torna o inimigo comum). A negatividade antagônica construída pela divisão do espaço social em dois campos, a saber, o povo *versus* o bloco de poder, é, para Laclau, a precondição da lógica populista.

Para que se possa efetivamente falar em populismo, no entanto, é preciso algo mais do que o simples reconhecimento que o espaço social se encontra antagonicamente dividido, na medida em que tal característica é comum a toda política. É necessário que o campo popular consolide-se a partir de um processo hegemônico de representação pela produção de significantes vazios.[19] Isto significa que se deve considerar que tal processo de representação seja qualitativamente mais do que a simples soma das demandas articuladas. Esse é exatamente o sentido de hegemonia que Laclau vem desenvolvendo desde *Hegemonia e estratégia socialista* (Laclau e Mouffe, 1985) e que novamente tem centralidade em *A razão populista* (Laclau, 2013), ou seja, a operação hegemônica ocorre quando uma das demandas articuladas, num dado momento, passa a representar a cadeia de equivalências popular, algo que lhe é, em última instância, incomensurável.

Vimos em ambos como ocorre a constituição do povo. Passaremos agora a consequência de uma formação desse tipo no sentido de relacioná-la com a ideia que cada um produz em torno da democracia.

Para Rancière, como vimos, existe uma tensão irresoluta entre a democracia como poder do povo e a apropriação desse poder por parte do Estado. Nesse sentido, a democracia não está no local onde a representação acontece, como no parlamento, por exemplo. Um parlamento, ao contrário, pode ser antidemocrático e oligárquico.

19 A noção de "significantes vazios" está plenamente desenvolvida pelo autor no texto "Por que os significantes vazios são importantes para a política?", em Laclau (2011).

Democracia é, para Rancière, um escândalo. Um escândalo, pois rompe com a ordem estabelecida das coisas. Existe política e, consequentemente democracia, justamente quando a ordem da partilha do sensível é ameaçada justamente por aqueles que estão fora dela, por aquela parte que não tem parte alguma nessa divisão. A democracia não está no Estado de direito, nas suas leis ordenadamente aprovadas por maiorias parlamentares a partir de normas que atribuem maioria simples ou três quintos ou outras aritméticas que supostamente nivelam e geram proporções e equilíbrios. Para Rancière, a existência da democracia pressupõe um desequilíbrio essencial, que não é resolvido, nem nunca será. É sobre esse desequilíbrio em que está fundada a política como existência, como necessariamente conflito. Só há política – esta é a sua especificidade, segundo Rancière, no raro momento do conflito, do desentendimento.

Conforme ainda Rancière, democracia, no sentido de poder do povo, exige a autonomia desse povo em relação às instituições políticas, visto que, para o autor, o Estado é oligárquico (Rancière, 2006), governado por oligarquias (estatais e econômicas) que podem entre si mudar de posição numa competição eleitoral, mas que estão igualmente alheias ao princípio do demos.

Democracia, para Rancière, é a própria negação da hierarquia e a presunção da igualdade. Democracia é uma forma de agir que pode ser implementada por qualquer um, a partir da abertura de um espaço comum para a ação.[20] Democracia não tem um espaço previamente definido como um parlamento, por exemplo. Se esse parlamento não é capaz de ouvir e de compreender o que o povo clama, então, novos espaços são criados para dar voz a esse povo que não

20 O fundamento rancieriano de a democracia ser o espaço da ação de qualquer um reside no princípio da igualdade a que fizemos referência em nota de rodapé anterior. Tal igualdade é, na verdade, igualdade de inteligência, tema que Rancière tratou em *O mestre ignorante*. O autor, baseado no ensino de Jacotot, afirma que é possível "aprender qualquer coisa e a isso relacionar todo o resto, segundo o princípio de que todos os homens têm igual inteligência" (2011, p.38). Dessa forma, democracia não é assunto a ser tratado somente por especialistas ou profissionais, mas também – e sobretudo – por cidadãos comuns, normalmente alijados dos processos políticos.

é ouvido. Daí a ideia da praça, dos movimentos sociais, dos diversos movimentos populares que tiveram lugar na Primavera Árabe e movimentos subsequentes. A democracia cria os seus próprios espaços da mesma forma que os plebeus, como vimos antes, criaram o seu próprio quando os patrícios eram incapazes de ouvir suas reivindicações, quando estas não passavam de ruídos sem sentido no contexto da república romana. Passemos agora à ideia de democracia em Laclau.

Para o teórico argentino, a construção do povo, a partir da operação populista, é, como vimos, a própria condição da existência da democracia. É fundamental desde já estabelecer que, para o autor, democracia não é um regime específico, mas um *nome* (um significante vazio) capaz de assumir distintos sentidos. É o caso das democracias liberais representativas ocidentais, as quais resultam na articulação entre os princípios da soberania popular e do liberalismo político. Para Laclau, uma articulação desse tipo é meramente contingente, o que por óbvio significa que outras articulações envolvendo o princípio democrático da soberania popular são possíveis, da mesma forma que distintas articulações a partir dos princípios liberais podem igualmente ter lugar.

É bem verdade que democracia não tem conteúdo específico para Laclau. No entanto, é fundamental que, para que efetivamente possamos falar em democracia, haja a construção de identidades coletivas, o que, para o autor, é o mesmo que a constituição de um povo, o que sugere que a democracia, ainda que não tendo um sentido objetivado, está inserida num terreno ontológico que inexoravelmente pressupõe a ideia de povo. E para o teórico argentino, somente se constrói o povo a partir da operação populista tal qual acima fizemos referência. Isso quer dizer que se, por um lado, é verdade que o populismo não necessariamente redunda numa democracia (Laclau é absolutamente consciente dessa alternativa), por outro lado, só há democracia a partir da construção do povo e, sendo o populismo a única maneira para tal, só é possível haver democracia se houver também populismo. Nas palavras do autor:

> a construção de um povo é a condição *sine qua non* do funcionamento da democracia. Sem a produção do vazio não existe "povo", não existe populismo, mas também não existe democracia. Se acrescentarmos a isso que o "povo", conforme vimos, não está essencialmente ligado a qualquer matriz simbólica particular, então teremos abarcado o problema do populismo contemporâneo em todas as suas dimensões. (Laclau, 2013, p.246)

Vistas as concepções de povo e de democracia presentes nas elaborações de Rancière e de Laclau, vejamos como ambos lidam com a questão da desigualdade. Como já adiantamos, tal discussão está inserida no próprio desenvolvimento de suas concepções de democracia.

Para Laclau, qualquer luta que vise à superação de uma situação de desigualdade já é em si democrática. Quando acima fizemos menção às "demandas" como unidades mínimas de uma operação populista, omitimos propositalmente que estas quando isoladas são chamadas pelo autor de "demandas democráticas". A origem de tal denominação advém da tradição marxista, mas especificamente o que o autor chama de "um ingrediente do conceito de 'democracia' que é vital reter" (Laclau, 2013, p.194), ou seja, a ideia do não atendimento da demanda (que também tratamos acima) possibilita a ocorrência do processo articulatório que torna possível a construção do "povo". Além disso – e certamente mais importante para os propósitos deste capítulo –, são as características presentes nas "demandas democráticas" que diretamente têm pontos de ligação com o tema da desigualdade. Primeiramente, o "democrático" nessas demandas, como temos insistido, não tem qualquer relação com um regime político específico. É possível, como adverte o autor, que um regime fascista absorva tais demandas, assim como estas podem ser incorporadas por um regime liberal. Os demais elementos das demandas que explicam o seu caráter democrático são:

> As únicas características que retenho do conceito usual de democracia são: (1) que essas demandas são formuladas *para* o sistema *por*

> alguém que foi excluído dele – que existe uma dimensão igualitária implícita nelas; (2) que sua emergência pressupõe algum tipo de exclusão ou privação. (Laclau, 2013, p.191)

A partir das características acima elencadas, podemos discorrer sobre o tema da desigualdade no contexto de regimes democráticos. Primeiramente, como consequência da característica das demandas democráticas, estas podem ser apresentadas independentemente do regime a que os excluídos estão submetidos. Ao mesmo tempo – e nesse ponto a análise de Laclau se aproxima ainda mais da de Rancière –, os excluídos demandam, pois eles mesmos pressupõem, ainda que em situação de exclusão, que são tão iguais quanto aqueles que estão incluídos pela estrutura política e, por essa razão, demandam. Essa "dimensão igualitária implícita" é a própria ideia de democracia no sentido forte do termo, ou seja, todos os seres humanos são de fato iguais, mesmo que diferenciados socialmente ou ainda perante a lei.

O fundamental é que a demanda por inclusão está no cerne da própria ideia de democracia de Laclau, o que nos permite pressupor que democracia, para ele, opera em dois registros concomitantes: como regime político e como articulação popular contra situações de exclusões. Nesse sentido, articulação é a palavra-chave no esquema analítico-normativo do autor. Tal como vimos acima em relação à constituição da lógica populista, toda luta por inclusão, para ter efeito e suficiente força, não deve ocorrer de forma isolada. É nesse sentido que Laclau entende o processo articulatório como aquele que compreende uma série de demandas democráticas que dividem entre si pontos de antagonismo comum, mas que, sobretudo, estão articuladas a partir de um ponto nodal, que é o sentido discursivo privilegiado que cumpre a tarefa hegemônica de representar a cadeia equivalencial como um todo. Essa é a tarefa que, ao fim e ao cabo, assume a articulação populista, e é por essa razão que uma prática como essa é normalmente vista com maus olhos pelo sistema político formal: é somente a partir da radicalidade do discurso populista que a dimensão institucional torna-se capaz de efetivamente ouvir demandas que antes não eram somente "ruídos" (para usar uma expressão de Rancière que cabe perfeitamente aqui), mas necessidades totalmente invisíveis.

Rancière, de forma ainda mais enfática do que Laclau, parte da ideia de que a igualdade é um pressuposto e não uma situação onde se queira chegar. Tal igualdade baseia-se na igualdade de inteligências entre as pessoas. Nesse sentido, somente é possível existir situações de desigualdade, pois pressupõe a igualdade. O conteúdo de uma ordem para ser cumprido precisa ser compreendido por aquele que é dominado e tal compreensão é a prova da efetiva igualdade entre quem manda e quem obedece:

> Há ordem na sociedade porque uns mandam e os outros obedecem. Mas, para obedecer a uma ordem, são necessárias pelo menos duas coisas: deve-se compreender a ordem e deve-se compreender que é preciso obedecer-lhe. E, para fazer isso, é preciso você já ser o igual daquele que manda. [...] A desigualdade só é, em última instância, possível pela igualdade. Existe política quando pela lógica supostamente natural da dominação perpassa o efeito dessa igualdade. (Rancière, 1996, p.31)

Para Rancière, é a igualdade por princípio que "corrói" a ordem estabelecida. Mas em que sentido devemos compreender uma afirmação como esta? Para entendermos essa asseveração, cabe a distinção feita pelo autor entre polícia e política. Por polícia, Rancière entende o conjunto de regras e de instituições que regulam uma comunidade. O termo polícia deve ser compreendido de forma ampla e não no seu sentido mais corriqueiro de um "aparelho de Estado". A polícia é a ordem da disposição do sensível, a forma como a partilha desse sensível está contingentemente configurada. É também o que pode ser dito e como pode ser dito, diferentemente daquilo que não passa de ruído. Já a política para o autor é justamente aquilo que é antagônico à polícia, visto que é a ação que justamente rompe com a aludida e contingente divisão do sensível entre aqueles que têm parte e aqueles que não têm.

Podemos dizer que a distinção entre polícia e política é respectivamente o estabelecimento de dois cenários: o da polícia, que é o da contingência da dominação e das relações de desigualdades se tomado em oposição ao cenário da política, que é aquele da afirmação da igualdade anterior à própria política. Notemos, no entanto, que, para Rancière, só podemos falar em desigualdade no raro instante da política e não simplesmente dizer que a situação policial é em si "desigual". Ela o é, mas somente no momento em que a igualdade é reivindicada pela situação política. A polícia é uma configuração, uma ordem que estabelece regularidades e que se mantém estável. No entanto, se se percebe que a igualdade por princípio está sendo desrespeitada por uma situação de desigualdade, a política aparece como o mecanismo da reivindicação dessa igualdade que lhe é anterior, uma igualdade que não é política, mas de capacidade de compreensão e de inteligências comuns, cujo argumento rancieriano verificamos acima.

Considerações finais

Nesta jornada, que começou do estruturalismo ao pós-estruturalismo para então nos focarmos na apropriação teórica e filosófica do segundo, objetivamos justamente fornecer os elementos que julgamos indispensáveis para pensarmos o complicado par democracia e desigualdade ou, dito de forma mais exata, a desigualdade em contextos democráticos.

O pós-estruturalismo, como vimos, parte do pressuposto de que qualquer ordem – pressuposto que mina as próprias condições de existência do estruturalismo clássico no sentido de Lévi-Strauss – deve ser vista tão somente como uma configuração contingente e de duração precária. Tal pressuposto autoriza-nos pensar de forma radical acerca do conteúdo de qualquer estrutura, verificando a historicidade de sua instituição, suas inclusões e suas exclusões. Do ponto de vista normativo temos, portanto, a certeza de que um mundo novo sempre se apresentará, a consciência de que não há situação de exclusão que não possa ser superada, seja nas democracias que existem e nas que existirão, seja em outras configurações políticas que, aos nossos olhos, possam ser mais ou menos atraentes se comparadas às democracias que hoje conhecemos.

O ponto central numa discussão sob a batuta teórico-filosófica do pós-estruturalismo é o de que estamos sempre entre dois mundos, o que conhecemos e vivemos como seus sujeitos e aquele que desconhecemos e que pode nos surgir como de supetão, como de um soco oriundo da experiência da vida. Não estamos, assim, falando de mundos projetados necessariamente em nossas mentes, tais como aqueles das soluções mágicas, idílicas e perigosas dos teóricos deliberativos, pois o mundo que queremos, que sonhamos, nunca, de fato, se realizará. O mundo do futuro é, como nos ensina Derrida, o mundo por vir, entendendo-se por vir como o futuro totalmente imprevisível, o verdadeiro futuro. Ou como também ensina-nos Rancière sobre a possibilidade efetiva da política: "a política não é feita de relações de poder; é feita de relações de mundos" (1996, p.54).

Referências bibliográficas

BADIOU, Alain. "Verdade e sujeito", *Estudos Avançados*, v.8, n.21, 1994, p.177-184.

______. *A hipótese comunista*. São Paulo: Boitempo, 2012.

CHÂTELET, François. "Como vai o estruturalismo?". In: COELHO, Eduardo Prado. *Estruturalismo: antologia de textos teóricos*. Lisboa: Portugália, 1968.

DAHL, Robert *Sobre a democracia*. Brasília: Editora UnB, 2001.

DERRIDA, Jacques. *A escritura e a diferença*. 3.ed. São Paulo: Perspectiva, 2002.

DOSSE, François. *História do estruturalismo*. 2v. Bauru: EdUSC, 2007.

HOWARTH, David. *Discourse*. Buckingham: Open University Press, 2000.

LACAN, Jacques. A instância da letra no inconsciente ou a razão desde Freud". In: *Escritos*. Rio de Janeiro: Zahar, 1998.

LACLAU, Ernesto. *Nuevas reflexiones sobre la revolución de nuestro tiempo*. Buenos Aires: Nueva Visión, 1993.

LACLAU, Ernesto. "La entrevista Ernesto Laclau: el populismo garantiza la democracia". *La Nación.com*, 10/7/2005. Disponível em: <http://www.lanacion.com.ar/719992-ernesto-laclau-el-populismo-garantiza-la-democracia>. Acesso em: 28 mar. 2014.

______. *Emancipação e diferença*. Rio de Janeiro: EdUERJ, 2011.

______. *A razão populista*. São Paulo: Três Estrelas, 2013.

LACLAU, Ernesto; MOUFFE, Chantal. *Hegemony & Socialist Strategy: Towards a Radical Democratic Politics*. London: Verso, 1985.

LÉVI-STRAUSS, "Estruturalismo e crítica". In: COELHO, Eduardo Prado. *Estruturalismo: antologia de textos teóricos*. Lisboa: Portugália, 1968.

______. Claude. *Antropologia estrutural*. São Paulo: Cosac Naify, 2012.

MARCHART, Oliver. *Post-foundational political thought: political difference in Nancy, Lefort, Badiou and Laclau*. Edinburgh: Edinburgh University Press, 2007.

______. *El pensamiento político posfundacional: la diferencia política en Nancy, Lefort, Badiou y Laclau*. Buenos Aires, Fondo de Cultura Económica, 2009.

POUILLON, Jean. "Uma tentativa de definição". In: COELHO, Eduardo Prado. *Estruturalismo: antologia de textos teóricos*. Lisboa: Portugália, 1968.

RANCIÈRE, Jacques. *O desentendimento: política e filosofia*. São Paulo: Editora 34, 1996.

______. *Hatred of Democracy*. London: Verso, 2006.

______. *A partilha do sensível: estética e política*. 2.ed. São Paulo: Editora 34, 2009.

______. Comunistas sin comunismo?". In: HOUNIE, Analía (ed.). *Sobre la idea del comunismo*. Buenos Aires: Paidós, 2010.

______. *O mestre ignorante: cinco lições sobre a emancipação intelectual*. 3.ed. Belo Horizonte: Autêntica, 2011.

______. "Entrevista com Jacques Rancière sobre os movimentos de ocupação e a democracia". *Portal Fórum*, 17/1/2012. Disponível em: <http://www.revistaforum.com.br/blog/2012/01/entrevista-com-jacques-ranciere-sobre-os-movimentos-de-ocupacao-e-a-democracia/>. Acesso em: 26 mar. 2014.

RODRIGUES, Léo Peixoto. "O estruturalismo francês: aspectos históricos e epistemológicos". In: SCHULZ, Rosangela (org.). *Ensaios de sociologia e política*. Pelotas: EdUFPel, 2010.

SAUSSURE, Ferdinand de. *Curso de linguística geral*. São Paulo: Cultrix, 2006.

STAVRAKAKIS, Yannis. *Lacan & the Political*. London: Routledge, 1999.

______. "Laclau with Lacan: comments on the relation between discourse theory and Lacanian psychoanalysis". In: ŽIŽEK, Slavoj (ed.). *Jacques*

Lacan: Critical Evaluations in Cultural Theory. Society, Politics, Ideology. v.III. London: Routledge, 2003.

TORFING, Jacob. *New Theories of Discourse: Laclau, Mouffe and Žižek*. Oxford: Blackwell, 1999.

WILLIAMS, James. *Pós-estruturalismo*. 2.ed. Petrópolis: Vozes, 2013.

ŽIŽEK, Slavoj. "Contra os direitos humanos", *Mediações*, v.15, n.1, 2010, p.11-29.

11. CONDENANDO A TERRA: DESIGUALDADE, DIFERENÇA E IDENTIDADE (PÓS)COLONIAL

Luciana Maria de Aragão Ballestrin

Colonialismo e imperialismo são fenômenos constitutivos do capitalismo no projeto global da modernidade ocidental, em contínua expansão. Ambos os fenômenos foram exaustivamente analisados pela literatura marxiana e marxista, em especial, no que se refere à importância da colonização para a acumulação primitiva do capital e do imperialismo para a expansão do capitalismo. O capitalismo, portanto, desenhou os contornos do colonialismo e do imperialismo em seus formatos modernos, diferindo-os de suas manifestações históricas anteriores.

Foi a década de 1960 que deu o testemunho do esgotamento histórico das suas formas de reprodução tradicionais. Pelo menos formalmente, ruíam-se os últimos domínios do imperialismo europeu clássico tal como descrito por Lênin (2012), mediante os processos de independência, revolução e libertação nacional, sobretudo nos continentes africano e asiático. Sob os auspícios das Nações Unidas (ONU) e em meio à dinâmica bipolar da Guerra Fria, o processo de descolonização da região que ficou conhecida como "Terceiro Mundo" – hoje "Sul Global" – trouxe um novo conjunto de questões para o debate. E, em 1965, o pan-africanista Kwame Nkrumah anunciava na introdução de seu livro *Neo-colonialismo: o último estágio do imperialismo*: "o neo-colonialismo de hoje representa o final do imperialismo e talvez seu estágio mais perigoso" (1965).

O diagnóstico da não superação do colonialismo e do imperialismo foi compartilhado tanto por autores marxistas quanto pós-coloniais. Ao problematizar tais processos em comum, marxismo e pós-colonialismo criaram uma particular relação de amor e ódio, com encontros e desencontros. Olhando diferentemente para o problema das desigualdades (pós)coloniais, observa-se que o marxismo, como mostrado no capítulo 2, tradicionalmente preocupou-se com as desigualdades produzidas pela esfera econômica em termos de classe, trabalho e produção, inclusive em um nível sistêmico e estrutural que atravessa as relações entre os Estados e seus projetos de nação. Particularmente, as abordagens sobre desenvolvimento, dependência e sistema-mundo somaram-se a um movimento intelectual crítico e mais amplo terceiro-mundista, no qual o pós-colonialismo também foi inserido. Impunha-se, como preocupação para ambas as vertentes, a resiliência das dinâmicas neocoloniais na condição pós-colonial, marcada por um novo e aparente contexto histórico descolonizado.

Por sua vez, o pós-colonialismo endereçou o problema das desigualdades (pós)coloniais para outras direções. Tendo extrapolado sua motivação econômica primeira, o colonialismo engendrou como sustentação e suporte um processo complexo de dominação, opressão e destruição estendido para os campos político, cultural e intelectual. A relação entre desigualdade e colonialismo foi explorada pela crítica pós-colonial, sobretudo nesses três domínios. Justamente pela pouca atenção prestada aos processos e às dinâmicas da exploração econômica, muitos críticos do pós-colonialismo acusaram seu culturalismo exacerbado (Ahmad, 2002) e suas implicações despolitizantes (Shoat, 1992). Trata-se de uma crítica mais geral destinada à ambiguidade de ruptura continuada em relação a tantas escolas orientadas pelo "pós" (estruturalismo, marxismo, modernismo), todas fundamentais para o cânone pós-colonial inaugurado por Edward Said com o clássico *Orientalismo* de 1978. Mas à diferença do estruturalismo, por exemplo, o colonialismo é um processo histórico concreto; daí que "o que é" e "quando foi" o pós-colonial prestou-se a diferentes interpretações e polêmicas.

Assim, principalmente nos anos 1990, o termo "pós-colonialismo" recebeu uma série de críticas por sua ambiguidade epistemológica e cronológica, teórica e política, revelando-se uma noção a-histórica com pouco valor heurístico, além de sugerir perigosamente a conclusão e o encerramento do colonialismo e seus efeitos. Por outro lado, a análise privilegiada das representações culturais, identitárias, psicanalíticas, linguísticas, discursivas e literárias incapacitaria o pós-colonialismo para um entendimento estrutural e sistêmico, tão necessário para um fenômeno como o colonialismo. Não menos importante, por serem altamente influenciados pelos discursos pós-estruturalistas e pós-fundacionistas em moda no Primeiro Mundo, supostos intelectuais pós-coloniais – deslocados do seu contexto colonizado de origem e em busca de reconhecimento e posição nas universidades do norte global – também acabariam por reproduzir as dinâmicas coloniais do conhecimento global (Shoat,1992; McClintock, 1992; Dirlik, 1994). Isso fez que a grande autocontradição do pós-colonialismo fosse exposta: por seus polos universitários difusores e principais influências teóricas, a produção de suas teorias permaneceria comprometida com o anglo(euro)centrismo que o mesmo pretendia criticar. Era assim denunciado o "imperialismo" do pós-colonialismo! (Mignolo, 1998).

Contudo, o pós-colonialismo não pretende oferecer uma teoria explicativa de longo alcance, podendo ser complementar e comensurável com outras tradições teóricas – inclusive, a marxista (Loomba, 2005; Mellino, 2008). E o julgamento ou ataques sobre as trajetórias pessoais e biografias particulares, ainda que tenham sido respondidas por muitos, escapam do nível teórico interno do próprio debate. A grande contribuição do pós-colonialismo – principalmente, após Edward Said – não está propriamente na invenção do seu objeto ou da metodologia para estudá-lo. Reside, sobretudo, na forma original de "ler", "criticar" e "abordar" o fenômeno colonial/imperial, utilizando estratégias metodológicas já conhecidas para (des)cobrir o outro subalterno colonial, ao tempo em que desmonta o sujeito europeu imperial.

Chamando a atenção para as continuidades e descontinuidades do poder colonial, o pós-colonialismo pretende evidenciar que tanto as colônias quanto as metrópoles foram alteradas pelo processo de colonização e reestruturadas pela descolonização (Loomba, 2005, p.22), inscrevendo-se mais dramaticamente na cultura dos colonizados (Hall, 2009, p.102). Os estudos pós-coloniais, assim, tornam mais visível a história e o legado do imperialismo europeu, reescrevendo descentrada e diasporicamente as grandes narrativas imperiais do passado (ibid.). Tal releitura da colonização, como parte de um processo global transnacional e transcultural, precisamente é incorporada no rótulo genérico do pós-colonialismo. Loomba (2005, p.16) sugere que ele deve ser concebido de maneira mais flexível como "a contestação da dominação colonial e dos legados do colonialismo"; em linha semelhante, Gilroy (2006, p.657) o apresenta como uma "contra-história do colonialismo".

A relação de poder colonial é uma relação de poder desigual, dentro e fora do Estado-nação. A própria consolidação do Estado-nação primeiramente no âmbito europeu não pode ser compreendida sem o colonialismo. Daí que a estruturação do sistema-mundo moderno colonial desde o século XVI é profundamente desigual e hierarquizante. As desigualdades coloniais produzidas pelo imperialismo não se restringiram ao âmbito internacional. Em muitos casos, não restritos aos países colonizados, o próprio Estado precisou colonizar internamente para projetar uma ideia homogênea de nação, com base na etnia dominante dos colonizadores externos e seus descendentes. Assim, o conceito de "colonialismo interno", precisamente aquele desenvolvido por Pablo González Casanova (2006), é explicativo sobre o Estado colonizador "para dentro" dos seus limites territoriais em conformação. Pós-independência, o Estado substituiria e perpetuaria o poder colonial, particularmente na América Latina, cujo enquadramento "pós-colonial" deu-se mais recentemente no debate.

As desigualdades (pós)coloniais, ou seja, aquelas produzidas pelo colonialismo, envolvem um entrelaçamento complexo de escalas, atores, níveis, campos, processos, agências, intenções e resistências. Ainda que nem todas as desigualdades possam ser explicadas pelo colonialismo, é impossível pensá-lo sem a produção de desigualdades (econômicas, raciais, sexuais). O colonialismo, assim, estabeleceu ou reforçou desigualdades globais, entre estados, povos e pessoas. Desde o século XVI, o colonialismo vinculou-se a uma tríade estrutural identificável como geradoras de desigualdades e injustiças: capitalismo, racismo, eurocentrismo e sexismo. O pós-colonialismo ajudou a pensar o desnivelamento das diferentes camadas sobrepostas da opressão que atravessam classe/gênero/raça, problematizando de forma inovadora o "sujeito colonizado" e a "diferença colonial". Subjetividades e identidades assim impactadas tornaram-se aspectos centrais para as análises pós-coloniais; da mesma forma, o conhecimento produzido sobre o "outro", colonizado, orientalizado e subalterno.

A relação entre desigualdade e diferença pode ser assim questionada: é possível celebrar a "diferença colonial"? Duas respostas seriam possíveis. Da forma como posta por Frantz Fanon, a diferença colonial destruiu e condenou o colonizado. À semelhança do que Fraser (2001) apontou sobre a diferença de classe, sua celebração é impossível porque injusta e oriunda da desigualdade. Mas, se a elaboração posterior de Stuart Hall e Homi Bhabha forem tomadas, o pós-colonial passa a ser um tempo de diferença (Hall, 2009, p.95), no qual tradução, negociação e reinscrição podem inspirar um híbrido, novo, criativo, sobrevivente e/ou resistente. Nota-se que esse desalinhamento no âmbito do pós-colonialismo é representativo e emblemático de suas próprias fases. Frantz Fanon foi um precursor do pós-colonialismo, de primeira geração: um "pós-colonialismo anticolonial". Hall e Bhabha, a geração seguinte, são dois expoentes importantes do "pós-colonialismo pós-colonial" *mainstream*, dialógico com os estudos culturais e subalternos. Pode-se ainda falar em uma terceira geração, denominando-a como um "pós-colonialismo decolonial" (programa de investigação modernidade/colonialidade), que, ao introduzir a América Latina no debate, procura se afastar da segunda geração, aproximando-se da primeira (Ballestrin, 2013).

Uma vez que a desigualdade é o fundamento para o entendimento do exercício das relações de poder coloniais e imperiais, sua problematização atravessa explícita ou implicitamente toda a literatura pós-colonial. Para trabalhar mais detidamente com a relação entre pós-colonialismo e desigualdade, considerou-se que as tensões entre poder e subjetividade são uma preocupação central para o estudo do colonialismo sob tal perspectiva crítica (Loomba, 2005, p.41). Para o núcleo dessa literatura, identidade, conhecimento e representação são fundamentais para o entendimento do exercício do poder colonial e imperial, que produz e reforça uma desigualdade específica e transversal àquelas relacionadas com classe, gênero e raça. O pós-colonial apresenta assim, tanto ao colonizador quanto ao colonizado, "um problema de identidade" (Prakash apud Hall, 2009, p.115).

Colonizado e condenado

No contexto da descolonização nos anos 1960 e 1970, os estudos pós-coloniais precursores possuíram uma forte ligação com o anticolonialismo revolucionário. No plano internacional, o "Terceiro Mundo" – uma disruptura do capitalismo e socialismo europeus (Young, 2003, p.41) – compunha o movimento tricontinental dos não alinhados, envolvendo países recém-independentes da África, Ásia e América. O "pós-colonialismo anticolonial" envolveu intelectuais, ativistas e políticos; deixou uma produção dispersa, não necessariamente acadêmica e institucionalizada, com forte inspiração marxista. Na nova condição pós-colonial, em um sentido temporal estrito, o neocolonialismo começava a ser debatido, sobretudo, como limitador de uma verdadeira descolonização. Os escritos dessa época variaram de discursos políticos à poesia, envolvendo pensadores latino-americanos, africanos e europeus (sobretudo, franceses): Amílcar Cabral, Che Guevara, Frantz Fanon, Ho Chi Minh, Jean-Paul Sartre, Aimé Césaire e Albert Memmi foram alguns nomes marcantes dessa geração.

Nascidos na Martinica da região antilhana, Aimé Césaire, mestre de Frantz Fanon, foram intelectuais afro-caribenhos fundamentais para o entendimento da desumanização provocada pelo colonialismo, tanto sobre o colonizado quanto sobre o colonizador. Já em 1955, Césaire (1978, p.13) foi implacável ao denunciar a barbárie da civilização e da razão europeias na empreitada colonial: "A Europa é indefensável". O colonialismo descivilizou e embruteceu o colonizador; coisificou e inferiorizou o colonizado. A interpretação de Aimé sobre o nazismo, o colonialismo aplicado à própria Europa, foi perturbadora: o que fez de Hitler um homem imperdoável, não foi "o *crime* em si; o *crime contra o homem*, não [foi] a *humilhação do homem em si*, [foi] o crime contra o homem branco" (ibid., p.18) (grifos originais do autor). Comunista, Césaire trabalhou e desenvolveu anteriormente a noção de negritude (*négritude*), posteriormente inspiradora para o movimento negro e ponto de inflexão/ruptura importante para o marxismo negro. Sua releitura da peça *A tempestade*, de Shakespeare, foi amplamente estudada pelo protagonismo invertido que Césaire concedeu ao Caliban. Tal criação teatral muito simbólica do imaginário e da representação europeia sobre o outro colonial prestou-se a várias análises pós-coloniais.

O vínculo inseparável entre colonialismo e racismo foi radicalizado por Frantz Fanon, cuja produção mais recente sobre sua obra supera em número a do próprio autor. Em um primeiro momento, Fanon foi resgatado por importantes expoentes pós-coloniais (Said, Parry, Hall, Bhabha, entre outros), sendo mais ultimamente reivindicado como precursor latino-americano do pensamento decolonial (Oto, 2012). A história de Fanon, porém, conectou-se mais com a Argélia africana – pela qual lutou via exército de libertação nacional – e com a França colonizadora, onde realizou grande parte dos seus estudos. Sua formação e atuação psicanalítica e psiquiátrica, associada ao seu espírito revolucionário anticolonial e marxista, foram responsáveis por originar uma obra potente e definitiva, ainda que não vasta. Ao adentrar na psique do colonizado, destruída pelo colonialismo e permitida por sua própria experiência relativamente curta de vida, Frantz Fanon cortou a própria carne: "mesmo expondo-me ao ressentimento de meus irmãos de cor, direi que o negro não é um homem" (Fanon, 2008, p.26). Fanon foi um marxista freudiano de certa forma herético. Quanto à Marx, afirmava que a ausência de infraestrutura nas colônias acabava por equivalê-la à superestrutura (Gordon, 2009, p.129): logo, para Fanon, "se é rico porque é branco, se é branco porque se é rico". Basicamente, o colonialismo era o motor do racismo. Quanto a Freud, questionava várias categorias psicanalíticas: "o complexo de Édipo longe está de surgir entre os negros" (Fanon, 2008, p.134). Basicamente, o colonialismo era a própria patologia (Loomba, 2005, p.122).

Com 25 anos de idade, em 1952, Frantz Fanon escreveu sua tese em psiquiatria intitulada *Peles negras, máscaras brancas* (Fanon, 2008). Para ele, nem Freud nem Jung foram capazes de pensar nos negros em suas pesquisas e estudos sobre a mente (ibid., p.134). O equívoco de Freud foi que ele "substituiu a tese filogenética pela perspectiva ontogenética. Veremos que a alienação do negro não é apenas individual. Ao lado da filogenia e da ontogenia, há a sociogenia" (ibid., p.28). No caso do negro, "nada é parecido. Ele não tem cultura, não tem civilização, nem 'um longo passado histórico'" (ibid., p.46): "quando a civilização europeia entrou em contato com o mundo negro, com esses povos selvagens, todo o mundo concordou: esses pretos eram o princípio do mal" (ibid., p.161). Nesta tese, Fanon explorou então de maneira original os limites da elaboração psicanalítica clássica em incorporar a experiência vivida do negro e do colonizado, questionando e revertendo algumas teses sobre loucura, psicopatologia, castração, histeria, fobia, trauma, neurose, sexualidade, narcisismo e complexos variados.

O colonialismo – e não a "modernização" – ao desmontar a estrutura psíquica teorizada exclusivamente para os brancos produziu uma consequência central para Fanon: o fato de "o negro [querer] ser branco" (ibid., p.27). É precisamente para tentar compreender o "racismo dos negros contra o negro" (Gordon, 2008, p.15) que Fanon se valeu da metáfora lacaniana da ilusão do espelho, de reflexo branco: "a miserável esquizofrenia da identidade colonizada" (Loomba, 2005, p.124). O sofrimento e a opressão do racismo colonial produziram sobre o negro a necessidade/desejo de usar uma máscara branca para esconder sua condição. Em várias passagens do texto, o próprio Fanon coloca-se neste lugar, uma zona de não ser, expondo as feridas da discriminação e do preconceito por ele mesmo sofrido no mundo "civilizado": "Olhe o preto!... Mamãe, um preto!" (Fanon, 2008, p.106). O negro, afinal, era uma criação do branco, da mesma forma que a Europa fora, literalmente, uma criação do Terceiro Mundo. O problema do reconhecimento, discutido no capítulo 9 deste livro, foi brevemente antecipado e analisado por Fanon: "um dia o senhor branco reconheceu *sem luta* o preto escravo. Mas o antigo escravo quer *fazer-se reconhecer*" (grifos originais do autor) (ibid., p.180).

Juntamente com Césaire, Fanon antecipou questões muito caras ao pós-colonialismo, especialmente, a crítica ao binarismo maniqueísta construído para a manutenção do colonialismo: civilização e barbárie, razão e emoção, negro e branco, Primeiro e Terceiro mundos. Antes mesmo de Edward Said trabalhar com a invenção do Oriente pelo Ocidente, Fanon demonstrou como as identidades coloniais são construídas em vez de dadas. Para ele, o estereótipo de vários comportamentos envolvendo o "outro" colonizado pelos europeus envolvia a própria resistência à situação colonial. A preguiça, por exemplo, teria sido a sabotagem consciente à máquina colonial (Loomba, 2005, p.122).

Além de demonstrar como a diferença racial e colonial foram ambas produzidas e inventadas, Fanon dedicou dois capítulos sobre sexualidade em torno da relação entre "a mulher de cor e o branco" e "o homem de cor e a branca". Ainda que o autor tenha introduzido a assimetria de gênero sobre a raça, o sujeito colonizado de Fanon foi, sobretudo, o homem negro; o condenado coincidia com o homem de cor (Wallerstein, 2008). Para Loomba (2005, p.137), a subjetividade feminina não foi adequadamente desenvolvida nas meditações fanonianas; tanto para Freud quanto para Fanon, a mulher ainda representava o mistério do "continente negro":

> Enquanto o desejo do homem negro pela mulher branca é contextualizado e historicizado por Fanon, a fantasia da mulher branca de ser estuprada por um homem negro é por ele entendida como

"de alguma forma a realização de um sonho privado, de um desejo interior". Seu sujeito colonizado é exclusivamente masculino e ele abruptamente recusa a psicosssexualidade da "mulher de cor": "eu não sei nada sobre ela".

Na década seguinte, o livro *Os condenados da Terra*, título alusivo ao primeiro verso da Internacional, projetou Fanon, nas palavras de Albert Memmi, como o "profeta do Terceiro Mundo, o herói romântico da descolonização" (Loomba, 2005, p.123). Depois de sua publicação em 1961, a obra se tornou a "bíblia da descolonização" (Young, 2003, p.122), um símbolo para o discurso e o movimento anti-imperialista, escrito em um tom adjetivado como messiânico. Foi precisamente na frase "a descolonização é sempre um fenômeno violento" (Fanon, 2010, p.51) que Wallerstein (2008, p.5) localizou a polêmica da violência suscitada pela obra: uma observação analítica ou uma recomendação política? Muitos intelectuais da época leram tal passagem como apologia à violência; nesse sentido, Hannah Arendt (1994) preocupava-se com a influência de Frantz Fanon sobre movimento estudantil e *Black Power* nos Estados Unidos.

Contudo, a justificativa para pensar a violência anticolonial como legítima foi por ele mobilizada com o argumento de que

> A violência, não a civilização e o império da lei, foi a condição constitutiva do próprio colonialismo. O domínio colonial, ele sugeriu, foi meramente uma tentativa de legitimar e normalizar os atos da violência colonial pelos países que haviam sido ocupados em primeiro lugar e pelas regras coloniais que foram subsequentemente mantidas. (Young, 2003, p.122)

Logo, "a fonte original da violência encontra-se nos recorrentes atos violentos do colonizador" (Wallerstein, 2008, p.6), sendo que ele só é capaz de compreender a força. "Desde o seu nascimento, está claro para ele [o colonizado] que esse mundo encolhido, semeado de interdições, só pode ser questionado pela violência absoluta" (Fanon, 2010, p.53). O mundo colonial, um "delírio maniqueísta" (Bhabha,

2005, p.75), desumaniza e animaliza o colonizado (Fanon, 2010, p.59). Apelar à razão dos colonizados beira à hipocrisia; a práxis da sua libertação envolve a violência, algo não a eles estranho, pois com ela conviveram toda sua vida (Fanon, 2010, p.60-75). Assim, a violência em Fanon não pode ser compreendida desde um ponto de vista a-histórico e moral (Oto, 2012, p.55). Crítico ao nacionalismo e individualismo burguês, Fanon entendia que a identidade cultural negra não podia ser pensada de forma independente da luta política pela libertação (Wallerstein, 2008). A noção de negritude, porém, não obteve a adesão de Frantz Fanon. Tal conceito político de Aimé Césaire, desenvolvido por outros intelectuais negros de fala francesa como Léopold Senghor e Bernard Dadié, assimilava e invertia um estereótipo colonial para Fanon (Loomba, 2005, p.178). Tal crítica inseria-se no contexto dos embates em torno das estratégias do nacionalismo e do pan-nacionalismo racial (pan-africanismo) sobre a consciência e a identidade negra marcadas pela diáspora.

Tanto em Frantz Fanon como em Albert Memmi nota-se que o antagonismo entre colonizado e colonizador não resultava necessariamente em uma fixação de identidade: "assim como a burguesia propõe uma imagem do proletariado, a existência do colonizador demanda e impõe uma imagem do colonizado" (Memmi, 2007, p.117). Por se tratar objetivamente de uma relação desigual, a explosão de conflitos internos e ambíguos diante do inevitável envolvimento na situação colonial é explorada em Memmi também sob a ótica do colonizador. Em seu livro *Retrato do colonizado* precedido pelo *Retrato do colonizador*, que também marcou a época, Memmi analisa a aceitação e a recusa do colonizador quanto a si mesmo, estabelecendo as distinções entre o colono, o colonizador e o colonialista – este último, aquele que se aceita como colonizador. Interessante notar que se, para Memmi, a referência sempre no plural aos colonizados significava sua despersonalização e homogeneização pelo outro colonizador, em Fanon a afirmação dos negros em vez de negro pretendia dar conta justamente de sua multiplicidade e heterogeneidade (Bhabha, 2005, p.329). Memmi esboçou três etapas para a atitude racista:

> 1) descobrir e pôr em evidência as *diferenças* entre colonizador e colonizado; 2) *valorizar* essas diferenças em benefício do colonizador e em detrimento do colonizado; 3) levar essas diferenças ao *absoluto* afirmando que são definitivas e agindo para que passem a sê-lo. (Memmi, 2007, p.108; grifos originais do autor)

Nota-se que o pós-colonialismo anticolonial dos precursores possui um papel fundamental para a problematização do racismo promovido pela desigualdade colonial. Desde aí, a questão da raça passou a ser fundamental para a literatura pós-colonial. Lembra-se que na prática e ainda no contexto dos anos 1960, a luta pelos direitos civis e os diferentes movimentos *blacks* (Black Studies, Black Panthers, Blaxploitation) nos Estados Unidos foram inspirados nos ideais formulados pelos autores afro-caribenhos supracitados e também afro-americanos. A valorização da negritude, da identidade e da consciência negra pretendeu inclusive no âmbito estético reverter padrões e estereótipos pejorados pela colonização: *black is beautiful*. Nos Estados Unidos, figuras como Du Bois e Marcus Garvey foram na primeira metade do século XX fundamentais para o associativismo e a intelectualidade de resistência negra. É nesse movimento, com o desenvolvimento dos chamados *Back to Africa Movements*, que já se observam as origens dos posteriores *black studies*, a partir dos anos 1960 (Mellino, 2008, p.60).

O movimento pan-africanista deixou um importante legado para os estudos pós-coloniais, sobretudo, ao pensá-lo como um dos primeiros modelos de estudos transculturais mais evidenciados com Stuart Hall, Paul Gilroy e Homi Bhabha a partir dos anos 1980. Dois cubanos também foram importantes à época: Roberto Retamar e Calos Moore. Retamar, a quem Che Guevara recomendou fortemente a leitura de Frantz Fanon, foi um escritor e ativista que em 1971 falou sobre "nossa América mestiça", distinguindo o hibridismo da classe exploradora *criolla* da cultura *mestiza* criada pelas classes oprimidas, trabalhadores e camponeses (Loomba, 2005, p.147). Moore (2010), por sua vez, perguntava-se corajosamente nos anos 1970 se "*Marx and Engels were Racists?*"; ao responder afirmativamente, o autor é um dos mais importantes pensadores heréticos e renegados do marxismo por sua reflexão sobre Marx e a questão racial, o racismo e a escravidão.

Colonizado e orientalizado

Para a literatura pós-colonial, não menos importante do que a vinculação entre colonialismo e racismo é a vinculação entre colonialismo e eurocentrismo. E, mais uma vez, a Europa é a peça de engrenagem para a produção de desigualdades originadas pelo colonialismo: em questão as desigualdades produzidas pela representação – distorcida, estereotipada, negativada, essencializada, etnocêntrica – do outro. Esse outro assume então inúmeras formas que não somente individuais; remete ao conhecimento e à classificação de povos, países, geografias, culturas e regiões. A denúncia do eurocentrismo e de sua ideologia não é exclusiva, mas particularmente importante para a crítica pós-colonial. Reflexão posteriormente realizada também por intelectuais marxistas como Samir Amin e Immanuel Wallerstein, foi com Edward Said que a análise do imperialismo e do colonialismo cultural foi empreendida de forma inédita ao inaugurar um novo campo de estudos.

Utilizando vários *insights* foulcaultianos e partindo da inextrincável associação pós-estrutural entre conhecimento e poder, Edward Said realizou em *Orientalismo*, de acordo com Spivak (apud Young, 2003, p.8), "o estudo da construção de um objeto, para a investigação e controle", inaugurando, portanto, um novo tipo de estudo sobre o colonialismo por seu recurso às estratégias metodológicas do pós-estruturalismo e pós-modernismo. O livro não se refere propriamente à marginalização do outro e das culturas não ocidentais, mas sim à representação ocidental sobre os mesmos, particularmente, através da institucionalização do estudo erudito de área chamada orientalismo a partir do século XIX, suportada por diversas disciplinas como filologia, literatura, história, filosofia, antropologia e arqueologia (Loomba, 2005, p.43). Todavia, o orientalismo já estava presente nos relatos de viajantes, companhias, governos, expedições militares, romances, peregrinos, curiosos pelo Oriente exótico (Said, 2007, p.276); fora permeado e (re)produzido, portanto, nos mais variados tipos de conhecimento.

Basicamente, o projeto de Edward Said consistiu em demonstrar, através da análise discursiva de textos literários e culturais europeus, a invenção do Oriente pelo Ocidente como uma dicotomia estratégica para a manutenção do poder colonial e da hegemonia europeia. Empreendendo uma análise textual do colonialismo, o autor pôs em evidência seus aspectos simbólicos, para além de sua dimensão prática e material (Mellino, 2008, p.73); "demonstrou, sobretudo, a profunda cumplicidade das formas acadêmicas de conhecimento com as instituições de poder" (Young, 2004, p.166). Said é claro em seu pensamento/definição de orientalismo:

> O Oriente que aparece no orientalismo, portanto, é um sistema de representações estruturado por todo um conjunto de forças que introduziram o Oriente na erudição ocidental, na consciência ocidental e, mais tarde, no império ocidental. [...]. O orientalismo é uma escola de interpretação cujo material é por acaso o Oriente, suas civilizações, povos e localidades. [...]. A minha afirmação é que o orientalismo é, no fundamental, uma doutrina política, imposta ao Oriente porque esse era mais fraco que o Ocidente, que elidia a diferença do Oriente com a sua fraqueza. (Said, 2007, p.275-7)

Realizando o movimento já identificado em Césaire e Fanon sobre o outro, no caso, colonizado, negro e "africano", Said pontua as ideias essenciais sobre o Oriente/Ásia: "sua sensualidade, sua tendência ao despotismo, sua aberrante mentalidade, seus hábitos de imprecisão, seu atraso" (ibid., p.279). Faz notar, especialmente, que essas mesmas ideias pareciam ser "moralmente neutras e objetivamente válidas". E mais contemporaneamente no mesmo livro, Said lembrou que "nos filmes e na televisão, o árabe é associado com a libidinagem ou com a desonestidade sanguinária" (ibid., p.383). Nas palavras de Castro-Goméz, um importante filósofo latino-americano contemporâneo inclinado ao "pós-colonialismo decolonial", uma das grandes contribuições de Said foi a de perceber que

> A Europa moderna se representa a si mesma sobre a crença de que a divisão geopolítica do mundo (centros e periferias) é legítima porque se funda em uma divisão ontológica das culturas. De um lado está a "cultura ocidental" (*the West*), representada como a parte ativa, criadora e detentora de conhecimentos, cuja missão é levar ou "difundir" a modernidade para todo o mundo; de outro lado estão todas as demais culturas (*the Rest*), representadas como elementos passivos, receptores de conhecimento, cuja missão é "receber" o progresso e a civilização que vêm desde Europa. O característico do "Ocidente" seria a racionalidade, o pensamento abstrato, a disciplina, a criatividade e a ciência; o resto das culturas foi visto como pré-racional, empírico, espontâneo, imitativo e dominado pelo mito e a superstição. (Castro-Goméz, 2005, p.26)

De acordo com Ania Loomba (2005, p.44), embora a crítica de Said tenha sido já antecipada por outros autores, a forma como ele utilizou a cultura e o conhecimento para interrogar o poder colonial inaugurou o campo de estudos do discurso colonial.

Como quase todos autores pós-coloniais, a obra de Said foi absolutamente sensível às questões que faziam parte de sua própria história e biografia da diáspora; nascido em Jerusalém e radicado nos Estados Unidos, onde lecionou durante toda sua vida, o autor foi um dos mais importantes intelectuais ativistas da causa palestina. Sentiu como o próprio Frantz Fanon o preconceito e a discriminação: "a vida de um árabe palestino no Ocidente, especialmente nos Estados Unidos, é desanimadora" (Said, 2007, p.58). Pela grande repercussão que obteve e pelo claro afastamento do marxismo – por ir além, "do controle sufocante de alguma versão da dialética binária do senhor-escravo" (Said, 2007, p.465, Posfácio) –, o clássico Orientalismo recebeu diversas críticas.

Uma das mais significativas estava relacionada com o fato de o autor não considerar a própria resistência ao colonialismo e ao domínio ocidental que afinal marcara o movimento de descolonização do Terceiro Mundo (Ahmad, 2002; Loomba, 2005). Justamente por isso em *Cultura e imperialismo*, uma espécie de continuidade do *Orientalismo* publicado em 1993, ele dedicou um capítulo a esse tópico, entendendo que "em quase todos os lugares do mundo não europeu a chegada do homem branco gerou algum tipo de resistência" (Said, 2011, p.10). Por seu turno, a dicotomia entre Ocidente e Oriente não teria sido suficientemente desmantelada, abrindo espaço para sua fixação e essencialização de ambos os lados. Assim como Said prestou pouco atenção a outros contextos do *Rest*, como o latino-americano ou indiano, o próprio *West* teria sido homogeneizado e retratado a partir da escolha de uma literatura canônica e erudita (Ahmad, 2002; Loomba, 2005).

O marxista indiano Aijaz Ahmad, um dos mais ferrenhos críticos dos estudos culturais e de Edward Said, advertiu que a ênfase na superestrutura e a negligência da infraestrutura em relação ao colonialismo fizeram parecer que o orientalismo produzia o colonialismo e não o contrário (Castro-Goméz, 2005, p.29). Nesse sentido, a ênfase excessiva na importância da literatura e no seu discurso em detrimento das realidades materiais e institucionais acabou por sugerir que o colonialismo é somente uma construção ideológica. Assim, tal ênfase no discurso não foi capaz de articular a "representação como conceito que articula o histórico e a fantasia (como cena do desejo) na produção dos efeitos 'políticos' do discurso" (Bhabha, 2005, p.113). Bhabha apontou a promoção de um modelo estático das relações coloniais, com muito pouca margem de manobra para negociação e mudança (Loomba, 2005, p.46). Daí que, para muitos, Said não foi capaz de apontar caminhos alternativos para o fato do orientalismo. Robert Young destaca como uma grande lacuna do livro a opção de Said pelos mesmos métodos, análises e estruturas que ele mesmo censura na sua própria crítica (Young, 2004, p.167).

Beirando a sofisticação e a implicância, a crítica de Aijaz Ahmad ainda aponta um certo oportunismo e hipocrisia da então em emergência classe média intelectual pós-colonial, imigrante e deslocada, em busca de ascensão na academia do Primeiro Mundo. Incomodou fortemente a Ahmad como a Dirlik a aproximação de Said com Foucault e suas (in)consequências políticas. Ainda, a consideração de Marx como mais um mero orientalista ilustrado pela polêmica passagem sobre o domínio inglês na Índia e a consideração de C. L. R. James, o escritor afro-caribenho do impactante *Jacobinos negros*, como um representante do discurso colonial (e não pós-colonial) foram amplamente questionadas por ele.

O perfil intelectual de Said, bem como de todas as teorias que o mesmo se utilizou, teria sido providencial para o contexto dos anos 1980, no qual o neoliberalismo inglês expandia-se pelo mundo, ao mesmo tempo que a teoria marxista ganhava seu atestado de falência. A crítica ao eurocentrismo parecia pouco colaborar para uma teoria crítica do capitalismo, o claro vencedor da Guerra Fria. Dirlik (apud Castro-Goméz, 2005, p.34) lembra que "as teorias pós-coloniais têm se concentrado na crítica do essencialismo epistêmico da modernidade ao nível microestrutural, mas esquecem as análises das macroestruturas capitalistas que fizeram possível dita essencialização". Dirlik, Ahmad, Shohat, McClintock, dentre vários outros críticos e críticas, observaram no início dos anos 1990 o serviço que o consenso conservador pós-colonial prestava junto à configuração da nova geopolítica na ordem mundial (Jr., 2008).

Colonizado e subalterno(a)

O poder do conhecimento para a configuração das identidades, representações e histórias coloniais também foi objeto de um importante projeto iniciado no final dos anos 1970, o grupo indiano dos *Subaltern Studies*. Liderado por Ranajit Guha, o principal objetivo dos estudos subalternos foi o de realizar uma revisão da historiografia indiana – predominantemente marcada pelo colonialismo, nacionalismo e marxismo – de modo a visibilizar e vocalizar a resistência das classes subalternas silenciadas pela visão oficial e eurocêntrica da história do país. O termo subalterno, ainda que originalmente faça à referência ao vocabulário militar das baixas batentes, fora tomado emprestado de Antonio Gramsci, em um sentido amplo e representativo para qualquer pessoa em situação de opressão. Como no próprio Said, e posteriormente em Spivak e Hall, Gramsci é o mais significativo autor no âmbito do marxismo a ser aceito pelos autores pós-coloniais. O grupo de estudos subalternos, à semelhança de Said, realizou assim uma heterodoxa combinação entre marxismo, pós-estruturalismo e pós-colonialismo, sob as influências de Gramsci, Foucault e Derrida. A relação colonial em evidência era, pois, o domínio do império britânico na Índia e o silenciamento das classes trabalhadoras, camponesas e indígenas, excluídas do próprio projeto elitista de nação indiana. O antagonismo referia-se à elite *versus* subalternos, enquanto as identidades em questão tocavam os problemas da nação e do nacionalismo (pós)colonial, preocupação bastante explorada pela literatura indiana pós-colonial e sobretudo por Partha Chattergee. Daí a conhecida estratégia de "provincializar a Europa", como sugeriu Chakrabarty (2000).

A importância e o conhecimento desse grupo no mundo ocidental se deu especialmente por uma de suas discípulas críticas, tradutora de Derrida nos Estados Unidos, Gayatri Chakravorty Spivak. A autora reconheceu um importante limite do projeto de estudos subalternos, cujo desenvolvimento foi publicado em 1988 no texto "Pode o subalterno falar?" (2010). Nesse ensaio de escrita truncada e leitura difícil, considerado um dos mais influentes e importantes do pós-colonialismo, Spivak utilizou de sua particular heterodoxia teórica – marxismo, feminismo, pós-estruturalismo e desconstrutivismo – para investigar as reais possibilidades de autorrepresentação, fala, consciência e voz do sujeito subalterno.

Aprofundando a crítica epistemológica típica do pós-colonialismo, e não esquecendo como Said de denunciar a cumplicidade das ciências humanas com o colonialismo e os interesses econômicos do Ocidente – situação que ela mesma afirma inevitavelmente participar –, Spivak parte de uma crítica radical a Foucault e Deleuze, ignorantes da questão ideológica e de "seu próprio envolvimento na história intelectual e econômica" (Spivak, 2010, p.27):

> Algumas das críticas mais radicais produzidas pelo Ocidente hoje são o resultado de um desejo interessado em manter o sujeito do Ocidente, ou o Ocidente como sujeito. [...]. Embora a história da Europa como sujeito seja narrada pela lei, pela economia política e pela ideologia do Ocidente, esse sujeito oculto alega não ter "nenhuma determinação geopolítica". (ibid., p.25)

Assim, "é impossível para os intelectuais franceses contemporâneos imaginar o tipo de poder e desejo que habitaria o sujeito inominado do outro da Europa" (ibid., p.58), sendo a maior expressão da noção de violência epistêmica imperial, negligenciada por Foucault, a tentativa de construção do sujeito colonial justamente como "outro" (ibid., p.60). O papel dos intelectuais na construção dos sujeitos, apesar das boas intenções, limitou inclusive a noção de sujeito subalterno, insistindo que "o sujeito subalterno e colonizado é irremediavelmente heterogêneo" (ibid., p.73). Spivak chega a uma conclusão polêmica por seu determinismo: o subalterno, afinal, não pode falar. Ainda que o descentramento do sujeito da Europa e do Ocidente pelo pós-colonialismo tenha possibilitado o pensamento de outros sujeitos que não europeus, brancos, ocidentais, homens, heterossexuais e proletários, a ideia de sujeito subalterno, para a autora, permanece como uma ideia do discurso dominante. Ela elaborou de modo crítico a cumplicidade dos intelectuais em transformar o outro subalterno como um objeto de conhecimento pelo qual se pretende interceder e falar, e que, ao final das contas, não possui a oportunidade de romper com seu próprio silenciamento.

Spivak trabalhou com algumas noções do vocabulário marxista para contemplar a geopolítica da divisão do trabalho internacional, inclusive, intelectual. Crítica à oclusão das dinâmicas do capitalismo pelos "profetas da heterogeneidade e do outro" (ibid., p.29). A posição e a possibilidade de fala para Spivak excluem uma possível noção de intelectual subalterno, ou seja, aquele que, apesar de possuir voz, não é escutado pela dinâmica global do metrocentrismo.

Avançando na sua proposta, que traz uma noção de "medir silêncios", a autora coloca provocativamente: "Se, no contexto da produção colonial, o sujeito subalterno não tem história e não pode falar, o sujeito subalterno feminino está mais profundamente na obscuridade" (ibid., p.85). Para Spivak, a condição de ser mulher é a mais representativa do sujeito subalterno. Na passagem abaixo, ela apresenta os desafios historicamente marcados em termos de constituição de consciência e estratégias de luta:

> Evidentemente, se você é pobre, negra e mulher, está envolvida de três maneiras. Se, no entanto, essa formulação é deslocada do contexto do Primeiro Mundo para o contexto pós-colonial (que não é idêntico ao Terceiro Mundo), a condição de ser "negra" ou de "cor" perde o significado persuasivo. A estratificação necessária da constituição do sujeito colonial na primeira fase do imperialismo capitalista torna a categoria "cor" inútil como um significante emancipatório. (ibid., p.110)

Ao ilustrar os dilemas de um contexto que divide as mulheres do Primeiro e do Terceiro Mundo para a internacionalização da estratégia feminista, Spivak percebe que "relatar, ou melhor ainda, participar do trabalho antissexista entre as mulheres de cor ou as mulheres sob a opressão de classe no Primeiro ou no Terceiro Mundo está inegavelmente na ordem do dia" (ibid., p.111). A mulher subalterna do Terceiro Mundo, que não pode ser homogeneizada e que nunca pode ser lida ou ouvida, é uma situação difícil de contornar; e, mais radicalmente do que Fanon, a psicanálise freudiana teve um papel, no caso, de transformar a mulher em um "sujeito de histeria" (ibid., p.118): "homens brancos estão salvando mulheres de pele escura de homens de pele escura" (ibid., p.119). Exemplificando esta sentença, Spivak parte como sua ilustração para a abolição do ritual *sati* das viúvas indianas pelos homens britânicos, ritual no qual a viúva hindu sobe à pira funerária do esposo morto, imolando-se sobre ela. Do outro lado, a explicação relativista e culturalista de que "as viúvas querem morrer" também é insuficiente para compreender tal opção pela morte. Entre a tradição e a modernização, a mulher do Terceiro Mundo estaria sempre encurralada, no "peculiar infortúnio de se ter um corpo feminino" (ibid., p.144, 157). Spivak persegue o sujeito imperialista e o sujeito do imperialismo (ibid., p.122), articulando-o com a opressão do patriarcado.

A constatação de que o sujeito subalterno não pode falar e que o mesmo pode ser mais perfeitamente representado pela construção do gênero mulher fez que Spivak recebesse críticas semelhantes a Said, no que pesem a falta de soluções e a cilada da homogeneização invertida. Benita Parry advertiu que a ênfase no silêncio do subalterno conferia um poder absoluto ao discurso hegemônico (apud Loomba, 2005, p.196), enquanto Robert Young (2004, p.210) lembra que a heterogeneidade da mulher do Terceiro Mundo parece ser alcançada somente às expensas de uma certa homogeneização da do Primeiro.

A crítica ao feminismo ocidental e à construção de "uma" mulher terceiro-mundista foi antecipada em 1984 por Chandra Mohanty (2008). Em seu influente ensaio "Sob os olhos do Ocidente", um dos precursores do feminismo pós-colonial, ela introduz

> Qualquer discussão sobre a construção intelectual e política dos "feminismos de Terceiro Mundo" deve tratar dois projetos simultâneos: a crítica interna dos feminismos hegemônicos do "Ocidente" e a formulação de interesses e estratégias feministas baseadas na autonomia, geografia, história e cultura. O primeiro é um projeto de desconstrução e desmantelamento; o segundo, de construção e criação. Esses projetos – o primeiro funcionando de forma negativa e o segundo de forma positiva – parecem contraditórios, mas a menos que seus trabalhos respectivos sejam abordados de forma simultânea, os feminismos de "Terceiro Mundo" correm o risco de se ver marginalizados e guetizados tanto nas tendências principais (de direita e esquerda) do discurso feminista como no discurso feminista do Ocidente. (Mohanty, 2008, p.112)

A homogeneização das mulheres de Primeiro e Terceiro Mundo foi pensada por Mohanty pelas representações e estereótipos coloniais, em um tom mais ativista e anticapitalista do que o de Spivak:

> As imagens universais da "mulher do Terceiro Mundo" (a mulher tapada com o véu, a virgem casta etc.), imagens construídas ao acrescentar "a diferença do Terceiro Mundo" à "diferença sexual", estão baseadas em supostos que subjazem (e, portanto, obviamente dão maior nitidez) à imagem das mulheres ocidentais como pessoas seculares, libertadas e no controle de suas próprias vidas. Isto não quer sugerir que as mulheres ocidentais sejam seculares, libertadas e controlam suas próprias vidas. Estou me referindo a uma autorrepresentação discursiva, não necessariamente a uma realidade material. [...]. Sem o discurso sobredeterminado que cria o Terceiro Mundo, não haveria um (singular e privilegiado) Primeiro Mundo. Sem a "mulher do Terceiro Mundo", a autoapresentação da mulher ocidental antes descrita seria problemática. Estou sugerindo, então, que uma habilita e sustenta a outra. Isto não quer dizer que a rubrica dos textos do feminismo ocidental sobre o Terceiro Mundo tem a mesma autoridade que o projeto do humanismo ocidental. No entanto, no contexto da hegemonia do *establishment* acadêmico ocidental na produção e divulgação de textos, e no contexto do imperativo legitimador do discurso humanista e científico, a definição de "mulher do Terceiro Mundo" como monolítica bem pode se ligar à mais ampla práxis econômica e ideológica da investigação científica e o pluralismo "desinteressado", que são as manifestações superficiais de uma latente colonização econômica e cultural do mundo "não ocidental". (ibid., p.152, 153)

O diálogo entre feminismo e pós-colonialismo evidenciou não somente os limites do feminismo ocidental de Primeiro Mundo, como do próprio feminismo branco. O feminismo negro promoveu importantes diálogos com o feminismo pós-colonial, terceiro-mundista e cultural (Jabardo, 2012). A articulação entre o feminismo branco e o feminismo negro trata de apontar sofrimentos particulares do gênero relacionados ao racismo, escravidão, colonização e violência. O que está em jogo não é qual mulher sofre mais, mas sim a colocação de problemas e situações que precisam ser consideradas para a tão difícil "irmandade" feminista:

> as formas historicamente específicas de racismo nos forçam a modificar ou alterar a aplicação do termo "patriarcado" ao aplicá-lo aos homens negros. As mulheres negras têm sido dominadas "patriarcalmente" de formas diferentes por homens de "diferentes" cores. (Carby, 2012, p.219)

Além disso, "tanto a teoria como a prática feminista têm que reconhecer que as mulheres brancas se situam em uma relação de poder como opressoras das mulheres negras" (ibid., p.212). Essa denúncia de opressão intragênero desafiaria a simples busca da igualdade pelo feminismo, como trabalhado no Capítulo 7.

Como se percebe, a opressão de gênero fratura, portanto, em diferentes níveis, as desigualdades (pós)coloniais e as identidades que dela resultam. No contexto colonial, masculino e militar, a violência contra a mulher sob todas as suas formas (simbólica, física, sexual) invadiu as esferas privadas e públicas, inclusive com a própria convivência do Estado conquistador, colonizador e invasor. Particularmente na situação da violência colonial, as mulheres foram expostas como vítimas a situações não vividas pelo homem colonizado, seja ele branco ou negro. Ainda mais particularmente para a mulher negra, o colonialismo e o imperialismo agregaram o componente "racismo" na perpetração das violências, inclusive no âmbito do trabalho forçado e escravo. As feministas negras lembram que esse tipo de situação afetou diretamente a própria noção privada e doméstica da "família negra", na qual a mulher possui um protagonismo tal, ao ponto de relativizar sobre ela à aplicação da estrutura de dominação patriarcal:

> Não que desejemos negar que a família possa ser uma fonte de opressão para nós, senão que [...] necessitamos reconhecer que durante a escravidão, nos períodos coloniais, [...], a família negra tem sido terreno de resistência política e cultural contra o racismo. (ibid., p.213)

A situação da vulnerabilidade econômica também se faz presente para as mulheres brancas. Contudo, o feminismo negro procurou chamar atenção para um certo protagonismo histórico da mulher negra no âmbito familiar, contemporizando os crescentes processos de marginalização e desemprego que atingem o homem negro de forma maior e sistemática:

> como podemos considerar então as situações nas quais as mulheres negras são cabeças de família, ou nas quais, devido a um sistema econômico que gera de forma estrutural um alto desemprego masculino negro, não são dependentes economicamente de um homem negro? (ibid., p.215)

A questão de gênero, portanto, é particularmente importante para o pós-colonialismo, uma vez que está assentada na própria construção dicotômica entre homem e mulher. Tendo como vocação a desconstrução dos binarismos essencialistas que povoaram e povoam o imaginário (pós)colonial, tem-se que o pós-colonialismo de autores homens também foi preocupado com a questão de gênero:

> O próprio orientalismo, além do mais, era uma província exclusivamente masculina; como tantas associações profissionais durante o período moderno, ele via a si e a seu tema com vendas sexistas sobre os olhos. Isso é evidente de maneira particular nos escritos de viajantes e romancistas: as mulheres são em geral criaturas de uma fantasia de poder masculina. Manifestam uma sexualidade ilimitada, são mais ou menos estúpidas e, acima de tudo, insaciáveis. (Said, 2007, p.281-2)

A ameríndia despudorada, a oriental exótica, a africana apetitosa: são inúmeras as imagens estereotipadas construídas sobre a mulher colonizada e subalterna, sobretudo envolvendo sedução e desejo em uma outra dimensão (sexual) da empreitada colonial pela posse e pela conquista. Na teoria feminista, a problematização sobre o corpo é central. No âmbito das teorias feministas nas relações internacionais e no pós-colonialismo, a violência de gênero é mais especialmente trabalhada nas situações que envolvem o estupro como arma de guerra e todas as outras possibilidades coloniais e interestatais de comercialização e violação do corpo feminino, respectivamente. O gênero feminino ainda pode ser fantasiado como o "sexo" da cultura europeia (Loomba, 2005) e dos nomes continentais colonizados pela Europa "feminina": África, Ásia e América (Mignolo, 2005).

Como acima mencionado, finaliza-se esta seção lembrando que, desde os anos 1980, a própria agenda feminista foi ampliada pelos (des)encontros entre os feminismos ocidentais e os feminismos não ocidentais. Este, por sua vez, pode ser cruzado e desdobrado em diversos feminismos essencializados no mar da fragmentação. Assim, os feminismos denominados como pós-colonial, terceiro-mundista, negro, indígena, comunitário, mestiço, do sul, decolonial, latino-americano, islâmico, ressaltam cada qual a sua maneira a importância de lembrar os impactos do colonialismo e do imperialismo na vida das mulheres, trazendo outras intersecionalidades não só de raça e classe. Aqui, a própria categoria "gênero" pode aparecer como problemática, porque muito tributária da modernidade ocidental.

Diaspórico e híbrido

Voltando ao princípio do capítulo, recoloca-se a questão: é possível haver alguma celebração da diferença colonial? Se o colonialismo condenou as pessoas e a Terra, como extrair dele algo positivo? Essa pergunta remete a um problema muito recorrente na crítica e na literatura pós-colonial: a nostalgia das origens, do purismo autóctone, da tradição nativa. Em suma, uma certa idealização de um passado que de certa forma não foi "contaminado" pelo Ocidente e seus polos geradores de injustiça: racismo, colonialismo, eurocentrismo, capitalismo, imperialismo.

Desde Frantz Fanon, porém, a literatura pós-colonial atenta-se para essa outra cilada (romântica, idealista, fetichista, essencialista) em maior ou menor grau, referente à mitologização do passado pré-colonial. Purismo, autenticidade, origem, paternidade e incomensurabilidade culturais são ideias absolutamente contrárias e opostas ao projeto pós-colonial. A preocupação central com a identidade atravessou todas as gerações do pós-colonialismo. De Fanon a Spivak, a grande maioria dos autores pós-coloniais inscreveram suas experiências na elaboração de seus próprios textos e argumentos, expondo as dores e os sentimentos de suas biografias particulares. Salta aos olhos diversas referências ao entre-lugar e ao não ser, marcantes para suas reflexões intelectuais como um reflexo de suas próprias vidas. Para citar dois exemplos de Memmi e Said,

> A vida nos tratou de maneira diferente; ele [o francês nascido na África do Norte] era reconhecido como filho legítimo da metrópole, herdeiro do privilégio, que ele defenderia a qualquer preço, até mesmo o mais escandaloso; eu era uma espécie de mestiço da colonização, que compreendia a todos porque não pertencia totalmente a ninguém. (Memmi, 2007, p.21)
>
> Por razões objetivas sobre as quais não tive controle, cresci como árabe com educação ocidental. Desde as minhas mais remotas lembranças, sentia que pertencia aos dois mundos, sem ser totalmente *de* um ou *de* outro. (Said, 2007, p.31, grifo do autor)

A partir dos anos 1980, o pós-colonialismo acompanhou as novas discussões sobre identidade e cultura, próprias do contexto da globalização, fenômeno que começou a ser identificado, nomeado e debatido intensamente no âmbito das ciências sociais. Os estudos culturais ganharam ainda maior evidência na emergência de um cenário marcado pela diluição de vários tipos de fronteiras, inclusive territoriais. O problema das fronteiras, assim como o da modernidade, passou cada vez mais a povoar a preocupação da narrativa pós-colonial, que pouco dialogou com o multiculturalismo das sociedades ricas do Norte, como se observa no Capítulo 8. Pelo contrário, Bhabha e especialmente Hall (2009, p.54) são críticos ao termo, incapaz de pensar sobre as consequências do poder da colonização. O pós-modernismo entra com força em uma determinada leitura pós-colonial, exemplificado nas palavras do crítico literário Homi Bhabha (2005, p.23-4):

> A significação mais ampla da condição pós-moderna reside na consciência de que os "limites" epistemológicos daquelas ideias etnocêntricas são também as fronteiras enunciativas de uma gama de outras vozes e histórias dissonantes, até dissidentes – mulheres, colonizados, grupos minoritários, os portadores de sexualidades policiadas. Isso porque a demografia do novo internacionalismo é a história da migração pós-colonial, as narrativas da diáspora cultural e política, os grandes deslocamentos sociais de comunidades camponesas e aborígenes, as poéticas, do exílio, a prosa austera dos refugiados políticos e econômicos.

O autor apostou nas noções de hibridismo e derivadas (hibridação, híbrido, hibridez), o elogio à diferença produzida pela dinâmica do agora "encontro" colonial. A diferença em Bhabha está associada com a desconstrução das polaridades que informam as identidades coletivas; existe um lugar fronteiriço que articula, traduz, negocia e reinscreve os poderes das diferenças culturais trans-historicamente. É então "a partir deste lugar híbrido do valor cultural – o transnacional como o tradutório – que o intelectual pós-colonial tenta elaborar um projeto histórico e literário" (ibid., p.242). O autor aposta na capacidade criativa das minorias na produção de contramodernidades que desafiam a racionalidade homogênea e regular ocidental.

A cultura não é localizada e suas formas híbridas necessariamente nascem da condição colonial, marcada por uma ambivalência discursiva.

Essa argumentação de Bhabha é polêmica e controversa. Loomba (2005, p.150) sugere que ironicamente o autor universalizou e homogeneizou a própria condição colonial híbrida. Para ela, esse certo universalismo de Bhabha, tributário de suas próprias influências da semiótica e psicanálise, teria feito com que o autor reduzisse o encontro colonial a um intercâmbio linguístico. O ecletismo de Bhabha então parece transitar para um outro polo, problemático porque desprendido da análise das relações de poder colonial e imperial, não confortável para uma denúncia do colonialismo. De acordo com Mellino (2008, p.131), Bhabha, assim como Paul Gilroy e Stuart Hall, acabam por evidenciar suas concepções anti-humanistas e anti-iluministas típicas do pensamento pós-estruturalista, como mostrado no Capítulo 10.

A análise pós-colonial dos fenômenos culturais ganhou em Gilroy e Hall o sentido especial da diáspora, particularmente, africana. No importante livro *O Atlântico Negro*, Gilroy realiza o típico movimento autobiográfico de inserção pós-colonial: "Esforçar-se por ser ao mesmo tempo europeu e negro requer formas específicas de dupla consciência" (2001, p.33). O Atlântico Negro é a metáfora política e normativa para se pensar a formação transnacional e intercultural de solidariedades translocais dos negros. Nesse sentido, Avritzer e Costa (2004) consideram que os públicos diaspóricos, tal como idealizados por Gilroy, desafiaram a noção de razão habermasiana da esfera pública, uma vez que se expressam sobretudo por meio da performance, da música e da dança. A bela obra de Gilroy transita desde o *jazz* de Miles Davis aos dilemas da dupla consciência de Du Bois. Para trabalhar com as redes de identidades diaspóricas, o autor problematiza e resgata diferentes pontos sobre nacionalismo – traço dos estudos culturais britânicos que o mesmo critica (Mellino, 2008, p.132) –, fascismos, patriotismo, pan-africanismo e afro-centrismo. A diáspora é um lugar de interessante resistência e vivência:

> Quero enfatizar que a diáspora desafia isto [mitos de renascimento nacional após períodos de fraqueza e decadência] ao valorizar parentescos sub e supranacionais, e permitindo uma relação mais ambivalente com as nações e com o nacionalismo. A propensão não nacional da diáspora é ampliada quando o conceito é anexado em relatos antiessencialistas da formação de identidade como um processo histórico e político, e utilizado para conseguir um afastamento em relação à ideia de identidades primordiais que se estabelecem supostamente tanto pela cultura como pela natureza. Ao aderir

à diáspora, a identidade pode ser, em vez disso, levada à contingência, à indeterminação e ao conflito. (Gilroy, 2001, p.19)

Diáspora e hibridismo são traços que afinal unem a cultura negra contemporânea (Mellino, 2008, p.138). A diáspora, com particular sentido para a caribenha, também foi nas reflexões de Stuart Hall um ponto de partida para se pensar a cultura pelo corte da raça/etnia. Nascido na Jamaica e recentemente falecido (2014), Hall foi o representante mais importante dos Estudos Culturais de Birmingham. Ele resgatou e promoveu um diálogo com o marxismo de Gramsci e Althusser para articular a questão da etnia, classe e colonialismo, sendo mais crítico à onda pós-moderna. Dedicou parte de suas reflexões à construção da identidade jamaicana, constituída pela presença africana, americana e europeia. Hall representou aquela diáspora afro-caribenha que produziu várias gerações de intelectuais negros desde e até mesmo antes do pós-colonialismo precursor. Retomou a importância da noção de ideologia para o pensamento acerca do racismo. Stuart Hall não é encaixado necessariamente na chave pós-colonial, dialogando com alguns debates representativos do marxismo historiográfico inglês sobre o proletariado, podendo ser considerado um "pós-gramsciano". Reconhecido como um dos mais importantes teóricos da cultura, Hall também foi um crítico à informação dos meios de comunicação no que pese seu impacto sobre as identidades (pós)coloniais.

Considerações finais

É curioso perceber que a literatura pós-colonial, apesar da sua ênfase na relação com a política, particularmente pela vinculação com representação, identidade, conhecimento e poder, possua insignificativa penetração no âmbito da teoria e ciência política, destacadamente no Brasil. Inclusive (e talvez justamente por isso), uma estratégia pós-colonial comum associada ao seu ímpeto revisionário de resgate, releitura e descobrimento de autores obscurecidos pelos cânones é a de analisar a cumplicidade da filosofia e teoria políticas moderna com o colonialismo, imperialismo, racismo e eurocentrismo (Persram, 2007).

Ainda que o pós-colonialismo não tenha sido capaz ou preocupado com a elaboração de uma teoria da democracia, suas contribuições são fundamentais para sua de(s)colonização. Como se sabe, a teoria política democrática contemporânea pouco assimilou aquilo que genericamente pode ser enquadrado como os olhares e as vozes do Sul Global – uma categoria por certo essencialista e talvez ultrapassada, mas que ainda representa as relações de subalternidade e colonialidade dos poderes político, econômico e cultural, no plano da metáfora hemisférica que remete à própria noção de desigualdade em nível mundial.

O pós-colonialismo trabalhou de maneira original as identidades resultadas do encontro violento que gerou a situação colonial, marcada por uma profunda desigualdade de poder passível de resultar em uma diferença criativa, ao mesmo tempo que procurou afirmar e superar a persistência da condição (neo/pós) colonial.

A crítica pós-colonial permitiu a sistematização e a vinculação definitiva entre colonialismo, eurocentrismo e racismo, processos localizados no cotidiano das (semi)periferias globais. Assim, a contínua elaboração intelectual sobre ambos os processos que marcaram o passado dos países colonizados oferece interpretações atuais sobre a persistência de diferentes níveis de desigualdades. Analisar tanto os resquícios e as continuidades das relações coloniais e imperiais, quanto suas diferentes formas contemporâneas de reprodução, podem auxiliar a compreender os complexos níveis e escalas de injustiças estruturais, nos campos econômico e cultural.

Típico do colonialismo intelectual, os debates pós-coloniais começam só mais recentemente no Brasil a povoar as preocupações de importantes associações profissionais no âmbito das ciências sociais. Por outro lado, isso também pode ser lido como uma paradoxal ausência dos "colonizados" e dos "subalternos" no debate pós-colonial, que buscou por eles interceder, representar e, como diria Gayatri Spivak, falar. Seu raciocínio não permitiu, contudo, o pensamento sobre um possível intelectual subalterno, atento à geopolítica do próprio conhecimento.

Sob as lógicas da imperialidade e da colonialidade, o imperialismo e o colonialismo supostamente ultrapassados possuem uma capacidade de adaptação e renovação em pleno século XXI. E mais uma vez de forma curiosa, as propostas de de(s)colonização epistemológica e teórica tornam-se novamente porque tardiamente atrativas para uma certa comunidade de cientistas sociais, departamentos de Estado na América Latina e movimentos sociais. "De(s)colonizar" entrou na moda acadêmica brasileira com muitos anos de atraso, tornando-se por vezes, para contemplar outros "pós", um significante flutuante/vazio.

Ainda que muitos debates aqui remetidos não possam ser subsumidos como necessariamente originais do pós-colonialismo, a colonização e o colonialismo como processos históricos de intervenção e constituição do mundo moderno forçaram a fratura da fratura de um sujeito (afinal, já fraturado) no âmbito europeu e ocidental – termo justamente por ele criado.

Se é certo que a chave pós-colonial possui um alcance limitado para a explicação das desigualdades contemporâneas como argumentam alguns críticos brasileiros, também é fato que muitas delas foram aprofundadas e mesmo inventadas para o funcionamento, com ou sem agência, do imperialismo e do colonialismo. Sem também considerá-los, pouco pode se entender sobre o passado e o presente do Brasil, no que pese o desafio da superação de suas mais profundas e estruturais desigualdades.

Referências bibliográficas

AHMAD, Aijaz. *Linhagens do presente*. São Paulo: Boitempo, 2002.

ARENDT, Hannah. *Sobre a violência*. Rio de Janeiro: Relume-Dumará, 1994.

AVRITZER, Leonardo; COSTA, Sérgio. "Teoria crítica, democracia e esfera pública: concepções e usos na América Latina", *Dados, Revista de Ciências Sociais*, v.47, n.4, 2004.

BALLESTRIN, Luciana. "América Latina e o giro decolonial", *Revista Brasileira de Ciência Política*, n.11, 2013.

BHABHA, Homi. *O local da cultura*. Belo Horizonte: UFMG, 2005.

CARBY, Hazel V. "Mujeres blancas, escuchad!: el feminismo negro y los límites de la hermandad feminina". In: JABARDO, Mercedes (ed.). *Feminismos negros: una antología*. Madrid: Traficantes de Sueños, 2012.

CASANOVA, Pablo González. "Colonialismo interno [una redefinición]". In: BORON, Atilio et al. (orgs.). *La teoria marxista hoy: problemas y perspectivas*. Buenos Aires: Clacso, 2006.

CASTRO-GÓMEZ, Santiago. *La Poscolonialidad explicada a los niños*. Bogotá: Universidad del Cauca/Instituto Pensar, 2005.

CÉSAIRE, Aimé. *Discurso sobre o colonialismo*. Lisboa: Livraria Sá da Costa Editora, 1978 [1955].

CHAKRABARTY, Dipesh. *Provincializing Europe: Postcolonial Thought and Historical Diference*. New Jersey: Princenton, 2000.

DIRLIK, Arif. "The postcolonial aura: third world criticism in the age of global capitalism", *Critical Inquiry*, v.20, n.2, 1994, Winter, p.328-356.

FANON, Frantz. *Peles negras, máscaras brancas*. Salvador: Edufba, 2008 [1952].

______. *Os condenados da terra*. Juiz de Fora: Editora UFJF, 2010 [1961].

FRASER, Nancy. "Da redistribuição ao reconhecimento? Dilemas da justiça na era pós-socialista". In: SOUZA, Jessé (org.). *Democracia hoje: novos desafios para a teoria democrática contemporânea*. Brasília: Editora UnB, 2001.

GILROY, Paul. *O Atlântico negro: modernidade e dupla consciência*. São Paulo: Editora 34, 2001.

______. "Multiculturalism and post-colonial theory". In: DRYZEK, John; HONIG, Bonnie; PHILLIPS, Anne (eds.). *The Oxford Handbook of Political Science*. Oxford: University Press, 2006.

GORDON, Lewis R. "Prefácio". In: FANON, Frantz. *Peles negras, máscaras brancas*. Salvador: Edufba, 2008.

______. "Fanon y el desarrollo: una mirada filosófica". In: MIGNOLO, Walter (org.). *La teoría política en la encrucijada descolonial*. Buenos Aires: Del Signo, 2009.

HALL, Stuart. *Da diáspora: identidades e mediações culturais*. Belo Horizonte: UFMG, 2009.

JABARDO, Mercedes (ed.). *Feminismos negros: una antología*. Madrid: Traficantes de Sueños, 2012.

JR., San Juan. "Postcolonial Dialogics: between Edward Said and Antonio Gramsci". In: PERSRAM, Nalini (ed.). *Postcolonialism and political theory*. Lexington Books, 2007.

LÊNIN, Vladimir I. *Imperialismo, estágio superior do capitalismo*. São Paulo: Expressão Popular, 2012 [1916].

LOOMBA, Ania. *Colonialism/postcolonialism*. New York: Routledge, 2005.

McCLINTOCK, Anne. "The angel of progress: pitfalls of the term post-colonialism". *Social Text*, 31/32, Third World and Post-Colonial Issues, 1992, p.84-98.

MELLINO, Miguel. *La crítica pós-colonial: descolonización, capitalismo y cosmopolitismo en los estudios poscoloniales*. Buenos Aires: Paidós, 2008.

MEMMI, Albert. *Retrato do colonizado precedido de Retrato do colonizador*. Rio de Janeiro: Civilização Brasileira, 2007 [1973].

MIGNOLO, Walter. "Postoccidentalismo: el argumento desde América Latina". In: CASTRO-GÓMEZ, Santiago; MENDIETA, Eduardo (coords.). *Teorías sin disciplina: latinoamericanismo, poscolonialidad y globalización en debate*. México: Miguel Ángel Porrúa, 1998.

______. *La idea de América Latina. La herida colonial y la opción decolonial*. Barcelona: Gedisa Editorial, 2005.

MOHANTY, Chandra Talpade. "Bajo los ojos de Ocidente: feminismos académicos y discursos coloniales". In: NAVAZ, Liliana; CASTILLO, Rosalva (eds.). *Descolonizando el feminismo: teorías y prácticas desde los márgenes*. 2008 [1984]. Disponível em: <http://webs.uvigo.es/pmayobre/textos/varios/descolonizando.pdf>.

MOORE, Carlos. *O marxismo e a questão racial: Karl Marx e Friedrich Engels frente ao racismo e à escravidão*. Belo Horizonte: Nandyala, 2010.

NKRUMAH, Kwame. *Neo-Colonialism, Last Stage of Imperialism*. [1965]. Disponível em: < http://www.marxists.org/subject/africa/nkrumah/neo-colonialism/>.

OTO, Alejandro de (org.). *Tiempos de homenajes/tiempos descoloniales: Frantz Fanon*. Buenos Aires: Del Signo, 2012.

PERSRAM, Nalini (ed.) Postcolonialism and Political Theory. Uk: Lexington Books, 2007.

SAID, Edward. *Orientalismo*. São Paulo: Cia. das Letras, 2007 [1978].

______. *Cultura e Imperialismo*. São Paulo: Cia. das Letras, 2011 [1993].

SHOAT, Ella. "Notes on the 'Post-colonial'", *Social Text*, n.31/32, Third World and Post-Colonial Issues, 1992, p.99-113.

SPIVAK, Gayatri. *Pode o subalterno falar?* Belo Horizonte: UFMG, 2010 [1988].

YOUNG, Robert J. C. *Postcolonialism: A Very Short Introduction*. Oxford: University Press, 2003.

______. *White Mythologies: Writing History and the West*. New York: Routledge, 2004.

WALLERSTEIN, Immanuel. "Ler Fanon no século XXI", *Revista Crítica de Ciências Sociais*, n.82, set. 2008.

12.
As ciências sociais brasileiras e a temática das desigualdades (2000 a 2010)

Carlos Machado
Danusa Marques

Nos últimos anos, desenvolve-se um crescente esforço da ciência política brasileira em mapear e analisar sua produção, identificando as temáticas mais recorrentes, as metodologias utilizadas e as características específicas dos debates da área (cf. Marques, 2007a, 2007b; Leite, 2010a, 2010b, 2014; Oliveira, 2010; Nicolau e Oliveira, 2013, 2014). Esses diferentes estudos têm em comum um ponto: buscam compreender, através de distintas perspectivas, como o campo da ciência política brasileira se estrutura, se autonomiza e se define, portanto, enquanto um campo com objetos e abordagens metodológicas específicas, assim instituídas por aqueles que o constroem, os/as cientistas políticos/as – no sentido de *campo científico* de Pierre Bourdieu (1985, 1996, 2004, 2008).

O conceito de campo de Bourdieu é fundamental na análise da produção científica, não apenas porque o próprio autor realizou diversas análises sobre diferentes campos, inclusive o campo acadêmico francês (2008), mas porque a tríade campo-*habitus*-capital explicita as relações de poder no próprio processo de estruturação da ciência. Para uma área que se forja historicamente sobre o mito da imparcialidade e da objetividade, os conceitos bourdianos escancaram que os agentes que compõem o campo acadêmico são ativamente interessados – como todo agente, em qualquer campo.[1]

O conceito de campo acadêmico, portanto, se refere "[a]o universo no qual estão inseridos os agentes e as instituições que produzem, reproduzem ou difundem [...] a ciência. Esse universo é um mundo social como os outros, mas que obedece a leis sociais mais ou menos específicas" (Bourdieu, 2004, p.20). Nesse campo, os agentes que a ele pertencem são mais ou menos limitados pela "estrutura das relações objetivas", que diz respeito à sua posição dentro do campo – e esta, por sua vez, se refere à distribuição do capital acadêmico naquele momento. Desse modo, os agentes acadêmicos tomam parte ativa na construção do campo, de acordo com suas posições, determinadas pelo seu "crédito" acadêmico, dado pelo reconhecimento de seus pares, e justamente em relação à sua posição no campo é que se dá o seu grau de submissão às regras deste. As disposições para a ação não são, assim, simplesmente metas objetivas e calculadas dos agentes, mas um conjunto de regras introjetadas, estratégias, modos de compreender e até de sentir(-se n)o campo – sempre diferenciadas pelo acúmulo de capital, ou seja, de reconhecimento dos pares, o que implica diferentes posições e tomadas de posição.

Partindo desse quadro conceitual geral, as questões que melhor orientam a análise das ciências sociais brasileiras não apontam somente um mapeamento geral das temáticas da área, do tipo de produção, dos autores, das instituições, das abordagens metodológicas, mas para a necessidade de sistematização *do sentido dessas produções como processos de constituição do campo das ciências sociais no Brasil*. Desse modo, analisar a produção é analisar *as relações de força* no campo das ciências sociais brasileiras.

Em nossa abordagem, decidimos não buscar compreender o campo da ciência política como um universo à parte das demais ciências sociais, ou seja, não o consideramos autônomo, apesar de

---

1 A este aparente desinteresse e gratuidade do interesse científico Bourdieu denomina como *illusio*, caracterizando-o como um "interesse pelo desinteresse", ou seja, "um desinteresse que compensa" (Bourdieu, 2004, p.31).

trabalharmos com alguns dados específicos da área. Como indica Leite (2010b), a ideia de uma ciência política brasileira autônoma institucional e culturalmente se desenvolve entre as décadas de 1960 e 70, no eixo Rio-Minas, ou, mais especificamente, no eixo Iuperj-DCP/UFMG, sob influência internacional através de bolsas de doutoramento e financiamento de agências de fomento norte-americanas, como a Fundação Ford. No entanto, em nossa visão, apesar do esforço de autonomização do campo, que remonta a décadas anteriores ao período aqui analisado, é possível dizer que grande parte da produção mais relevante dos últimos anos da ciência política brasileira foi publicada em periódicos que não são exclusivos da área, estes escassos e recentes. Tampouco fazemos um retrato geral da produção (cf. Leite, 2010a, 2010b, 2014; Nicolau e Oliveira, 2013, 2014; Oliveira, 2010), abordagem importante tanto pelos diagnósticos quanto pela compreensão das forças em jogo no campo atualmente, mas buscamos compreender como *as desigualdades*, uma temática específica, são trabalhadas nos artigos publicados entre 2000 e 2010 em três revistas centrais para as ciências sociais (e para a ciência política) brasileiras: *Dados – Revista de Ciências Sociais*, *Revista Brasileira de Ciências Sociais* e *Lua Nova – Revista de Cultura e Política*.

As premissas que direcionam este trabalho assumem que os debates sobre desigualdades são fundamentais para as discussões sobre as sociedades contemporâneas, que buscam desenvolver democracias em contextos sociais e políticos marcadamente desiguais. Se são os arranjos sociais e políticos que a ciência política (e as ciências sociais como um todo) aborda, essas temáticas deveriam ser centrais em suas discussões teóricas, investigações empíricas e produções científicas. Não se trata, portanto, de mapear objetiva e "desinteressadamente" a produção nessas revistas, mas localizar e discutir as análises e os silêncios sobre as desigualdades na produção das ciências sociais contemporâneas.

Como afirma Bourdieu,

> essa tomada de posição objetivante [...] está implicada no fato de situar esses pontos de vista no espaço das tomadas de posição e

> relacioná-los às posições correspondentes, isto é, ao mesmo tempo destituí-los de sua pretensão "absolutista" à objetividade (ligada à ilusão da ausência do ponto de vista) e também de explicá-los, dar-lhes razão, torná-los compreensíveis, inteligíveis. (Bourdieu, 2004, p.45)

As conexões entre a democracia, as desigualdades e os discursos acadêmicos

A compreensão contemporânea sobre o sentido da democracia esbarra recorrente e invariavelmente no questionamento sobre como harmonizar um projeto político inclusivo e extenso considerando uma sociedade marcada por desigualdades profundas. Discernir quais diferenças entre indivíduos e grupos podem se traduzir como desigualdades sociais está no cerne das discussões sobre as dinâmicas democráticas. Isso se refere a uma disputa por significados quanto ao que se entende por democracia, não apenas como conceito analítico, mas inclusive do ponto de vista da percepção social mais ampliada, tornando-se parte do senso comum compartilhado sobre quanto um governo ou sistema político é democrático.

O ambiente da produção acadêmica ocupa um espaço privilegiado para a atividade de produção de significados, ao menos enquanto local especializado e engajado na formulação de conceitos e ideias. Ao mesmo tempo que a atividade acadêmico-científica se propõe a explorar o conhecimento e se aproximar da "verdade", também é um campo de disputa sobre significados utilizados como referência por aqueles que partilham da prática científica, como indica Bourdieu (2004). O método científico pressupõe não apenas a sistematização de procedimentos, mas tem como seu componente definidor a comunidade de pesquisadores e pesquisadoras que atuam no controle dos achados, na razoabilidade das proposições apresentadas, bem como na precisão quanto aos resultados obtidos.

Colocadas essas premissas, o campo acadêmico das ciências sociais não haveria de ser diferente. Contudo, devido à complexidade do seu objeto de pesquisa – as sociedades humanas –, a ênfase recai com bastante frequência na apresentação e justificativa dos termos e conceitos utilizados. A precisão conceitual opera como um balizador para definir a qualidade do estudo. Não obstante, as discussões acadêmicas sobre as relações humanas costumam aparentar ao/à leitor/a leigo/a um palavrório hermético e com sentido por demais abstrato.

É necessário reconhecer que todo conhecimento produz poder, visto que conduz a uma delimitação da interpretação sobre o mundo, da qual decorrem práticas que podem se enraizar na dinâmica cotidiana e levar a uma reprodução de práticas e costumes. Apesar do distanciamento possível de ser constatado entre o mundo dos jargões científicos e o senso comum, há uma operacionalização do argumento científico para a construção do entendimento do mundo político.[2] Mesmo que as discussões acadêmicas não atraiam o interesse da maior parcela da população, deve-se reconhecer que a sociedade, quer como um todo ou através de grupos específicos, pode utilizar da legitimidade de conceitos produzidos no contexto acadêmico para apoiar e fundamentar determinadas interpretações acerca do mundo social.

Nesse sentido, a construção de um argumento acadêmico que encare o tratamento da democracia como um conceito desconectado de uma ideia de igualdade substantiva produz um conhecimento atrelado a um projeto político de sociedade que não se compromete em tratar dos problemas de inserção política derivados de desigualdades sociais.

Metodologia

Em uma análise focada exclusivamente na discussão sobre democracia nos artigos de *Dados, Revista Brasileira de Ciências Sociais*

2 Nesse sentido, não somente o campo das ciências sociais está sujeito às pressões dos demais campos, embora tente se autonomizar cada vez mais e refratar essa influência externa – como faz com sucesso, por exemplo, a matemática, afirma Bourdieu (2004) –, mas também outros campos são pressionados e influenciados pelo campo acadêmico.

(RBCS) e *Lua Nova*, entre 1985 e 2005, Marques (2007a) observa que, apesar de 44,8% dos 1085 artigos analisados tratarem sobre o tema da democracia, a maior parte das referências a ela é implícita – ou seja, não há discussão do conceito ou uma explicitação clara de seu sentido. Ainda que em sua maioria os artigos tratem implicitamente sobre democracia, os elementos mobilizados para se tratar sobre o tema giram em torno da concepção liberal-pluralista, especialmente a *concorrência eleitoral* (muitas vezes entendida como sinônimo de democracia), o *pluralismo* e os *direitos e liberdades individuais*. É tal a centralidade da concepção liberal-pluralista de democracia que as abordagens alternativas (que *discutem* o conceito mais do que a média dos artigos) também fazem referência a esses elementos na construção dos seus argumentos, para indicar limites à concepção democrática procedimental.

Neste capítulo pretende-se ampliar essa discussão, com o objetivo de compreender de que tratam as ciências sociais brasileiras, em particular a ciência política, ao abordar o tema das desigualdades sociais. Os discursos enunciados pelas/os acadêmicas/os brasileiras/os são aqui analisados com o objetivo de se entender quais sentidos estão sendo veiculados no campo acadêmico – admitindo-se que eles se refletem na sociedade como um todo.

Para tornar a análise mais rica do ponto de vista da coleta de informações e tratamento dos dados, decidiu-se por não seguir uma classificação dos artigos acadêmicos a partir da divisão de correntes teóricas democráticas: realizaram-se categorizações de temáticas relacionadas à discussão sobre desigualdade, sob o entendimento de que o tratamento das diversas correntes da teoria democrática acabam considerando de forma variada os distintos tipos de desigualdade social.

Além de uma análise geral sobre o que o campo produz, é importante compreender como diferentes elementos de uma mesma discussão são apresentados nos artigos. Como diferentes desigualdades são relacionadas, quais autores e autoras são mobilizados na discussão e como essas pesquisas são desenhadas indicam questões relevantes para se entender como (ou se) as ciências sociais brasileiras articulam um tema que é central para se pensar os limites ou entraves ao desenvolvimento democrático.

O corpo analítico deste estudo é composto por todos os artigos publicados na *RBCS*, *Dados* e *Lua Nova* entre 2000 e 2010.[3] A coleta dos dados se deu, assim, em relação às identificações dos artigos e dados de seus/suas autores/as, à abordagem metodológica do texto, aos tipos de desigualdade trabalhados (ou não) nos artigos e na bibliografia referenciada. Os 856 artigos que formam o *corpus* da pesquisa (sendo 328, ou 38,3%, na *RBCS*; 273, ou 31,9%, na *Dados*; e 255, ou 29,8%, na *Lua Nova*) foram analisados por duplas de pesquisadores/as,[4] para conferência e controle. Foram considerados os artigos,[5] entrevistas e transcrições de conferências e palestras,[6] excetuando-se resenhas e apresentações/editoriais.

Na identificação da autoria, coletaram-se dados referentes à vinculação institucional e área de atuação no momento da publicação do artigo. Na análise do conteúdo, foi identificado se o artigo tratava sobre democracia, de maneira dicotômica, sem especificar a profundidade do debate. Já quanto às desigualdades, construiu-se um conjunto de variáveis, buscando cobrir diferentes tipos e visões sobre as desigualdades sociais, e classificando a abordagem como implícita

3 O recorte temporal desta pesquisa compreende uma década marcada pelo fortalecimento das revistas de ciências sociais brasileiras, dos programas de pós-graduação em ciência política e de consolidação da associação da área (ABCP).

4 Agradecemos ao grande conjunto de assistentes de pesquisa que coletaram os dados aqui analisados: Nayara Macedo, Illyusha Montezuma, Pedro Paulo de Assis, Laísa Cardoso, Ana Júlia França, Talita Maria de Almeida, Tayrine Dias, Juliana Góes, Daniela Duarte, Tayla Post, Júlia Hayes, Humberto Benincasa, Kimberly Anastacio, Ana Carolina Siqueira, Maiara Totti, Eduarda Zoghbi, Gustavo José, Lucas Rodrigues, Marcello Doudement, Nathália Marques, Maíres Barbosa, Matheus Assis, Beatriz Ventura, Mayra Dutra, Juliany Helen, Nakiely Arantes e Dara Souza.

5 Artigos de dossiês foram igualmente incluídos. Entendemos que a seleção de artigos para dossiês marca a força da linha editorial da revista, desviando do "ideal de imparcialidade" presumido pelo sistema de avaliação por pares (*peer review*) e explicitando a escolha de determinadas temáticas em relação a outras.

6 Entrevistas e palestras não são artigos, mas optou-se por incluí-las porque podem trazer várias das temáticas que buscamos compreender neste trabalho.

(quando o tema não é mencionado diretamente, mas é possível perceber a referência a ele), como mencionado (quando o tema é citado expressamente, mas não há um desenvolvimento do conceito) e como discutido (quando o tema faz parte dos elementos principais do texto, possuindo uma abordagem mais detalhada sobre ele). As desigualdades classificadas nos artigos são:

Quadro 1 – Tipos de desigualdade analisados[7]

Tipo de desigualdade		Operacionalização da análise
de classe		desigualdade material, referindo-se ao conceito de classe social
de renda		desigualdade material, referindo-se à renda e aos rendimentos
de gênero		refere-se somente à desigualdade entre homens e mulheres (sentido restrito)
quanto à sexualidade		desigualdade em relação à orientação sexual
Racial		desigualdade baseada na raça/cor
Étnica		desigualdade baseada em etnia, enquanto distinção de elementos culturais
geracional		refere-se a grupos etários/gerações
educacional		refere-se ao acesso e à participação na formação educacional formal
informacional		refere-se à produção, definição e obtenção de informações para o exercício da ação política
quanto à deficiência	física	desigualdade baseada nas deficiências, físicas ou mentais
	mental	

7 Quando havia tratamento de outros tipos de desigualdade que não se encaixavam nas categorias estabelecidas na pesquisa, esses eram classificados como "outros tipos de desigualdade". Nenhuma temática classificada nessa categoria foi repetidamente verificada, com exceção da *desigualdade política*, entendida como *desigualdade de poder entre agentes políticos ou entre eles e o povo*. Observando-se a relevância desse tipo de desigualdade, que não havia sido verificada durante o pré-teste da pesquisa, incluímos a variável já com a investigação em curso. No entanto, como não foi possível uniformizar a classificação dos dados a tempo, não trabalharemos com essa variável na análise apresentada neste capítulo.

Tipo de desigualdade		Operacionalização da análise
regional	Norte/Sul global	desigualdade entre países desenvolvidos e subdesenvolvidos, centro/periferia global
	Ocidente/ Oriente	entre países marcados pela relação Ocidente/Oriente
	entre regiões de um mesmo país	entre as divisões políticas/geográficas/administrativas no interior de um país
	entre regiões rurais e urbanas	entre regiões urbanas e rurais

Em relação à abordagem metodológica do artigo, os textos foram classificados como *empíricos* (focados em construções analíticas referenciadas a resultados, informações ou evidências, cuja coleta derive de pesquisa para se fundamentar o argumento central ou para abordar o objeto de pesquisa) ou *não empíricos* (centrados em definições, elaborações ou discussões de conceitos, construção de hipóteses sem teste empírico, discussões sobre escolas de pensamento ou sobre o conjunto de ideias de autores/as específicos/as). Quando os artigos traziam análises de resultados de pesquisa empírica, foi classificado o tipo de abordagem empírica do artigo, entre *predominantemente qualitativa* e *predominantemente quantitativa*.[8]

Por fim, coletaram-se também dados das referências bibliográficas dos artigos, selecionando somente os nomes e sobrenomes dos autores e autoras citados/as.

Qual é o espaço da discussão sobre democracia e desigualdades nos artigos?

Tanto o tema da democracia quanto o das desigualdades são recorrentes nos artigos analisados, mas a combinação da abordagem

8 Entende-se que é possível trabalhar com metodologias mistas e não apenas com abordagens estritamente quantitativas ou qualitativas, separadamente. Ainda assim, buscou-se identificar qual dessas abordagens é *mais marcante*, ou seja, predominante, na pesquisa publicada.

sobre os dois temas também é recorrente.[9] Como é possível constatar pela Tabela 1, 64,3% dos artigos tratam de democracia e 61,3% de desigualdade, mas o tratamento simultâneo dos temas também é recorrente, ocorrendo em 45,2% dos artigos categorizados. Somente 19,6% dos artigos não abordam nenhuma das duas temáticas analisadas.

Tabela 1 – Artigos que abordam democracia e desigualdade

		desigualdade		TOTAL
		Sim	Não	
Democracia	Sim	45,2%	19,0%	64,3%
		387	163	550
	Não	16,1%	19,6%	35,7%
		138	168	306
TOTAL		61,3%	38,7%	100,0%
		525	331	856

Fonte: Pesquisa "Democracia e desigualdades: debate na ciência política brasileira".

Entretanto, ao se considerar a profundidade da *discussão* acerca das desigualdades, apenas uma parcela reduzida dos trabalhos (190 artigos, 22,2% do total) discute de forma mais exaustiva o assunto, sem tratar do tema como uma mera menção ou mesmo de forma implícita (Tabela 2). Destes, 125 discutem alguma desigualdade e também tratam de democracia – e eles representam apenas 14,6% do total de artigos. Assim, a Tabela 2 também nos revela que não existe relação entre as variáveis: não há grande diferença percentual entre os artigos que discutem e os que não discutem alguma desigualdade entre aqueles que tratam de democracia (e vice-versa) e o tratamento desse tema não implica necessariamente o debate e questionamento do sentido sobre as desigualdades.

9 Qualquer menção, ainda que implícita, à discussão sobre democracia e/ou desigualdades é contabilizada. Não é necessário que haja uma longa discussão sobre os temas para que o artigo seja identificado nessa categoria.

Tabela 2 – Artigos que abordam democracia e discutem algum tema de desigualdade

		discute desigualdade		TOTAL
		sim	não	
Democracia	Sim	65,8% (125)	63,8% (425)	64,3% (550)
	Não	34,2% (65)	36,2% (241)	35,7% (306)
TOTAL		100,0% (190)	100,0% (666)	100,0% (856)

Fonte: Pesquisa "Democracia e desigualdades: debate na ciência política brasileira".

Ainda em relação à apresentação de uma discussão mais articulada sobre as questões referentes às desigualdades, vê-se que a abordagem sobre elas (somando-se discussões, menções e referências implícitas) indica bastante variação por ano (com seu ponto mais baixo em torno de 35% e o mais alto, em cerca de 65%), acompanhada das discussões dessas desigualdades. Embora não seja possível

Gráfico 1 – Tratamento dos artigos sobre os temas das desigualdades, sobre o número total de artigos

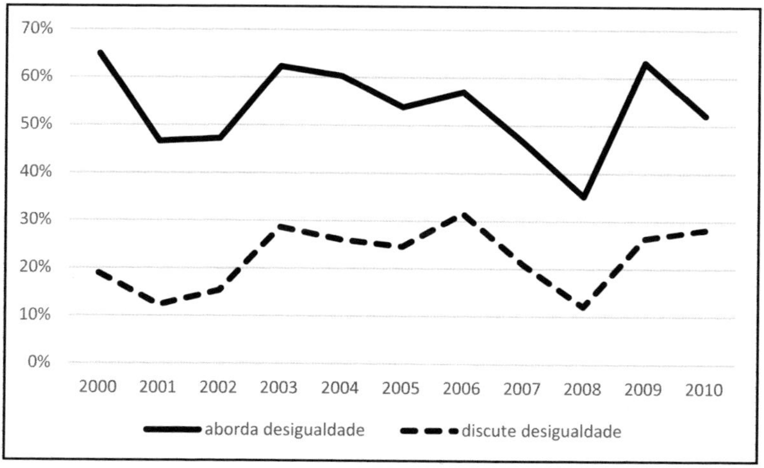

Fonte: Pesquisa "Democracia e desigualdades: o debate na ciência política brasileira".

fazer afirmações muito fortes sobre tendências, vê-se que, no fim da década, a distância entre o total da abordagem e as discussões das desigualdades diminui, se comparada aos anos 2000.

Embora a distância entre a presença geral da temática da desigualdade e sua discussão esteja menor ao final do período analisado, a discussão está concentrada no debate das desigualdades econômicas. Como se vê na Tabela 3, a seguir, não há uma dispersão entre diversos tipos de desigualdade, mas uma concentração da discussão das desigualdades específicas de renda e classe, que são também as mais mencionadas (sem discussão).

Tabela 3 – Ênfase dos trabalhos que abordam desigualdade sobre o total de artigos, por temática de desigualdade

temática	menciona	discute
Renda	11,3% (97)	8,8% (75)
Classe	10,7% (92)	10,7% (92)
gênero	8,3% (71)	4,8% (41)
regional	7,2% (62)	5,1% (44)
Raça	6,1% (52)	4,4% (38)
educacional	4,9% (42)	2,8% (24)
Etnia	3,9% (33)	2,7% (23)
informacional	3,3% (28)	0,9% (8)
geracional	2,7% (23)	0,2% (2)
sexualidade	0,8% (7)	0,7% (6)
deficiência	0,5% (4)	0,1% (1)

Fonte: Pesquisa "Democracia e desigualdades: o debate na ciência política brasileira".
N=856

No conjunto de temáticas trabalhadas na pesquisa, as desigualdades de classe e de renda apresentam destaque quanto ao número de aparições no debate acadêmico, pois o conjunto de menções e discussões dessas duas desigualdades soma 264 artigos (30,8%), dos quais 92 (10,7%) tratam simultaneamente dos dois temas. Desigualdades relacionadas a gênero,[10] região e raça são mobilizadas em mais de 10% dos artigos. Para além dessas distinções, todas as desigualdades são mais mencionadas do que discutidas, ou seja, o tratamento dado ao tema é mais superficial do que aprofundado, com exceção da desigualdade de classe, que tem o mesmo número de menções e discussões, como se vê na Tabela 3, acima.

Tabela 4 – Ênfase dos artigos com participação de cientista política/o que abordam desigualdade, sobre o total de artigos com participação de cientista política/o, por temática de desigualdade

temática	menciona	discute
renda	10,7% (39)	8,5% (31)
classe	9,6% (35)	8,0% (29)
gênero	6,6% (24)	3,3% (12)

10 No desenho da pesquisa optou-se por diferenciar desigualdades de gênero e de sexualidade, conscientemente de que essa divisão estanque não se sustenta teoricamente (estudos sobre mulheres e homens X estudos sobre sexualidade). No entanto, é um dado relevante identificar como essas questões são trabalhadas pelos autores e autoras do campo das ciências sociais brasileiras. Se gênero fosse considerado um conceito complexo que abarcasse tanto as questões sobre mulheres e homens quanto a construção de identidades de gênero mais complexas, os estudos trabalhariam com ambas as questões, que seriam contabilizadas no fichamento dos artigos. No entanto, o que se observa é que no conjunto de artigos o tratamento de gênero de maneira estrita é muito mais presente do que a discussão sobre sexualidade. Dentre os 112 artigos que tratam (mencionam ou discutem) de gênero, apenas 10 tratam de sexualidade (para uma categoria com n=13). Vê-se, assim, que os artigos que tratam de gênero o fazem majoritariamente em seu sentido estrito (91,1%), enquanto 76,9% dos artigos que tratam de sexualidade tratam também da relação entre mulheres e homens.

temática	menciona	discute
raça	5,8% (21)	1,7% (6)
regional	5,5% (20)	6,3% (23)
educacional	4,7% (17)	1,4% (5)
informacional	3,9% (14)	1,4% (5)
etnia	3,0% (11)	1,4% (5)
geracional	1,7% (6)	0,0% (0)
sexualidade	1,1% (4)	0,3% (1)
deficiência	0,3% (1)	0,3% (1)

Fonte: pesquisa "Democracia e desigualdades: o debate na ciência política brasileira". N=363

Ao se considerar os 363 artigos com participação de autores/as vinculados/as à ciência política[11] (Tabela 4), observa-se que a distribuição percentual é semelhante entre os dois conjuntos, com duas observações: (a) entre os artigos de cientistas políticos/as, a desigualdade regional (somadas todas as suas subcategorias) é a única variável mais discutida do que mencionada; (b) diferentemente do conjunto geral de artigos, em que a desigualdade de raça aparece com 6,1% de menção e 4,4% de discussão, entre os artigos de cientistas políticos/as esses percentuais são 5,8% e 1,7%, respectivamente, indicando que há um mesmo padrão para as menções, mas uma distância nas discussões, realizadas em somente seis artigos[12] e indicando a baixíssima discussão dessa desigualdade na área.

11 Foram considerados artigos de um/a só autor/a ou em coautoria em que um/a dos/as autores/as fosse vinculado/a a instituição ou programa especificamente de ciência política.

12 Destes, um é uma tradução de um capítulo de um livro estrangeiro: Young (2006 [2000]).

Qual é a abordagem metodológica dos artigos?

Dos textos relacionados às diversas desigualdades, destaca-se uma maior quantidade de análises não empíricas entre aqueles artigos que tratam da desigualdade de classe – entre os artigos que a abordam, mencionando e discutindo, mais de 70% o fazem através de uma abordagem não empírica.

Tabela 5 – Tipo de abordagem de pesquisa dos trabalhos que tratam de desigualdade, por temática de desigualdade

temática	não empírica	empírica	total
classe	71,2% (131)	28,8% (53)	100,0% (184)
renda	63,4% (109)	36,6% (63)	100,0% (172)
gênero	50,9% (57)	49,1% (55)	100,0% (112)
regional	67,9% (72)	32,1% (34)	100,0% (106)
raça	57,8% (52)	42,2% (38)	100,0% (90)
educacional	54,5% (36)	45,5% (30)	100,0% (66)
etnia	66,1% (37)	33,9% (19)	100,0% (56)
informacional	66,7% (24)	33,3% (12)	100,0% (36)
geracional	36,0% (9)	64,0% (16)	100,0% (25)
sexualidade	61,5% (8)	38,5% (5)	100,0% (13)
deficiência	60,0% (3)	40,0% (2)	100,0% (5)

Fonte: Pesquisa "Democracia e desigualdades: o debate na ciência política brasileira".

Apesar de ser possível constatar um predomínio de abordagens não empíricas no conjunto geral de artigos analisados, é relevante indicar que, ao serem tematizadas as desigualdades de gênero, educacionais e raciais (e geracionais, que têm um baixo número de casos), observa-se um percentual mais elevado de estudos empíricos quando comparados aos demais temas, inclusive a desigualdade de classe, que é uma das categorias de desigualdade mais trabalhadas nos artigos.

Tabela 6 – Tipo de empiria dos trabalhos que abordam desigualdade, por temática de desigualdade

temática	qualitativa	quantitativa	Total
renda	33,3% (21)	66,7% (42)	100,0% (63)
gênero	44,6% (25)	55,4% (31)	100,0% (56)
classe	50,0% (27)	50,0% (27)	100,0% (54)
raça	51,3% (20)	48,7% (19)	100,0% (39)
regional	45,7% (16)	54,3% (19)	100,0% (35)
educacional	36,7% (11)	63,3% (19)	100,0% (30)
etnia	70,0% (14)	30,0% (6)	100,0% (20)
geracional	37,5% (6)	62,5% (10)	100,0% (16)
informacional	46,2% (6)	53,8% (7)	100,0% (13)
sexualidade	100,0% (5)	0,0% (0)	100,0% (5)
deficiência	0,0% (0)	100,0% (2)	— (2)

Fonte: Pesquisa "Democracia e desigualdades: o debate na ciência política brasileira".

Com relação aos estudos que buscam algum tipo de tratamento empírico, de forma geral constata-se uma maior presença de abordagens quantitativas, principalmente entre os artigos empíricos relacionados à desigualdade de renda, que é a categoria mais frequente no total de artigos. As únicas categorias que não têm predominância empírica quantitativa são as desigualdades de raça, etnia, sexualidade (com baixo número de casos) e classe, e esta última apresenta exatamente o mesmo número de artigos predominantemente qualitativos e predominantemente quantitativos.

Na evolução por ano (Gráfico 2), vê-se que os artigos de cientistas políticos/as não trazem muitas diferenças em relação ao total de artigos, quando considerada a produção de análises empíricas.

Gráfico 2 – Percentual de artigos com abordagem empírica, por ano

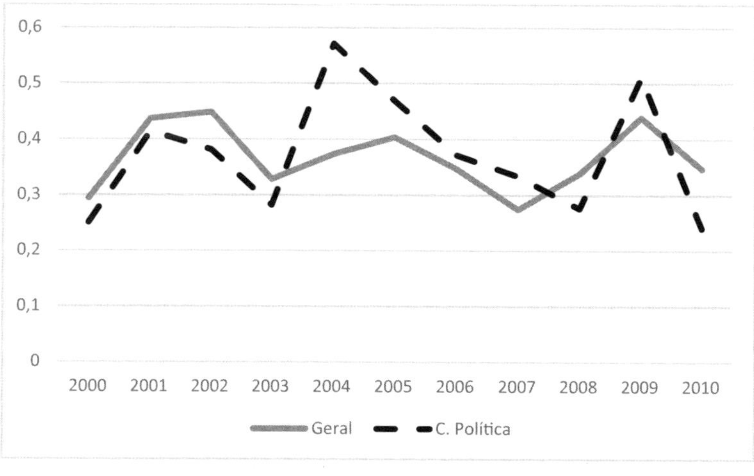

Fonte: Pesquisa "Democracia e desigualdades: o debate na ciência política brasileira".

Comparando-se os artigos no geral com aqueles específicos da área de ciência política, pode-se observar que, embora não haja grandes diferenças na divisão empírico/não empírico, quando se compara a abordagem empírica predominante a abordagem quantitativa se mostra mais importante nos artigos de cientistas políticos/as:

Gráfico 3 – Percentual de artigos com empiria quantitativa, por ano

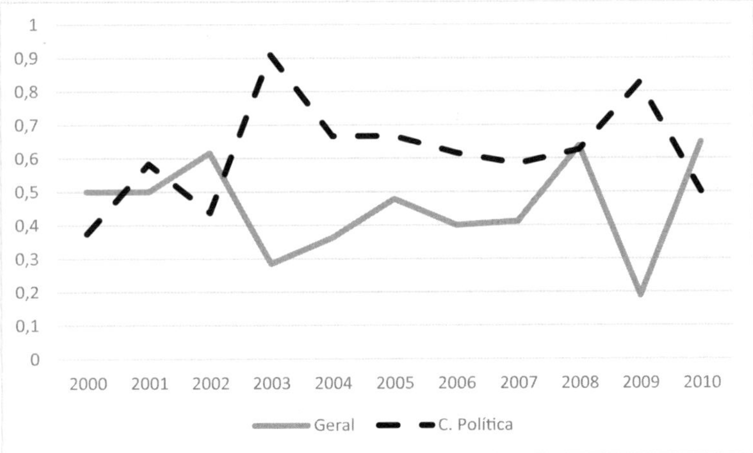

Fonte: Pesquisa "Democracia e desigualdades: o debate na ciência política brasileira".

Apesar de não se verificar uma presença maior de artigos com abordagens empíricas na ciência política do que no conjunto total de artigos, o Gráfico 3 mostra que a abordagem empírica quantitativa é muito mais presente entre cientistas políticos/as, tendo sido menor do que 50% em apenas dois anos (2000 e 2002) e com seu maior valor, de 90% dos artigos empíricos, em 2003 – ano do segundo menor percentual de artigos empíricos quantitativos do conjunto geral, no qual está incluída a ciência política, o que mostra sua diferenciação.

As desigualdades materiais e as demais desigualdades

No quadro geral de dados, vê-se que entre os temas referentes à discussão sobre o impacto de desigualdades para a sociedade é possível enquadrar temas clássicos à discussão, decorrentes de abordagens que privilegiam a interpretação sobre as desigualdades a partir das condições materiais. O corte entre desigualdades econômicas e desigualdades pós-materiais, para se usar uma classificação da área, pode ser facilmente identificado nos artigos analisados. Embora uma parte importante da teoria política contemporânea esteja trabalhando com questões relacionadas a desigualdades que ultrapassem a visão exclusivamente material das barreiras ao desenvolvimento democrático – como os estudos de gênero, étnico-raciais e da teoria do reconhecimento[13] –, são as desigualdades materiais, mais "tradicionais", os temas que pautam a discussão nos artigos.

Nesse cenário é interessante considerar que o tratamento sobre o que se entende sobre desigualdade opera a partir de chaves interpretativas distintas. A disputa por significados dos componentes das desigualdades a serem combatidas para a construção de um contexto democrático é central na orientação sobre o que pode ser assumido como democrático e o que se distancia desse ideal.

Os dados coletados permitem observar que efetivamente há uma enorme diversidade em relação às conexões entre diferentes temas sobre desigualdade, mas *classe* e *renda* são aquelas que ocorrem com maior grau de combinação (em 92 casos, 10,7% do total de artigos).

Para as relações de combinação entre os diversos tipos de desigualdade analisadas nos artigos, optou-se por identificar os casos de abordagem combinada apenas nos casos de discussão das temáticas. Embora haja uma diversidade de menções e ocorrências implícitas das variadas desigualdades, o ponto mais importante para se entender a construção do debate sobre desigualdades se refere aos casos de discussão mais profunda das categorias. Não é possível traçar claras relações entre a maior parte das desigualdades discutidas nos artigos, porque não apresentam um padrão que permita verificar uma tematização conjunta que seja estatisticamente significante.[14]

13 O que não significa que essas vertentes teóricas não se dediquem à análise dos aspectos materiais das desigualdades, deve-se ressaltar.

14 A significância foi verificada a partir de teste do valor do Qui-quadrado das tabelas cruzadas entre cada uma das variáveis, com significância de 0,01. Além da interpretação quantitativa também foi realizada uma análise sobre quais haviam sido as células do cruzamento com maior efeito no Qui-quadrado para verificar se a relação atribuída pelo indicador era efetivamente relevante. Considerou-se a existência de relação apenas nos casos em que a discussão dos dois temas contribuía positivamente para a composição do Qui-quadrado.

Priorizando-se, então, os casos significantes de relações mais consistentes entre as temáticas, com concentração de discussão acima do valor esperado na tabela, é possível identificar três combinações recorrentes:

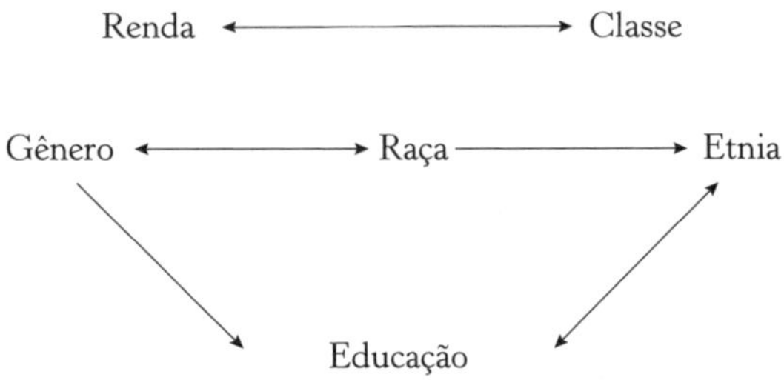

a) a principal relação se dá entre os artigos que discutem as desigualdades de classe e renda, ou seja, trabalham com ambas as categorias relacionadas às desigualdades materiais: há uma combinação recíproca entre classe e renda, com grande presença da discussão simultânea de ambas as desigualdades (50% dos artigos que discutem a desigualdade de renda também discutem a desigualdade de classe e 41% das discussões sobre classe também discutem renda);
b) há uma combinação recíproca entre as desigualdades de gênero e raça, de raça e educação e a presença da discussão de gênero nos artigos que tratam da desigualdade educacional (34% dos artigos que discutem a desigualdade de gênero também discutem a desigualdade de raça, enquanto 36% das discussões sobre raça também discutem gênero; 37% dos artigos que discutem desigualdade educacional também discutem desigualdade racial, enquanto 17% dos artigos que tratam de raça também discutem educação; e 29% dos textos que discutem desigualdade educacional também discutem

Desse modo, não é possível traçar relações entre as discussões das seguintes temáticas: desigualdade regional, informacional, geracional, de sexualidade e relacionada a deficiências.

desigualdade de gênero, enquanto 17% dos textos que discutem gênero também discutem educação);

c) há uma combinação recíproca entre raça e etnia, com discussão simultânea de ambas as desigualdades e importante presença da discussão de raça para os artigos que discutem desigualdade étnica (43% dos artigos que discutem a desigualdade étnica também discutem a desigualdade racial e 26% das discussões sobre raça também discutem etnia).

Há autores/as centrais referenciados/as no debate sobre desigualdades?

Uma das questões importantes ao se discutir a produção acadêmica de uma área de conhecimento é a existência de um conjunto teórico que balize os seus debates. Para isso, é preciso entender quais são as obras que os autores e autoras referenciam para desenvolverem suas pesquisas. Se estão trabalhando sobre um mesmo tema, a convergência de citações de algumas obras consideradas centrais da área é relevante indicador de que os/as pesquisadores/as estão "conversando" entre si – acompanhando-se ou contrapondo-se.

Na análise aqui elaborada buscou-se comparar os/as principais autores/as citados/as nas bibliografias dos artigos analisados em geral e na ciência política, para observar as especificidades dessa área – uma bibliografia diferenciada indica um corpo teórico específico, ou seja, é um indicador de autonomização do campo.

Para o conjunto total de artigos observa-se que não há alta concentração bibliográfica. Apenas três autores ultrapassam 10% em presença bibliográfica: Pierre Bourdieu, Max Weber e Jürgen Habermas. Quando observada a lista de autores/as citados/as dos artigos da ciência política,[15] a concentração é bem maior: sete autores/as ultrapassam 10% na presença em citações, e Argelina Figueiredo e

15 Em que pelo menos um/a dos/as autores/as do artigo atua nessa área.

Tabela 7 – Autores/as mais citados/as em bibliografia

Geral			ciência política		
autor/a citado/a	Número de citações	N = 856	autor/a citado/a	Número de citações	N = 363
BOURDIEU, Pierre	103	12,0%	FIGUEIREDO, Argelina	64	17,6%
WEBER, Max	101	11,8%	LIMONGI, Fernando	59	16,3%
HABERMAS, Jürgen	96	11,2%	DAHL, Robert	52	14,3%
FIGUEIREDO, Argelina	68	7,9%	MAINWARING, Scott	51	14,0%
LIMONGI, Fernando	66	7,7%	PRZEWORSKI, Adam	51	14,0%
DAHL, Robert	62	7,2%	HABERMAS, Jürgen	43	11,8%
PRZEWORSKI, Adam	61	7,1%	SARTORI, Giovanni	39	10,7%
MAINWARING, Scott	57	6,7%	AMES, Barry	36	9,9%
SANTOS, W. G.	50	5,8%	NICOLAU, Jairo	36	9,9%
GIDDENS, Anthony	46	5,4%	WEBER, Max	36	9,9%
SARTORI, Giovanni	46	5,4%	ELSTER, Jon	35	9,6%
ELSTER, Jon	45	5,3%	SAMUELS, David J.	34	9,4%
PUTNAM, Robert	45	5,3%	SANTOS, Fabiano	34	9,4%
NICOLAU, Jairo	44	5,1%	McCUBBINS, Mathew D.	33	9,1%

Geral			ciência política		
autor/a citado/a	Número de citações	N = 856	autor/a citado/a	Número de citações	N = 363
CARVALHO, J. M. de	41	4,8%	PEREIRA, Carlos	31	8,5%
MARX, Karl	41	4,8%	CAREY, John M.	29	8,0%
AMES, Barry	40	4,7%	LIJPHART, Arend	29	8,0%
ELIAS, Norbert	40	4,7%	SANTOS, W. G.	29	8,0%
FOUCAULT, Michel	40	4,7%	PUTNAM, Robert	28	7,7%
			SCHUMPETER, Joseph	28	7,7%

Fonte: Pesquisa "Democracia e desigualdades: o debate na ciência política brasileira".

Fernando Limongi estão presentes na bibliografia de 17,6% e 16,3% dos artigos da artigos da área, respectivamente.

A presença desses específicos autores brasileiros (Figueiredo e Limongi) e um brasilianista (Mainwaring) na lista de mais citados em bibliografia (da ciência política e do total de artigos) sugere que há uma grande disputa sobre o significado do sistema político brasileiro (visto que esses autores trabalham na área de instituições políticas) e a leitura de como este opera, considerando que também há na lista outros brasilianistas, ainda que menos citados, como Barry Ames e David Samuels. Vale lembrar que a única lista de bibliografia liderada por autores/as brasileiras/os é essa lista geral da ciência política, cujo viés é claramente institucionalista (o que mostra a estruturação da área).

Pierre Bourdieu, autor mais citado no total de artigos, não aparece na lista dos mais citados da ciência política.

É necessário, porém, diferenciar o corpo teórico que baliza as discussões gerais daquele utilizado como referência para a discussão das desigualdades, tanto em termos gerais quanto na área de ciência política.

Na Tabela 8, a seguir, pode-se observar que os três principais autores citados nos artigos que discutem algum tipo de desigualdade são os mesmos do conjunto geral de artigos, com o mesmo ordenamento: Bourdieu, Weber e Habermas. Já no conjunto de autores/as citados/as da ciência política (presentes em mais de 15% dos artigos da área que discutem alguma desigualdade) há muitas diferenças: os/as autores/as institucionalistas brasileiras/os e brasilianistas deixam a lista, que passa a ser encabeçada por Robert Dahl (o mais citado, constando na bibliografia de 21,7% dos artigos), seguido por Nancy Fraser, Jürgen Habermas, Pierre Bourdieu e Adam Przeworski. Pierre Bourdieu aparece como o terceiro autor mais citado (15% dos artigos), ao contrário do que ocorre quando se analisa o conjunto geral da área, referenciado em apenas 18 artigos (5%) e fora da lista de mais citados/as. Uma grande diferença entre os dois conjuntos bibliográficos, o geral e o da ciência política, é a ausência de Weber na lista da segunda, que apresenta Przeworski como seu quinto principal autor.

Tabela 8 – Autores/as mais citados/as em bibliografia, cujo texto discute alguma desigualdade

Geral			ciência política		
autor/a citado/a	número de citações	N = 190	autor/a citado/a	número de citações	N = 60
BOURDIEU, Pierre	46	24,2%	DAHL, Robert	13	21,7%
WEBER, Max	25	13,2%	FRASER, Nancy	11	18,3%
HABERMAS, Jürgen	23	12,1%	HABERMAS, Jürgen	10	16,7%
FRASER, Nancy	18	9,5%	BOURDIEU, Pierre	9	15,0%
DAHL, Robert	17	8,9%	PRZEWORSKI, Adam	9	15,0%
FERNANDES, Florestan	16	8,4%	MANIN, Bernard	8	13,3%
HASENBALG, Carlos	16	8,4%	MIGUEL, Luis Felipe	8	13,3%
FOUCAULT, Michel	14	7,4%	RAWLS, John	8	13,3%
HONNETH, Axel	14	7,4%	YOUNG, Iris Marion	8	13,3%
SILVA, Nelson do Valle	14	7,4%			
TAYLOR, Charles	14	7,4%			

Fonte: Pesquisa "Democracia e desigualdades: o debate na ciência política brasileira".

Separando as referências bibliográficas pelas temáticas de desigualdade mais trabalhadas (mencionadas e discutidas) nos artigos analisados – desigualdades de classe, de renda, de gênero e regional –, vê-se que o único autor a aparecer em todas as listas de mais citados é Jürgen Habermas (Tabela 10). Apesar de acontecerem algumas aproximações, cada conjunto tem uma bibliografia bem delineada e distinta das demais.

Classe e renda, desigualdades mais recorrentes nos artigos e que recorrentemente aparecem combinadas, têm grandes convergências de bibliografia, inclusive seu principal autor (Bourdieu). Da lista dos/as dez autores/as mais referenciados/as nos artigos que tratam de desigualdade de renda, oito autores estão entre os mais citados pelos artigos que discutem a desigualdade de classe.

Fraser é a única autora feminista que transita nas bibliografias dos artigos que discutem desigualdades de classe e renda, mas não está na lista de mais citadas entre os artigos que discutem desigualdade de gênero. Em relação às autoras feministas, é fundamental observar que não "dominam" a lista de autoras/es citadas/os pelos artigos que tratam da desigualdade de gênero, encabeçada por Bourdieu, Habermas e Nelson do Valle Silva. Apesar da presença de duas autoras feministas nesse conjunto (Clara Araújo e Judith Butler), em comparação com os demais autores ainda são minoria.

Considerando a divisão de gênero entre autores e autoras mais citadas por tipo de desigualdade abordada, o único topo de lista com "paridade de gênero" (de presença, não de ordem) se dá na bibliografia de desigualdade regional, que é a variável mais fluida da pesquisa.[16]

16 A variável desigualdade regional foi subdividida: "entre regiões de um mesmo país", "norte/sul global", "oriente/ocidente" e "campo/cidade". Como os dados ficaram muito dispersos, optamos por agregá-los, cientes de que indicam significados diversos.

Tabela 9 – Autores mais citados em bibliografia de artigos que discutem temáticas de desigualdade

Classe	n	Freq.
BOURDIEU, Pierre	38	20,7%
HABERMAS, Jürgen	29	15,8%
WEBER, Max	29	15,8%
DAHL, Robert	21	11,4%
SANTOS, W. G.	18	9,8%
FRASER, Nancy	17	9,2%
FERNANDES, Florestan	16	8,7%
GIDDENS, Anthony	15	8,2%
ELSTER, Jon	14	7,6%
O'DONNELL, Guillermo	14	7,6%
TAYLOR, Charles	14	7,6%
DaMATTA, Roberto	13	7,1%
FREYRE, Gilberto	13	7,1%
HASENBALG, Carlos	13	7,1%
MARX, Karl	13	7,1%
(N)	184	
Renda	**n**	**Freq.**
BOURDIEU, Pierre	34	19,8%
DAHL, Robert	22	12,8%
HABERMAS, Jürgen	22	12,8%
RAWLS, John	19	11,0%
FRASER, Nancy	17	9,9%
WEBER, Max	17	9,9%
PRZEWORSKI, Adam	16	9,3%
SANTOS, W. G.	13	7,6%
TAYLOR, Charles	13	7,6%
O'DONNELL, Guillermo	12	7,0%
(N)	172	
Gênero	**n**	**Freq.**
BOURDIEU, Pierre	11	9,8%
HABERMAS, Jürgen	5	4,5%
SILVA, Nelson do Valle	5	4,5%
ARAÚJO, Clara	4	3,6%
BECK, Ulrich	4	3,6%
BUTLER, Judith	4	3,6%

Classe	n	Freq.
FOUCAULT, Michel	4	3,6%
GIDDENS, Anthony	4	3,6%
XIE, Yu	4	3,6%
(N)	112	
Regional	**N**	**Freq.**
HABERMAS, Jürgen	7	6,6%
BECK, Ulrich	5	4,7%
ARRETCHE, Marta	4	3,8%
FIGUEIREDO, Argelina	4	3,8%
(N)	106	

Fonte: Pesquisa "Democracia e desigualdades: o debate na ciência política brasileira".

Esse dado aponta uma agenda de pesquisa a se explorar como uma frente qualitativa de análise dos artigos acadêmicos brasileiros, com a investigação da construção dos argumentos pelos/as pesquisadores/as da área. A sua orientação deve ser, claramente, de se compreender como as discussões realizadas sobre desigualdades (e sua relação com a democracia) são desenvolvidas – se são construídas isoladamente ou em conjunto com outras variáveis de desigualdade, se fazem referência a uma literatura muito específica ou se buscam realizar intercâmbio crítico com a abordagem de outros/as pesquisadores/as do campo acadêmico brasileiro etc.

As vinculações institucionais dos/as autores/as e a discussão sobre desigualdades

Além de se analisar *sobre o que tratam* os agentes no campo acadêmico, é preciso também entender *quem são* esses agentes. Apesar do capital acadêmico, na forma de "crédito científico" concedido pelos agentes do campo, ser vinculado em grande parte ao reconhecimento da contribuição científica à área, as posições institucionais ocupadas pelos/as pesquisadores/as também são um fator relevante capaz de incrementar o capital acadêmico desses agentes. Isso não significa que a posição em si em uma instituição de prestígio automaticamente confira um crédito no campo, mas que a ocupação de posições em instituições prestigiadas abre caminhos e facilita acesso a recursos, inclusive financeiros, que favorecem o trabalho de pesquisa acadêmica – elemento definidor na avaliação dos pares.

Na Tabela 10, a seguir, estão indicados os números de artigos que tratam de desigualdades vinculados a cada instituição (foram selecionadas somente as sete mais relevantes). Em pesquisas recentes, é recorrente a indicação de que a produção acadêmica brasileira nas ciências sociais concentra-se muito nas instituições da região Sudeste, especialmente aquelas dos estados de São Paulo e Rio de Janeiro (Marques, 2007a; Oliveira, 2010; Nicolau; Oliveira, 2014). Para os dados aqui analisados, portanto, não haveria de ser diferente. No entanto, nossa intenção ultrapassa a verificação da concentração institucional do Sudeste para tentar compreender como os/as autores/as dessas instituições trabalham com as temáticas aqui pesquisadas, as desigualdades.

Na instituição com maior número de publicações no geral, a Universidade de São Paulo (USP), *nenhuma discussão de desigualdades*[17] *se destaca*. Em todos os casos a menção supera (muito) as discussões,[18] com exceção da desigualdade de classe, que tem o mesmo número de menções e discussões. Em relação à desigualdade de raça, as simples menções são três vezes superiores às discussões; quanto à desigualdade de renda, as menções são 2,75 vezes mais frequentes do que as discussões; já a desigualdade de renda é somente mencionada (catorze vezes), mas *nunca* discutida.

17 Foram selecionadas somente as principais desigualdades (com exceção de desigualdade regional, variável composta muito fluida).

18 O que se analisa aqui é a profundidade do tratamento das desigualdades. Discutir o tema é entender que ele é um ponto importante da análise e, portanto, deve ser devidamente abordado e explicado. Apenas mencioná-lo significa reconhecer sua importância na área, mas não dedicar os esforços de pesquisa a ele – ou, no limite, a menção pode ser compreendida apenas como um "pagamento de pedágio" à área.

Tabela 10 – Número de artigos que abordam temática de desigualdade, por vínculo institucional

	Classe		Renda		Gênero		Raça		(N) Art. da Instituição
—	menciona	discute	menciona	discute	menciona	discute	menciona	discute	
USP	12	12	22	8	14	0	9	3	152
IUPERJ	5	10	7	6	4	4	1	6	55
UNICAMP	6	6	11	2	6	4	5	6	54
UFMG	5	2	6	1	3	2	4	0	44
UFRJ	4	4	3	6	5	3	3	1	43
UnB	4	6	2	7	5	5	4	1	37
UERJ	4	1	4	2	1	4	1	2	26

Fonte: Pesquisa "Democracia e desigualdades: o debate na ciência política brasileira".

Os/as autores/as do Instituto Universitário de Pesquisas do Rio de Janeiro (Iuperj)[19] são aqueles/as que *mais discutiram e menos mencionaram*, proporcionalmente, as desigualdades. Destacam-se o equilíbrio entre discussão e menção das desigualdades de renda e gênero, assim como a preponderância de *discussão das desigualdades de classe e raça*.

Nos artigos de pesquisadores/as da Unicamp (Universidade Estadual de Campinas) há um equilíbrio entre as menções e discussões das desigualdades, com exceção da desigualdade de renda, muito mais mencionada do que discutida, e nos artigos de autores/as da Universidade Federal de Minas Gerais (UFMG) a menção é maior em *todas* as categorias.

Das instituições analisadas, a única cujos/as pesquisadores/as dedicam maiores esforços, em termos comparativos, à discussão das desigualdades selecionadas é o Iuperj. Os/as autores/as das demais instituições centrais não priorizam a discussão das desigualdades. Mesmo a USP, que em termos absolutos tem o maior número de abordagens das desigualdades selecionadas, inclusive a de classe (que aborda equilibradamente entre menções e discussões), proporcionalmente ao total de artigos ainda se aprofunda muito pouco nas temáticas. Quando comparada com o Iuperj, a segunda instituição que mais trata sobre desigualdade de classe, a proporção em relação ao total institucional é 11 p.p. menor.

Considerações finais

Os dados nos indicam que, embora a temática da democracia e das desigualdades seja citada nas ciências sociais brasileiras da década de 2000, a profundidade do debate não é largamente realizada. Há indicações de que o campo das ciências sociais no Brasil trata das

19 Nessa categoria foram classificados os artigos de todas/os as/os autores/as do antigo Iuperj (publicados até 2009) e do atual IESP-UERJ (publicados em 2010), para onde o antigo Instituto migrou em 2010, último ano do período aqui analisado.

temáticas da democracia e desigualdade, inclusive abordando ambos os temas em cerca de 45,2% do total de 856 artigos. No entanto, são 22,2% os textos que realmente discutem algum tipo de desigualdade (qualquer um dos onze relacionados nesta pesquisa), e 14,6% o fazem ao mesmo tempo que abordam democracia, chegando-se a uma concentração de discussões entre desigualdade de classe (10,7%, ou seja, 92 artigos) e de renda (8,8%, ou seja, 75 artigos).

Dos poucos artigos que discutem as desigualdades, pode-se afirmar que aquelas mais importantes nos textos analisados são as materiais, ou seja, de classe e renda – inclusive são essas as variáveis que apresentam o maior grau de combinação recíproca. Das demais variáveis, ainda que em menor número, verifica-se uma relação recíproca entre as desigualdades racial e étnica, além de uma relação tríplice entre gênero, raça e desigualdade educacional.

Com relação à bibliografia, nossos achados apontam uma especificidade da área de ciência política, que não compartilha Bourdieu como seu principal autor entre o seu conjunto de artigos (ao contrário do conjunto geral de artigos). No entanto, assim como o autor é referência teórico-conceitual para o desenvolvimento de pesquisas sobre o campo acadêmico, como este estudo, vê-se que sua teoria é fundamental para o debate das desigualdades (mesmo na ciência política, área que não o tem entre os grandes nomes).

Como afirma Bourdieu, o estabelecimento do campo – que sempre busca se autonomizar em relação aos outros campos, refratando sua influência – passa pela disputa em torno da definição das regras do jogo acadêmico e pela produção e reprodução do *habitus* do campo. O viés metodológico específico da ciência política certamente é parte desse processo, que não só está buscando se autonomizar em relação às ciências sociais (e a década referente aos artigos analisados é um ótimo exemplo disso, visto que é o momento de estabelecimento da associação própria da área, que ficara atrás da sociologia e da antropologia e de suas importantes e já históricas agremiações), mas também sofre influência direta do seu viés de formação (bastante norte-americano) e da estrutura da ciência política estrangeira, da qual "importa" diversos dos seus debates, como claramente se vê pela bibliografia analisada. No entanto, a ciência política brasileira também insere na lista de principais autores/as das bibliografias do conjunto geral, e não apenas em sua própria, representantes de debates que procuram, justamente, debater criticamente com interpretações estrangeiras sobre o funcionamento do sistema político brasileiro.

Ainda se pensando sobre as regras do campo, é preciso se lembrar de que a disputa se dá também pelos objetos de estudo. No que diz respeito aos diferentes tipos de desigualdade que procuramos identificar nos artigos publicados entre 2000 e 2010, não encontramos muitos traços que diferenciassem o viés dos artigos de cientistas políticos/as da abordagem do total de artigos das ciências sociais. O principal ponto que caracteriza a ciência política, quando comparada ao conjunto geral, é o baixo debate sobre a desigualdade de raça (que já é pontual, considerando o todo, mas é ainda mais incipiente na área). Pode-se dizer, então, que o achado que mais especifica a ciência política é a caracterização do tipo de pesquisa empírica utilizada nos artigos. Embora a distribuição entre artigos empíricos e não empíricos não se mostre tão distinta do conjunto geral dos artigos, quando são analisados os artigos empíricos da ciência política estes se apresentam em um maior percentual do que o total de artigos publicados. No entanto, em relação às desigualdades, elas não são uma temática central de dedicação dos/as cientistas políticos/as, apesar de serem mencionadas ou referenciadas implicitamente. Isto significa que a área não prioriza as desigualdades como temática central e, quando a aborda, o foco costuma ser bastante dedicado às desigualdades materiais (renda e classe). Se isso faz parte do processo de autonomização do campo, é possível entender que a área não esteja elegendo as desigualdades como um ponto central e, ainda recuperando o referencial de Bourdieu, deve-se sempre compreender que essa construção não é neutra, objetiva ou desinteressada, apesar do mito de fundação das ciências sociais. Desse modo, nem a ciência política, especificamente, nem as ciências sociais, como um todo, estão se dedicando à análise de um traço central de nossa sociedade, que é profundamente marcada pelas desigualdades, gerando subalternizações generalizadas. Considerando que as ciências sociais não são autônomas e têm relação com a sociedade que se propõe a interpretar, as questões que esta pesquisa nos deixa, claramente, são: que tipo de sociedade estamos estudando? As desigualdades são um tema acessório, que até podem ser rapidamente pontuadas, mas não ocupam o centro da dedicação do trabalho acadêmico brasileiro? Se menos de 15% dos artigos discutem simultaneamente a democracia e algum tipo (qualquer que seja) de desigualdade, que são debates centrais para o avanço dos sentidos sobre democracia e superação das desigualdades, do que tratam os outros 85%?

Referências bibliográficas

BOURDIEU, Pierre. *As regras da arte*. São Paulo: Companhia das Letras, 1996 [1992].

______. *Os usos sociais da ciência: por uma sociologia clínica do campo científico*. São Paulo: Editora Unesp, 2004 [1997].

______. "A gênese dos conceitos de *habitus* e campo". In: *O poder simbólico*. Rio de Janeiro: Bertrand Brasil, 2007 [1989].

______. *Homo academicus*. Buenos Aires: Siglo XXI Editores Argentina, 2008 [1984].

LEITE, Fernando Baptista. *Divisões temáticas e teórico-metodológicas na ciência política brasileira: explicando sua produção acadêmica (2004-2008)*. Dissertação de mestrado em Sociologia. Curitiba: Universidade Federal do Paraná, 2010a.

______. "Posições e divisões na ciência política brasileira contemporânea: explicando sua produção acadêmica". *Revista de Sociologia e Política*, v.18, n.37, 2010b.

______. "Mapeando a produção acadêmica da Ciência Política brasileira: os trabalhos apresentados no Encontro da ABCP (2008-2012)". *Paper* apresentado no *IX Encontro da ABCP*. Brasília, 2014.

MARQUES, Danusa. *Democracia e ciências sociais no Brasil (1985-2005)*. Dissertação de mestrado em Ciência Política. Brasília: Universidade de Brasília, 2007a.

______. "Democracia e ciências sociais no Brasil (1985-2005)". *Paper* apresentado no *31º Encontro Anual da ANPOCS*. Caxambu, 2007b.

NICOLAU, Jairo; OLIVEIRA, Lilian. "A produção da ciência política brasileira: uma análise dos artigos acadêmicos". *Paper* apresentado no *37º Encontro Anual da ANPOCS*. Águas de Lindoia, 2013.

______. "A produção da ciência política brasileira: uma análise dos artigos acadêmicos (1966-2013)". *Paper* apresentado no *IX Encontro da ABCP*. Brasília, 2014.

OLIVEIRA, Lilian Paula da Costa. *A produção da ciência política e da sociologia no Brasil: uma análise dos artigos publicados nas revistas* Dados *e* RBCS *(1997-2009)*. Dissertação de mestrado em Sociologia. Rio de Janeiro: Universidade do Estado do Rio de Janeiro, 2010.

YOUNG, Iris Marion. "Representação política, identidade e minorias". *Lua Nova*, 67, 2006 [2000].

Sobre os autores

Adrian Gurza Lavalle é professor do Departamento de Ciência Política da Universidade de São Paulo e pesquisador do CNPq. É pesquisador do Centro Brasileiro de Análise e Planejamento (CEBRAP), onde coordena o Núcleo de Pesquisa Democracia e Ação Coletiva. É editor da *Revista Brasileira de Ciências Sociais*. Publicou os livros *La reestructuración de lo público* (UNAM, 1994), *Estado, sociedad y medios* (Plaza y Valdés, 1998) e *Vida pública e identidade nacional* (Globo, 2004).

Carlos Machado é professor do Instituto de Ciência Política da Universidade de Brasília.

Cláudia Feres Faria é professora do Departamento de Ciência Política da Universidade Federal de Minas Gerais e pesquisadora do CNPq. Coordena o Centro de Estudos em Deliberação (CEDE) da UFMG.

Daniel de Mendonça é professor do Departamento de Sociologia e Política da Universidade Federal de Pelotas. Edita a *Revista Sul-Americana de Ciência Política* e coordena o Grupo de Pesquisa em Teoria Social Contemporânea da UFPel. Publicou os livros *Tancredo Neves* (Editora Unisc, 2004) e *Ernesto Laclau & Niklas Luhman* (com Léo Peixoto Rodrigues; Editora PUC-RS, 2006).

Danusa Marques é professora do Instituto de Ciência Política da Universidade de Brasília.

Flávia Biroli é professora do Instituto de Ciência Política da Universidade de Brasília e pesquisadora do CNPq. Coordena o Grupo de Pesquisa sobre Democracia e Desigualdades (Demodê) da UnB. Publicou os livros *Caleidoscópio convexo* (com Luis Felipe Miguel; Editora Unesp, 2011), *Autonomia e desigualdades de gênero: contribuições do feminismo para a crítica democrática* (Editora UFF, Horizonte, 2013), *Família: novos conceitos* (Fundação Perseu Abramo, 2014) e *Feminismo e política: uma introdução* (com Luis Felipe Miguel; Boitempo, 2014).

Luciana Ballestrin é professora do curso de Relações Internacionais e do Programa de Pós-Graduação em Ciência Política da UFPel. Edita a *Revista Sul-Americana de Ciência Política* e coordena o Grupo de Pesquisa sobre De-colonização e América Latina da UFPel.

Luis Felipe Miguel é professor do Instituto de Ciência Política da Universidade de Brasília e pesquisador do CNPq. Coordena o Grupo de Pesquisa sobre Democracia e Desigualdades (Demodê) da UnB. Publicou, entre outros, os livros *Mito e discurso político* (Editora Unicamp, 2000), *Democracia e representação: territórios em disputa* (Editora Unesp, 2014), *Feminismo e política: uma introdução* (com Flávia Biroli; Boitempo, 2014) e *O nascimento da política moderna: de Maquiavel a Hobbes* (Editora UnB, 2015).

Ricardo Fabrino Mendonça é professor do Departamento de Ciência Política da Universidade Federal de Minas Gerais e pesquisador do CNPq. Coordena o Grupo de Pesquisa em Democracia e Justiça (Margem) da UFMG.

Ricardo Silva é professor do Departamento de Sociologia e Ciência Política da Universidade Federal de Santa Catarina e pesquisador do CNPq. Coordena o Núcleo de Estudos sobre Pensamento Político (NEPP) da UFSC. Publicou o livro *A ideologia do Estado autoritário no Brasil* (Argos, 2004).

SOBRE O LIVRO

Formato: 14 x 21 cm
Mancha: 23,7 x 42,5 paicas
Tipologia: Horley Old Style 10,5/14
Papel: Off-white 80 g/m² (miolo)
Cartão Supremo 250 g/m² (capa)
1ª edição: 2016
3ª reimpressão: 2022

EQUIPE DE REALIZAÇÃO

Capa
Megaarte Design

Edição de texto
Jorge Pereira Filho (Copidesque)
Carmen T. S. Costa (Revisão)

Editoração Eletrônica
Sergio Gzeschnik

Assistência Editorial
Alberto Bononi
Jennifer Rangel de França

Impressão e Acabamento
Bartiragráfica
(011) 4393-2911